中国历代统治者与老百姓之间，
其实也有一点相通：
统治者想长治久安，
老百姓要安居乐业。
明智的统治者都懂得，
只有民之安居乐业，
才有国之长治久安。

《资治通鉴》阅读笔记

宋志坚 著

海峡出版发行集团 | 福建人民出版社
THE STRAITS PUBLISHING & DISTRIBUTING GROUP | FUJIAN PEOPLE'S PUBLISHING HOUSE

图书在版编目（CIP）数据

《资治通鉴》阅读笔记 / 宋志坚著. --福州：福建人民出版社，2024.2（2024.4 重印）

ISBN 978-7-211-08982-6

Ⅰ.①资… Ⅱ.①宋… Ⅲ.①中国历史—古代史—编年体 ②《资治通鉴》—通俗读物 Ⅳ.①K204.3-49

中国国家版本馆 CIP 数据核字（2023）第 032533 号

《资治通鉴》阅读笔记

ZIZHI TONGJIAN YUEDU BIJI

作　　者： 宋志坚
责任编辑： 陶　璐
美术编辑： 白　玫　　**责任校对：** 林乔楠
出版发行： 福建人民出版社　　**电　　话：** 0591-87533169（发行部）
网　　址： http://www.fjpph.com　　**电子邮箱：** fjpph7211@126.com
地　　址： 福州市东水路 76 号　　**邮政编码：** 350001
经　　销： 福建新华发行（集团）有限责任公司
印　　刷： 福州德安彩色印刷有限公司
地　　址： 福州金山工业区浦上 B 区 42 幢
电　　话： 0591-28059365
开　　本： 700 毫米×1000 毫米　1/16
印　　张： 26
字　　数： 335 千字
版　　次： 2024 年 2 月第 1 版　　**印　　次：** 2024 年 4 月第 2 次印刷
书　　号： ISBN 978-7-211-08982-6
定　　价： 98.00 元

《资治通鉴》最后的“臣光言”
——代序

司马光花十五年时间主持编撰的二百九十四卷近四百万字的编年体史书《资治通鉴》，压轴的《进书表》开头文字是“臣光言”。而此书中更多的则是“臣光曰”。言或曰虽然是一回事，但这最后的“臣光言”与别的“臣光曰”不同，并非对于某个历史人物或某个历史人物做的某一件事、说的某一番话的点评，而是关于他主持编撰《资治通鉴》的自述。

由此最后的“臣光言”可知，司马光之编撰此书，原是“奉敕”而行的，“奉”的是“资睿智之性，敷文明之治，思历览古事”的英宗皇帝之“敕”。宋英宗还“命自选辟官属，于崇文院置局，许借龙图、天章阁、三馆、秘阁书籍，赐以御府笔墨缯帛及御前钱以供果饵”，在人员、场所、物质条件诸方面予以大力支持，使司马光感到“眷遇之荣，近臣莫及”。《资治通鉴》之为《资治通鉴》亦为“奉圣旨赐名”，这是神宗皇帝的圣旨。宋神宗不但“赐之嘉名”，而且“宠以冠序”，甚至“每开经筵，常令进读”。

由此最后的“臣光言”可知《资治通鉴》的整体框架与编撰宗旨。此书“上起战国，下终五代，凡一千三百六十二年”，在各种史书中，“专取关国家兴衰，系生民休戚，善可为法，恶可为戒者，为编年一书”，其目的就是使执政者“以鉴于往事，有资于治道”。所以，他在最后的“臣光言”中明确表达，希望“陛下”即宋神宗能“监前世之兴衰，考当今之得失，嘉善矜恶，取是舍非，足以懋稽古之盛德，跻无前之至治”。

司马光在“奉敕”之前就已开始这项工程，并编成《通志》进呈英宗。他懂得以史为鉴能知兴衰的道理，没有“借古讽今”之忌讳。言古之善，不虑厚古薄今之嫌，不怕别人说难道我们还不如千年之前的古人；言古之恶，不虑含沙射影之嫌，不怕别人说是影射、是比附、是指着和尚骂贼秃。尤其应当指出的是，司马光编撰此书，明摆着首先是供“陛下”阅读的，他要“陛下”以史为鉴。“臣光言”三字对《资治通鉴》的读者对象做了精准定位。前后两位“陛下”也明白以史为鉴可以资政，未曾在这一点上有任何疑虑，而予以积极支持、鼓励和褒奖。

《资治通鉴》要对“上起战国，下终五代”的漫长历史进行梳理，专取“以鉴于往事，有资于治道”之事以成编年史书，其工程之浩大不言而喻。司马光“荷两朝知待如此其厚”，不敢有任何懈怠。对此，最后的“臣光言”中说得明白：起先是兼职的，不管工作如何变动，均“听以书局自随”；后来干脆退居洛阳，摆脱政事，全身心地投入这项工作，所谓“研精极虑，穷竭所有，日力不足，继之以夜”。如此这般，一干就是十五年。书成之日，他已是“目视昏近，齿牙无几，神识衰耗，目前所为，旋踵遗忘”的老翁了。

司马光主持编撰《资治通鉴》是有个机构的，即崇文院下置的“书局”，有一套钦命由司马光自择的人马作为他的助手。但从最后的“臣光言”可见，他并不像吕不韦编《吕氏春秋》那么洒脱，也不像如今某些鸿篇巨制的主编，调兵遣将、发号施令，只负责最后署名挂名，什么都由别人去做。

最后的“臣光言”中还有一句“自治平开局，迨今始成，岁月淹久，其间抵牾，不敢自保”，这话说得很客观实在。治平是英宗年号，从治平三年（1066 年）“奉敕”算起，到元丰七年（1084 年）书成之时，其实不止十五年。时间长了，篇幅大了，前后有自相矛盾之处，或是评说与事实不符，或是评说的尺度不能一以贯之，这都在所难免。司马光不敢像吕不韦那样“布咸阳市门，悬千金其上”，许诺有能“增损一字者予千金”，他没有那么牛气，恰恰相反，倒是向“陛下”坦陈“不敢自保”；接着上面这句话，说的便是“罪负之重，固无所逃。臣光诚惶诚惧，顿首顿首”，并不因为在所难免而心安理得。

《资治通鉴》最后的“臣光言”中，还真的很有些今人可师可范的东西呢！

目 录

第一编　千古风流

——《资治通鉴》中 27 个善可为法的历史人物

第一编

千古风流

——《资治通鉴》中27个善可为法的历史人物

刘恒：有所畏惧　励精图治*

在中国两千余年封建社会历史上，汉唐盛世相当耀眼。就像唐代最值得称道的是贞观之治一样，汉代最值得称道的便是文景之治。汉文帝刘恒，是文景之治的开创者。

自省自律

刘恒临终之时留有遗诏，给我印象最深的一句话，是“朕既不敏，常畏过行以羞先帝之遗德，惟年之久长，惧于不终”。其中“畏”与“惧”二字更是醒目——不是“畏天命，畏大人，畏圣人之言”，而是“畏”自己会犯错误，“惧”自己不能善终。他之所以有这样的“畏”与“惧”，是因为他自知“不敏”，与凡夫俗子没有多大区别，并非真的是上天之子，并非真的受命于天，并非真的有天生之才，并非一经登上帝位，就立马变得高明起来。以己之“不敏”而肩负帝王之任，生怕“羞先帝之遗德”，愧对天下苍生，始终都有如临深渊、如履薄冰之感，兢兢业业，不敢有丝毫懈怠。《诗》云

---

* 本书第一、二编文章的引文大多出自《资治通鉴》，为了让阅读更为顺畅，仅在篇首说明主要出处，个别引自其他古籍的在文中括注。不同版本的《资治通鉴》用字、标点略有差异，本书主要依据中华书局的版本（即以元刊胡三省注本为底本），同时参酌四部丛刊景宋刻本，特此说明。本篇引文主要出自《资治通鉴》的《汉纪五》《汉纪六》《汉纪七》。

所以通治道而来谏者也。今法有诽谤、妖言之罪，是使众臣不敢尽情而上无由闻过失也，将何以来远方之贤良！”

知与行并非总是统一的，故有知难行难之辩。能够做到的未必就能认知，能够认知的，更未必就能做到。犯颜直谏者难，从谏如流同样不易。

颍阴侯灌婴的骑从贾山上书刘恒，论述犯颜直谏之难。他以“雷霆万钧”为参照，说“雷霆之所击，无不摧折者；万钧之所压，无不糜灭者”，但君主的威严远远超过“雷霆”，君主的权力远远不止“万钧”，君主即便“开道而求谏，和颜色而受之”，采纳进言者的意见并重用进言者，当臣子的“犹恐惧而不敢自尽”，何况君主“纵欲恣暴、恶闻其过”？倘若此类君主对其“震之以威，压之以重”，进言者“虽有尧、舜之智，孟贲之勇”，又怎能不被君主的权力压得粉身碎骨？这样一来，君主“不得闻其过，社稷危矣”。他劝诫刘恒以“亡秦”为鉴：“秦皇帝居灭绝之中而不自知者，何也？天下莫敢告也。其所以莫敢告者，何也？亡养老之义，亡辅弼之臣；退诽谤之人，杀直谏之士。”希望刘恒不要重蹈覆辙。

明知犯颜直谏之难的贾山又直抒己见，指陈即位之后“节用爱民，平狱缓刑”而使“天下莫不说喜”的刘恒之过失，批评他刚有良好的开局，就与“豪俊之臣，方正之士……日日射猎，击兔、伐狐，以伤大业，绝天下之望”，他为此感到痛心；还说如此这般，使有关臣子“修之于家”的品行“坏之于天子之廷”，他为此感到惋惜。贾山在刘恒的政声如日中天之时，向他提出了如此尖锐的批评，确乎触犯了天颜，但刘恒没有恼羞成怒，“上嘉纳其言”，跨越了这一道很容易“挂不住脸”的坎。

郎署长冯唐是在刘恒与他拉家常时“冒犯”刘恒的。他们很随意地说到廉颇、李牧，刘恒说：我要能得廉颇、李牧为将，岂会有匈奴之忧！冯唐乘机进言，说：“陛下虽得廉颇、李牧，弗能用也。”此言很伤刘恒的自尊。“上怒，起，入禁中，良久，召唐，让曰：

‘公奈何众辱我，独无间处乎！’”史书中的这几句话，惟妙惟肖地写出了刘恒在这个短暂时段中的心路历程。但他还是压下心头之火，“复问”自称“不知忌讳”的冯唐何出此言。冯唐于是批评“陛下赏太轻，罚太重”，直言率众“终日力战，斩首捕虏”的云中守魏尚被削职之冤，以魏尚之遭遇而推论“陛下虽得廉颇、李牧，弗能用也”。刘恒接受批评，当即令冯唐“持节赦魏尚，复以为云中守”，并提拔冯唐为车骑都尉。

以上两例所说的进言者官职都不高，贾山只是颍阴侯灌婴的骑从，冯唐则是文帝的宿卫侍从。但由此二例更可知，所谓从谏如流者，包括刘恒在内，从谏之时往往都有一番内心挣扎；所谓虚怀若谷，也是战胜自我之后达到的境界。能支撑刘恒从谏如流、虚怀若谷的，还是他那种有所畏惧的心态。

文帝每次上朝，碰到有人进呈奏疏，都停下辇车接受；并对奏疏所说，择善而用。“袁盎等谏说虽切，常假借纳用”，此处被“等”掉的大臣中，有上《论积贮疏》的贾谊，也有上《论贵粟疏》的晁错，以及掌管司法的最高长官张释之。他们的进言，对于帮助刘恒少犯错误、多干实事、安邦治国大为有益。例如，有感于贾谊《论积贮疏》所言，那年春上，“诏开藉田，上亲耕以率天下之民”，又先后将田租减半直至全免，以鼓励天下百姓从事农业生产。

敬法约法

刘恒的有所畏惧，还表现在他对法律的敬畏。

登基之后不久，刘恒便下诏说：“法者，治之正也。今犯法已论，而使无罪之父母、妻子、同产（即兄弟）坐之，及为收帑（即官奴），朕甚不取！其除收帑诸相坐律令！”此诏有两层含意：其一，应当以法为正，即以法律作为治理天下的依据，有权不能任性，无论什么人都不能随心所欲，既不能欲加之罪何患无辞，也不能亲疏有别法外开恩。此所谓敬法。其二，作为治理天下之依据的法律，应是利国利民的持平之法，各种严刑苛法（包括以株连祸及无辜的连坐法，也包括前文所说的“诽谤罪”与“妖言罪”）均当废除。此所谓约法，用司马迁的话说，就叫“约法省刑”。

刘恒对于法律的敬畏，在周亚夫的细柳军营中体现得最为明显。“军中闻将军令，不闻天子之诏”，非如此，则军不成军。在周亚夫的军营中，这不是一句空话。不但“天子先驱至，不得入”，而且“上至，又不得入”，待到刘恒派人“持节诏将军”，说“吾欲入营劳军”后，周亚夫才传言“开壁门”。刘恒一行进入军营后，依然受到“军中不得驰驱”之军规的制约，屈尊“按辔徐行”。周亚夫见刘恒时也手执兵器拱手作揖，说：“介胄之士不拜，请以军礼见。”在一般人看来，这无疑是对帝王权威的挑战，但刘恒没有以自己的君权凌驾于军法之上，恰恰相反，他全然按照军中规矩而行，还为之动容，称赞周亚夫“此真将军矣”。

文景之治，文胜于景。文帝时期，没有出现过日后在景帝时出现的晁错、周亚夫这样的冤案。其实，刘恒与周勃的关系，同刘启与周亚夫的关系极为相似。就像刘恒遗言“即有缓急，周亚夫真可任将兵”而周亚夫不负此言一样，汉高祖刘邦曾经预言，“勃厚重少文，然安刘氏天下者，必勃也”，周勃不负汉高祖之托，在诛“诸吕”中起了举足轻重的作用。他此后也曾二任丞相之职，可谓功高权重，是极为敏感的人物，也曾被人诬告谋反，受到关押审讯且有狱吏“侵辱”。但刘恒并未像刘启打定主意要置周亚夫于死地那样对待周勃，他还是注重事实的，不以“事出有因，查无实据”的事定人之罪。“绛侯始诛诸吕，绾皇帝玺，将兵于北军；不以此时反，今居一小县，顾欲反邪”，太后此言也使刘恒茅塞顿开，最后还是“使使持节赦绛侯，复爵邑”。

刘恒对于法律的敬畏，在薄昭身上也得到体现。薄昭骄横，以致杀朝廷使者，按律当死。他是薄太后的亲弟弟，也是刘恒唯一的娘舅，那时薄太后还活在世上，但刘恒没有因此网开一面而以“赐死”处置，派遣公卿前去与薄昭喝酒，让他自行了断。薄昭依然心存侥幸，不肯就此了结，刘恒又派一群大臣穿着丧服，到薄昭家中哭丧，薄昭这才自尽。有人（例如唐代李德裕）非议此事，认为刘恒杀薄昭有损于孝义。司马光却认为，“法者天下之公器，惟善持法者，亲疏如一，无所不行”。司马光还说，如果汉文帝对薄昭法外开恩，那与日后成帝、哀帝时朝纲废弛的局面又有什么区别？

刘恒当然也有帝王固有之特权观念，常会有以权代法的冲动。但因为他自知“不敏”，身边常会有人提醒、劝阻，廷尉张释之就是其中之一。有一次，刘恒出行，御驾被突然出现的行人惊了，他要处死那人，张释之却只处以罚金。刘恒为此怒发冲冠，张释之晓之以理：“法者，天下公共也。今法如是；更重之，是法不信于民也。……廷尉，天下之平也，壹倾，天下用法皆为之轻重，民安所错其手足！”刘恒慢慢消化理解并认可张释之所说的法理，说“廷尉当是也”。这其实也与他自知不敏、有所畏惧相关。

刘恒因为自知“不敏”、有所畏惧而时时鞭策自己励精图治。在他执政时期，吏安其官，民乐其业，人口繁衍，风俗笃厚，法网宽松，刑罚骤减。司马光在《资治通鉴》中评价刘恒：“专务以德化民，是以海内安宁，家给人足，后世鲜能及之。”前几句是从司马迁的《史记》中照搬或演变过来的，唯有“后世鲜能及之”，却是融入了司马光自己的见解。

刘询：德法兼治　信威四夷*

在长达两百余年的西汉历史中，自汉文帝刘恒之后，最能关注民生、顺应民意的，当数汉宣帝刘询了。他的选贤任能、法正其本、慎用边兵，无不与此相关。因而，班固称颂“孝宣”之治，“功光祖宗，业垂后嗣，可谓中兴”，尽管他也有“善政之累”。

选贤任能

刘询原名刘病已，刘询是他自己改的。为使民间容易避讳，是他更名的契机。

在中国封建社会的历代帝王中，大概没有或极少有像刘询这样，出生几个月就成为孤儿并陷于牢狱之灾，此后又曾流落民间。刘询也因此深知人生艰辛、世态炎凉、民间疾苦，而具有那种“生于深宫之中，长于妇人之手，未尝知忧，未尝知惧”的皇家子孙没有或难有的政治品格，这就是关注民生、顺应民意。

刘询在大将军霍光去世之后开始亲政，他常说：老百姓之所以能安居家乡，没有叹息、怨愁，主要就在于为政公平清明，处理诉讼之事合乎情理。这需要他和那些优秀的郡太守、封国丞相等“二千石”官员齐心协力才能做到。因此他非常重视选贤任能，广泛延

* 本篇引文主要出自《资治通鉴》的《汉纪十六》《汉纪十七》《汉纪十八》。

揽贤能才俊，下诏各郡、国举荐“贤良方正”和“直言极谏”之士，注重对他们的问责考核，“五日一听事”，自丞相以下“各奉职奏事，敷奏其言，考试功能”，用现在的话说，也叫述职与考核罢。对于刺史、郡守及封国丞相，刘询往往“辄亲见问，观其所由，退而考察所行以质其言，有名实不相应，必知其所以然”，并做到有功必赏，有过必罚，赏罚分明。因此，史家称“汉世良吏，于是为盛”。

汉宣帝刘询用人有自己的特色。

一是注重公论民意。在他亲政之前，基本沿袭汉武帝时的严刑峻法，官员大多从众从俗以用法严苛来显现自己的才能。河南太守黄霸却以为政宽和著称于世，以致史家评说，自汉朝建立以来，治理百姓的官吏中黄霸当居第一。刘询在民间时就知百姓苦于官吏的执法峻急，听说黄霸执法平和，便将其召到长安，任命为廷尉，多次裁决疑案，朝野公认黄霸执法公正。

二是注重品格操守。张安世，由御史大夫魏相上密奏提议并为刘询认同，出任大将军。他是很有品格与操守的君子，经常与刘询一起商议国家大事，做出决策后，从不向外泄露，即使是朝廷大臣，也无人知道他曾参与某事之决策。他举荐人才出以公心，不市私恩。曾有一位被他举荐的人前来道谢，他愤然作色，说“举贤达能，岂有私谢邪”，从此便与他断绝交往。有郎官认为自己“功高不调”，感到委屈，要张安世为之美言，他说：“君之功高，明主所知，人臣执事何长短，而自言乎!”刘询看重的，正是他的谨慎周密，公私分明。

三是注重实际才干。龚遂原是故昌邑王即废帝刘贺的郎中令，刘贺被废之时，他身边的官员大多因失职而被处死，龚遂对刘贺已尽到谏诤之责，因而得以免死被贬去看守城门。他在“勃海左右郡岁饥，盗贼并起，二千石不能禽制”之时，由丞相、御史推荐而被刘询任命为勃海太守，时年七十，形貌短小，很不起眼。但一番交谈下来，刘询便看中了这个小老头。龚遂认定所谓“盗贼并起”，只是“民困于饥寒而吏不恤，故使陛下赤子盗弄陛下之兵于潢池中”，因此“单车独行至府”，使所谓盗贼“弃其兵弩而持钩、锄”，不用一兵一卒，更没有大动干戈，就达到平乱维稳的目的。

刘询用人，注重历练考察。萧望之为人持重，善于筹划，擅长分析，刘询想予以重用，却不知其行政能力，于是任命他为左冯翊（与京兆尹、右扶风并称三辅）。本为少府的萧望之误以为这是皇上听了什么人的谗言后对他的贬黜，便以病为由上书辞职。刘询特地派员向他解释：你当平原太守时间太短，调你到三辅地区任职，是为了考察你的治理能力。

甘露三年（前51年），汉宣帝刘询因为四方戎狄臣服，想到辅佐大臣的功劳，命人在麒麟阁上绘制“良臣”画像，即霍光（只写“大司马、大将军、博陆侯，姓霍氏”）以及张安世、韩增、赵充国、魏相、丙吉、杜延年、刘德、梁丘贺、萧望之、苏武，共十一人。

法正其本

地节三年（前67年），即汉宣帝刘询亲政后的第二年，廷尉史路温舒上书说，“臣闻秦有十失，其一尚存，治狱之吏是也”，那些酷吏“上下相驱，以刻为明，深者获公名，平者多后患”，几乎成为普遍的执法氛围。“治狱之吏皆欲人死”，将此当作一种“自安之道”。因为刑讯逼供者比比皆是，就有屈打成招者，冤假错案频频出现，死于非命者不计其数，苛法苛吏成为民之大患。他希望汉宣帝省法宽刑，以改前世之失，兴太平之风。

路温舒此言或有“诽谤先帝，刺讥当世”之嫌。因为他所说的“上下相驱，以刻为明，深者获公名，平者多后患”，不仅是亡秦之失，也是孝武之失，更是于今（即宣帝之时）犹存之弊端。

自幼就在民间的汉宣帝刘询深知苛法酷吏之可恶，他认为路温舒说得很好，真心实意地接受了他的意见，还专门为此下了诏书。首先做了自我批评，将“间者吏用法巧文浸深”，归结为“朕之不德”，同时指出“决狱不当”之恶果，使有罪者愈发作恶，无辜者遭受严刑，由此造成诸多家庭之不幸。诏书中还有具体措施：增设廷尉平四名，俸禄六百石，希望他们公正执法，“以称朕意”。此后每年秋天，在对当年之案狱做最后决定时，汉宣帝往往亲临宣室，亲自裁决。凡此种种，对于扭转“治狱之吏皆欲人死”的弊政起了一定的作用。

涿郡太守郑昌在这种背景下直言上书，他说：“今明主躬垂明听，虽不置廷平（即廷尉平），狱将自正”，然而仅仅这样做是靠不住的，设置廷尉平只能“以理其末”；皇上亲自裁决，也只是眼前有效；若为“后嗣”着想，“不若删定律令。律令一定，愚民知所避，奸吏无所弄”。郑昌意在法正其本，他说“今不正其本”，万一哪天“政衰听怠”了，这些廷尉平将揽权弄法，成为祸乱天下的元凶首恶。

对于郑昌这番直言，刘询如何反应，《资治通鉴》未曾提及，《后汉书·刑法志》记有六字：“宣帝未及修正”。但从此后的行动看，汉宣帝在一定程度上汲取了郑昌之谏言。

地节四年（前 66 年），汉宣帝下诏：“自今子有匿父母、妻匿夫、孙匿大父母，皆勿治。”这意思与孔子所言“父为子隐，子为父隐，直在其中矣”（《论语·子路》）正相吻合。

元康二年（前 64 年），汉宣帝下诏：二千石官员要督察自己的属下是否奉公守法，不得任用玩弄法令、决狱不公、瞒上欺下的官吏。

元康四年（前 62 年），汉宣帝下诏：“年八十以上，非诬告、杀伤人，他皆勿坐。”

可见刘询在废除苛法，拒绝酷吏，倡导人性化执法方面建章立制，有所作为。不仅如此，他在下诏之后更注重落实，在官吏的使用与赏罚中体现省法宽刑、法正其本的导向。

河南太守严延年为政阴鸷酷烈，“众人所谓当死者一朝出之，所谓当生者诡杀之，吏民莫能测其意深浅，战栗不敢犯禁”。每年冬天集中处决囚犯，流血数里，号曰“屠伯”。连其母都谴责他：“专治千里，不闻仁爱教化，有以全安愚民；顾乘刑罚，多刑杀人，欲以立威，岂为民父母意哉!”此公看不起以为政宽和著称于世的黄霸，因为黄霸受到刘询褒赏，内心不服，口出怨言，被一位叫“义”的府丞冒死上书言延年罪名十事，经查实后“弃市”。

东海太守尹翁归为人廉明，执法公正，对郡中吏民之贤与不肖尽皆知之。碰到下属处理事务过于苛急，便命其稍加平缓；稍有懈怠，则亲自查阅有关案卷督促。他逮捕罪犯，目的在于以一儆百，被惩罚的吏民全都敬服，并改过自新。因为治理郡务政绩卓著，被调入京城担任右扶风一职。

刘询有一句名言，“汉家自有制度，本以霸王道杂之”。这话原是对太子刘奭说的，司马光在《资治通鉴》中以“王霸无异道”予以批驳。其实，刘询的“王霸道杂之”与司马光的“王霸无异道”并无什么区别。刘询不满太子“奈何纯任德教”，在他的法治之中，本身就含有德治。他任用的官吏，也并非都是法吏，例如曾任廷尉的黄霸与曾任廷尉吏的路温舒都信奉儒学。他还曾专门下诏，“诸儒讲五经同异，萧望之等平奏其议”，并亲自出席做出裁决。倒是“乱我家者太子也”，刘询不幸而言中，若非刘奭懦弱，怎会使王政君及王氏外戚四世擅权并导致王莽篡政?

慎用边兵

连年征战，遭罪受苦的是百姓。打仗要用兵，这兵都是百姓子弟；打仗要用钱，这钱就是百姓血汗；战事占用农时，百姓靠务农吃饭，最怕误了农时。汉武帝之时屡兴兵事，天下虚耗，百姓流离，刘询深知轻率动用边兵之祸害。地节三年（前67年）冬十月，他因地震下诏：“朕既不德，不能附远，是以边境屯戍未息。今复饬兵重屯，久劳百姓，非所以绥天下也。其罢车骑将军（即张安世）、右将军（即霍禹）屯兵!”将这两支屯兵部队撤了回来，以减轻百姓负担。同时下诏，将闲置的皇家池塘和禁苑借给贫苦百姓从事农耕生产；返回原籍的流民，由官府借给公田，贷给种子、粮食，免除他们的财产税和徭役；各郡、国的宫室、别馆不要再进行修缮。可见，刘询亲政之初就将慎用边兵与关注民生紧密地结合在一起。

当然，他能保持这种清醒，离不开“贤良方正”和“直言极谏”之士的不断提醒与劝阻。

元康二年（前 64 年），匈奴多次派兵袭击在车师屯田的汉人，企图并吞车师国。郑吉率领在渠犁屯田的汉兵七千余人前去救援，却被匈奴军队围困，郑吉派人向朝廷求援，希望增派屯田军队。汉宣帝刘询与后将军赵充国等商议，打算乘匈奴国力衰弱的机会，出兵袭击匈奴西部地区，使其不能再骚扰西域各国。御史大夫魏相上书谏阻。他将用兵分为五种：“救乱诛暴，谓之义兵，兵义者王；敌加于己，不得已而起者，谓之应兵，兵应者胜；争恨小故，不忍愤怒者，谓之忿兵，兵忿者败；利人土地、货宝者，谓之贪兵，兵贪者破；恃国家之大，务民人之众，欲见威于敌者，谓之骄兵，兵骄者灭。”他说，近来匈奴向汉朝表露善意，得到汉之百姓马上就将他们送回，亦未曾侵略汉之边境，于是提出：“今闻诸将军欲兴兵入其地，臣愚不知此兵何名者也!”魏相还提出各郡、国治理的诸多问题，包括官吏不廉，风俗不正，灾害不断，边郡困乏，用孔子的话“吾恐季孙之忧不在颛臾而在萧墙之内”劝告刘询，请他分清轻重缓急。刘询接受了魏相的劝告，只派常惠率领张掖、酒泉的骑兵前往车师，接郑吉及其所率将士回渠犁，立前车师国太子军宿为王，将车师百姓迁徙去渠犁居住，将车师故地让给匈奴，任命郑吉为卫司马，负责鄯善以西地区的安全。

神爵元年（前 61 年），因为骑都尉义渠安国召集先零部落首领三十余人，将其中最为桀骜狡诈者全都杀死，又纵兵袭击先零人，斩首一千余级，导致已归附汉朝的各羌人部落和归义羌侯杨玉愤怒怨恨，不再信任并臣服于汉朝，转而劫掠弱小部族，侵犯汉朝边塞，攻打城池，杀伤官吏。义渠安国防备羌人的二千骑兵遭羌人袭击，于是率兵撤退，奏闻朝廷。虽说是义渠安国处事不当，但毕竟人家已经大动干戈，一场战争难以避免。年逾古稀的老将赵充国主动请战，刘询问："将军度羌虏何如？当用几人？"赵充国答："百闻不如一见。兵难遥度，臣愿驰至金城（即今甘肃兰州），图上方略。"于是朝廷"发兵诣金城"。

因为"兵难遥度"，赵充国的作战方略是他到了金城之后上呈的。刘询既没有以君命或圣旨遥控指挥，硬要赵充国不折不扣地执行，也没有以"将在外，君命有所不受"为由当甩手掌柜。赵充国与刘询书信往来不断，足见用兵之慎。

赵充国的方略归纳起来说，就是不搞全面出击，而作重点打击；不搞长途征讨，而搞屯兵守护；不以重兵相逼，而重分化招降。他先后五次上书，总旨是重谋略而轻拼杀。史书记载："充国奏每上，（宣帝）辄下公卿议臣。"最初赞成赵氏意见的十有三人，以后十有五人，最后十有八人。宣帝诘问"前言不便者"，其中包括魏相，他们"皆顿首服"。宣帝于是回复赵充国，全盘肯定他的方略。如此这般，没有付出很大的代价，却大获全胜，使汉朝"信威并立"。于是，刘询"诏罢兵，独充国留屯田"。

赵充国班师回朝后，郑吉接班。神爵二年（前60年），郑吉首任西域都护，"督察乌孙、康居等三十六国动静，有变以闻，可安辑，安辑之，不可者诛伐之，汉之号令班西域矣"。五凤四年（前54年），匈奴单于向汉朝称臣，派其弟右谷蠡王到长安来充当人质。汉朝因边塞地区没有了外族入侵的战事，便将屯戍兵卒减少十分之二。刘询下诏表彰郑吉"拊循外蛮，宣明威信……功效茂著"（《汉书》卷七十），封他为安远侯。班固则称刘询"推亡固存，信威北夷"（《汉书》卷八）。

丙吉：有胆有识　大度大德*

班固在《汉书·魏相丙吉传》末有“赞”，称“近观汉相，高祖开基，萧、曹为冠，孝宣中兴，丙、魏有声”。此处之“丙”，即为丙吉；“魏”，乃是魏相。魏相长于识见，他曾密奏汉宣帝，防范权势熏天、骄横奢侈的霍光后人，对于稳定汉宣帝亲政之初的政治局面有鼎力之功；他将周边用兵分为义兵、应兵、忿兵、贪兵、骄兵，力谏宣帝慎用边兵，对于睦邻安邦也大为有益。而丙吉则重在德行，临危仗义，不避凶险；不道前恩，不徼其报；容人之短，扬人之长，其高风亮节堪为后世楷模。

此篇不道魏相，只说丙吉。

临危仗义　不避凶险

丙吉历经汉武帝、汉昭帝、汉宣帝，可谓三朝元老。武帝末期的巫蛊之祸中，宠臣江充乘机陷害与他有隙的太子刘据，逼得太子起兵诛杀江充，于是遭汉武帝镇压兵败，皇后卫子夫和太子刘据相继自杀。就在这个敏感时期，丙吉官复原职，以原先廷尉监的身份到郡邸监狱审理查办巫蛊要案。

---

* 本篇引文主要出自《资治通鉴》的《汉纪十六》《汉纪十七》及《汉书》卷七十四。

那个时候，与太子刘据有关的人都已被收监，刚刚出生几个月的刘据的孙子刘病已亦在其中。“倾巢之下，安有完卵”，刘病已的祖母史良娣、父亲刘进等全都含冤去世，这位幸存的皇曾孙已是陷于牢狱的孤儿，可谓“危若累卵”。丙吉于心不忍，精心挑选谨慎厚道的女犯渭城人胡组和淮阳人郭徵卿“乳养”刘病已，让她们住在狱中相对宽敞干燥之处，尽可能让这个幼小的生命少受牢狱之罪，他自己也常去探看。

后元二年（前87年），汉武帝病了，往来于长杨、五柞二宫之间，听观望云气的方士说长安监狱中有“天子之气”。武帝派遣使者到长安各个监狱，诏命不论罪轻罪重一律处死。当内谒者令郭穰连夜赶到郡邸监狱之时，丙吉紧闭大门，硬是不让使者进去，说是“皇曾孙在此。别的人无罪被杀都不允许，况且他是皇帝的曾孙”。如此对峙，直到天亮。郭穰只好回去报告汉武帝并弹劾丙吉。好在此时汉武帝已经醒悟，说“这是上天让这样做的吧”，于是大赦天下。在长安的监狱中，唯独郡邸监狱的囚犯，因了丙吉才得以活命。

大赦之后，刘病已并未彻底改变命运。丙吉对守臣谁如说，皇曾孙不应当再在官狱之中，让谁如写公函给京兆尹，并把刘病已和胡组一起送到京兆尹那里，但京兆尹又把刘病已和胡组送了回来。此时胡组刑期已满，刘病已舍不得离开一直乳养他的胡组，丙吉就自己花钱雇了胡组，让她留下来和郭徵卿一起继续抚养刘病已，又过了几个月，才放胡组离去。少内啬夫对丙吉说，他很想给刘病已上等供给，但是没有诏令，无法给予皇曾孙相应的待遇。丙吉就让出自己能够享受的待遇，让刘病已每个月都能吃到米和肉。有时丙吉病了，丙吉还交代属下去问候皇曾孙，去看看皇曾孙的被褥干湿厚薄。

后来，丙吉听说刘病已的祖母史良娣的母亲贞君和史良娣的兄长史恭尚在，便将刘病已送去给他们抚养。再后来，汉武帝下诏刘病已进掖庭养视，并“令宗正著其属籍”。至此，丙吉方才了了这个心事。

在丙吉保护刘病已的过程中，人们不难发现体现在他身上的传统美德。

一是大义。丙吉与刘病已无亲无故，用现在时髦的话说，没有半毛钱的关系。但当他看到这个无辜的小生命陷于牢狱之中，他难以抑制自己的恻隐之心，此孟子所谓的“仁之端”。他的“于心不忍”，其实就是仁义。丙吉已经觉察到太子刘据的案子必有冤情，他想尽己之能保护刘据的血脉，以免蒙冤受屈的刘据被人斩草除根，这叫作仗义。如果说日后史家抚养刘病已，是因为刘病已身上原本就有史家的血脉；如果说日后许广汉听取张贺的意见把女儿许配给刘病已，是因为他们已看出刘病已到时候最不济也是一个“关内侯”，那么，丙吉的这种仁与义，全然没有任何个人考虑——那个时候，恐怕谁也不会想到这个刘病已还会有出头之日——此所谓大义。

二是担当。丙吉到郡邸监狱审理巫蛊案，可谓敏感人在敏感时期被派到了敏感岗位。他刚刚恢复原先廷尉监的身份来此上任，此所谓敏感人物；巫蛊案中没有死去的涉案人员正有待审理，此所谓敏感时期；丙吉到任的郡邸监狱正是关押与审理涉案人员之处，此所谓敏感岗位。三个“敏感”凑在一起，只要稍有不慎，就会大祸临头——巫蛊之祸死去的人多达数万，还在乎添一个丙吉？然而，丙吉要保护的偏偏就是危若累卵的刘病已，这需要多大的担当！不要以为“皇曾孙”这三个字能为他增加多少保险系数，连皇太子、皇太孙都已死于非命，何况是皇太子之孙、皇太孙之子。只要想想大赦之后京兆尹尚且不敢碰这个烫手的山芋，也就可知不仅在与郭穰对峙的那个晚上，丙吉已把身家性命全都豁了出去，他在下决心保护这个幼小生命之时，恐怕也已估计到了可能出现的凶险。

三是责任。丙吉以保护刘病已为己任。只要是刘病已的事，他从大到小都管，物色乳母他管，饮食起居他管，头痛发热他管，连刘病已舍不得乳母离去他也管。他自始至终都管，从刚到郡邸监狱上任接触到这个幼小的生命管起，管到“大赦天下”之后，一直管到托付给刘病已奶奶史良娣的母亲与兄长，一直到汉武帝下诏掖庭养视，并“令宗正著其属籍”。这不是别人强加给他的责任，这不是他职责范围之内的责任，这是道义与良知赋予他的责任。

不道前恩　不徼其报

后元二年（前 87 年），汉武帝驾崩，八岁的太子刘弗陵即位，是为汉昭帝。充当周公角色摄政掌权的主要是大将军霍光（此外还有金日磾与上官桀）。那个时候，丙吉为大将军长史，甚为霍光所重，还入朝做了光禄大夫给事中。汉昭帝英年早逝，没有子嗣，霍光等大臣立昌邑王刘贺为帝，派遣丙吉前去迎接刘贺。“贺即位，以行淫乱废”，于是，谁来当皇帝又成了霍光等考虑的头等大事。此时丙吉上奏，说：“窃伏听于众庶，察其所言，诸侯宗室在位列者，未有所闻于民间也。而遗诏所养武帝曾孙名病已在掖庭外家者，吉前使居郡邸时，见其幼少，至今十八九矣。通经术，有美材，行安而节和。”丙吉请大将军霍光考虑刘病已这个人选。还说：如不便骤然使他显贵，可以先让他入宫服侍皇太后，使天下人逐步了解他，然后再做重大决策。霍光看完奏本，“遂尊立皇曾孙”，并派遣宗正刘德与丙吉一起迎皇曾孙于掖庭。不久，皇曾孙刘询即原先的刘病已登上帝位，这就是汉宣帝。

从丙吉给霍光的奏本所说可知，无论是刘病已为史家抚养，还是进掖庭养视，都在丙吉的关注之中。要不他怎么知道刘病已如今“在掖庭外家”，又怎么知道如今的刘病已“通经术，有美材，行安而节和”？丙吉之于刘病已，犹如程婴之于赵武，真可谓恩重于山。

霍氏一族的人一直感到霍光对汉宣帝刘询恩重如山，霍光去世之后，霍氏后人动辄就说“县官（指汉宣帝）非我家将军（指霍光）不得至此”。丙吉秉性忠厚，为人低调，尤其自汉宣帝即位之后，居功不显，不道前恩，两者相比，反差强烈。宣帝因为当时年幼，没有清晰的记忆，朝中也无人知道丙吉当年所做的一切。汉宣帝知道丙吉之旧恩，已是霍光后人因谋反而被诛的几年之后。

不妨先将班固《汉书·魏相丙吉传》中的相关文字抄录如下：

> 是时，掖庭宫婢则令民夫上书，自陈尝有阿保之功。章下掖庭令考问，则辞引使者丙吉知状。掖庭令将则诣御史府以视吉。吉识，谓则曰："汝尝坐养皇曾孙不谨督笞，汝安得有功？独渭城胡组、淮阳郭徵卿有恩耳。"分别奏组等共养劳苦状。诏吉求组、徵卿，已死，有子孙，皆受厚赏。诏免则为庶人，赐钱十万。上亲见问，然后知吉有旧恩，而终不言。上大贤之，制诏丞相："朕微眇时，御史大夫吉与朕有旧恩，厥德茂焉。《诗》不云乎'亡德不报'。其封吉为博阳侯，邑千三百户。"

司马光《资治通鉴·汉纪十七》中也有同样记载，止于"上大贤之"，几乎一字不差，想必是从《汉书·魏相丙吉传》中抄录的。对于这段记载，我有一个疑问，就是那位叫"则"的掖庭宫婢的身份。掖庭与郡邸监狱并非同一机构，掖庭掌管皇宫宫女及供御用的杂务，兼管宫中的诏狱；郡邸监狱则是王侯、郡守、各郡国在京的邸舍临时设置的羁狱。巫蛊之祸后，刘病已关押在郡邸监狱，汉武帝下诏后，方才得以入掖庭养视并由"宗正著其属籍"，故这位叫"则"的宫婢在掖庭照顾皇曾孙如何不周，也不会由掌管郡邸监狱的丙吉去责罚；而刘病已在郡邸监狱的各种遭遇，也不可能为身在掖庭的宫婢所知。我忖度，很可能是史官疏漏了其中某个细节，例如，当时的郡邸监狱因管理女犯的狱卒不足，借用了掖庭的宫婢。但我以为，这段文字所述符合情理，当基本属实。

由以上文字至少可知，其一，在"掖庭宫婢"自陈"尝有阿保之功"并说可由丙吉为证之前，丙吉"绝口不道前恩，故朝廷莫能明其功"。其二，在"掖庭宫婢"之言掀起前事之一角后，丙吉只说

“乳养”刘病已的胡组、郭徵卿之“共养劳苦状”，而丝毫不言己功。班固《汉书·魏相丙吉传》中记有当年曾在郡邸监狱中任职的叫“尊”的狱卒之回忆可为佐证。这位叫“尊”的狱卒在“掖庭宫婢”掀起前事一角之后，也曾“上书言状”。这份奏书正好落在时任御史大夫丙吉的手上，“吉谦让不敢自伐，删去臣辞，专归美于组、徵卿”，也就是说，删去“尊”所述的丙吉之功，只留“尊”所言的胡组、徵卿之美。其三，汉宣帝是通过亲自“见问”有关人士之后而“知吉有旧恩而终不言”，于是“上大贤之”。

大凡真正有德者之行德，发自内心，习以为常，行德有强烈功利目的的人不算有德。出了一点力，就觉得了不起，喜欢自吹，生怕别人不知道，有德也成了无德。这就是老子说的“上德不德，是以有德。下德不失德，是以无德”。丙吉就是真正有德的人，所以，汉宣帝得知他的旧恩之后的直接反应是“大贤之”。不是为他的“大恩”而感激，而是为他的“大贤”所感动。倘若说当时汉宣帝“封吉为博阳侯，邑千三百户”是为报答丙吉的“大恩”，那么此后五年，汉宣帝任丙吉“代魏相为相”，则是因为丙吉的“大贤”了。无德之人，即使于己有恩，又岂可为相?

汉元帝时，丙吉的儿子丙显犯事，此时已“年老居贫，死在旦暮”的“尊”上书说：“臣愚以为宜复其爵邑，以报先人功德。”然而，丙显所犯之事不轻，属于贪赃一类，涉案金额高达千余万，司隶校尉已奏请逮捕。汉元帝说：“故丞相吉有旧恩，朕不忍绝。”因而只是免去了丙显的官职，没有追究他的刑事责任。假如丙吉在世，是断然不会听任元帝如此法外开恩的。“不道前恩，不徼其报”的丙吉，怎会同意以他的“前恩”去荫庇子孙，去宽宥他儿子的罪孽呢?

容人之短　扬人之长

丙吉确有宰相之器，他为人宽厚，心中没有小旮旯。属下有什么毛病，或出了什么差错，也总是给人留有进退的余地。例如，丙吉的“驭吏”（驾车之吏）嗜酒，有一次喝醉了酒，在丙吉的车上呕吐，吐得满车都是。西曹主吏想赶走此人，被丙吉阻止。丙吉说，不就是弄脏了我这个宰相的车子吗？你把他赶走了，叫他日后如何在世上立足？这个驭吏是边郡人，熟知边塞报警之事，日后还是他及时获取边虏入侵的情报，提出“二千石长吏有老病不任兵马者，宜可豫视”的建议，得以及早防备，受到宣帝赞赏。丙吉于是感叹：“士亡不可容，能各有所长。向使丞相不先闻驭吏言，何见劳勉之有？”

时任宰相魏相“与御史大夫丙吉同心辅政，上皆重之”，乃是因为魏相深知丙吉宽厚仁义，品格高尚，丙吉佩服魏相通古博今，识见高远，他们都能扬人之长。魏相去世之后，丙吉为相。“吉上宽大，好礼让，不亲小事；时人以为知大体”。

丙吉病重之时，汉宣帝亲自到病榻前问候，并一再问丙吉：“君即有不讳，谁可以自代者？”丙吉当然知道选贤任能系宰相职责所在，于是顿首直言，推荐三人：一是西河太守杜延年，他说杜氏“明于法度，晓国家故事，前为九卿十余年，今在郡治有能名”；二是廷尉于定国，他说于氏“执宪详平，天下自以不冤”；三是太仆陈万年，他说陈氏“事后母孝，惇厚备于行止”，并说此三人之能力皆在他丙吉之上，请皇上考察定夺。汉宣帝以“吉言皆是而许”，而实践也证明，此三者“居位皆称职，上称吉为知人”。

其实，丙吉之知人识人，最突出的莫过于使刘病已脱颖而出，成为西汉王朝的中兴之主，因为他知道刘病已曾经沦落社会底层，懂得民间疾苦，具有那些“生于深宫之中，长于妇人之手，未尝知忧，未尝知惧”的王子王孙们所没有的素质。

班固称赞说：“是时，黜陟有序，众职修理，公卿多称其位，海内兴于礼让。”汉宣中兴之时相对良好的政风与民风，应与丙吉堪为后世楷模的高风亮节有关。

刘秀：仁义之师　开明之治*

在东汉与西汉之间，隔着一个王莽篡位的新朝。班固评说“色取仁而行违”的王莽，“颠覆之势险于桀、纣”，致使“中外愤怨，远近俱发，城池不守，支体分裂”，他认为“自书传所载乱臣贼子，考其祸败，未有如莽之甚者也”。然自古乱世出英雄，光武帝刘秀就是在那个乱世中脱颖而出的，他以毕生精力克定祸乱，复兴汉祚，创立东汉基业。

仁义之师

刘秀原是汉景帝第六子长沙定王刘发第六代子孙，父亲刘钦，为南顿令。兄弟三人，大哥刘縯，二哥刘仲，刘秀排行第三，因幼年丧父，由叔父刘良抚养成人。可见，刘秀虽是帝王之胄、刘氏宗室，其实早已流落南阳民间，并非“生于深宫之中，长于妇人之手，未尝知忧，未尝知惧”之王子公孙。

南阳郡穰县蔡少公与刘秀的姐夫邓晨有往来，此公对图谶有研究，曾说“刘秀当作天子”。那时，日后的光武帝刘秀尚名不见经传，大名鼎鼎的刘秀却另有其人，有人就接着蔡氏的话头说：“是国师公刘秀吧?”刘秀开玩笑说：“你怎么知道不是我呢?”在座的人哄

---

* 本篇引文主要出自《资治通鉴》的《汉纪三十一》《汉纪三十五》《汉纪三十六》。

堂大笑。但我忖度，无论是开玩笑的刘秀，还是哄堂大笑的诸公，当时大多未必当真。

但也有人当真上心了，同样好图谶的宛人李守就对儿子李通说，“刘氏当兴，李氏为辅”。此时“新市、平林兵起，南阳骚动”，从弟李轶对李通说：“今四方扰乱，汉当复兴。南阳宗室，独刘伯升兄弟泛爱容众，可与谋大事。”刘伯升就是刘秀的大哥刘缜。李轶此说甚合李通之意，正好刘秀运粮到宛城贩卖，于是互相结交，商定起兵事宜。

“刘氏当兴”之“刘氏”，并非只是刘缜、刘秀兄弟，新市、平林兵中号称“更始将军”的刘玄也是刘氏宗室。刘缜刘秀李通李轶的兵马与他们合为一体，共十余万人，号称汉军。刘玄率先被那些因为纵欲成性而“惮缜威明，贪玄懦弱”的新市、平林将帅拥立为帝，改元更始，史称更始皇帝。刘缜被更始帝刘玄任命为大司马，刘秀就在刘缜的麾下效力。

那个时候想当皇帝的人确实不少，刘氏宗室除了刘玄，还有被赤眉军首领樊崇等拥立为帝的刘盆子，在更始政权灭亡后自立为帝的梁王刘永，被宗室刘林等立为汉帝的冒牌“刘子舆”，此外还有异姓枭雄公孙述与隗嚣之辈，然而大多如过眼烟云，昙花一现。终成大业的却是起先默默无闻地在大哥刘缜麾下效力的刘秀。

班彪曾作《王命论》，他认为刘姓继承的是尧的大业，其至高无上的权力是上天授予的，此所谓“神器有命，不可以智力求”，并以此劝告隗嚣效力刘秀的东汉，不要有非分念想。其实，刘秀之所以使汉祚得以复兴，主要原因不在于姓刘——要不刘玄、刘永、刘盆子都曾称帝，又何以撑不下去——而是因为刘秀以仁义之心、容人之量而兴仁义之师。

刘玄因为刘缜刘秀兄弟战功卓著，声名显赫，害怕他们功高盖主，在李轶、朱鲔的怂恿之下杀了大司马刘缜。刘秀懂得顾全大局，不耿耿于私人恩怨，为了维系汉军团结一致共同推翻王莽政权，克制了自己的情感。在有关官员迎接刘秀表示哀悼之时，他唯有责备自己，只是在单独居住之时不吃酒肉、暗自哭泣。他更不会像刘玄那样，为了自己能当皇帝而不择手段。

刘玄平庸无能，却作威作福，他与赵萌之女日夜饮宴于后庭，将政事全委托于赵萌，以致“赵萌专权，生杀自恣，郎吏有说萌放纵者”，怒而“拔剑斩之”，此后自是无人再敢“复言”。军师李涉上书规劝，也被刘玄囚禁，弄得“关中离心，四海怨叛”。刘秀却始终勤勉处世，低调待人。他以大司马的身份持节北渡黄河，“所过郡县，考察官吏，黜陟能否，平遣囚徒，除王莽苛政，复汉官名”；当地“吏民喜悦，争持牛酒迎劳”，刘秀均谢辞不受。

刘秀懂得化敌为友，从不以杀人为乐。他率领军队攻打颍川，生擒督察五县的颍川郡掾冯异。冯异说：“异有老母在父城，愿归，据五城以效功报德!”刘秀允诺。冯异回去后，告诉父城长苗萌：刘玄“诸将多暴横，独刘（秀）将军所到不虏略，观其言语举止，非庸人也!”和苗萌一起率五县军民归顺。这个冯异日后战功卓著，然“为人谦退不伐”，诸将“并坐论功”之时，往往“独屏树下”，成为刘秀军中颇有威信的“大树将军”。

刘秀也曾与赤眉、铜马对阵，却重在化解、包容，不图斩尽杀绝。曾有刘氏宗室子弟刘林建议刘秀在列人县境内掘开黄河，淹没拥立刘盆子为帝的赤眉军，刘秀没有听从这个馊主意。赤眉军被刘秀军队包围后派人请求投降，说：“（刘）盆子将百万众降陛下，何以待之?”刘秀说：“待汝以不死耳!”受降后还让各将领居住洛阳，对刘盆子赏赐更为优厚。刘秀两破铜马，知“降者不自安”，因此“敕令各归营勒兵，自乘轻骑按行部陈”，使他们心悦诚服，说：“萧王（即刘秀）推赤心置人腹中，安得不投死乎?”

刘秀的军队就是这样壮大起来的，他的声誉就是这样传扬开去的。

仁者无敌，方能使天下归心。

开明之治

得人心者得天下，这个命题符合历史事实，可以成立。“得天下者得人心”这个逆命题却不能成立。以天下之主自命，误以为自己有权支配天下的一切，很容易使自己不得人心，走向反面。对此，执政者能始终保持清醒的头脑，就很不容易。

刘秀刚当皇帝时，洛阳令董宣不顾湖阳公主的脸面，杀了她犯有杀人罪的家奴。湖阳公主告御状，刘秀大为震怒，要用铁锤将董宣处死。董宣不慌不忙地说：“陛下圣德中兴，而纵奴杀人，将何以治天下乎？”或许是这句话提醒了刘秀，使他改变了主意，不想再杀董宣。湖阳公主说：“文叔（刘秀字）为白衣时，藏亡匿死，吏不敢至门；今为天子，威不能行一令乎？”此时已经完全恢复了理智的刘秀笑着说：“天子不与白衣同！”

白衣乃是未曾取得功名的人，也就是平民百姓。天子与白衣有天壤之别，这是谁都知道的。然而，刘秀所谓的“不同”，重在天子的责任及其一言一行可能产生的社会影响，这就值得人们尤其是身处高位的人细细咀嚼了。天子与白衣的区别，不仅仅在于不少白衣不能干的事天子可以干，还在于不少白衣不能干的事天子更不能干，或不少白衣可以干的事天子也不能干。例如，平民百姓意气用事无关大局，天子意气用事，弄不好就会祸国殃民；平民百姓亲疏有别，乃是情理中事，天子亲亲而疏疏，往往会使国法名存实亡。“陛下圣德中兴，而纵奴杀人，将何以治天下乎？”对于董宣的这一句话，作为中兴之主的刘秀能不掂量掂量？

人的地位不同，就会派生出种种不同：权利不同，责任不同，建功立业的机遇不同，祸国殃民的概率也不相同。即使同是身居高位的人，对于这种种不同意识也各不相同。正如韩非子早就总结过的那样，有的人身居高位，想到的是自己的权力与白衣大为不同，于是我行我素，胡作非为，专“以天下自适”，而且“独断于上”，使别人“莫之敢逆”。也有的人身居高位，想到的则是自己的责任与白衣大为不同，于是像尧和禹那样的“劳形”“苦神”“以身徇百姓”，服“黔首之役”而把天下当作自己的“桎梏”。当然，由于这种不同，产生的后果也各不相同。

作为封建帝王，刘秀能意识到“天子不与白衣同”，从而有所为而有所不为，确实难能可贵。此后重用将生死置之度外直言劝谏的董宣，则说明他也意识到“不与白衣同”的天子需要有董宣这样的大臣直言规劝。因此，他能虚怀若谷，立开明之治。

刘秀不喜欢珍宝珠玉，也不沉湎于声色犬马，唯有外出打猎之嗜好。有一次车驾夜归，上东门候郅恽拒绝开门。刘秀命随从在门缝间和郅恽见面，郅恽推脱说灯火太远，看不清是谁，不接受诏命，刘秀只好从东中门进城。第二天，郅恽便上书规劝：“昔文王不敢槃于游田，以万民惟正之供。而陛下远猎山林，夜以继昼，其如社稷宗庙何!”此言辞亦可谓“刚切”。奏章呈上后，刘秀赏赐不唯他之命是从而敢于提出尖锐批评的郅恽，却将为他打开城门的东中门候贬逐为参封尉。他懂得“切直之言，非人臣之利，乃国家之福”。刘秀在上东门遭遇郅恽，犹如当年汉文帝刘恒在细柳营之遭遇周亚夫；刘秀在郅恽面前之所为，也颇似刘恒在周亚夫面前之所为。

刘秀任命睢阳县令任延当武威太守，他亲自召见任延时告诫说：“善事上官，无失名誉。”这番完全出于好心的告诫，却受到新任武威太守任延的拒绝与反驳：“臣闻忠臣不和，和臣不忠。履正奉公，臣子之节；上下雷同，非陛下之福。善事上官，臣不敢奉诏。”在任延看来，所谓“善事上官”之“善”，意味着对上官事事顺从；所谓“和臣不忠”之“和”，乃是“一团和气”之“和”。任延的这一番话使刘秀领悟，什么东西都是有度的，包括仁义与大度，也包括“和为贵”。仁义把握不好，就会成为“妇人之仁”；大度把握不好，就会成为“无度”；“和为贵”把握不好，就会变得没有原则。因此，对于这位“不识好歹”的新任太守，刘秀叹息道：“卿言是也！”

也正因为有这样开明的意识，刘秀得天下后，“未及下车，先访儒雅，表行义，兴学校”（《纲鉴易知录》），没有“一阔脸就变”，将“仁义”二字束之高阁。在他执政期间，轻徭薄赋（改十税一为三十税一），约法省刑，偃武修文，不尚边功，量时度力，惠及民生。至于后宫设置，皇陵修筑，以及对待郡、国进贡，均有汉文帝清正简略之风。如此上行下效，一扫西汉衰落与王莽篡政时期之奢靡。难怪史家称：“东汉之俗，于斯为美。”

仁明之累

刘秀也并非无可挑剔，大司徒韩歆直谏而死，就是他很不光彩又很难抹去的一页。

韩歆“好直言，无隐讳”，从不察言观色，管你爱不爱听或听不听得进去，这本来就让刘秀“每不能容”。偏偏那次韩歆又在刘秀面前力证“岁将饥凶”，并且“指天画地，言甚刚切”，大伤刘秀自尊，以致恼羞成怒，下诏免去韩歆官职，逐出京城，让他“归田里”，如此仍不解气，“复遣使宣诏责之”。作为“九五至尊”，刘秀加之于韩歆的压力正好比汉文帝时颍阴侯灌婴骑从贾山所言“雷霆万钧”，这是天子之威，还能不将直言而谏的大臣压成齑粉？于是乎，“歆及子婴皆自杀”。

司马光在《资治通鉴》中于此事仅以一语评说：“惜乎，以光武之世而韩歆用直谏死，岂不为仁明之累哉！”他说的“仁”即为仁义，把人都逼得自杀了，岂不影响刘秀之“仁”？他说的“明”应为开明或明智——有人译为“圣明”——闻韩歆“切直之言”而失态，而忘了这本是“人君日夜求之，唯惧弗得闻”的事情，岂不有损刘秀之“明”？

我以为司马光此说甚为中肯，他既不以刘秀之“仁明”掩饰其

“仁明之累”，又不以刘秀的“仁明之累”颠覆其“仁明”，可谓客观辩证。

一个“上东门候”可以拒绝奉诏，一个新任太守可以“不敢奉诏”，一个洛阳令在他“大为震怒”之时，还敢当廷责问他“将何以治天下”，为什么身居三公之位“素有重名”的韩歆力证“岁将饥凶”的一通“指天画地”的“刚切”之言，会使他如此大动肝火？个中原委或与“素有重名”的那个“重”字有关——“功高”可以“震主”，“位重”或“名重”也可以使人有“逼主”之感，以为影响他作为帝王的尊严与权位。一个上东门候、一个新任太守或一个洛阳令的“刚切”之谏，却绝对不会使刘秀有这样的感觉，甚至还能衬托他的“仁明”。可见，刘秀的“仁明之累”恰恰源于他的皇位。

与韩歆直谏而死一样，大学者桓谭谏“谶”而死，也是刘秀的“仁明之累”。刘秀是在儒生强华献《赤伏符》（内有“刘秀发兵捕不道”等语）后，因“众臣多奏请”而称帝的。他有一个很致命的错觉，因为自己“以《赤伏符》即帝位，由是信用谶文，多以决定嫌疑”，以致东汉年间谶纬迷信成风。桓谭上疏陈言说的正是此事，这本已使“帝不悦”，桓谭又不肯顺从他的心思，仍然“极言谶之非经”，使刘秀积压已久的怒火全都发泄出来，声称“桓谭非圣无法，将下，斩之”，在桓谭“叩头流血，良久”之后，虽免了死罪，却贬黜“为六安郡丞，道病卒”。此“仁明之累”，依然源于他的皇位——他将《赤伏符》视为上天之命，这是他继承大统的依据，哪容得别人说三道四？

还是那句话，“得天下者得民心”这个逆命题不能成立。司马光不但指出过汉光武帝刘秀的“仁明之累”，也评说过汉宣帝刘询的“善政之累”。回溯中国数千年的历史，哪位“仁明”之君没有“仁明之累”？哪位“仁明”之君的“仁明之累”，不与其以“天下之主”而不是“天下之仆”自居相关？

至于原本不是“仁明”之君的，则更不在话下了，不说也罢。

第五伦：平民太守　峭直司空*

一个人的操守，可以从他对强势者与弱势者的不同表现中窥见。在强势者面前卑躬屈节，在弱势者面前颐指气使的，大致都是小人。一个人的品格，也可以从他对是非黑白的态度中体现，不敢是其所是、非其所非，不敢仗义执言、主持公道，在是非面前当缩头乌龟的，也不是君子。第五伦出身底层，起步于草根，最后位列三公，他的品格操守，即使用今人的眼光去看，也超凡脱俗，令人敬仰。

卑微起步

第五伦姓第五，这个姓很怪，其实也很简单。第五伦的祖先系战国时齐国田氏。田氏在西汉初迁至帝陵的很多，于是就以迁徙的次序作为姓氏。第五伦的祖上是第五批迁徙的，故姓第五。这个姓氏是特殊时期的产物，其中不少人以后或许又改姓为田，如今还姓第五的就稀罕了。

西汉末年，王莽篡政，致使“中外愤怨，远近俱发，城池不守，支体分裂”，第五伦便生于这样的乱世。《后汉书》记载：“伦少介然有义行。王莽末，盗贼起，宗族闾里争往附之。伦乃依险固筑营壁，

---

* 本篇引文主要出自《后汉书》卷二十三、卷四十一、卷八十二，《资治通鉴》的《汉纪三十八》。

有贼，辄奋厉其众，引强持满以拒之，铜马、赤眉之属前后数十辈，皆不能下。”铜马、赤眉原是揭竿而起的义军，抗暴为义，扰民却几近于贼。于是第五伦所在的“闾里”积极自卫，“介然有义行”的第五伦在这种情况下成为“宗族闾里争往附之”的主心骨。他率领众乡亲“依险固筑营壁”，引弓持矛坚守，展示了临危不惧的胆略与出色的指挥才能。郡尹鲜于褒“见而异之”，很欣赏第五伦的才干，收他为属吏。鲜于褒“坐事左转高唐令”，与第五伦相别时，还握着他的手说“相知恨晚”。此后，第五伦当过直接与农民接触的“乡啬夫”，相当于现在的乡镇干部。任职期间，“平徭赋，理怨结”，很得人心，只是为时不长，他就“载盐往来太原、上党”，做生意去了。

第五伦再次与鲜于褒相遇时，鲜于褒将他推荐给京兆尹阎兴，阎兴收他做了主簿。当时长安“铸钱多奸巧”，需要有得力官吏整饬，阎兴又任命他为督铸钱掾，管理长安的市场。第五伦本非尸位素餐之人，上任后即“平铨衡，正斗斛”，使“市无阿枉，百姓悦服”，市场的整饬与管理大见成效。那个时候，他已能看到东汉光武帝刘秀的诏书了，每次读到诏书，都会叹息说：这是圣明之主啊，有什么事见他一面就能解决了。同僚们还笑他：你连州将都说服不了，还想说动万乘之主吗？

从以上介绍中可以看出，第五伦本是生活在最底层的“草根”，没有来头，没有靠山。举荐他的鲜于褒与任用他的阎兴，与他没有任何私人关系，只能说是他的伯乐。他有见识，有担当，有才干，还有德行。且不说办事公正，责任心强，就说他在“载盐往来太原、上党”做生意时，“所过辄为粪除而去”，不给别人添堵，不要别人为他擦屁股，亦可见此人靠谱，能够自觉遵守社会公德。

在东汉初年的仕途中，第五伦就是这样起步的。

平民太守

第五伦确有出色才干。当年，在他未入仕途之时，郡尹鲜于褒对他是“见而异之”。建武二十七年（51年），第五伦被“举孝廉”，光武帝刘秀召见他时，则是“甚异之”了。两年后，他作为淮阳国的医工长随淮阳王进京，再次受到刘秀召见，刘秀与他一起论政，非常高兴。第二天又特召他入宫，从早上一直谈到天黑，十分投机，谈话的气氛也相当轻松。刘秀还与第五伦开玩笑：听说你曾殴打岳父，有这种事吗？第五伦回答：我先后三次成亲之时，所娶之妻都已没了父亲。言下之意，殴打岳父之事纯属子虚乌有。

在此之后，第五伦开始出任地方主官，独当一面。

第五伦当会稽太守有些突然。先是任命他为“扶夷长”，这是一个县的主官，尚未上任，又追命他改任会稽太守。

会稽有滥设祀庙、好为占卜的陋俗，“民常以牛祭神”。牛是要用来耕田的，杀牛祭神严重影响农耕，也是百姓贫困的重要因素。然劣习既成，又辅之以各种妖言传说，诸如“其自食牛肉而不以荐祠者，发病且死先为牛鸣”等，之前的几任太守都不敢禁止以牛祭神。第五伦到任之后，看到问题的严重性，先拿这种陋俗开刀，“移书属县，晓告百姓”，胡乱杀牛祭神者，给予处罚；凡有巫祝胡言或诅咒从中作祟制造恐怖气氛的，都毫不客气地予以追查，捉拿问罪，终于遏制了这种陋俗，使百姓得以安宁，使农耕得以正常进行。

第五伦这位“两千石”的地方大员有点另类。他不像别的官员，“两千石”的架子一刻都不肯放下，“两千石”的派头一点都不打折扣。他应当也有马伕，但他经常亲自铡草喂马；他应当也有家仆，但他总让夫人下厨做饭，没有那么浓的官气。“两千石”是太守的级别，也是太守的俸禄，但在“两千石”的俸禄中，第五伦“仅留一月粮，其余皆助百姓之贫者”，可谓两千年前地方官员的“扶贫”行为。至于滥用职权、横征暴敛、贪赃枉法、鱼肉百姓，更不与他沾边，而是他要整饬的官场邪恶。

永平五年（62年），第五伦因触犯法令被征召。他离开会稽之时，会稽郡的老少百姓为他送行，有的攀住他的车子，有的拉住他的缰绳，更多的则是哭着送了一程又一程，因此每天只能行走几里路。第五伦只好假装入住亭舍，暗中乘船而去。送他的百姓得知后又前来追赶。在他被送到廷尉之后，会稽郡的官民到京城上书为他求情的竟有千余人。东汉会稽也曾有太守，离任之时有五六位龙眉皓发的老叟从山村赶来为他送行，因为那位太守上任之后，“简除烦苛，禁察非法”，使山村“狗不夜吠，民不见吏”，乡亲们过上了安稳的日子，但那只是几位老叟相约而行。然而，因“坐法征”离任的第五伦，却使那么多人如此恋恋不舍，为之送行、为之求情、为之鸣不平。他触犯的到底是什么法令不得而知，但起码不会是滥用职权、横征暴敛、贪赃枉法、鱼肉百姓，要不老百姓放鞭炮庆贺还来不及呢！第五伦为当地百姓所做的，显然远远不止史书上记载的这些事。因“坐法征”离开会稽太守这个职位、离开会稽，出现那么感人的场面，是当时百姓对这个平民太守的客观鉴定。

明帝刘庄巡查廷尉监狱，审录囚犯，第五伦得以免罪，放归乡里。数年之后，他又被任命为宕渠县令，任职四年，再任蜀郡太守。

第五伦出任蜀郡太守，依然保持平民太守之格调。从史书所载之事迹看，最突出的就是整饬吏治。《后汉书》有一段话记载此事：“蜀地肥饶，人吏富实，掾史家赀多至千万，皆鲜车怒马，以财货自达。伦悉简其丰赡者遣还之，更选孤贫志行之人以处曹任，于是争赇抑绝，文职修理。所举吏多至九卿、二千石，时以为知人。”这段话不到百字，透露的信息相当丰富。其一，若按级别而言，“掾史”大致相当于现在的科员，这样的官吏竟然“家赀多至千万”，而且出行“皆鲜车怒马”，当然不是正常之事，起码有巨额财产来源不明之嫌。其二，当官能使人发财，就会有“以财货自达”之人，于是也就有卖官鬻爵之事。其三，第五伦“悉简其丰赡者遣还之”，因为丰赡者若因富有而当官，那么此官或因行贿所得；若因当官而富有，那么此财或因利用职权所得。其四，此后“争赇抑绝，文职修理”，即争相贿赂之风得以禁绝，官员的职守得以规整，可见整饬颇有实效。其五，富有的未必一概都贪，孤贫者未必一概都廉，以富有还是孤贫来选官吏或有偏颇，第五伦更看重的是志行操守，“更选孤贫志行之人以处曹任”。日后他“所举吏多至九卿、二千石”，“时以为知人”也顺理成章了。

顺便说说，第五伦之“知人”，不仅在蜀郡太守任上。他任会稽太守时，日后“居俭履约”，甚至“以乘行春柴车”的钜鹿太守谢夷吾就是他的属吏，而且由他所荐；第五伦“拜为宕渠令”时提拔的“乡佐”玄贺，后为九江、沛二地郡守，“以清洁称，所在化行，终于大司农”。

此所谓惺惺相惜，人以群分。

峭直司空

汉章帝刘炟即位之后，把第五伦从蜀郡太守的职位上征召入朝，出任司空，进入三公的行列，其职责近似于御史大夫，向皇上进言是分内之事。

章帝刘炟，是明帝的皇后即明德太后之子。明德太后原是伏波将军马援的女儿，家教很好，进宫后就以待人知谦让、行事有分寸而受太后阴丽华之青睐。章帝由明德太后扶养成人，敬重明德太后，也因了明德太后的关系尊崇马廖兄弟，让他们都身居要职。然而，马廖兄弟倾心与达官贵人交往，朝中较有心机的大臣也争相依附。鉴于刘汉皇室后族过盛，外戚专权频频出现，第五伦对此特别警惕，于是上疏章帝。

第五伦首先说的是儒家经典中的话，一是《尚书》中的“臣无作威作福，其害于而家，凶于而国”；二是《春秋穀梁传》中的“大夫无境外之交，束修之馈”，引文中所说之“臣”与“大夫”均系泛指，却亦均为特指。不可随意结交，不可收受馈赠，不可作威作福，都是当时官场的政治规矩。第五伦就是针对马廖兄弟的作为而引经据典的。

第五伦接着说的是正反两方面的教训。正面的教训，是光武帝刘秀的皇后即光烈皇后阴丽华。阴就与阴兴都是光烈皇后的弟弟，她与他们的感情很好，但她的亲情自有边界。她硬是让阴就离开京城去了自己的封地，又贬谪阴兴的宾客，似乎很不讲情面，其实是对他们真正的爱护。反面的教训，则在阴丽华之后，“梁、窦之家，互有非法，明帝即位，竟多诛之”。这大概就是《尚书》中说的“其害于而家”罢。

第五伦最后说的，就是马廖、马防、马光兄弟本身的事了。卫尉马廖以三千匹布，城门校尉马防以三百万钱，“私赡三辅衣冠，知与不知，莫不毕给”；腊祭之日，“亦遗其在洛中者钱各五千”。越骑校尉马光，则“腊用羊三百头，米四百斛，肉五千斤”。第五伦以为这一切都“不应经义”，不合规矩，希望明帝管一管这些事，这才是对他们的真正爱护。他之所以上书此事，目的也在于“上忠陛下，下全后家”。

听说马防任车骑将军，准备出兵征讨西羌，第五伦又上疏说及马防与为人所不齿的杜笃交结等事，提出对外戚不宜委以重任。因为一旦犯事，“绳以法则伤恩，私以亲则违宪”。

明帝没有将他的这番苦口婆心当一回事，第五伦所说的“并不见省用”。果然没有多久，马氏就因罪回到封国。

那时的外戚也真可谓是按下葫芦浮起瓢，马氏刚刚衰落，窦氏立马又起。此前明帝处罚的“梁、窦之家”的“窦”，乃是窦融长子窦穆；此时兴起的窦氏，则是皇后的兄长窦宪、窦笃了。那时的窦宪兄弟，“赏赐累积，宠贵日盛，自王、主及阴、马诸家，莫不畏惮”。第五伦特别注意到“典司禁兵”的窦宪“好士交结”，而“诸出入贵戚者”大多品行不端，曾受过法令制裁，“士大夫无志之徒更相贩卖，云集其门”。他认为这种“众煦飘山，聚蚊成雷”的氛围，极易使人变得骄横。因为预见到此中隐患，第五伦希望章帝与窦皇后严令窦宪等人“闭门自守，无妄交通士大夫，防其未萌，虑于无形”，使“君臣交欢，无纤介之隙”。章帝刘炟并非不知窦宪兄弟的骄横，却未能有效监管约束。司马光在《资治通鉴》中评说：“知善而不能用，知恶而不能去，人主之深戒也。”日后窦宪派遣刺客刺杀太后幸臣刘畅，嫁祸蔡伦，因事泄获罪，章帝竟然允许其带兵出击北匈奴以赎死的请求，致使窦宪破匈奴后更是肆无忌惮，以致阴图篡汉而被赐死。

第五伦进言不仅限于外戚这个话题，至少还有两个方面也受到他的关注。一是苛严之法。当时不少官员都像陈留令刘豫、冠军令驷协一样，“以刻薄之姿，临人宰邑，专念掠杀，务为严苦，吏民愁怨，莫不疾之”，而“议者反以为能”。第五伦知道，“秦以酷急亡国……王莽亦以苛法自灭”，他提出当以此为鉴，不但应当惩办刘豫、驷协这样的酷吏，举荐他们的官员也应当受到谴责与处罚，这样才能吸取教训，“务进仁贤以任时政”。二是奢靡之风。节俭勤勉要从自身做起，从王公贵戚做起，由近及远，由亲及疏。“诸王主贵戚，骄奢逾制，京师尚然，何以示远?”

作为司空，第五伦有不少可取之处。他很敏锐，提出的问题往往还处于萌发之际，例如马廖兄弟与窦宪兄弟当时也就是“好士交结”，也就是门庭若市，而他由此看到其中隐患，“防其未萌，虑于无形”。他很真诚，他之言事，确实也是为马氏、窦氏考虑，让他们防微杜渐，洁身自好，以免日后遭灭顶之灾。但他最重要的一条是史书所说的峭直。峭直就是严峻刚直，也就是刚正不阿。无论是言及后族过盛、外戚专权，还是言及严刑苛法、奢靡之风，不仅会得罪权贵，还会触犯逆鳞，弄得皇帝很不开心。所谓良药苦口、忠言逆耳，需冒极大的风险。他在上疏之时已有言在先，“臣闻忠不隐讳，直不避害。不胜愚狷，昧死自表”，但他依然义无反顾，而且十分执着。

真可谓是峭直司空。

郑弘：清正勤勉　清亮质直*

东汉末年，会稽太守王朗曾询问功曹吏虞翻会稽史上之“英俊”，雅好博古的虞翻如数家珍，其中说到“太尉山阴郑公，清亮质直，不畏强御”（《三国志·吴书十二》）。这位“太尉山阴郑公”，便是郑弘，历任郡督邮、驺令、临淮太守、尚书令、平原相、侍中、大司农、太尉等职，为官清正勤勉，为人清亮质直，颇受时人推崇、后人敬仰。

为官清正

郑弘这个家族是在汉武帝迁徙强宗大族时，由齐国临淄迁至会稽山阴的。曾被汉宣帝下诏表彰“拊循外蛮，宣明威信……功效茂著”（《汉书》卷七十）并封为安远侯的首任西域都护郑吉，便是他的先祖。郑弘在仕途上的进取，却并非靠祖上的荫庇与“先前阔”的家史，他是一步一个脚印走过来的。

郑弘的生平与事迹，鲁迅辑录的谢承《后汉书》和虞预《会稽典录》均有较为详细的记载。郑弘“少为乡啬夫”，这是范晔《后汉书》也有记载的；谢承《后汉书》说得稍为详细，称郑弘“为灵文

* 本书引文主要出自《后汉书》卷三十三、《资治通鉴》的《汉纪三十九》和收录于《鲁迅辑录古籍丛编》第三卷的《虞预会稽典录》《谢承后汉书》。

乡啬夫，爱人如子”，点出了郑弘供职之乡名，并对这个“啬夫”做了简明扼要的评价，即“爱人如子”。这其实也是郑弘一生当官坚守的理念，尽管“爱人如子”（准确地说，应为“爱民如子”）四字用现代的眼光去看，依然高居于民众之上，然而在那个时候，要真正做到这一点，已经很不容易。关于“啬夫”一职，《续汉志》解释说：“其乡小者县署啬夫一人，主知人善恶，为役先后；知人贫富，为赋多少，平其差品也。”可见，郑弘年轻时当过“乡镇干部”，在只有他一个“乡干部”的小乡，口碑相当不错。

虞预《会稽典录》中有一段专述郑弘“爱人如子”的事例：“乡民有弟用兄钱者，为嫂所责，未还。嫂诣弘讼之。弘卖中单为叔还钱。兄闻之，惭愧，自系于狱。遣其妇赍钱还弘，弘不受。”从这段文字可以看出三点：其一，这是民事纠纷，而且是兄弟之间的纠纷。郑弘采取大事化小，小事化了的处置方式，而不是无限上纲，使之反目成仇。其二，郑弘碰到民事纠纷，不会像某些恶吏那样“吃了原告吃被告”，中饱私囊，恰恰相反，他是“倒贴”的。这其实也是以德化民的一种方式，似乎也颇有实效。其三，郑弘要卖中单，“即今之汗衫”，才能帮忙还钱，可见这个“乡啬夫”并不富裕，但他们“赍钱还弘”时，“弘不受”。

当时的会稽太守第五伦常在春耕季节到所管辖的乡里去，“勤人农桑，振救乏绝”。他也到了灵文乡，认识郑弘这个“乡啬夫”。范晔《后汉书》称第五伦“见而深奇之，召署督邮，举孝廉”。虞预《会稽典录》所述略详，说的是“太守第五伦，见弘问民之得失，深异之也”。可见，这个“乡啬夫”扎根民众之中，体察民情民意，对于“民之得失”的见解远非一般官吏可及。

郑弘就是这样被第五伦提拔到督邮这个位置上去的。他日后为驺令，为临淮（或曰淮阳）太守，亦能保持“爱人如子”的执政理念。其为驺令，范晔《后汉书》称“政有仁惠，民称苏息”；谢承《后汉书》则称“勤行德化”，致力以德化民，于是路不拾遗——

“部人王逢等得路遗宝物，悬于道衢，求主还之”，用现在的话说，这就叫“拾金不昧”。其为临淮太守，谢承《后汉书》称“消息繇赋，政不烦苛；修身率下，临事详慎”，也能身体力行，尽其所能，体恤民间疾苦，减轻民众负担。至于谢承《后汉书》说郑弘为驺令时，“鲁国当春大旱，五谷不丰，驺独致雨偏熟。永平十五年，蝗起泰山，流被郡国，过驺界不集”；郑弘为临淮太守时，“行春大旱，随车致雨。有两白鹿方道，夹毂而行”，因为郑弘施仁政、讲德化，旱灾与蝗灾不找他的麻烦，连及时雨和吉祥物也跟着他走，恐怕是时人附会，多少有点天人感应的色彩，却也可见其甚得民心。

郑弘从地方官升任朝廷大臣，其“爱人如子”的执政理念始终不变。例如，当时交趾七郡贡献朝廷或转运中原的货物都是走海路的，通过东冶（即今福州港的前身）泛海而至，一路风波险阻，常有海难，船只沉没、船员溺死之事接连不断。章帝建初八年（83年），郑弘出任大司农后，即上奏本请开零陵、桂阳峤道，打通了这条山路，使之成为南北通衢。任大司农之职二年，所息省三亿万计，使得“帑藏殷积”。这钱怎么用是大有讲究的，大兴土木或供权贵挥霍并非郑弘的选项。那时天下常旱，边境有战事，老百姓的口粮不足，如此国富民困，有违于“爱人如子”的执政理念，于是郑弘又上奏“宜省贡献，减徭费，以利饥人”，并为章帝刘炟所采纳。

元和元年（84年），郑弘被任命为太尉，这是他最后的官职。当太尉的四年之中，郑弘与以窦宪为首的奸党贪官的斗争从未中断。郑弘屡次上书，指出侍中窦宪的权势太盛，言辞极其恳切，窦宪早已对他怀恨在心。他奏尚书张林阿依附窦宪“素行臧秽”，又奏窦宪之宾客、洛阳令杨光“在官贪残，并不宜处位”之时，偏偏负责奏章的官吏是杨光之故旧，偷偷将此事通报杨光，杨光又告诉窦宪，于是窦宪先发制人，反奏郑弘“漏泄密事”，使郑弘受到章帝谴责，连印绶都被收去了。但郑弘并不罢休，直到“病笃”之时依然“上书陈谢，并言窦宪之短”，曰：“窦宪奸恶，贯天达地，海内疑惑，贤愚疾恶，谓‘宪何术以迷主上！近日王氏之祸，昺然可见’。陛下处天子之尊，保万世之祚，而信谗佞之臣，不计存亡之机；臣虽命在晷刻，死不忘忠，愿陛下诛四凶之罪，以厌人鬼愤结之望！”这番话不仅指控窦宪之奸恶，而且批评了为窦宪所“迷”的章帝“信谗佞之臣，不计存亡之机”。郑弘希望章帝能像舜除“四凶”那样惩治奸贪，以免“近日王氏之祸”——即西汉末年的王莽篡政之祸，平息“人鬼愤结之望”。这是郑弘的临终遗言。等章帝看完奏章，派御医去给郑弘看病时，郑弘的心脏已经停止了跳动。可见，清正勤勉、“爱人如子”的郑弘，对于贪官奸党却是绝不姑息，至死都一个也不宽恕的。

上述郑弘任大司农与太尉时的事迹，都被录入了司马光的《资治通鉴》中。

为人质直

关于郑弘之为人，有三件事值得一说。

一件是关于他与他的老师的。郑弘曾以同郡河东太守焦贶为师。焦贶受楚王英谋反案的牵连被捕，病死在羁押途中。他的妻子也进了监狱，受到连年“掠考”。其门生故旧因怕受到牵累，纷纷改名易姓以逃其祸，唯有郑弘“髡头负铁锧”上书，为老师讼罪申冤。在显宗，即明帝刘庄“觉悟”并赦免焦贶之后，郑弘还“躬送贶丧及妻子还乡”。读到范晔《后汉书》中的这一记载，我想到鲁迅的一段话：“中国一向就少有失败的英雄，少有韧性的反抗，少有敢单身鏖战的武人，少有敢抚哭叛徒的吊客；见胜兆则纷纷聚集，见败兆则纷纷逃亡。”（《这个与那个》）在胜兆与败兆面前的反差，体现人性的丑劣，说得平和一些，或许可称为人性的弱点。其实也不能苛责这种具有一定普遍性的行为。“见胜兆则纷纷聚集”是为趋利，“见败兆则纷纷逃亡”是为避害。在中国历史上，不仅有“一人得道，鸡犬升天”的裙带关系，也不乏“一人失势，株连九族”的严刑苛法，因而也就一向“少有失败的英雄，少有韧性的反抗，少有敢单身鏖战的武人，少有敢抚哭叛徒的吊客”。但少有不等于没有，在别人都唯恐避之而不及的时候，甘冒风险“髡头负铁锁”上书为焦贶喊冤叫屈，之后又不辞劳苦“躬送贶丧及妻子还乡”的郑弘就是一个。范晔《后汉书》记载此事的最后四个字是“由是显名”，可见这其实还是郑弘早年未“显名”时的事，大概在他出任驺县县令之前。由此更可见即使“见胜兆则纷纷聚集，见败兆则纷纷逃亡”的芸芸众生，也推崇敬仰像郑弘这样甘冒风险为含冤受屈者鸣不平的正直之士。

一件是关于他与他的同僚的，这是郑弘任郡督邮时的事，见诸虞预《会稽典录》：

> 弘为郡督邮、上计吏。时计掾勾章任尚，居素温富，乘鲜车，驾肥马。弘恒在后，尚辄骂，弘无愠容。弘尚在京师游学，还郡，俱见府君。府君所问，弘无不对，而尚不知。出又问弘：“掾行道数相折辱，何以不答？”弘谢曰：“过奉显使，无光国之美，马羸行迟，掾恐失期贺，以相催促，自是其宜。愚闻两虎其斗，大者必伤，小者必死，两为无益，故不敢答。”府君叹曰：“此谓长者，太守不能也。”

计掾是佐理州郡县事务的官吏，勾章是会稽郡辖的一个县，引文中的这位“时计掾勾章任尚”大致是这么个小官吏，其官职不会在郡督邮郑弘之上，其水平与能力与郑弘更不能同日而语。郑弘、任尚在京师游学，回来后一起拜见府君，在府君面前，问答之间立见二人识见之高低——“府君所问，弘无不对，而尚不知”。只因“居素温富”，任尚的派头挺大，“乘鲜车，驾肥马”，虽然只是一个科长股长级的干部，却开着宝马出行；进出衙门也从不谦让，总是大摇大摆地走在前面而“弘恒在后”，动辄辱骂郑弘而“弘无愠容”。这一切府君都看在眼里，遂有他与郑弘的那一番问答。贤与不肖，其实也能见诸细末。贤者时时检点自己的不足，小人处处寻找别人的差错。郑弘忍辱负重，不与人斤斤计较的气度令人感佩，其“两虎其斗，大者必伤，小者必死，两为无益”的见解，也能给人以启迪。凡此种种，使得府君即太守也称其为“长者”而自叹不如。这位府君，就是提拔郑弘为郡督邮的第五伦。

还有一件就是关于他与老上级第五伦的。元和元年（84年），郑弘代邓彪为太尉。昔日曾推举郑弘的第五伦为司空，位次排在郑弘之下。在官场之上，这原是寻常之事。在某些人看来，这叫“风水轮流转，今年到我家”，或曰“三十年河东，三十年河西”，往往是“一阔脸就变”，立马摆出一副居高临下的架势来。郑弘却不然，“每正朔朝见，弘曲躬自卑”。在他的心目中，第五伦永远是他敬仰的前辈。朝堂上第五伦位居郑弘之下，郑弘感到浑身不自在。其实，郑弘是多虑了。官场序列与人格尊严不能混为一谈。何况，以第五伦的境界，也不会计较诸如此类的事。章帝刘炟弄清事情原委后，还是顾及了郑弘的这种感受，于是“置云母屏风，分隔其闲，由此以为故事”。

为人与为官是不能割裂的，但又各有侧重。以上三例，就足见郑弘之人品，他绝不是那种趋炎附势、落井下石或前恭后倨、得意忘形之小人。

若邪溪风

孔子第二十七代孙，南朝宋人孔灵符在《会稽记》中有一段话写到郑弘：

> 射的山南有白鹤山，此鹤为仙人取箭。汉太尉郑弘尝采薪，

> 得一遗箭，顷有人觅，弘还之。问何所欲，弘识其神人也，曰："常患若邪溪载薪为难，愿旦南风，暮北风。"后果然。故若邪溪风至今犹然，呼为"郑公风"也。

若邪溪，现称平水江，就在会稽山南麓绍兴平水一带，"仙人"与"神人"却是没有的。孔灵符所述当为民间传说，这是郑弘"少贫贱，以采薪为业"之时的事。

本文已经介绍了郑弘的为官与为人，弄清了郑弘是什么人，回头再来看这个民间传说，就不难明白"郑公风"是什么风了。神仙问郑弘要什么，郑弘一不要金钱，二不要官职，三不要美女，要的只是不与采薪人载薪为难的"若邪溪风"。"若邪溪风"亦称"樵风"意即顺风、好风，将此风称为"郑公风"，折射着郑弘处处为贫苦百姓着想的政风，又反映了当地百姓对郑弘的怀念。用如此精炼准确生动的笔法，归纳郑弘的官宦生涯，真是大手笔！

民谚、民谣、民间传说，其实都是一种民间创作，或称民间口头文学，或贬或褒，都体现着民心民意。民心是秤，孰善孰恶，孰优孰劣，他们心里都有一本明白账。不知道当年的窦宪之流是否去追查过"郑公风"的风源，当然，即使有过这种追查也是徒劳无益的，因为"风源"本来就在老百姓的心中。当然，我们更希望"若邪溪风"至今犹然。

本文就以这个民间传说作为结束语罢。

钟离意：以人为本　为民请命*

钟离意，字子阿，东汉会稽山阴（今浙江绍兴）人，其官宦生涯可以分为前后期。东汉光武帝建武年间为前期，先后任郡督邮、瑕丘令、堂邑令；汉明帝永平年间为后期，先被征为尚书，后转为尚书仆射，又出为鲁相。无论是小官小吏，还是朝廷大员，钟离意都能心系于民，值得后人称道。

以德化民

钟离意“少为郡督邮”之事，范晔《后汉书》中有记载。当时郡府所属“部县亭长有受人酒礼者”，都有记录在案以备考察。钟离意封还记录时对郡守说：“《春秋》先内后外，《诗》云‘刑于寡妻，以御于家邦’，明政化之本，由近及远。今宜先清府内，且阔略远县细微之愆。”这段话中说的“刑于寡妻，以御于家邦”，出于《诗经·大雅·思齐》，“刑”同“型”，可以理解为榜样或典范；其“御”即“治”，其“寡妻”即为“嫡妻”。在“刑于寡妻”与“以御于家邦”之间还有一句，为“至于兄弟”，如此由亲及疏，由近及远，与“《春秋》先内后外”之意正相吻合。他的意思是，“受人酒礼”之事

---

* 本篇引文主要出自《后汉书》卷四十一、《资治通鉴》的《汉纪三十六》和收录于《鲁迅辑录古籍丛编》第三卷的《虞预会稽典录》。

要“先清府内”。不受人酒礼的廉政之举，要从郡府做起。郡府率先垂范，乃是“政化之本”。钟离意的这番见解“太守甚贤之，遂任以县事。”《后汉书》中以一句话介绍了钟离意“任以县事”的作为：“会稽大疫，死者万数，意独身自隐亲，经给医药，所部多蒙全济。”这句话所包含的信息量相当丰富。其一，作为会稽郡郡督邮的钟离意，因为“太守甚贤之”而“任以县事”，并无朝廷正式任命，却不无在天灾面前让他临时负责一县之事历练历练的意思；其二，他不但很有见识，而且身体力行，在关键时刻能够豁得出去，为百姓尽心尽力。

钟离意任瑕丘令——这是朝廷正式任命的七品芝麻官——之时，方才告别了老家会稽山阴。瑕丘设县始于西汉，治所在今山东兖州东北。如今兖州在介绍当地古代名人时总要提到钟离意，说他是兖州历史上最早的值得介绍的地方官，称其为官的最大特点是以德化民。钟离意懂得“百姓可以德胜，难以力服”。《后汉书》中记有钟离意在瑕丘任职期间一事，说有个叫檀建的县吏偷了县衙里的东西，钟离意没有让他当众出丑，没有对他严刑拷打，而是“屏人问状，建叩头服罪，不忍加刑，遣令长休”。如此处置，乃是给当事人留下悔过自新、重新做人的充分余地。这件事后来的发展却很有些悲剧色彩：“建父闻之，为建设酒，谓曰：‘吾闻无道之君以刃残人，有道之君以义行诛。子罪，命也。’遂令建进药而死。”檀建之父是一个懂得礼义廉耻的君子，但他只知道“有道之君以义行诛”，却不懂得“以义行诛”“诛”的是不义之人或人之不义，其目的却在造就有义之人，使不义之人获得新生。檀建之父“令建进药而死”，实在有违钟离意的初衷。

在古代瑕丘有一个“李善乳主”的传说。李善是河南富豪李元的仆人。东汉初年疾疫流行，李元一家相继病死，只剩下一个刚刚满月的婴儿李续。有恶奴觊觎李氏家产，想杀了这孩子。李善觉察之后，连夜抱着婴儿逃走，最终定居瑕丘，含辛茹苦抚养婴儿。因为心诚，这个男性仆人的乳房居然分泌出了乳汁，得以喂养婴儿。十年后，李续长大，适逢钟离意任瑕丘令，得知“李善乳主”的来龙去脉后，帮助收回李续家产，惩治恶奴，并向朝廷举荐李善，诏命李善为太子舍人、日南太守。李善之善感动上天使他能分泌乳汁喂养婴儿，具有浪漫主义色彩。当地会有这样的传说，与钟离意为官以德化民有关。

以人为本

钟离意“少为郡督邮”的事迹，虞预《会稽典录》中另有一例。乌程（今浙江湖州）孙常、孙烈兄弟分家，各得农田半顷。弟弟孙烈不幸去世，留下孤儿寡妇。荒年暴月，兄长孙常时而以米粟接济他们，时间一久，就“计值作券，没取其田”。孙烈的儿子长大之后为此提起诉讼。官府的办事人员都说孙烈的儿子不该“争讼”，认为此“讼”颇有忘恩负义之嫌。钟离意却认为孙常身为伯父，“当抚孤弱”，这方是“人道正义”。因为平时的米粟接济而“券取其田”，可谓“怀奸挟私，贪利忘义”。孙烈之妻当时将田抵给孙常，出于“困迫之至”，乃是不得已之举，孙常应当将田还给孙烈的妻儿。可见，钟离意在处理民事纠纷之时维护的是“孤弱”权益和“人道正义”。

建武二十五年（49年），钟离意由瑕丘令迁任堂邑令。这个堂邑县当在今南京六合北，建武年间属徐州广陵郡。钟离意任职期间，曾有县民防广为父报仇杀人，触犯刑律被捕入狱，被判死刑。入狱不久，其母病死，防广悲痛欲绝，号啕大哭。钟离意颇感凄恻，想让防广回家为母亲办理丧事。他对防广说：“今欲出若，归家殡敛。有义则还，无义则已。”县衙的丞掾都认为不能放防广出去，钟离意说：人是我放的，绝不连累你们。防广是有“义”的，他很守信用，安葬母亲后就回来服刑。钟离意向上密报此事，有关方面为防广减刑，免去了他的死罪。此事范晔《后汉书》与虞预《会稽典录》中均有记载，仅有些许差别：范晔《后汉书》中的防广，虞预《会稽典录》写为“房广”；在“丞掾谏以为不可”之时钟离意说的那句话，范晔《后汉书》中是“罪自我归，义不累下”，虞预《会稽典录》中是“不还之罪，令自受之”。这件事很能体现钟离意“以人为本”的思想，即使对犯人也很有人情味，并以德感化之，这大概就是现在说的“人性化执法”。近二千年前的钟离意就能有如此作为，实在难得。

类似的事，在范晔《后汉书》中还有一条，那是钟离意在大司徒侯霸府供职时的事。有一次，他奉命押送囚徒去河内（汉代畿郡，位于今河南北部、河北南部和山东西部），天很冷，囚徒都冻出病来了，几乎不能再走。钟离意并不因为他们是囚徒而不顾他们的死活，在路过弘农这个地方时，他让当地县衙为这些囚徒缝制冬衣。县衙不得已只好照办，却把这事捅到上面去了，钟离意也据实禀报。没想到光武帝刘秀大为赞赏，对侯霸说：“君所使掾何乃仁于用心？诚良吏也!”

清平尚书

在建武年间就已经以自己的仁人之心进入光武帝刘秀视野的钟离意，在汉明帝刘庄登上帝位之后，即被征拜为尚书。从此时起，他不再是下层官吏，在他身上，更多地展示作为朝廷大员的操守与格调。

当时的交趾太守张恢因犯贪赃千金之罪，被征召回京都伏法。其所贪之金银珠宝，全被“簿入大司农”，明帝下诏将这些金银珠宝赏赐给各位大臣。交趾是出珠玑的地方，贪赃者自是近水楼台先得月，贪得的珠玑不可胜数，汉明帝赏给钟离意就是珠玑。碰到这样的事，文武官员通常都会喜不自胜，不仅因为这是珠宝，更因为是皇上所赐，首先想到要做的就是叩头跪拜，“谢主隆恩”。但在钟离意的眼中，这不是珠玑珍宝，而是污秽之物，他将这些珠玑“悉以委地而不拜赐”。此举显然有点另类而且大煞风景。已经拜受赏赐的朝廷大员如何尴尬不得而知，史书写道“帝怪而问其故”。于是钟离意回答说：“臣闻孔子忍渴于盗泉之水，曾参回车于胜母之间，恶其名也。此藏秽之宝，诚不敢拜。”

钟离意在这件事上有三点值得称道：一不贪财。这是送到他手上的珠宝，无须巧取豪夺，也谈不上权钱交易，不拿白不拿呀！但钟离意不稀罕。二不从众。别的大员都叩谢了，他的另类无异于将他们置于难堪的境地，而使自己日后在官场之中难以立足。钟离意似乎没有想得那么多。三不唯上。钟离意好像也不在意当面扫皇上的兴会有什么后果，竟将皇上的赏赐“悉以委地”。反正在那一瞬间，他可谓心无旁骛。

汉明帝刘庄在这件事上是明智的，他很看重钟离意之所为，称其为“清平尚书”，还以库钱三十万赏赐，并将他由尚书转为尚书仆射。

为民请命

虞预《会稽典录》记载：“意为尚书仆射时，匈奴有降者，诏赐缣三百匹。尚书郎暨鄞误以三千匹赐之。上大怒，鞭鄞殿下，重痛时（将）死，意且排阁入，谏曰：‘陛下德被四表，恩及夷狄，是以左衽之徒，稽首来服。愚闻刑疑从轻，赏疑从重。今陛下以鄞赏误，发霆电之威，海内谓陛下贵微财而贱士命也。’”此处所说之“缣”，乃是丝织品；此处所说的“左衽”即为夷族。这段话的大意是，一个叫暨鄞的尚书郎将明帝赏赐匈奴“降者”之“缣”三百匹误为三千匹。明帝于是大为震怒，在宫殿之上鞭责这位尚书郎。钟离意挺身而出，直谏明帝不应当“贵微财而贱士命”，劝阻明帝行“霆电之威”。《虞预典录》的鲁迅辑本在此条后有注：《书钞》五十九引（钟离）意《别传》云：“明帝以（钟离）意陈合大义，恚损怒霁，敕太官掾，赐酒药。诏谓（钟离）意曰：‘非钟离尚书，朕儿误降威于此郎。’”

范晔《后汉书》亦有此记载，但文字不同，细节也有出入。不是将“三百匹”误为“三千匹”，而是“误以十为百”（此二者其实是一样的，因为“误以十为百”，才会将“三百匹”误为“三千匹”）；不是“重痛时（将）死”之时钟离意“排阁”入谏，而是“召郎将笞”之时钟离意“因入叩头曰”。钟离意说的“刑疑从轻，赏疑从重”那番话则是“过误之失，常人所容。若以懈慢为愆，则臣位大，罪重，郎位小，罪轻，咎皆在臣，臣当先坐”。

钟离意之直言不讳，更体现于为民请命。

永平三年（60 年），是时大旱，汉明帝却“大起北宫”。钟离意特为此“免冠”上疏。他陈说“昔成汤遭旱”时“自责”之六事：是执政用权不节制吗？是使用民力过度吗？是营建宫殿过多吗？是后宫与宦官掌权用事吗？是贿赂贪污盛行吗？是进谗言的小人得势吗？由此说到“窃见北宫大作，民失农时”，这正是成汤“自责”的“六事”之一即“宫室营邪”，于是进言明帝“自古非苦宫室小狭，但患民不安宁，宜且罢止，以应天心”。

钟离意为“大起北宫”而“免冠”上疏，谢沈《后汉书》和范晔《后汉书》均有记载。谢沈《后汉书》关于此事其实只有一句话：“钟离意《讥起北宫表》云：‘未数年，豫章遭蝗，谷不收，民饥死，县数千百人’。”这里说“豫章遭蝗”，范晔《后汉书》说的则是“永平三年夏旱”，意思是一样的，说的都是“天灾”与“人祸”——“天灾”惩罚“人祸”，此为“天谴”；“人祸”又加重“天灾”的后果，这“人祸”就是“北宫大作，民失农时”。钟离意懂得“自古非苦宫室小狭，但患民不安宁”，他是为老百姓的生存，也是为刘汉王朝的长治久安而向明帝进言的。他的事迹见诸《资治通鉴》的，唯有这一条，当录自范晔《后汉书》。从《资治通鉴》所录的文字看，钟离意的“免冠上疏”起了作用，明帝因此下诏：汤引六事，咎在一人，钟离意可以戴上官帽，穿上鞋，不要请罪；又敕令停止各种宫室之营建，减少不必要不急需的开支，以大幅度地消弭灾谴。然而，北宫之事并未就此了结，钟离意去世之后“复作之”。永平八年（65 年）“殿成”，汉明帝谓群臣曰：“钟离尚书若在，此殿不立。”一百七十年后，曹魏司空陈群为宫殿之作上疏魏明帝曹睿时还特意提及此事，可见其影响之深远。

《资治通鉴》在说及钟离意“免冠”上疏，为民请命之时，顺便介绍了汉明帝刘庄的秉性，说明帝性情狭隘而苛察，好用耳目窥探群臣的隐私，认为这就是英明。公卿等高级官员屡屡被辱骂，陪伴近侧的尚书以下官员甚至遭到殴打。朝中之臣无不胆战心惊，争着表现出严厉苛刻的态度，以逃避诛杀或斥责。这个“顺便介绍”能够衬托出“唯钟离意独敢谏争”之不易——这不但要有勇气，而且要有智慧；不但需要“至诚”，而且需要“至理”。

钟离意是从郡督邮、侯霸府掾等小吏到瑕丘令、堂邑令等小官再当到尚书和尚书仆射的，在每一任上都有佳话。归结起来，大致是富有人本思想，敢于为民请命，每每规劝汉明帝刘庄“慎人命，缓刑罚，顺时气”，也因为这一点，他日后出为鲁相，独当一面，“视事五年，以爱利为化，人多殷富”。

周举：清高忠正　特立独行*

汉祚复兴于刘秀。刘秀之后，历经明帝、章帝，还算政通人和；自和帝起，又经安帝、顺帝，宦官、外戚交替弄权，迭为消长；直到桓、灵二帝，已是基本腐朽。但即使在这样的时代也依然不乏贤人君子，包括汉顺帝朝清高忠正、特立独行的周举。

初露锋芒

周举年轻的时候，曾在大司徒李郃府上当差。那时，安帝刚刚去世，朝廷经历过一场剧烈的动荡。宦官孙程、王康、王国等十人"截单衣为誓"，诛灭阎氏兄弟以及与他们勾结的中常侍江京等人，并将太后阎氏迁往离宫，立废太子济阴王为顺帝。议郎陈禅提出阎太后既与顺帝没有母子之情，应该徙居别馆，屡屡遭受她伤害的顺帝可以不必再去朝见这位太后。满朝文武大都认为此议可行，周举却有独到的见解。他对李郃说了几个古例，包括郑庄公母子、秦始皇母子以及虞舜父子。其中虞舜对于其父瞽瞍之孝——"昔瞽瞍常欲杀舜，舜事之逾谨"——一直被后人尤其是儒家学者当作孝的典范。周举说，阎显兄弟刚刚伏诛，太后被幽禁在离宫，如果采纳陈

* 本篇引文主要出自《资治通鉴》的《汉纪二十》《汉纪四十三》《汉纪四十四》《汉纪四十六》，《后汉书》卷五十一。

禅的意见，一旦太后有什么意外，皇上将何以面对天下！他提议李郃奏请顺帝善待太后。李郃很赞赏周举的意见，并立即向顺帝上书陈辞。

朱伥代李郃为大司徒后，周举依然在大司徒府上为吏。这个时候，孙程等宦官为迎立顺帝之事上殿争功，顺帝非常恼火，下诏将他们统统赶出洛阳，徙封远县，限期遣送。周举对朱伥说：孙程等人当初曾冒死迎立顺帝，不能因为他们争功之过，而忘了迎立之德。将他们“徙封远县”，万一死在半途，皇上就会遭受杀害功臣之讥，他建议朱伥赶快上表劝阻。朱伥却说：“今诏指方怒，吾独表此，必致罪谴。”周举进一步劝说朱伥，“明公年过八十，位为台辅”，不要因为“惜身安宠”而陷“佞邪之讥”。他将谏与不谏的利弊都清清楚楚地摆在朱伥面前，让他自己抉择，并且提出：“若举言不足采，请从此辞!”简直就像最后通牒。朱伥于是上表劝谏，并为顺帝所采纳。

周举供职大司徒府，但他没有把这个职务视同家臣，把自己当作大司徒的附庸。在那个时候，他的胆与识都已初见端倪，他的独立人格与独特见解也已初露锋芒。

解除“寒食”

或许与在大司徒府的经历有关，周举被推举为茂才——东汉时的茂才就是秀才即优秀人才，因避刘秀之讳而改称茂才。举荐者主要是王公、将军、光禄、司隶等朝廷重臣，并以已仕官吏和孝廉为主要来源。绝大多数茂才担任县令或相当于县令一级的官职，有点像现在的挂职锻炼，周举也不例外，出任的是平丘令。这期间他曾上书针砭时政得失，言词极为激切。尚书郭虔、应贺等人对他赞赏不已，奏请顺帝把周举上书当作座右铭。不久，周举又升任并州刺史。

据《后汉书》记载，太原一带有个习俗，因为春秋时期晋国的介子推是被焚烧而死的，当地人认为介子推所化为的神灵不喜欢有人用火。每年到了介子推过世的那个月，千家万户都得有一个月不能生火煮饭，也没有人敢破例。只吃冷食，年轻力壮的还能对付，老人小孩却是经受不起。为此，每年都要死掉不少人。

太原郡属于并州。周举任并州刺史后知道有此习俗，便作吊介子推文，置于介子推庙，申述盛冬去火残损百姓生命，这不是介子推这样的贤人之本意，以此向百姓宣传，革除劣习，恢复熟食。此举不仅把当时当地的人们从迷信与愚昧中解脱出来，也使后世之人不再受这种毫无根据的习俗折腾。如今，纪念介子推的寒食节仍有遗存，却没有人作茧自缚再去“寒食”了。

周举后来还出任过冀州刺史、蜀郡太守，史官对此没有更多的记载。但由去除“寒食”一事可见，他当地方官，遇事有自己独到见解，不和光同俗，不墨守成规。而支撑其见解的，则是立足实际、关注民生。

弹劾左雄

周举由冀州刺史出任尚书，是由尚书令左雄推举的。此后，汉顺帝又命大将军以及三公向朝廷举荐刚毅、武猛、有谋略，可以担任将帅的人才，此时已经身为司隶校尉的左雄推荐了周举之前的冀州刺史冯直。周举知道冯直曾有贪污劣迹，因此弹劾左雄。左雄为此自我辩解：“诏书使我选武猛，不使我选清高。”周举针锋相对地反驳：“诏书使君选武猛，不使君选贪污!”这使左雄无言可对，陷于尴尬，只好说：“进君，适所以自伐也。”意思是我推荐你为尚书，真是自讨苦吃，自寻烦恼，搬起石头砸自己的脚。于是周举说了春秋时期赵宣子（即赵盾）与韩厥的典故：赵宣子任用韩厥为司马，韩厥却将赵宣子的奴仆绳之以法。赵宣子对诸位大夫说，你们应该祝贺我呀，我用韩厥没有用错，他果然能够不徇私情，忠于职守。

说完这个典故，周举对左雄说：正因为是您推举了我，我才不敢为讨好您、迎合您而做出让您蒙羞的事，谁知道您的境界居然会与赵宣子相差那么大。周举这番话使左雄内心很受震动，他为此向周举道歉，并做了自我批评。史书记载：“雄悦，谢曰：‘吾尝事冯直之父，又与直善；今宣光（周举字）以此奏吾，是吾之过也！’”

对于这个故事，我曾从左雄的角度写过一篇短文，说像左雄这般位高权重且又德高望重之人，如果有了过失，越是强词夺理、文过饰非，便越是有失身份；越是放下身段、坦言己过，便越能获得尊严。在此，我想换一个角度，说说周举的可贵之处。

左雄对于周举，具有双重身份。他的官位在周举之上，与“三公”（大司徒、大司空、大司马）相差无几，且掌有监督京师以及京城周边地区官员的实权，无论于名于实，都是周举的上司，可以直接影响周举的仕途升迁。周举敢于弹劾左雄，自须不顾个人得失，排除种种杂念。左雄对周举又有举荐之恩，是周举这匹“千里马”的“伯乐”，而在他的潜意识中，似也不乏“荐贤市恩”的打算。然而，周举不落“拜爵公朝，谢恩私门”的官场俗套，更不以公事回报私恩。所以，尽管左雄推荐周举，周举也只能以忠于自己的职守来回报左雄，不因为左雄推荐过自己而掩饰其过失。

周举对于左雄的弹劾，也有两点相当可取：他弹劾的是左雄推举了有贪污劣迹的官员，可谓直截了当，一针见血，而不是轻描淡写的这个“不够”那个“不足”；他弹劾左雄，完全是秉公而行，并非因为私情。我们这一代人大概都读过《反对自由主义》，该文列举自由主义的十一种表现，至少有三条，早在这篇名文问世一千八百多年前，周举就曾以自己的实际行动“反对”过了。例如，他“向不正确的意见斗争和争论”，不是第五条所说的搞“个人攻击，闹意气，泄私愤，图报复”，也不是第二条所说的“当面不说，背后乱说；开会不说，会后乱说”；至于“明知不对，也不同他们作原则上的争论，任其下去，求得和平和亲热。或者轻描淡写地说一顿，不作彻底解决，保持一团和气”一条，只要把“他们”所包括的“老部下”换成“老上级”，也能完全吻合。看来，这篇名文是融入了历代志士贤人之道德修养和气节操守的。在今天，周举这样的批评与左雄这样的自我批评也仍然值得借鉴。

直谏顺帝

周举不仅对作为他的上司与伯乐的左雄之过失直言不讳，就是对于当朝皇上汉顺帝的诤谏，也无所回桡。他不会察言观色，更不会投其所好。

阳嘉三年（134 年）五月，因为春夏连旱，顺帝“亲自露坐德阳殿东厢请雨”。他知道尚书周举才学优深，特加“策问”，于是周举对策，直言“陛下废文帝、光武之法，而循亡秦奢侈之欲，内积怨女，外有旷夫”。周举说的导致“内积怨女，外有旷夫”的“循亡秦奢侈之欲”，就是皇帝后宫美女如云，动辄数千。早在西汉元帝时期，就曾有谏大夫贡禹上奏：“高祖、孝文、孝景皇帝，宫女不过十余人，厩马百余匹”，而到武帝时，“多取好女至数千人，以填后宫”，是为“循亡秦奢侈之欲”之始作俑者，而“后世争为奢侈，转转益甚；臣下亦稍放效”，如此，岂不致使“内积怨女，外有旷夫”？顺帝之时，又有此弊。

这是一个相当古老的话题，早在春秋战国时期，墨子与孟子就曾说过。墨子力主君王戒奢，所“节”之内容中就有“蓄私”一条，他说：“当今之君，其蓄私也，大国拘女累千，小国累百，是以天下之男多寡无妻，女多拘无夫，男女失时，故民少。”孟子则对自称“寡人好色”的齐宣王说：“王如好色，与百姓同之，于王何有？”也就是说，只要“与百姓同之”，“好色”并非过错，如果只顾自己“好色”，多吃多占，弄到“内积怨女，外有旷夫”，那就糟了。

这也是一个经久不息的话题。仅在汉代，周举前曾有贡禹上奏，周举后又有陈蕃上疏，说是“采女数千，食肉衣绮，脂油粉黛，不可赀计”。光是这一笔费用，就不知要搜刮多少民脂民膏。直到宋代，朱熹“遏人欲而存天理”，乃是对孟子“王如好色，与百姓同之”的诠释，说的还是这个话题。他说的“人欲”，首先是封建帝王的性欲。把普天下当作家天下的封建帝王，总是经受不了这样的诱惑。

周举提出的就是这个问题。他还指出：“自枯旱以来，弥历年岁，未闻陛下改过之效。”暴露风尘求雨，乃是“但务其华，不寻其实”，用现在的话说，可谓“作秀”。他希望顺帝能有实际行动，至少也要“出后宫不御之女”，即把顺帝未曾宠幸过的女子放出宫去，不仅能“除太官重膳之费”，也可上行下效，大大减少内之怨女与外之旷夫，不再使“阴阳隔闭”。

这样的“策对”还有一次。“帝复召举面问得失”，周举的回答总共十字：“宜慎官人，去贪污，远佞邪。”顺帝又问，那么谁是贪官污吏，谁是佞邪小人呢？周举回答得很有政治智慧，他没有指名道姓地说孰贪孰廉、孰忠孰奸，他说自己刚从州郡上来，还没有能力一一辨别众臣，但有一个辨别标准：在三公、九卿等朝廷大臣中，凡是敢于直言不讳批评朝政的，便是忠贞之臣；凡是阿谀奉承随声附和的，则是奸佞之臣。

周举的谏言，似比枚乘《七发》更为辛辣，更能让人出一身透汗。在宦官外戚钩心斗角、竞卖恩势、权倾朝野的时候，群臣在所谓的“九五至尊”面前患得患失，“足将进而趑趄，口将言而嗫嚅”已成普遍现象，没有周举这般的气节与操守，谁能如此知无不言、言无不尽？

清高忠正

“清高忠正”四字，出于梁商之口，是梁商“病笃”、顺帝“亲临”之时说的，可谓遗言。原话是：“臣从事中郎周举，清高忠正，可重任也。”顺帝因此而拜周举为谏议大夫。

梁商是皇后梁妠之父，要说外戚，这是顺帝朝时最大的外戚。他的缺点是“柔和自守”，对于整个官场，对于他的家族，都不能有所整饬，以至于他的儿子梁冀日后胡作非为，恶贯满盈，“终于悖逆，荡覆汉室”，范晔称之为“商恨善柔，冀遂贪乱”。但梁商本人“少通经传，谦恭好士”，处世低调，有所辞让，都与梁冀大有区别，也曾因此遭受宦官的忌恨与诬陷。梁商临终推荐周举，只是因为周举“清高忠正”，就像他曾经举荐李固等人一样，正是其“好士”的具体表现。周举曾为梁商大将军府的从事中郎，就像周举曾在李郃、朱伥的大司徒府当差一样，始终保持了自己的独立人格。据史书记载，梁商也并没有因为周举是他大将军府的从事中郎而对他颐指气使，恰恰相反，他对周举甚为敬重。

周举出任谏议大夫之后，因为灾异不断，顺帝再次召见，周举策对时政之得失，仍是用人不当，所谓“朝多宠幸，禄不序德”，并提议应当“密严敕州郡，察强宗大奸，以时禽讨”。于是朝廷派遣周举、杜乔、周栩、冯羡、栾巴、张纲、郭遵、刘班等八位当时颇有名望的大臣“分行天下”，时人称之为“八俊”。对于刺史一级赃罪显著的，由驿马奏报朝廷，对于县令以下即行逮捕；对于清廉正直、百姓拥护的官员，向上举荐。这大概是当时最高规格的“巡视组”罢。

《后汉书》称周举“姿貌短陋”，但一个人的形象，不能仅凭外表。不知道梁商说周举“清高忠正”是什么意思，但根据周举的所作所为，我愿对此四字做一解读：清者，为官清廉；高者，识见高远；忠者，忠于职守；正者，正气凛然。此四字纵贯周举坦荡一生，令人击节赞叹。只是那时汉祚已处于“其亡也忽”之际，大厦将倾，并非若干贤人君子能够撑得住的，周举又何能有回天之力？

刘裕：定乱内外　代兴南国*

刘裕是南朝宋的开创者，他被称为“南朝第一帝”，恐怕不仅因为在南朝宋齐梁陈序列中，刘宋居第一，更为因为他的业绩。明代李贽称刘裕为“定乱代兴之君”。他之“定乱”，定的既有内乱，也有外乱；他之“代兴”，兴的则是由孙吴、东晋与南朝的宋齐梁陈合称六朝的南国。刘裕抑制豪强，起用寒微，整顿吏治，改革弊政，不仅开创六朝疆域最辽阔的时期，也为他之后的“元嘉之治”打下坚实的基础。明末清初王夫之在历史的坐标系中为刘裕定位：“汉之后，唐之前，唯宋氏犹可以为中国主也。”（《读通鉴论》卷十五）

定乱南北

与刘裕同时代的北魏谋士崔浩曾因北魏主拓跋嗣之问，就刘裕与后燕主慕容垂做了比较，他认为刘裕无疑胜于慕容垂。因为慕容垂有其祖慕容廆、其父慕容皝为他打下的基础，“借父兄之资，修复旧业，国人归之，若夜虫之就火，少加倚仗，易以立功”。刘裕则不然，他虽是西汉楚元王刘交的后代，但与刘交相距毕竟已有五六百年，沾不了祖宗“先前阔”之光。他“生而母死，父翘侨居京口，

* 本篇引文主要出自《资治通鉴》的《晋纪三十三》《晋纪三十五》《晋纪三十七》《晋纪四十》《宋记一》。

家贫，将弃之”，还是他的“从母”断了自己儿子的奶把他养大的。青少年时，刘裕“以卖履为业，好樗蒲，为乡闾所贱”，所以崔浩说刘裕“奋起寒微，不阶尺土，讨灭桓玄，兴复晋室，北禽慕容超，南枭卢循，所向无前，非其才之过人，安能如是乎!”

东晋时期，士族豪强挟主专横，政治腐败，民生凋敝，安帝即位以后更是变乱不断，民不聊生。官逼民反，孙恩起义与别的农民起义一样，有其一定的合理性，故一旦起事，“八郡皆为恩有”。孙恩的政治目标，上策为改朝换代，中策为割据一方，下策为退守海岛。孙恩之军虽称“义军”，却并非仁义之师，在攻城略地之时，烧杀掠抢，无所不为，“民有不与之同者，戮及婴孩，死者什七八”。刘裕参加刘牢之的军队去讨伐孙恩，最初恐怕并无更多的考虑，这个“以卖履为业”“为乡闾所贱”的年轻人，只想借此改变自己的处境。以“讨贼”为业，也算是上天为他打开的另一扇门。他在“讨贼”的过程中，以英勇和谋略不断立功，在丹徒大败孙恩，在郁洲大败孙恩，在海盐大败孙恩，一路追击，三战三捷，迫使孙恩从浃口逃到临海，最后投海而死。

桓玄是晋孝武帝时桓温的少子，乘孙恩之乱，排除异己，拓展势力，得以掌控东晋朝政，登上帝位，大封桓氏子弟为王，大兴土木修缮宫室，更使百姓疲累，朝野劳瘁。刘牢之即是桓玄排斥的异己。那时刘裕暂投桓玄并被任命为中兵参军，但他行的是韬晦之术。东晋元兴三年（404 年）二月，刘裕在秘密联络北府兵将领之后，“帅二州之众千七百人”起事，“军于竹里，移檄远近”，迅速占领京口，斩徐州刺史桓修；进攻广陵，杀青州刺史桓弘，率兵直扑建康。桓玄闻讯，命桓谦、卞范之率兵二万出城御敌。刘裕率众奋击，桓谦诸军顷刻溃散。桓玄不得不在几千名亲信的护卫下仓皇出逃。他从登基称帝到兵败出逃去荆州刺史桓石康处，共经八十天；从称帝到由江陵逃去汉中梁州刺史桓希处的途中被杀，前后不到半年。晋恭帝司马德文日后在禅让刘裕之时说：“桓玄之时，晋氏已无天下，重为刘公所延，将二十载；今日之事，本所甘心。”禅让是否真的那么甘心暂且不论，“桓玄之时，晋氏已无天下，重为刘公所延”却是事实。

卢循原是孙恩的妹夫，也曾与孙恩一起起义，孙恩兵败之后卢循南逃，逐步占据岭南一方，成了军阀割据势力。东晋义熙六年（410 年），卢循起兵进攻江州，直逼建康。被“朝廷急征”而回的刘裕面临卢循的十余万大军，在兵力悬殊的情况下仍决意死战。他以木栅阻断石头城及淮口，修治越城（今南京江宁区南），并建查浦、药园、廷尉三个堡垒，分兵戍守以御卢循，使卢循大军无从下手，被迫退兵。那年十月，刘裕由防守转入进攻，以火攻击败卢循船队，又在左里（今鄱阳湖口）再败卢循，迫使卢循南逃广州。而他的据点番禺已被刘裕事先攻占，卢循也为交州刺史杜慧度所杀。

刘裕讨伐南燕，在他“南枭卢循”之前。义熙五年（409 年），南燕主慕容超“叹太乐不备，议掠晋人以补伎”，纵兵肆虐淮北，俘获男女数千人。刘裕决意反击，经过几番激战，直到次年二月，攻入广固内城。慕容超率数十骑突围而走，被晋军追获，南燕灭亡。就像刘裕铲除军阀割据势力并不只是“南枭卢循”一样，刘裕北伐，平定外乱，也不仅是“北禽慕容超”。后秦也曾侵占东晋的南乡、顺阳、新野、舞阴等淮北诸郡。在刘裕讨伐南燕的过程中，后秦主姚兴又应慕容超之请，横插一刀，兴兵十万，屯据洛阳，并遣使向刘裕宣称，倘若晋军不还，当长驱直进。义熙十二年，姚兴去世，姚泓继位，后秦内乱迭起，政局不稳。刘裕认定这是去除后秦的良机，于是亲率大军分四路北伐。次年冬，刘裕麾下大将王镇恶一举攻陷长安。已经败退长安的姚泓投降，后秦宣告灭亡。此外，降服一有机会就要占据汉中的仇池，也是刘裕北伐的战果。

包括祖逖、庾亮、殷浩、桓温在内，东晋曾多次北伐，只有刘裕获得辉煌战果。连当时北方最强大的北魏在吃了刘裕“却月阵”的大亏之后，也不敢再在南边轻举妄动，至少在刘裕主政的时候。

这就不难理解南宋时期抗金名将辛弃疾会发思古之幽情，写下“斜阳草树，寻常巷陌，人道寄奴曾住。想当年，金戈铁马，气吞万里如虎”。他说的“寄奴”，正是“奋起寒微”的刘裕。

代兴南国

长达数百年的魏晋南北朝，颇似战乱不断的春秋战国时期。人言“春秋无义战”，各国都想争霸，各国都想崛起，很难绝对地说孰是孰非，孰正孰邪。是非正邪，义与不义，当从战争的过程与结果来分辨。中国历史上最让百姓难以忍受的苦难，便是战乱。战争征用的是民丁，摧残的是民生，糟蹋的是民脂民膏。刘裕以战争阻止战争，为南方创造了一个相对安定的局面，有利于庶民百姓休养生息，这就是最大的仁义。刘裕的军队在战争的过程中也不像孙恩、桓玄或前燕、后秦的军队那样烧杀抢掠，恰恰相反，所克之处时有减免赋税、精简劳役之举，从这个角度看，也不失为仁义之师。当然，刘裕主政之后实施的是善政还是恶政，更是鉴定其是非正邪、义与不义的标尺。

东晋元熙二年（420 年），刘裕以宋代晋，称帝自立，定都建康。其实，早在元兴三年（404 年），刘裕平定桓玄之乱后，已逐步把持东晋的朝政。刘裕主政之后实施的政策，归纳起来大概有以下几条。

实施土断，抑制兼并。土断即居民按实际居住地编定户籍，以土著为断。这是刘裕之前就有的，但刘裕的土断旨在抑制兼并。鉴于当时山川湖泽都为士族豪强兼并所占，平民百姓流离失所，失去自己的产业，上山打柴，下水打鱼，都要交纳赋税。义熙九年（413 年），刘裕上表并获得朝廷认可，减轻徭役，禁绝兼并，还山水田地于民，削夺世族以及皇室的私产，资济贫民，并以各户所得的土地为准划分郡县归属；流民聚集的郡县多有合并。刘裕的“义熙土断”，颇有现代中国“土改”的意味，广为民众拥戴。或许与他出身贫寒有关，刘裕相当关注民瘼，体恤民情，严禁地方官吏滥征租税、徭役；凡是州、郡、县的官吏以官府之名占据屯田、园地的，一律废除；官府需要的物资，“与民和市”，照价给钱，不得征调。尤其强调官员不得征调民间车牛，不得逼迫百姓献出车牛，同时精简交易税项以繁荣市场。

改革政制，整顿吏治。鉴于东晋年间滥设机构，滥封官吏，致使百姓不堪重负，永初二年（421年）三月，刘宋朝廷对于州府官吏配置名额都做了限定，裁减冗官冗员，特别下诏不得再别置军府，大臣外任要职需军队防卫或出兵讨伐，一律配以朝廷军队，事完之后交还朝廷。与此同时，罢免、处置乃至处死不少士族或皇族出身的不法官吏，即使自己的亲信、功臣中有“骄纵贪侈，不恤政事”的也严厉惩罚。不再依据门第而是按照九品中正制初置时的精神选拔官吏，各州郡选送来的秀才、孝廉也通过考试加以甄别。如此这般，打破此前从上到下均由豪门大族把持的格局，而使出身卑微贫寒却有真才实学的人才得到正常使用。

除了经济政治上的改革，刘裕也注重文化与教育。永初三年（422年）正月，刘裕专门为此下诏，称“今王略远届，华域载清，仰风之士，日月以冀。便宜博延胄子，陶奖童蒙，选备儒官，弘振国学”。这一举措的意义，除了“弘振国学”，也有益于“选备儒官”，为寒门学子开拓发展的空间，与他的用人思路正相一致。

有晋一代，先有八王之乱，后有权臣之乱，士族豪强挟主专横，百姓遭受多重苦难。刘裕之政，重在抑制士族豪强，加强中央集权，有利于国计民生。

修身齐家

以上所述，大致都是“治国平天下”之事，现在再说刘裕的“修身齐家”。

司马光在《资治通鉴》写到刘裕去世时有一段话，称刘裕“清简寡欲，严整有法度”。其实，准确地说，不是刘裕“寡欲”，而是刘裕懂得“遏欲”，做到起居有常，严整有度。比如说，帝王大多喜欢游畋游宴，所到之处，往往使民众苦不堪言，但刘裕“游宴甚稀”，什么原因这段话中没有说，我们可以从另一件事中得到解释。东晋义熙元年（405年），尚书殷仲文因为朝廷音乐设施不全而请求重建。刘裕说：现在没空做这件事，而且我也不懂。殷仲文说：只要你喜欢它，自然也就懂了。刘裕回答：正因为懂了就会喜欢它，才不去学它。显然，刘裕怕的是自己沉湎于音乐而“乐不思政”。他的“游宴甚稀”亦同此理。又比如说，帝王后宫嫔妃如云，多则几千，少则几百。如此上行下效，造成内多怨女，外多旷夫。但刘裕却是“嫔御至少”。“至少”就是“极少”，到底有多少，这段话中也没有说，但说到刘裕“尝得后秦高祖从女，有盛宠，颇以废事；谢晦微谏，即时遣出”。可见他虽喜欢女色，却懂得自律自控，不让男女之欢影响政事，因此“谢晦微谏”，就能“即时遣出”，没有讨价还价，没有怒发冲冠。这便是他“遏欲”的实例。至于饮食起居，刘裕不求皇家气派，不图奢靡豪华，“被服居处，俭于布素”。他还保留着先前穿过的衣服，用过的物品，以至于日后常被拿来作为教育子孙不忘乃祖“奋起寒微”的实物。

刘裕也不贪图财富。身为至尊，刘裕却“财帛皆在外府，内无私藏”。并非没有人向他进贡奉献。义熙十二年（416年），宁州地方官把一个琥珀做的枕头贡献给他，刘裕很高兴，因为琥珀可以疗伤。他下令捣碎做枕头的琥珀，分赐即将去北方征战的将士。岭南地方官进贡一种筒（即竹管）装的细布，一筒竟能容纳八丈，可见它的精细。刘裕却感到如此精雕细琢耗费人力物力，命令有关部门弹劾岭南太守，又把进贡的细布还给当地，并禁止岭南织造这种细布。这种不事铺张的作风，也体现于子女的婚嫁，“公主出适，遣送不过二十万，无锦绣之物”。如此以身作则，使得“内外奉禁，莫敢为侈靡”。

刘裕还堪称孝子。在他即位之后，“追尊皇考为孝穆皇帝，皇妣赵氏为孝穆皇后；尊王太后萧氏为皇太后”。“皇妣”，就是生下他就去世的亲娘；“皇考”，是“侨居京口”，因为“家贫”想将他遗弃的亲爹刘翘；“王太后”，是在他将被遗弃时，断了自己儿子的奶，而将他收养的“从母”萧氏。“上事萧太后素谨，及即位，春秋已高，每旦入朝太后，未尝失时刻”。

修身齐家治国平天下，此数者之间互有关联。《礼记·大学》中说：“古之欲明明德于天下者，先治其国；欲治其国者，先齐其家；欲齐其家者，先修其身。”司马光称赞刘裕的功绩，“震惊旃裘之心，发舒华夏之气”；刘裕开创的时代，“南国之盛，未有过于斯时者也”（《司马温公稽古录》卷十四）。刘裕之“治国平天下”，无疑也与他的“修身齐家”密切相关。

刘裕也有恶行，并非无可挑剔。他至少有两件事做得很不地道。其一，义熙六年（410年）攻打慕容超的时候，“裕忿广固久不下，欲尽坑之，以妻女以赏将士”，尽管因韩范直言相谏，使刘裕“改容谢之”，没有付诸行动，却还是“斩王公以下三千人，没入家口万余”；其二，刘裕为了皇位，先是派人鸩死安帝司马德宗而立司马德文为帝，司马德文即恭帝禅让之后又派人将他弄死，还千方百计“诛翦宗室之有才望者”。

这两件事，使他的“仁义”大打折扣，颇为后人（包括司马光与王夫之）诟病。

拓跋焘：雄才大略　文治武功*

拓跋焘是南北朝时北魏的第三位皇帝，世称太武帝，在位差不多二十九年，征服胡夏、北燕、北凉、鄯善，打败柔然，逐吐谷浑，攻取刘宋的虎牢、滑台等重镇要地，统一北方，以其雄才大略，创立文治武功。作为封建帝王，拓跋焘自有其帝王之病，但他在征战、理政及用人方面，都有可取之处，值得借鉴。

征战篇

拓跋焘十二岁时就远赴河套抗击柔然骑兵，他这一辈子都伴随着征战。此处且从攻打胡夏，尤其是攻克胡夏首都统万一役，看看其杰出的军事才能。

作为军事统帅，对于征讨之事，包括与谁打，要不要打，怎么打，拓跋焘都会在战前征求文武百官的意见，集思广益。意见分歧甚至对立时，还会让双方争辩，然后做出决策，如此这般已成惯例。决定攻打胡夏之前，也有过这样的争辩。胡夏当权的是赫连氏，反对攻打胡夏的认为“赫连土著，未能为患”，主张攻打胡夏的认为胡夏“政刑残虐，人神所弃”。不久，赫连勃勃去世，赫连昌即位，拓

* 本篇引文主要出自《资治通鉴》的《宋纪一》《宋纪二》《宋纪三》《宋纪四》《宋纪五》《宋纪六》《宋纪七》。

跋焘不失时机地做出攻打胡夏的决策，立马部署兵力，派遣奚斤率领四万五千人袭击夏国的蒲阪；派遣周几率一万人袭击陕城；命令薛谨为大军的向导，留陆俟督诸军以防柔然，而他自己则率领主力直攻统万。

拓跋焘率领的大军到达拔邻山后，“筑城，舍辎重，以轻骑三万倍道先行”。随军的文武官员劝阻说：“统万城坚，非朝夕可拔。今轻军讨之，进不可克，退无所资，不若与步兵、攻具一时俱往。”拓跋焘说他先率“轻军”前往的理由：“用兵之术，攻城最下。必不得已，然后用之。”带着步兵与攻城器械一同进发，易使对方心生恐惧，严阵以待，坚守不出。倘若一时攻不下来，就会陷于“食尽兵疲，外无所掠，进退无地”的尴尬境地。不如轻骑直抵统万城下，诱敌出城迎战。三万骑兵，“攻城则不足，决战则有余”，因为“去家二千余里，又隔大河”，已处于“置之死地而后生”的境地。

北魏大军是从平城即今山西大同出发的，统万城在今陕西榆林，而拔邻山在今内蒙古准格尔。拓跋焘率领的大军，除了三万骑兵，还有大量的步兵以及攻城器械。他临时改变“与步兵、攻具一时俱往”的战法，或许就因为在进军途中，对“统万城坚，非朝夕可拔”有了更为切实的了解。以三万骑兵前去决战，以大量步兵增援攻城，可见他实地指挥的果断与灵活。

拓跋焘率领的三万骑兵到统万，“分军伏于深谷，以少众至城下”挑衅，以引敌出战，却碰到两个新情况。一是正在与奚斤作战的赫连定要赫连昌坚守统万，拒不出战，待他打败奚斤后，回师统万与赫连昌前后夹攻统万城外的北魏骑兵。对此，拓跋焘深感忧虑，不是怕届时赫连氏兄弟前后夹攻，而是怕眼下赫连昌拒不出战，于是命令军队撤退，再次显示懦弱。二是魏军有人投奔胡夏，说“魏军粮尽，士卒食菜，辎重在后，步兵未至，宜急击之”，赫连昌于是“将步骑三万出城”。此时有人劝拓跋焘“宜避其锋”，唯恐赫连昌坚守不出的拓跋焘则求之不得，立即“收众伪遁”，引诱敌人追赶，充分体现他随机应变的军事才能。

兵不厌诈，拓跋焘深谙此道。他不是一味逞强，而是一再示弱，诱敌轻己，诱敌出城，诱敌追击，诱敌进入自己的包围圈。赫连昌率夏军分两翼追赶，与“伪遁”的北魏军队短兵相接，恰逢风雨大作，风向对魏军极其不利。拓跋焘听从崔浩意见，“分骑为左右队以掎之”，却“马蹶而坠，几为夏兵所获”，亏得拓跋齐“以身捍蔽，决死力战，夏兵乃退”。拓跋焘重新上马杀敌，“身中流矢，奋击不辍”，魏军士气大振，“夏众大溃”。赫连昌来不及入城，拓跋焘却换了士卒的装束杀入统万城去，“夏人觉之，诸门悉闭”，他再次遭遇生死之险。由此也展现了拓跋焘作为军事统帅的另一个侧面，不但“临城对陈，亲犯矢石，左右死伤相继，神色自若”，而且身先士卒，率先垂范，即使陷于凶险的境地，也能从容对敌，“由是将士畏服，咸尽死力”。北魏军终于攻下统万城，弃城而逃奔上邽的赫连昌被奚斤的裨将安颉所擒。

拓跋焘一生可谓身经百战，战局各不相同，他有两条却是始终不变，一是灵活运用兵法，二是作战身先士卒。因为深谙兵法，灵活运用，他的英勇便不是匹夫之勇；因为亲临前线，身先士卒，他的兵法才不会是死的教条。

北魏统一北方，也辅之以安抚。例如，北魏太延三年（437 年），拓跋焘再次派遣董琬、高明等携带大批金银绸缎出使招抚西域九国；应乌孙国主提议，又分赴有意愿臣服北魏的破落那与者舌二国。“旁国闻之，争遣使者随琬等入贡”，结果被招抚的共有十六国。

理政篇

赫连勃勃耗费财力人力筑起的统万城，不但“高十仞，基厚三十步，上广十步，宫墙高五仞，其坚可以厉刀斧”，极其雄伟坚固，而且“台榭壮大，皆雕镂图画，被以绮绣，穷极文采”，相当华丽考究。拓跋焘攻下统万之后，十分感慨地对左右大臣说：“蕞尔国而用民如此，欲不亡，得乎?”这不是一时的感慨，他将此作为自己治国理政之镜鉴。

曾有文武官员用《易经》以及西汉相国萧何之言，请求拓跋焘加固京师的城墙，修缮皇宫的建筑。《易经》中言“王公设险，以守其国”，萧何说的是“天子以四海为家，不壮不丽，无以重威”。拓跋焘却以吴起之言“在德不在险”答之，且以赫连勃勃所筑之统万城为证：“屈丐蒸土筑城而朕灭之，岂在城也？今天下未平，方须民力，土功之事，朕所未为。萧何之对，非雅言也。”他连赏赐也只限于死难将士的遗属或功臣之家，很少惠及皇亲国戚和宠臣显贵。

因为上谷的皇家苑囿占地面积太大，尚书令古弼进宫晋见拓跋焘，想奏请削减皇家苑囿大半，赐给贫民耕种。拓跋焘正在与给事中刘树下棋，没有注意到古弼。古弼等了半天也不见拓跋焘过问，突然跳起来揪住刘树的头发，把他拉下床，拉着他的耳朵揍他，并说“朝廷不治，实尔之罪”。这不是“项庄舞剑，意在沛公”吗？拓跋焘却赶紧放下棋子说“不听奏事，朕之过也”，让古弼放过刘树，将欲奏之事细细道来，并全都准奏。古弼于是为自己无“人臣之礼”而“免冠徒跣”向拓跋焘请罪。拓跋焘则说：“卿有何罪！其冠履就职，苟可以利社稷，便百姓者，竭力为之，勿顾虑也。”拓跋焘先后两次狩猎，下诏要古弼送马派车，却都碰了钉子：不是为了国之军需而以瘦弱之马供狩猎，就是为了尽快运送秋谷麻菽，而请求延缓运送狩猎捕获的麋鹿。拓跋焘也曾大发雷霆，但冷静下来后，称赞古弼“可谓社稷之臣”，十分感慨地说：“有臣如此，国之宝也。”

北魏处于黄河以北的华北地区，有大量汉人世世代代在此生存繁衍，拓跋氏乃是鲜卑族的一支。拓跋焘治国理政，注意妥善处理两者关系：汉人与鲜卑人同朝为官，汉人的农耕业与鲜卑等游牧民族的游牧业并存互补。当时北魏有许多良田被朝廷划为禁地，他认真听取士人的意见，革除弊政，下令解除被划为禁地的农田，让百姓耕作借以谋生，国家从中收取田赋。

拓跋焘乐于并善于汲取汉族文化。北魏“原不以讲学为意”，北魏的贵族子弟连年征战，大多无暇求学。北魏攻克北凉之后，拓跋焘起用原北凉的国师助教索敞为中书博士。索敞办学，“勤于诱导，肃而有礼”，十余年间，为北魏培养了大批人才，日后任尚书、牧守者就有数十人。他还起用从不接受北凉礼遇和官职的常爽设馆授业，教授门徒七百余人。常爽订立学馆规矩，赏罚分明。史称拓跋焘用常爽一人，“魏之儒风始振”。

拓跋焘常说：“法者，朕与天下共之，何敢轻也。”此言体现了他法制观念的一个要点，就是执法的公正性，如此方能立起法之威严。要做到“朕与天下共之”确实不易，能有这种敬畏之心却也可贵。为了利国利民，应当约法省刑，这是他法制观念的另一个要点。北魏自拓跋珪后期以来，“刑罚滥酷”，神䴥四年（431 年），拓跋焘命司徒崔浩更定律令，废除部分严刑苛法，例如“除五岁、四岁刑，增一年刑”，又如“妇人当刑而孕，产后百日乃决”，还规定在宫阙左边悬挂登闻鼓，使有冤情的人能够击鼓申冤。

拓跋焘统一北方，与秦始皇统一中国颇有相似之处，其治国理政却不想仿效秦始皇。太平真君十一年（450 年），他到了孔孟之乡山东邹山，“见秦始皇石刻，使人排而仆之，以太牢祠孔子”，此举大有深意，至少透露了拓跋焘治国理政的价值取向。

用人篇

拓跋焘的用人之道，首先就在于他有知人之明。他即位时才十五岁，身边有不少亲信大臣常在他面前非议甚至攻击崔浩。不仅因为崔浩往往直抒己见，与众不同，引起这些大臣的忌恨；更因为他们大多是鲜卑人，对于作为南人的崔浩有一种排斥情绪。拓跋焘迫于无奈，只好让崔浩保留公爵，返回私宅。但他“素知其贤”，凡是执政面临疑难，朝廷发生争议，总是召见崔浩，听取他的意见，没过多久，便起用他为太常。

拓跋焘对崔浩的信任并非完全出于“素知其贤”，更多建立在自己考察的基础上。他十分注重崔浩的意见，却也未必事事言听计从。刘宋文帝北伐之时，北魏君臣如临大敌，崔浩却认为，刘义隆之北伐，其意不在北魏，不必如此大动干戈。拓跋焘并不认可崔浩的看法。直到北魏与刘宋交战，从战俘口中得知，刘义隆在派遣到彦之出征时，就告诫他说：如果北魏的军队有所举动，你们应在他们未到之前，先行渡过黄河；如果他们没有动静，你们只需留守彭城，不要前进。这与崔浩的预测正相吻合，于是他对身边那些大臣说：“卿辈前谓我用崔浩计为谬，惊怖固谏。常胜之家，始皆自谓逾人，至于归终，乃不能及。”

长年累月的征战使拓跋焘充分认识崔浩的价值。他曾指着崔浩对刚刚投诚北魏的高车国渠帅说：“汝曹视此人尫纤懦弱，不能弯弓持矛，然其胸中所怀，乃过于兵甲。朕虽有征伐之志而不能自决，前后有功，皆此人所教也。”对崔浩则说：“卿才智渊博，事朕祖考，著忠三世，故朕引卿以自近。卿宜尽忠规谏，勿有所隐。朕虽或时忿恚，不从卿言，然终久深思卿言也。”这番话可谓推心置腹，道出他的真实心态。拓跋焘还命令尚书：“凡军国大计，汝曹所不能决者，皆当咨浩，然后施行。”

奚斤也是北魏的老臣，曾与崔浩一起辅佐过还是太子的拓跋焘。拓跋焘即位后，每次出征都让他独当一面，委以重任。但在征讨胡夏的战争中，奚斤让人大失所望。先是坐失战机，监军侍御史安颉三次请求出击从统万逃亡的赫连昌，奚斤却再三推诿，安颉只好与平北将军尉眷一起，背着奚斤出击，活捉赫连昌。赫连昌既擒，奚斤又因愤愤不平而追击赫连定，结果“魏兵大溃”，连他自己也反被赫连定俘获，拓跋焘攻克平凉后方才得以返回。这位北魏重臣于是被断崖式地降职为掌管膳食的小吏，活捉赫连昌的安颉被提拔为建节将军，赐爵西平公。这是拓跋焘用人之道的另一面，即赏罚分明，所谓“赏不违贱，罚不避贵，虽所甚爱之人，终无宽”。拓跋焘对奚斤的处罚还是留有余地的，实行“给出路”的政策，让他日后能有机会将功补过，得以重新起用。

拓跋焘曾征召陆俟任散骑常侍，出任怀荒镇大将。不到一年，北方高车部落诸莫弗指控陆俟执法严苛，性情暴躁，对属下没有恩德，请求准许前镇将郎孤复职。拓跋焘同意诸莫弗的意见，将陆俟召还。陆俟回到京师后对拓跋焘说：“不过期年，郎孤必败，高车必叛。”拓跋焘严厉斥责陆俟，不再授予任何官职。第二年，高车部落的局势被陆俟不幸言中，诸莫弗果然杀掉郎孤，背叛朝廷。拓跋焘十分惊讶，立即召见陆俟并请教“何以知其然”，陆俟尽道上下之礼与宽严得失以及诸莫弗和郎孤各自的小算盘。拓跋焘听后笑着说：“卿身虽短，思虑何长也！”立即恢复其散骑常侍的职务。如此知错即改，也是拓跋焘用人之道的可取之处。他并不以为自己说的就是金科玉律，一言既出，驷马难追，而能放下身段，收回成命，保护栋梁之材。陆俟日后带兵打仗，屡立战功，出任州郡官员，政绩出类拔萃。

神䴥四年（431 年），拓跋焘下诏，北魏将“偃武修文，理废职，举逸民”，广招人才；还专门点名范阳卢玄、博陵崔绰、赵郡李灵、河间邢颖、勃海高允、广平游雅、太原张伟等人，认为这都是“贤俊之胄，冠冕州邦”；要求各州郡凡有才华与这些人杰相当的，都要遵照朝廷的敕令，“以礼发遣”，把他们送到京师来。鉴于在征召“诸名士之未仕者”的过程中，州郡多有“逼遣”的现象，次年拓跋焘再次下诏，“令守宰以礼申谕，任其进退，毋得逼遣”。这两个诏书至少体现三点：其一，拓跋焘应“偃武修文”之需，求贤若渴；其二，拓跋焘对于各州郡未入仕的“名士”如数家珍；其三，拓跋焘尊重人才，在是否入仕的问题上，尊重“名士”自己的意愿，阻止州郡“逼遣”。拓跋焘也常在已降服的夏、秦、燕、凉诸国中选用人才。不拘一格，使进入他视野的各种人才为他所用。

崔浩：三朝元老　极品智囊*

崔浩被称为北魏第一谋士，历经道武帝拓跋珪、明元帝拓跋嗣、太武帝拓跋焘三个时期，拓跋珪时任著作郎，拓跋嗣时任博士祭酒，到拓跋焘时任司徒，可谓三朝元老，他对政局以及战事发展的预见之精确度很高，在北魏统一北方的过程中具有举足轻重的作用。作为智囊，崔浩的“料事如神”令人深思。

天意人事

在拓跋嗣时代，崔浩的官职是博士祭酒。史书上说：“魏博士祭酒崔浩为魏主嗣讲《易》及《洪范》，嗣因问浩天文、术数。浩占决多验，由是有宠，凡军国密谋皆预之。”也就是说，崔浩那些事后“多验”的预见，是因为他知“术数”，善“占卜”而预知“天意”。崔浩懂得天文，善于“占卜”不假，但要说预知“天意”却很玄。对此，他自己就曾有所表示。刘裕即将称帝之时，“彗星出天津，入太微，经北斗，络紫微，八十余日而灭”，拓跋嗣问“诸儒、术士”：“今四海分裂，灾咎之应，果在何国？朕甚畏之。”崔浩直言不讳：“夫灾异之兴，皆象人事，人苟无衅，又何畏焉？……晋室陵夷，危

---

* 本篇引文主要出自《资治通鉴》的《晋纪三十八》《晋纪三十九》《晋纪四十》《宋纪一》《宋纪二》《宋纪三》《宋纪十》。

亡不远；彗之为异，其刘裕将篡之应乎！”此言日后被验证。拓跋嗣得知刘裕“受禅”为帝时对崔浩说：“卿往年之言验矣，朕于今日始信天道。”其实，崔浩只是对东晋末年皇室衰落，君位虚设，刘裕早已一言九鼎之政局了然在胸而已，哪里是因为占卜而预知天意。

或许是时尚所使，那个时候，信术数、谶书、占卜的着实不少。拓跋嗣时的迁都问题也是这样冒出来的。北魏连年霜旱，民多饥死，太史令王亮、苏坦向拓跋嗣提出：“按谶书，魏当都邺，可得丰乐。”崔浩与特进京兆周澹却不想“按谶书”言事，他们对拓跋嗣说“迁都于邺，可以救今年之饥，非久长之计也”，并详述“非久长之计”的理由，说的全是“人事”；只因“仓廪空竭”，等不到“来春”更不待说“秋熟”，方才又提出“简国人尤贫者诣山东三州就食”的权宜之计。拓跋嗣听取崔浩之议，亲自“躬耕藉田”，并命有关部门“劝课农桑”。一年之后，年成大熟，“民遂富安”。

拓跋焘的时代，北魏讨伐夏国，两军对阵，恰恰碰上风雨大作，“颇晓方术”的宦官赵倪对拓跋焘说：“今风雨从贼上来，我向之，彼背之，天不助人；且将士饥渴，愿陛下摄骑避之，更待后日。”崔浩严厉驳斥这位方士的“天不助人”之说：“是何言也！吾千里制胜，一日之中，岂得变易？贼贪进不止，后军已绝，宜隐军分出，掩击不意。风道在人，岂有常也？”拓跋焘听取了崔浩的意见，身先士卒，决死力战，“身中流矢，奋击不辍”，终使“夏众大溃”。

北魏要讨伐柔然（即蠕蠕）之时，也有从夏国投诚的太史令张渊、徐辩以天意阻止，崔浩也以天意驳之。张渊、徐辩又说人事，大致是“蠕蠕，荒外无用之物，得其地不可耕而食，得其民不可臣而使，轻疾无常，难得而制”，崔浩于是说：“渊、辩言天道，犹是其职，至于人事形势，尤非其所知。此乃汉世常谈，施之于今，殊不合事宜。”崔浩所言“汉世常谈”，当为东汉兴起的谶纬之学。他毫不留情地说，世人都说你们两位“通解数术，明决成败”，那么请问：统万（夏国首都）未亡之前有无败征？“若其不知，是无术也；

知而不言，是不忠也。”此时，夏国的亡国之君赫连昌也在座，知道他们“未尝有言”，张渊、徐辩自然也是“惭不能对”，哑口无言。

崔浩的许多“神机妙算”并非来自天意，而得益于对人事的准确把握。

统观全局

后秦国主姚兴去世之时，东晋太尉刘裕率领水军从淮河、泗水进入清河，准备逆流西上，开进黄河，讨伐后秦。因为潼关天险，水军难以到达，他派使节向北魏借道。后秦国主姚泓怕刘裕强兵讨伐，也派使节向北魏求援。北魏君臣面临借道刘裕，还是救援后秦的抉择。拓跋嗣命文武百官共同商讨，群臣都反对借道刘裕而认为后秦“不可不救”。反对借道刘裕的理由是“裕声言伐秦，其志难测”，万一让他们登陆之后攻打北魏，后果不堪设想；后秦“不可不救”，则因它是“婚姻之国”。如此，他们主张“发兵断河上流，勿使得西”。唯有崔浩独树一帜，反对群臣之说，提出“假之水道，听裕西上，然后屯兵以塞其东”的方略。倘若刘裕攻克后秦，“必德我之假道”；不能攻克，北魏也“不失救秦之名”。

崔浩不像群臣那样只凭刘裕“其志难测”，只凭后秦是“婚姻之国”而定战略与国策，他考虑到东晋、后秦、柔然以及北魏自身等各个方面的因素。其一，刘裕吞并后秦之心由来已久，这是他称帝的最后一个筹码，乘姚兴去世之机讨伐后秦，志在必取；其二，姚兴去世，姚泓懦劣，姚氏兄弟相争，国难不断，危机四伏，凭刘裕军队当时的实力，取则必得；其三，因为“南北异俗”，刘裕“必不能以吴、越之兵”与北魏“争守河北之地”，不能成为北魏之患。倘若北魏发兵“断河上流，勿使得西”，则必然激怒刘裕，“上岸北侵”，致使北魏“代秦受敌”；其四，北魏之北“柔然寇边”，北魏当时“民食又乏”，不能再与刘裕为敌而使北魏首尾不能相顾，“发兵南赴则北寇愈深，救北则南州复危”。崔浩尤其不屑群臣以“婚姻之国”为由说事，诘问“夫为国计者，惟社稷是利，岂顾一女子乎”。

南北朝的时局犹如春秋战国时代，各国纷争，战事不断。崔浩为北魏出谋策划，总能通观全局，考虑到各个方面的互相联系，不会只见树木，不见森林，挂一漏万，因小失大。提议借道刘裕，纵其入关，然后堵其归路，只是其中一例。可惜拓跋嗣没有听取崔浩之提议而听从群臣之言，发兵阻止晋军西进，果然激怒刘裕，拓跋嗣吃了“却月阵”大亏，方才“恨不用崔浩之言”。

知彼知己

刘裕攻打后秦姚泓之时，拓跋嗣也想乘机占点便宜，他问崔浩：“裕既入关，不能进退，我以精骑直捣彭城、寿春，裕将若之何?”崔浩不赞成如此偷鸡摸狗、急功近利。他帮拓跋嗣分析北魏的周边环境，“西有（赫连）屈丐，北有柔然”，他们时时都在“窥伺国隙”；又帮拓跋嗣分析北魏与东晋（刘裕）的“强弱利害”，北魏“虽有精兵，未睹良将。长孙嵩长于治国，短于用兵，非刘裕敌也。兴兵远攻，未见其利”。而刘裕此时风头正劲，“克秦而归，必篡其主”，但他想“以荆、扬之化施之函、秦”，却无异于“解衣包火，张罗捕虎”，即使“留兵守之”，也无奈“人情未洽，趋尚不同”，足为“寇敌”入侵提供条件。崔浩劝拓跋嗣只需“按兵息民以观其变”，刘裕攻下的函、秦之地（长安一带）终将为北魏所有。

“知彼知己者，百战不殆”，此言出自《孙子·谋攻》。孟氏注：“审知彼己强弱利害之势，虽百战实无危殆也。”崔浩分析的正是彼己的“强弱利害”，然这种“强弱利害”并非一成不变，真要知彼知己，还得以具体的时间地点条件为转移。崔浩懂得这个道理。

刘裕克复长安之时，拓跋嗣大为恐慌，立即派遣使臣请和；听说刘裕去世，就想乘机讨伐，崔浩不以为然。拓跋嗣问：“刘裕乘姚兴之死而灭之，今我乘裕丧而伐之，何为不可?”崔浩于是申述此二者之不同。“姚兴死，诸子交争，故裕乘衅伐之”，而刘裕去世，刘宋“党与未离”，北魏若“兵临其境”，彼“必相帅拒战”，不如“遣人吊祭，存其孤弱，恤其凶灾，使义声布于天下”，待其“强臣争权，变难必起，然后命将出师”。崔浩不但指出刘宋“党与未离”与后秦“诸子交争”之不同，也看到此时“党与未离”的刘宋将会有“强臣争权，变难必起”的危机，劝说拓跋嗣等候时机，“坐收淮北”。

拓跋焘的时代，关于是否讨伐柔然，也曾有过两次争论。第一次是“今当用兵，赫连、蠕蠕，二国何先”的争论，长孙嵩、长孙翰、奚斤等朝廷重臣主张先攻柔然（即蠕蠕），崔浩主张先攻夏国（即赫连）。这个主张基于知彼知己：因为“蠕蠕鸟集兽逃，举大众追之则不能及，轻兵追之又不足以制敌”，而“赫连氏土地不过千里，政刑残虐，人神所弃”，以当时北魏之实力，自“宜先伐之”。恰好日后又碰到夏主赫连勃勃去世，崔浩支持拓跋焘抓住这个时机，一举攻下夏国首都统万城，俘获夏国新主赫连昌，使北魏声威大振。

数年之后，拓跋焘要讨伐柔然，却遭到群臣反对，唯有崔浩支持。反对的理由，除了太史令张渊、徐辩提出的“天象”“天意”，还有一条就是“南寇方伺国隙”。所谓“南寇”就是刘宋，他们认为不能“舍之北伐”。当年主张先伐夏国而暂时不伐柔然的崔浩此时支持讨伐柔然，因为柔然与刘宋的情况都有变化。“蠕蠕恃其绝远”，以为北魏“力不能制”，已经“自宽日久”，如今“掩其不备”出击，其必“望尘骇散”，只因马驹“驱驰难制，不得水草，不过数日，必聚而困弊”，如此便可“一举而灭”。自从北魏攻克统万以来，刘宋已对北魏“内怀恐惧”，在北魏攻打柔然之时，不可能有所行动；不但“彼步我骑，彼能北来，我亦南往；在彼甚困，于我未劳”，而且“南北殊俗，水陆异宜”，即使将河南之地送与刘宋，他们“亦不能守”。何况如今刘义隆君臣，已远非刘裕时代可比。据此，崔浩十分肯定地回答了寇谦之“蠕蠕果可克乎”的问题，说：“必克。但恐诸将琐琐，前后顾虑，不能乘胜深入，使不全举耳。”日后虽然大败柔然，却不能大获全胜，果然失之于诸将“前后顾虑，不能乘胜深入”。

知彼知己到这个境界，也可谓出神入化了。

通古博今

刘裕讨伐后秦姚泓之时，崔浩曾与拓跋嗣纵论古今人物。

拓跋嗣问崔浩：“刘裕伐姚泓，果能克乎?”崔浩答以“克之”二字。拓跋嗣问“何故”，崔浩说：“昔姚兴好事虚名而少实用，子泓懦而多病，兄弟乖争。裕乘其危，兵精将勇，何故不克!”

拓跋嗣又问崔浩刘裕之才“何如慕容垂”。崔浩答以“胜之”二字。慕容垂是后燕中兴之主，史称武成帝，其父为前燕创立者慕容皝，史称文明帝，其祖父为西晋永嘉元年（307 年）自称鲜卑大单于的慕容廆。所以崔浩说，慕容垂“借父兄之资，修复旧业，国人归之，若夜虫之就火，少加倚仗，易以立功”。刘裕就不一样了，他“奋起寒微，不阶尺土，讨灭桓玄，兴复晋室，北禽慕容超，南枭卢循，所向无前，非其才之过人，安能如是乎”。崔浩还将刘裕置于“近世将相之臣”的坐标系中品评，将“王猛之治国”，比之于“苻坚之管仲”，而将“刘裕之平祸乱”，比之于“司马德宗之曹操”。

拓跋嗣又问“屈丐何如”，屈丐就是夏国国主赫连勃勃。崔浩对此人极为不屑，说他“国破家覆，孤孑一身，寄食姚氏，受其封殖”，不但不思酬恩报义，反而乘人之危，霸占一方，结怨四邻，如此小人，“能纵暴一时，终当为人所吞食”。

那次对话，拓跋嗣兴致很高，一直谈到半夜，还赐崔浩御酒十觚、水精盐一两。他对崔浩说：“朕味卿言，如此盐、酒，故欲与卿共飨其美。”他之所以如此兴奋，不仅为崔浩这番通古博今的言论，更为自己有如此通古博今之谋士。

崔浩能知彼知己，与他通古博今是分不开的。拓跋嗣那天问到的三个人之前景，就全被崔浩言中：后秦姚泓果然为刘裕所克，刘裕克秦返回之后果然“受禅称帝”，赫连氏的夏国日后果然为人所“吞食”，而“吞食”夏国的正是北魏。不过那时北魏的皇帝已是拓跋嗣之子拓跋焘了。

风节操守

崔浩风头最劲、立功最多、权位最重的是在拓跋焘时代，但他也因“国史案”而死于拓跋焘时代。很难说崔浩与拓跋焘孰是孰非——既不能因此而说拓跋焘滥杀功臣，也不能因此而说崔浩晚节不保。我只能说，崔浩为“以彰直笔”而将“务从实录”的《国记》相当高调地刻之于石“暴扬国恶”，触犯了拓跋氏皇族的底线。我不想在此详谈“国史案”，只想因此而说说崔浩的气节与操守。

与高允同时入仕的游雅，在评说高允之时，说了崔浩与高允在拓跋焘亲自审问“国史案”时的不同表现：崔浩“声嘶股栗，殆不能言”，而高允“敷陈事理，申释是非，辞义清辩，音韵高亮”。游雅说的也是事实，但因为崔浩与游雅品评高允时曾有“所乏者，矫矫风节耳”一语，游雅如此对比，其言下之意，无非是崔浩与高允到底谁有风节？如此评述崔浩风节，似有以偏概全之嫌。崔浩能以直笔写史，自是可贵，但听信小人之言，高调彰扬直笔，终究不妥。崔浩“声嘶股栗，殆不能言”，不是因为贪生怕死，而是因为缺乏底气。

崔浩的风节操守，不妨从他年轻时说起。拓跋焘的祖父武道帝拓跋珪曾因雷震天安殿，又有寒食散药性发作，“性多躁扰，忿怒无常”，以至于滥杀朝臣，使“人不自保，百官苟免”。唯有著作郎崔浩不卑不亢，忠于职守，“恭勤不懈，或终日不归”。这种风节，与同是著作郎的高允在“宗钦已下，伏地流汗，皆无人色”时“独敷陈事理”又有何异？更不待说，此后漫长的岁月中，崔浩往往在“群臣皆曰”之时，提出自己的不同意见，从不从众，看风使舵；不管皇上是否认同，一样直叙己见，从不唯上，察言观色。

纵观崔浩一生，不乏风节操守。

高允：矫矫风节　一代佳士*

在北魏统一北方的过程中，高允算不上功勋卓著的人物，他既没有拓跋焘那样雄才大略，也不像崔浩那样足智多谋。然而，高允自有其可圈可点之处。他在名利场上甘于寂寞，在仕途之中尽心尽责，在生死关头勇于担当，以自己的风节赢得时人的尊重并名垂青史。

从崔浩说起

介绍高允其人，我想先从崔浩说起。

崔浩被称为北魏第一谋士，受到拓跋焘的高度信任。北魏太平真君四年（443 年），拓跋焘让太子拓跋晃主持日常政务，“副理万机，总统百揆”之时，崔浩是辅佐太子的几位大臣中最重要的一位。然而，位高权重容易使人失去自我警策，也就是在这种时候，人性的弱点开始在崔浩身上萌发，逐步发展，以致“自恃才略及魏主所宠任，专制朝权”。高允就在崔浩之疾初露端倪之时，预见到崔浩的人生悲剧以及北魏官场的震荡。

太平真君十一年（450 年），崔浩向太子拓跋晃推荐冀州等五个州的几十名士人直接出任郡守，但“副理万机，总统百揆”的拓跋

---

* 本篇引文主要出自《资治通鉴》的《宋纪四》《宋纪五》《宋纪六》《宋纪七》《宋纪十》。

晃并不赞成崔浩的意见，他主张“先征之人……宜先补郡县，以新征者代为郎吏”，并申述自己的理由：其一，“先征之人，亦州郡之选也；在职已久，勤劳未答”，也就是说，同样是州郡官候补人员，应当由“在职已久，勤劳未答”的先征之人先出任郡守，新征者还是得从郎吏做起，不宜捷足先登；其二，“守令治民，宜得更事者”，因为他们是地方的长官，身负治理一方的重任，还得有点经历和经验，先征之人已有历练，新征者尚未入门，一下子担不起来。然而，崔浩根本不把拓跋晃的意见当一回事，他的对策是“固争而遣之”。“固争”是与太子争的，即使“固争”无果，崔浩也照样“遣之”，把他推荐的几十名士人派遣出任郡守了。高允从这件事中看到崔浩的危险倾向，他对东宫博士管恬说：“崔公其不免乎！苟遂其非而校胜于上，将何以堪之?”他之预见到“崔公其不免”，因为崔浩力图“校胜于上”，没有摆正自己的位置，拓跋晃毕竟是“副理万机，总统百揆”的储君，你崔浩即使是朝廷重臣，也终究是臣，以臣的身份“校胜于上”，即使你有拓跋焘做靠山，也是靠不住的；也因为“其非”，即崔浩想“校胜于上”的主张站不住脚，既不出以公心，也有悖于公正，而且做法不合政治规矩——不管你同意不同意，我都派遣他们去当郡守了。更要命的是，崔浩“自恃才略及魏主所宠任”，而对“其非”满不在乎。

也是太平真君十一年（450 年），魏主拓跋焘让崔浩主持撰写北魏史《国记》，要求只有四个字，叫作“务从实录”。高允参与其事。与他们一起的还有令史闵湛、郗标，此二人“性巧佞”，善于拍马奉承，投其所好。例如，崔浩曾注《易》以及《论语》《诗》《书》，闵湛、郗标上疏说：马融、郑玄、王肃、贾逵——这四位都是东汉著名经学大师——所做的注解，都不如崔浩的准确、有深度，恳求魏主拓跋焘“乞收境内诸书”，唯独颁布崔浩所注，“令天下习业”。崔浩投桃报李，力荐闵湛、郗标“有著述才”，于是闵湛、郗标更起劲了，又劝崔浩“刊所撰国史于石，以彰直笔”。高允对此相当警觉，他对著作郎宗钦说："湛、标所营，分寸之间，恐为崔门万世之祸，吾徒亦无噍类（无噍类，指没有一个还能活着）矣！"而先前曾料事如神的崔浩却意识不到这一点，居然听从闵湛、郗标的提议，"刊石立于郊坛东，方百步，用功三百万"。在北魏的历史上，难免有拓跋氏家族以及拓跋氏君臣的丑劣乃至血腥之事，因为"务从实录"，诸如道武帝拓跋珪精神失常、心理变态之时的滥杀大臣，拓跋焘"大破胡众"之时"斩白龙，屠其城"等都会入史，把这一切都刻石展示，目的却在"以彰直笔"，这就犯了北魏国君以及他们后代的众怒，遂以"暴扬国恶"入罪，带来杀身之祸。

这两件事似乎并无关联，根子却是相同的，即崔浩"自恃才略及魏主所宠任，专制朝权"。权位极易使人失去先前的明智，作为北魏第一谋士的崔浩也未能幸免。资历较之崔浩浅得多的高允，却能明察秋毫，看得真切，因为他没有欲望膨胀，没有尘埃遮蔽。

那个时候，高允的官职是郎——中书侍郎，领著作郎。

实诚与担当

正如高允所预见的，"国史案"发，崔浩大祸临头，参与编撰《国记》的高允等人也难以幸免。太子拓跋晃有意保护高允，崔浩被收监之后，拓跋晃就召高允到东宫，留他住了一个晚上，次日与高允一起入朝，将入宫门时悄悄对高允说，等下见了皇上，皇上问你什么话，你只按我说的去回答。拓跋晃见了魏帝，只说高允小心缜密，而且官职微贱，所谓"暴扬国恶"之事，都应归咎于崔浩，请陛下赦免高允。这其实就是拓跋晃为高允定下的基调，他要高允按照这个基调与魏帝对话。但高允没有照办。魏帝问高允："《国书》（即《国记》）皆浩所为乎？"《国记》中有《太祖记》《先帝记》和《今记》。所谓"太祖"，乃是道武帝拓跋珪；所谓"先帝"，乃是明元帝拓跋嗣；《今记》记的就是拓跋焘了。高允如实回答：《太祖记》

由前著作郎邓渊撰写，《先帝记》和《今记》由我和崔浩两人共同撰写。崔浩兼事很多，不过是总揽大纲而已，并未亲自撰写多少，我写的要比崔浩多得多。魏帝拓跋焘于是大怒："允罪甚于浩，何以得生？"拓跋晃赶紧说，陛下天威，高允小臣，他被吓得"迷乱失次"了。我曾问过高允，他说这一切都是崔浩所为。魏帝再问高允：事情真像太子所说的那样吗？高允说：我不敢用虚假的话欺骗您。我一直充任太子侍讲，太子可怜我，想放我一条生路。其实他没有问过我，我也没有说过这些话。在皇上面前，实在不敢"迷乱失次"。于是魏帝对太子说："直哉！此人情所难，而允能为之！临死不易辞，信也；为臣不欺君，贞也。宜特除其罪以旌之。"不但赦免了他，还将他作为臣子的榜样，褒扬其"信"与"贞"的品格。

事情并没有到此了结。魏帝拓跋焘要高允就"国史案"起草诏书，诛崔浩和他的幕僚宗钦、段承根等人，以及他们的部属、僮仆，共有一百二十八人，而且全都夷灭五族。对此，高允仍有自己的看法，因而"持疑不为"。魏帝频频派人催促，高允"乞更一见，然后为诏"。"乞更一见"的目的，却是为崔浩鸣冤。他见魏帝时说，崔浩被捕入狱，倘若别有隐情，我不敢多说。倘若只因编国史触犯了皇族尊严，其罪不至于死。因为写史要写信史，"务从实录"也是拓跋焘提出的要求，《国记》之中难免有使拓跋氏的子孙们感到不那么体面的事，然而这又何罪之有？他的这番话使拓跋焘大怒，当即命令武士逮捕高允。太子"为之拜请"。拓跋焘怒气渐渐平息之后，又感叹："无斯人，当更有数千口死矣。"

太子拓跋晃责怪高允不会见机行事，不听事先告诫，以致激怒皇上，使人心有余悸。高允回答说，"以私欲没其廉洁，爱憎蔽其公直"，这是崔浩的过错。然而，"书朝廷起居，言国家得失"，这原是"史之大体，未为多违"，他与崔浩"实同其事，死生荣辱，义无独殊"。倘若接受了殿下的"再造之慈"，违心得以幸免，此"非臣所愿也"。

高允在生死关头显得很有担当。其一，他绝不为求生而开脱自己，并落井下石，将“罪责”推给别人，恰恰相反，就连太子两次为他开脱，为他铺好了下台的阶梯，他也不领情。其二，他绝不因为求生而说违心话，做违心事。在他看来，崔浩即使有罪，也罪在听从闵湛、郗标之言，“刊所撰国史于石，以彰直笔”，所以他认定崔浩“罪不至死”，更不要说崔浩的部属、僮仆以及他们的五族了。

曾有拓跋焘宠信的辽东公翟黑子奉命出使并州，接受了“布千匹”之货贿。案发之后，翟黑子请教高允：“主上问我，当以实告，为当讳之?”高允说：像你这样为皇上宠信的大臣，有罪如实招认，或许还会得到皇上的赦免，千万不可“重为欺罔”。翟黑子请教中书侍郎崔览、公孙质，得到的回答恰恰相反：“若首实，罪不可测，不如讳之。”翟黑子于是责怪高允说：“君奈何诱人就死地!”翟黑子见帝时，果然“不以实对”，“帝怒，杀之”。

实诚是担当的底气所在，也是担当的表现形式。实诚处世，敢于担当，乃是高允的人生信条。他要求别人这样做，而他自己也正是这样做的，哪怕是在君威之前，生死之际。

矫矫风节

实话实说，直抒己见，是高允一贯的格调。他在朝为官，从不察言观色，投人所好。早在“国史案”前十四年，即太延二年（436年），拓跋焘曾问高允“为政何先”。当时北魏有许多良田被朝廷划为禁地，此“政”于国于民都极其有害，可谓弊政。高允直言相谏：“臣少贱，唯知农事；若国家广田积谷，公私有备，则饥馑不足忧矣。”拓跋焘还算是善于听取士人意见革除弊政的，当即下令解除被划为禁地的农田，让百姓耕作借以谋生，国家从中收取田赋。

到了拓跋焘的孙子拓跋濬当北魏皇帝的时候，高允依然保持这种格调。太安四年（458年），文成帝拓跋濬兴建太华殿，生性乖巧善变的给事中郭善明乘机游说拓跋濬“大起宫室”，高允适时劝谏。他从北魏太祖拓跋珪说起，说那时开始兴建城池街市“必因农隙”，以免百姓误了农时，影响农耕；说到现时并不缺乏宫殿宫室，永安前殿足够举行朝会，西堂、温室足够宴请、歇息，紫楼也足够登高远眺；又说到“大起宫室”的弊端与后果。他算了一笔账，即按“大起宫室”的设计规模，需要役使人工二万，加上后勤供应，得四万人，至少也得半年才能完工。于是高允说：“一夫不耕，或受之饥，况四万人之劳费，可胜道乎？”他希望拓跋濬不要仓促行事，应谨慎处理此事。拓跋濬接受了他的意见。

高允是神䴥四年（431年）拓跋焘开始“偃武修文”时，与范阳卢玄、博陵崔绰、赵郡李灵、河间邢颖、广平游雅、太原张伟等一起从各州郡征集而来准备“差次叙用”的才俊之一。到太安四年（458年）他谏阻拓跋濬“大起宫室”之时，已有二十七年。与高允同时被征召的游雅等人全都早已升官封侯，连他们的属下官至刺史、俸禄二千石的也有几十上百名了，唯有高允依然是郎，二十七年来从未升官。然而，二十七年来，他也一直“好切谏”，只要“朝廷事有不便”，便请求面呈己见，并不因为没有升职牢骚满腹，心灰意冷，消极怠工。他不求显山露水，但求尽心尽责；不求飞黄腾达，但求问心无愧。

文成帝拓跋濬注意到了这一点，有一次他对群臣说：“汝等虽执弓刀在朕左右，徒立耳，未尝有一言规正；唯伺朕喜悦之际，祈官乞爵，今皆无功而至王公。允执笔佐我国家数十年，为益不少，不过为郎，汝等不自愧乎！”在彰扬高允的“执笔佐政”的同时，严厉地批评了那些“唯伺朕喜悦之际，祈官乞爵”的朝廷大员。直到那一天，高允才由郎升为中书令。

高允其实也有过飞黄腾达的机会。在“国史案”中，他虽然差一点掉了脑袋，但最终还是受到拓跋焘的赏识。而在此之前，“副理万机，总统百揆”的太子拓跋晃已对他另眼相看，要不，拓跋晃也不会千方百计地为他开脱罪责。但他不会紧紧抓住机会乘势而上，而这种机会也往往稍纵即逝——此后不久，拓跋焘与拓跋晃就先后遭到太监宗爱的谋杀。

高允不事张扬，他通晓天文历法，却从不推算并向众人论说，除了与他同时入仕的游雅外无人知道；他也曾参与铲除宗爱一党而立拓跋焘之孙、拓跋晃之子拓跋濬为帝的谋划，其他参与者都得以封官晋爵，唯独他没有受赏，他也从未与人说起。他更不善游说，不会钻营，不屑见风使舵。宗爱用事，“威振四海”之时，曾召集文武百官到朝堂论事，“王公已下皆趋庭望拜，高子独升阶长揖”。

崔浩曾对游雅评品高允，说：“高生丰才博学，一代佳士，所乏者，矫矫风节耳。”如果崔浩知道高允在“国史案”发之时，面对君威不说违心之言，不做违心之事，如果崔浩知道高允在不可一世的奸佞宗爱面前不像别的王公大臣那样“趋庭望拜”，还会说高允“所乏者，矫矫风节耳”吗？

顺便说说，高允为官也十分清廉。他一家的生计，是由儿子们上山砍柴来维持的。司徒陆丽对文成帝拓跋濬说：“高允虽蒙宠待，而家贫，妻子不立。”拓跋濬当天就到高允家，看见高允家中“惟草屋数间，布被，缊袍，厨中盐菜而已”，于是在感慨之余，“赐帛五百匹，粟千斛，拜长子悦为长乐太守”，不管高允如何“固辞”也“不许”。

拓跋濬相当尊重高允，“常呼为令公而不名”，他尊重的就是高允这种“富贵不能淫，贫贱不能移，威武不能屈”的大丈夫风节。

宇文邕：困而不弃　胜而不奢*

宇文邕是北周第三位皇帝，也是北周历史上唯一有作为的皇帝。他登上帝位后，韬光养晦，困而不弃，伺机铲除“士民患之”的宇文护势力，摆脱这位“大冢宰”的掣肘，放开手脚，励精图治，使北周的政治日益清明，国力不断增强，百姓安居乐业；在此基础上讨伐北齐，统一北方，并且胜而不奢，可谓南北朝时期一代英主。

困而不弃

与曹魏政权的开创者曹操生前未称帝一样，创立北周政权的宇文泰生前也未称帝。宇文泰去世后，由他的侄子宇文护拥立宇文泰之子宇文觉接受西魏恭帝的禅让，成为北周的第一位皇帝。孝闵帝宇文觉登基才九个月，就被宇文护废了，改立宇文毓；两年多之后，宇文毓又被宇文护毒死，再立宇文邕。宇文毓是“明敏有识量”的君主，当他觉察自己被人下毒且毒性发作时，曾口授遗诏，传位于“宽仁大度，海内共闻；能弘我周家”的鲁公宇文邕，所以也可以说是宇文毓遗诏传位于宇文邕。但如果宇文护反对，这份遗诏也没有用。宇文毓连自己的性命都保不住，何况他的遗诏？！所以说宇文邕

---

* 本篇引文主要出自《资治通鉴》的《陈纪二》《陈纪三》《陈纪四》《陈纪五》《陈纪六》《陈纪七》。

由宇文护所立也能凑合。

北周武成二年（560年），年仅十七岁的宇文邕就这样登上了帝位。

宇文毓之所以会认为宇文邕是“能弘我周家”的不二人选，因为宇文邕“幼有器质，特为世宗（即宇文毓）所亲爱”；他当皇帝时，“朝廷大事，多与之参议”，深知宇文邕“性深沉，有远识，非因顾问，终不辄言”。但在当时的政治环境中，对于宇文护的专断独行，宇文邕也只能暂时隐忍。

为此，他做了一些韬光养晦的事情。

保定三年（563年），侯莫陈崇跟随宇文邕去原州。宇文邕当夜就返回长安，有人揣测个中缘由。侯莫陈崇私下对他亲近的人说：我听方士说，晋公宇文护今年不吉，皇上连夜返回长安，不过是晋公死了。有人告发此事。宇文邕在大德殿召见诸位公侯，严厉地批评侯莫陈崇。不久后，宇文邕下诏称：大冢宰晋国公是我的兄长，又是朝廷元辅，“自今诏诰及百司文书”，都不得直呼其名。

而宇文护依然故我。宇文邕当众批评侯莫陈崇的那天夜间，他就派兵逼令其自杀了。以他为主帅的伐齐之战损兵折将，铩羽而归，唯一全师而退的将领贺若敦没有受赏，心中不平，宇文护便逼他自杀。勋州刺史韦孝宽关于“今宜速于华谷及长秋筑城以杜其（北齐）意”的提议，宇文护只说一句“韦公子孙虽多，数不满百，汾北筑城，遣谁守之”，便使“事遂不行”。宇文泰为魏相时，曾“立左右十二军，总属相府”；宇文泰去世后，当时所立的“左右十二军”只受宇文护的支配，“凡所征发，非护书不行”。宇文护宅第的“屯兵侍卫，盛于宫阙”，“诸子、僚属皆贪残恣横，士民患之”。宇文护与宇文护的势力，已经成为北周的祸患。对于这一切，宇文邕依然隐忍，“人不测其浅深”。

然而，正是这种“人不测其浅深”的隐忍，使他在神不知鬼不觉中与宇文直等人联手，借与宇文护一起为太后敬酒之名，除掉了北周的这个祸患。

这是北周天和七年（572年）三月，宇文邕登基已有十二年。

自此之后，宇文邕放开手脚，治国理政，为兴盛北周采取了一系列措施。他改元建德，下诏“江陵所虏充官口者，悉免为民”；建德三年（574年）又“罢沙门、道士，并令还俗”，不但增加农耕劳力，而且扩展农耕田地，如此等等，使生产得到发展，国力日益增强。

周师伐齐

北齐的基业是由高欢创立的，他自己没有称帝。高欢比宇文泰更有作为，更有君子之风。由他奠定的北齐的基础，也胜于北周。但高欢的继承者不行。没有称帝而实际主政的高澄专横跋扈，代东魏为北齐、自立称帝的高洋以及高洋之后的高湛、高纬，都是暴虐、淫荡、荒唐的奇葩皇帝。北齐的国力每况愈下。宇文邕在位时，北齐的奇葩皇帝是高纬，那时的北齐政权已经腐朽，国力已经衰落。北周建德四年（575年），宇文邕决意伐齐，看中的正是这样的时机。

宇文邕攻打北齐，可谓“三思而言，九虑而行”。他曾多方听取意见。先有柱国于翼提出“使彼懈而无备，然后乘间，出其不意，一举可取”之见，后有边将韦孝宽上陈三策，一是短期之策，乘其“内离外叛，计尽力穷”之机，与南陈“共为掎角”，“百道俱进，并趋虏庭”；二是中期之策，即使“未即大举”，也宜“与陈人分其兵势”，慢慢地拖垮北齐，然后“乘间电扫”，摧枯拉朽；三是长期之策，效越王勾践，“蓄锐养威，观衅而动”。宇文邕召伊娄谦询问：“朕欲用兵，何者为先？”伊娄谦说：北齐君主高纬沉湎酒色，轻信谗言，杀戮“折冲之将”斛律明月，已是“上下离心，道路以目”。此意正与韦孝宽奏书所说的“齐氏昏暴，政出多门，鬻狱卖官，唯利是视，荒淫酒色，忌害忠良，阖境嗷然，不胜其弊。以此而观，覆亡可待”相合，“帝大笑”。此后他独自和齐王宇文宪、内史王谊谋划，又派纳言卢韫三次问计于于翼，最后才在大德殿召集文武要臣，宣布此事。

是年七月，宇文邕正式下诏亲征讨伐北齐，对兵力做了周密部署，任命宇文纯、司马消难、达奚震为前三军总管，宇文盛、侯莫陈琼、宇文招为后三军总管。齐王宇文宪率兵二万进军黎阳，杨坚、薛迴率水军三万从渭水进入黄河，侯莫陈芮率军二万在太行道防守，李穆率军三万在河阳道防守，于翼率军二万进军陈州、汝州。明令，进入北齐境内后，禁止“伐树践稼，犯者皆斩”。宇文邕自己率军六万，攻克河阴大城。宇文宪、于翼、李穆之军皆所向披靡，攻克的和受降的共有三十多座城池。南陈吴明彻也带兵出击北齐彭城，并在吕梁打败数万北齐军。北周的联陈伐齐之策，收到明显成效。

正如内史上士宇文弼对宇文邕说的那样：“齐氏建国，于今累世；虽曰无道，藩镇之任，尚有其人。”傅伏和独孤永业就是这种胜任藩镇职守的将领。宇文邕攻打独孤永业镇守的金墉，宇文宪攻打傅伏镇守的洛口中城，都未能如愿。恰逢那时宇文邕患病，只好撤兵。

北周建德五年（576 年）九月，宇文邕再次伐齐。他对文武大臣们说：“前入齐境，备见其情，彼之行师，殆同儿戏。况其朝廷昏乱，政由群小，百姓嗷然，朝不谋夕。天与不取，恐贻后悔。”宇文邕吸取首次伐齐“前出河外，直为拊背，未扼其喉”的教训，再次伐齐，率军直至高欢所起之地晋州，当天就从汾曲来到晋州城下督战。晋州“城中窘急”，北齐的行台左丞侯子钦出城投降，晋州刺史崔景嵩派使者出城请降。次日凌晨，北周将领段文振等登上城头，和崔景嵩“同至尉相贵所，拔佩刀劫之”，于是“城上鼓噪，齐兵大溃”。周师攻克晋州，俘虏了北齐的行台仆射尉相贵和他部下甲士八千。宇文邕以梁士彦为晋州刺史，率精兵一万留守。因为“齐兵新集，声势甚盛”，宇文邕决意“西还以避其锋”。宇文宪断后，与追赶宇文邕的齐军大战，斩其骁将贺兰豹子等，杀退齐师。

返回长安不久，宇文邕“复下诏，以齐人围晋州，更帅诸军击之”。这次伐齐，宇文邕先把北齐投降的将与兵放了回去，然后让宇文宪先行，自己随后到达晋阳，汇集各路兵马八万，逐渐向前推进，在晋阳城下摆阵势，准备与北齐军队决战。宇文邕亲临阵前慰勉将士，鼓励士气，“将士喜于见知，咸思自奋”。两军交战，实力相当，北齐皇帝高纬却带着冯淑妃观战，关键时刻又听取宠臣宠妃之言，逃奔邺城，导致齐军大溃。平阳解围之后，梁士彦见到宇文邕，“持周主须”哭道：我差点见不到陛下您了！宇文邕也动情流泪。

高纬逃奔邺城，正好成全了宇文邕完成再次伐齐时的既定目标：在攻下晋州之后，打其援军，再“乘破竹之势，鼓行而东……穷其巢穴”，这“巢穴”正是邺城。而周师攻打邺城之时，高纬又带着冯淑妃投奔突厥去了。

周师伐齐得胜，宇文邕在拓跋焘之后，再次统一北方。

胜而不奢

北周建德六年（577 年）初春，宇文邕率胜利之师进入北齐之都邺城。

北齐的国子博士熊安生精通《五经》，是声名在外的博学之士，听说宇文邕进入邺城，便叫家人打扫门庭。他说：周帝重道尊儒，必将见我。没有多久，宇文邕果然亲临其门。他不让熊安生叩拜，“亲执其手，引与同坐，赏赐甚厚”。中书侍郎李德林也声名在外，北齐的诏书移檄大多出于他手。宇文邕派小司马唐道和到李德林住宅宣读圣旨，称“平齐之利，唯在于尔”，并接李德林进宫，向他请教齐之风俗政教、人物善恶。这实际上是宇文邕作为胜利者的一次亮相：他尊重士人。

宇文邕对待北齐的旧臣与降臣，处置的方式因人而异。

对于北齐的忠贞之士，不管是活着的，还是死去的，他都很尊重。斛律光、崔季舒等人都因佞臣进谗，被暴君处死。宇文邕下诏，给他们追加封赠谥号，并将他们改葬，“子孙各随荫叙录，家口田宅没官者，并还之”。宇文邕指着斛律光的名字说：如果由他守卫，我怎能来到邺城？

傅伏是一直坚持抗击北周的北齐将领。宇文邕首次伐齐之时，由他坚守的城池，周师一直攻打不下；其后宇文邕二次招降，他都不从。待宇文邕从邺城返回，派人在汾水边召来傅伏。傅伏与周师隔河对阵，听对方说北齐“至尊”已被擒时，“仰天大哭，帅众入城，于听事前北面哀号，良久，然后降”。宇文邕问他：“何不早下?”傅伏对答：“臣三世为齐臣，食齐禄，不能自死，羞见天地!”宇文邕拉着他的手说：“为臣当如此。”他把自己食用的羊肋骨赏给傅伏，说“骨亲肉疏，所以相付”，任他为宫廷值宿禁卫，仪同大将军。曾经镇守金墉城而使宇文邕攻打不下的独孤永业，在宇文邕二次伐齐时，“闻晋州败，请出兵击周，奏寝不报”，知北齐朝廷腐败已不可救药而“请降于周”，宇文邕任他为上柱国，封应公。

对于缺德之人，宇文邕极其不屑。莫多娄敬显就是一个实例。此人被抓获后，宇文邕数说他“有死罪三”：从晋阳去邺城，携带小妾同行而抛弃母亲，这是不孝；一面替齐国效力，一面又“通启于朕”，这是不忠；通启之后，“犹持两端”，这是不信。如此不孝不忠不信之人，“不死何待”?

北齐的奇葩皇帝高纬也当了俘虏，宇文邕废物利用，让他给尚在抵抗北周军队的高湝写劝降书，最后把这个祸国殃民作恶多端的奇葩送上了西天。

北周灭了北齐，宇文邕把原属北齐的子民，当作北周的子民同等看待。他在进入邺城之时就下诏，宣布对原先高纬等人游宴之地的处置方式：东山、南园、三台都可以拆除；瓦片木材一类的物件，可以利用的全部赏赐给百姓；山园所占用的土地，各还原主。

北魏掳掠西凉之时，曾把掳获的人都打入另册，“没为隶户”；北齐沿袭了这种弊政，仍然把他们当作奴隶“断役”。宇文邕认为这种做法于法无据，有违“常宪”，极不人道。周师灭齐之后，他特地为此下诏说：“罪不及嗣，古有定科。杂役之徒，独异常宪，一从罪配，百代不免，罚既无穷，刑何以措！凡诸杂户，悉放为民。”此后，这种“隶户”就都成了平民百姓。

与此相似的还有两个诏书。一曰：“自永熙三年以来，东土之民掠为奴婢，及克江陵之日，良人没为奴婢者，并放为良。”此处所说的永熙，是北魏孝武帝元修的年号，永熙三年（534 年），孝武帝为高欢所立。此处所说的东土，即是北齐的前身东魏。二曰：“后宫唯置妃二人，世妇三人，御妻三人，此外皆减之。”这两个诏书，一为释奴为良，二为裁减后宫，都是针对北齐的弊政提出来的，都于平民百姓有益。

宇文邕“性节俭，常服布袍，寝布被，后宫不过十余人。每行兵，亲在行陈，步涉山谷，人所不堪；抚将士有恩，而明察果断，用法严峻，由是将士畏威而乐为之死”。周师灭齐之后，他依然保持这种格调，胜而不奢。他到方丘祭地时下诏：“路寝会义、崇信、含仁、云和、思齐诸殿，皆晋公护专政时所为，事穷壮丽，有逾清庙，悉可毁撤。雕斫之物，并赐贫民。缮造之宜，务从卑朴。”此处说的“路寝”就是天子与诸侯的正厅。又诏：“并、邺诸堂殿壮丽者准此。”也就是说，天子与诸侯的居住之地均以简朴为宜，无论是北周宇文护搞的，还是北齐那几个奇葩皇帝搞的豪华宫殿均当毁弃。这也是他作为胜利者的自我约束。

对此，司马光评说：“周高祖可谓善处胜矣！他人胜则益奢，高祖胜而愈俭。”

杨坚：化解边患　一统南北*

天下大势，分久必合，合久必分，这是小说家言，出自《三国演义》。中国从三国起，经历两晋南北朝，一直处于动乱之中。西晋短暂的一统后即有八王之乱；东晋开始，南北对峙；东晋之后，南有宋齐梁陈政权更迭，北有北魏崛起，北周殿后。晋人郭璞预言："江东分王三百年，复与中国合。"从东晋末年到杨坚灭陈，正合三百大数。杨坚不像汉武帝那样穷兵黩武，但他有效化解边患；杨坚不像秦始皇那样武力制胜，但他在秦始皇之后再次统一中国。隋朝虽然短暂，杨坚功在千秋。

化解边患

隋朝新立之时，边患依然不断。那个时候的边患，已经不是匈奴、鲜卑、柔然，而是来自北部、西北部草原的突厥和来自东北部的吐谷浑了。

北魏消亡之后，北周与北齐两个政权对立抗衡，突厥与两边都有来往。北周怕突厥与北齐交往太深，北齐怕突厥与北周交往过厚，两边都把突厥当作决定他们之间谁胜谁负的重要筹码，争相讨好，使突厥从中渔利。北周还与突厥和亲，把千金公主嫁给可汗皇子摄

---

* 本篇引文主要出自《资治通鉴》的《陈纪九》《陈纪十》。

图。杨坚以隋代周之后，不再厚待突厥，只为边境安宁，仍时有施与馈赠，这使新任的沙钵略可汗感觉被冷落而相当恼火，千金公主又因为杨坚夺了她宇文氏的天下而“日夜言于沙钵略，请为周室复仇”。沙钵略可汗感到自己为宇文家族复仇义不容辞，就与原先从北齐叛逃出来的营州刺史高宝宁合兵侵隋。杨坚下令增修要塞屏障，加固长城，又命多名将领屯守或镇守北部各州，以备突厥。

隋朝有个叫长孙晟的大臣，北周时曾奉命护送千金公主去突厥成婚，那时突厥的佗钵可汗欣赏他的箭术，留他在突厥整整一年，让他与自己的子弟和部属交往，并将箭术传授给他们。长孙晟也因此对突厥的山川地形与人事关系了解得一清二楚。突厥在佗钵可汗去世之后，除了享有最高权力的大可汗沙钵略可汗，还有几位可汗，长孙晟知道这些人之间的微妙关系。沙钵略可汗的堂叔玷厥居住在突厥西面，称达头可汗，并不臣服于沙钵略可汗；处罗侯突利设最得突厥人心，深为沙钵略可汗妒忌；阿波可汗大逻便游离在他们之间。鉴于当时隋朝的国力，长孙晟提议利用突厥内部矛盾，“远交而近攻，离强而合弱”，使他们“首尾猜嫌，腹心离阻”，使沙钵略可汗不得不分心分兵防右备左。杨坚非常赞赏长孙晟的提议，“因召与语”，对于长孙晟提出的大小建议“皆纳用之”，并获得实效：“反间既行，果相猜贰”。

隋开皇二年（582 年）五月，突厥出动了五个可汗的全部军队共四十万人侵入长城以南。隋军屯守乙弗泊的柱国冯昱、镇守临洮的兰州总管叱列长叉、驻扎幽州的上柱国李崇均被打败，武威、天水、金城、上郡、弘化、延安等郡的牲畜都被劫掠一空。也就在这个时候，长孙晟的离间计开始发挥作用。沙钵略可汗还想继续率军向南，达头可汗却不干了，居然自顾自“引兵而去”。长孙晟又游说沙钵略可汗之子染干谎报军情，说铁勒等部落谋反，要攻打沙钵略可汗的牙帐。沙钵略可汗怕后院起火，不得不回兵出塞去了。

鉴于突厥屡屡入侵，开皇三年（583 年）四月，隋文帝杨坚下诏，说突厥的统治者错估形势，“将大定之日，比战国之时”；错看对象，“乘昔世之骄，结今时之恨”。原先送给突厥的财物，都是百姓的血汗，他们不但不因此感恩，反而得寸进尺，算是喂了豺狼养了贼，不想再干这样的傻事。今后将“省徭薄赋，国用有余。因入贼之物，加赐将士；息道路之民，务为耕织”，宣称“清边制胜”已经“成策在心”，告诫诸将在征战之中要“义兼含育”，区别对待，“有降者纳，有违者死”，目的只在“使其不敢南望，永服威刑”。

杨坚任命卫王杨爽等人为行军元帅，兵分八路出塞攻打突厥。杨爽麾下李充、李彻与沙钵略在白道相遇，他们看准了突厥因为多次得胜必定轻敌，率领五千精兵突然袭击，把突厥军队打得落花流水。沙钵略可汗甚至丢弃所服金甲，潜身于草丛方才逃得一命。秦州总管窦荣定率领三万人兵马从凉州出发，与阿波可汗在高越原对峙，阿波可汗屡战屡败。窦荣定麾下正戴罪立功的史万岁，与突厥派出的骑将在阵前单挑，史万岁手起刀落，取敌将首级而还。这使对方大为吃惊，不敢再战，请求与隋军议和，引军退去。正在窦荣定军中为偏将的长孙晟派人继续离间阿波可汗与沙钵略可汗。阿波可汗听从长孙晟的劝告，派遣使者与长孙晟一起入朝。沙钵略可汗听说阿波可汗降隋的消息，袭击其牙帐，杀死阿波可汗的母亲。阿波可汗只好西奔达头可汗，沙钵略可汗的堂弟地勤察也率领他的部落叛归阿波可汗。

开皇四年（584年）九月，众叛亲离的沙钵略可汗在多次被隋军打败之后难以为继，请求与隋朝和亲。原想为宇文氏复仇的千金公主“自请改姓杨氏，为隋主女”。杨坚答应了这个请求，“更封千金公主为大义公主”。晋王杨广请求乘机出兵，灭了突厥，“隋主不许”。这“不许”二字，体现了杨坚的胸怀与仁义，他不想将他们赶尽杀绝，只求他们“永服威刑”。于是，沙钵略可汗以女婿的名义来函，杨坚则以岳父的名义回复，随之派遣虞庆则与长孙晟为正副使节前往突厥。到了开皇五年，沙钵略可汗处境艰难，既为达头可汗所困，又畏契丹威胁，请求隋朝将他的部落迁往漠南，寄居白道，“隋主许之”。沙钵略可汗被阿拔国发兵偷袭，掳走其妻儿家小。隋军又帮他打败了阿拔军，并将“所获悉与沙钵略”。此事使沙钵略可汗心悦诚服，上表称：“天无二日，土无二王，大隋皇帝，真皇帝也，岂敢阻兵恃险，偷窃名号！今感慕淳风，归心有道，屈膝稽颡，永为藩附。”此后，“岁时贡献不绝”。

杨坚战胜突厥之“战”，包括兵战、智战和义战。在此过程中，他可谓“王霸道杂之”，当用兵之时则用兵，能不用兵时则尽量不用兵。对于来自突厥的边患，他不是消灭，而是化解，这正是他的高明之处。直到杨坚晚年，突厥局势有变，杨坚仍然采取这样的方略。那时有步迦可汗与启民可汗相持不下，亲隋的启民可汗被长孙晟安置在吕梁山西麓的碛口，防御突厥其他势力入侵，最后还统辖了步迦可汗的所有部众。

隋文帝杨坚对于来自吐谷浑的边患，大致也是这个格调，既有兵战，也有义战。

开皇元年（581 年）八月，隋朝新立不久，便有“吐谷浑寇凉州”。那一次，杨坚派遣行军元帅元谐等统率数万兵马反击，先在丰利山击溃吐谷浑军队，又在青海湖打败吐谷浑太子可博汗，俘敌杀敌共计万余，“吐谷浑震骇，其王侯三十人各帅所部来降”。杨坚封吐谷浑高宁王移兹裒为河南王，让他统领归降的吐谷浑部族。吐谷浑可汗夸吕则“帅亲兵远遁”。但事情并未就此了结，开皇三年又有吐谷浑侵犯，隋军再次迎击。

隋朝国力日渐强盛，杨坚更重“义战”。因为吐谷浑可汗夸吕多次凭自己的喜怒废杀太子，从开皇六年（586 年）到开皇八年，先后有两位吐谷浑太子出于恐惧并求自保，请求隋朝出兵，帮助他们除掉夸吕可汗，其后又有吐谷浑裨王拓跋木弥请求率领其部落千余户降隋。杨坚看得明白，吐谷浑夸吕之暴虐，致使“妻子怀怖，并思归化，自救危亡”，拒绝他们，显得不仁不义，但助子杀父也有违伦理。他的对策是“但宜慰抚，任其自拔，不须出兵应接，其妹夫及甥欲来，亦任其意，不劳劝诱”。

杨坚说过这样一句话：“普天之下，皆是朕臣，朕之抚育，俱存仁孝”。那个时候，他已经把这些吐谷浑人当作自己的臣民，“以德训人”，并借以化解隋朝的边患。

一统南北

杨坚自登上帝位起，就相当谨慎地维护与陈朝的和睦，管控彼此间的矛盾，但凡抓到陈朝的间谍，“皆给衣马”，以礼送还。倒是陈宣帝陈顼会不时地制造一点边境的摩擦。为此，在陈宣帝太建末年，陈隋之间打过一仗。在作战过程中，恰好碰上陈顼去世，杨坚听取高颎之奏，“礼不伐丧”，下诏班师，并派遣使者前去吊唁。在他给陈叔宝的信末，还恭恭敬敬地写下“杨坚顿首”，陈叔宝回函“想彼统内如宜，此宇宙清泰”，口气傲慢，这使杨坚“不悦”。但这种“不悦”，没有影响双边关系。那时候，隋朝的疆土比陈朝辽阔，隋朝的国力比陈朝强盛，隋朝的政治比陈朝清明，“良禽择木而栖”，也就难免会有镇守边境的文武官员投奔于隋。例如，开皇三年（583年），郢州城主张子讥派遣使节请求归降隋朝；开皇四年，将军夏侯苗请求归降隋朝。隋文帝杨坚皆以两国和好为由，不予接纳。此年十一月，杨坚派遣薛道衡等到陈国访问，行前还特地交代薛道衡：与陈朝交往，不要在言辞上争高低。开皇五年九月，陈朝将军湛文彻侵犯隋朝的和州，隋朝将领费宝首率军打败了侵犯隋朝的军队，擒获了湛文彻。随后，隋朝派遣李若等人到陈朝访问。此行的目的史书上没有说，估计不无相互沟通修复双边关系的意图。

隋陈之间还有一个后梁国，国主萧岿臣服于隋，与杨坚行君臣之礼。萧岿孝顺慈善，俭约爱民，治理有方，境内因此安定太平，去世后由其子萧琮即位。开皇七年（587年），隋文帝召萧琮入朝，派遣崔弘度戍守江陵。萧琮的叔父萧岩和弟弟萧瓛就在此时驱迫文武官员、男女老少十万余口叛隋降陈，陈叔宝封萧岩为开府仪同三司、东扬州刺史，萧瓛为吴州刺史。陈朝接纳隋朝的叛臣，无异于公开表明与隋朝交恶，此举引发隋军伐陈。

杨坚伐陈还有更深层次的原因，那就是陈叔宝即位之后，沉湎酒色，贪图享乐，宠信奸佞，残害忠良，堵塞言路，荒废朝政。短短的几年，举国上下道路以目。杨坚以隋代周之时，就有统一南北的抱负，但那个时候只限于“问将帅于高颎”，并按高颎之荐，将贺若弼与韩擒虎“置于南边，使潜为经略”。至于用何种方式统一南北，杨坚并无定见。几年之后，他对陈叔宝的弊政已洞若观火。陈朝接受萧岩、萧瓛之降，更是激怒杨坚，使他下定伐陈的最后决心。杨坚对高颎说：“我为民父母，岂可限一衣带水不拯之乎！”此“一衣带水”之“水”指的便是长江。他下令大量制造战船以供渡江作战，有人奏请注意保密，杨坚说：“吾将显行天诛，何密之有！”并让造船者故意把造船过程中砍削下的碎木片投扔入江，使其顺流而下，以此向陈朝传递隋将伐陈的信息。“若彼惧而能改，吾复何求！”此言化用的是《中庸》中的话“君子以人治人，改而止”。但陈叔宝根本就没有改弦易辙之意，正为“江南妖异特众”而大兴土木，“于建康造大皇寺，起七级浮图”。吴兴人章华上书极谏陈叔宝执政五年之种种过失，诸如“溺于嬖宠，惑于酒色；祠七庙而不出，拜三妃而临轩；老臣宿将弃之草莽，谄佞谗邪升之朝廷”，等等，惹得陈叔宝恼羞成怒，当即杀了章华。

杨坚伐陈之前，广开言路，集思广益，文武大臣各陈己见。对于伐陈之理，晋州刺史皇甫绩言陈有三可灭。对于成败之理，行台吏部郎中薛道衡言隋胜者，一是双方的有道无道之对比，二是双方的有信无信之对比，三是双方的疆域及实力之对比。对于战略战术，尚书左仆射高颎提议用真真假假的疲劳战术拖垮陈军，待陈军疲惫松懈之时，一举出击。虢州刺史崔仲方则提议在长江的上流与下游，声东击西，声西击东，使兵力有限的陈军首尾不能相顾。从杨坚伐陈的诏书以及兵力部署可以看出，杨坚听取了他们的意见。

开皇八年（588年）三月，隋文帝杨坚下诏，陈述“据手掌之地，恣溪壑之欲”的陈氏之种种无道，以致造成“君子潜逃，小人得志”“衣冠钳口，道路以目”的局面，指出“自古昏乱，罕或能比”，也顺理成章地指出陈叔宝在与隋的双边关系中，“背德违言，摇荡疆场；昼伏夜游，鼠窃狗盗”，诏书最后说：“天之所覆，无非朕臣，每关听览，有怀伤恻”，所以他要出师讨伐，以正国法，诛灭暴君，平定吴越。此诏可谓吊民伐罪，犹如武王伐纣之《牧誓》，它被抄写了三十万份，向江南地区广为散发。

随后，隋朝八路大军，五十一万八千兵马，以晋王杨广、秦王杨俊、清河公杨素为行军元帅，出师讨伐陈叔宝。杨广从六合出发，杨俊从襄阳出发，杨素从永安出发，荆州刺史刘仁恩从江陵出发，蕲州刺史王世积从蕲春出发，庐州总管韩擒虎从庐江出发，吴州总管贺若弼从广陵出发，青州总管燕荣从东海出发，讨陈大军浩浩荡荡，“东接沧海，西拒巴、蜀，旌旗舟楫，横亘数千里”。

在长江上流，清河公杨素率水师下三峡至流头滩，与镇守在地势险峭的狼尾滩之陈朝将军戚昕对峙，杨素夜率黄龙数千艘衔枚而下，至次日清晨与王长袭率领的步兵、刘仁恩率领的骑兵会合，从长江南北两岸围歼戚昕率领的陈朝军队，打得戚昕落荒而逃，于是“悉俘其众，劳而遣之，秋毫不犯”。

陈军在长江上流失利，在长江下游打得也很糟。当初，陈叔宝为向投奔他的萧岩、萧瓛等梁之宗室宣示威势，把江州和南徐州的船舰都调至建康，等到隋军将至，江中竟无一战船。上游各州的兵马都为杨素大军所阻，无法增援。京口、采石都是战略要地，护军将军樊毅提出，此二地均须精兵五千，金翅舰船两百，“缘江上下，以为防备”，陈叔宝的宠臣施文庆、沈客卿瞒而不报。隋军临江，间谍骤至，仆射袁宪等多次请求增兵京口、采石，均被施、沈所阻。

军情紧急，陈叔宝仍被蒙在鼓里，依然若无其事地说笑，“奏伎、纵酒、赋诗不辍”，直到他被韩擒虎俘获。套用一句俗语，这叫气数已尽。从这个意义上说，陈霸先创立的陈朝最终被杨坚所灭，也为陈叔宝所亡。

杨坚以隋伐陈，可谓应天顺命。

杨坚：承弊易变　富民强国*

北周宣帝宇文赟与陈后主陈叔宝一样荒诞、暴虐、淫荡，因为沉迷酒色，荒废朝政，致使宦官与外戚或近宠得以互相勾结，营私弄权。杨坚以隋代周之后，自觉以这两位奇葩皇帝为鉴，勤政廉政，励精图治，革除弊政，开拓进取，使百姓安居乐业，国家迅速强盛。至于制度方面的创新，例如三省六部制、科举制以及《开皇律》所定之条款等也在后世得到传承。

率先垂范

杨坚要革除弊政，首先就得从自身做起。

杨坚的勤政是无可非议的，史书说他“每旦听朝，日昃不倦”。他确实是想做一点事的，并非迷恋帝王之权位。杨坚的廉政，也出类拔萃。其后宫的省简，与宇文赟及陈叔宝之奢侈绝然不同。薛道衡说隋陈之战可胜者四的第二条，就是“主上恭俭勤劳，叔宝荒淫骄侈”。“其自奉养，务为俭素，乘舆御物，故弊者随令补用；自非享宴，所食不过一肉；后宫皆服浣濯之衣。”这种俭约之风影响所及，使“天下化之，开皇、仁寿之间，丈夫率衣绢布，不服绫绮，

* 本篇引文主要出自《资治通鉴》的《陈纪八》《陈纪九》《隋纪一》《隋纪四》《隋纪七》。

装带不过铜铁骨角，无金玉之饰”。

杨坚很警惕近臣弄权。丞相府长史郑译、司马刘昉，力推他辅政，“总揽百官”。杨坚能登基为帝，他们有汗马之劳，故曾予以厚遇，却很快发现此二人“皆恃功骄恣，溺于财利，不亲职务”。杨坚因此逐渐冷落他们而起用“明敏有器局，习兵事，多计略”的高颎和以减轻赋役为己任的苏威。

杨坚广开言路，乐于纳谏，这才有人为他献计献策，有人为他拾遗补过。他也有失去理智的时候。有一次，杨坚因为恼怒要在殿前笞打一名郎官，谏议大夫刘行本进言：“此人素清，其过又小，愿少宽之。”杨坚不理睬他，刘行本就挡在他的面前说，陛下不以我之不肖，将我置于你的左右，如果我说得对，你怎能不听？如果说得不对，你就把我送交大理寺治罪。说完就“置笏于地而退”。杨坚放下帝王之身段，向刘行本表示歉意，并宽宥了那个郎官。

无论是生活作风，还是工作作风，杨坚均严于律己，善于自省，率先垂范，致使上下同心，正气上升，歪风邪气不能盛行。

废除苛政

在杨坚“总揽百官”而尚未受禅称帝之前，就开始革除弊政。首先废除宇文赟的苛政。《资治通鉴·陈纪八》称：“坚革宣帝苛酷之政，更为宽大，删略旧律，作《刑书要制》，奏而行之；躬履节俭，中外悦之。”此说可能与史实有些出入，也与此前有关宇文赟的记述自相矛盾。《刑书要制》是由北周武帝宇文邕制定的，杨坚所革的是宇文赟的苛酷之政，包括比《刑书要制》苛严得多的《刑经圣制》。杨坚“删略”后上奏而由周静帝颁行的“旧律”，才是宇文邕时制定的《刑书要制》。

开皇元年（581 年），杨坚以隋代周之后，继续这方面的改革。他对北周的律书与北齐的律书做了对比，感到周律“烦而不要”。那年九月，他命高颎、郑译、杨素、裴政等人“更加修定”，在修订过程中，他们对上至魏、晋，下及齐、梁之律书，都进行比较研究，“沿革重轻，取其折衷”。因为裴政“练习典故，达于从政”，凡有“疑滞”之处，都由裴政定夺。隋朝更定的新律，最大的亮点就是革除酷刑，包括枭刑（枭首）、轘刑（车裂）及鞭刑，废除灭族与连坐；对于流刑、徒刑及杖刑，也都相应缩减；废除“前世讯囚酷法”，连刑具的大小，也都做了规定。新律还赋予囚犯上诉权，“民有枉屈”可以逐级上诉，直至向朝廷申诉，显得比较人性化。

那年十月，新律开始实行，杨坚专门为此下诏。诏书说的便是新律的亮点，包括诸多被废除的前代（不仅是北周）就有的刑罚，例如枭刑与轘刑“不益惩肃之理，徒表安忍之怀”，鞭刑“残剥肤体，彻骨侵肌”，此类刑罚虽是“远古之式”，却非“仁者之刑”；也对种种“以轻代重，化死为生”的条款做了说明。此诏既为始行新律之令，也是新律之魂。自此隋朝法律基本确立。

开皇三年（583年），新律实行将近两年，杨坚审阅刑部奏章时，发现断狱结案仍有数万起，认为“律尚严密，故人多陷罪”，就想进一步简刑约法，于是敕令纳言苏威、礼部尚书牛弘等人将现行法令再度审视，重新修订，删除了旧律令中可处死罪的条款八十一条，可处流罪的条款一百五十四条，可处徒、杖等罪的条款千余条，只确定保留各种治罪条款五百条，总共十二卷，使新律得到完善并最后定型。此律上承汉律的源流，下开唐律的先河，名曰《开皇律》，素有“刑网简要，疏而不失”的美誉，“后世多遵用之”，可见其影响深远。

整顿吏治

滥设郡县，滥封官吏，也是北周遗留的弊政。或是“地无百里，数县并置”，或是“户不满千，二郡分领”，如此这般，“具僚已众，资费日多；吏卒增倍，租调岁减；民少官多，十羊九牧”，加大了国家的开支，加重了百姓的税负，而且极易滥竽充数，祸害百姓。对于此弊，河南道兵部尚书杨尚希的建议是“存要去闲，并小为大”，使国家“不亏粟帛”，使选举“易得贤良”，苏威也提请废去郡一级的建制，杨坚听从了他们的意见，“悉罢诸郡为州”，作为权宜之计。这在当时，乃是革除弊政、整饬吏治的重要措施。

杨坚整顿吏治有其特色，他善于发掘廉吏作为表率，用现在的话说就是树立典型。

新丰县令房恭懿的政绩，可谓三辅地区之最。雍州诸县令朝谒时，杨坚必定要把房恭懿“呼至榻前”，向他咨询“治民之术”。杨坚对各州的朝集使说：“房恭懿志存体国，爱养我民，此乃上天宗庙之所祐。朕若置而不赏，上天宗庙必当责我。卿等宜师范之。”于是提拔房恭懿为海州刺史。树立了这个县令的典范之后，“州县吏多称职，百姓富庶”。

岐州刺史梁彦光鉴于当地民风质朴，无为而治，政绩不错，每年奏报给朝廷的户口、垦田和赋税都是全国第一。杨坚亲临岐州巡视后，下诏书称赞梁彦光“操履平直，识用凝远，布政岐下，威惠在人，廉慎之誉，闻于天下”，并希望“四海之内，凡曰官人，慕高山而仰止，闻清风而自励”。相州刺史樊叔略的政绩非同一般，杨坚亦“以玺书褒美，班示天下，征拜司农”。此二人是刺史一级的典范。

这都是开皇元年（581 年）的事，十年之后，即开皇十一年，杨坚依然如此以树立良吏典型整顿吏治。平乡县令刘旷有突出政绩，他“以义理晓谕”而使“讼者皆引咎而去”，以致平乡“狱中草满，庭可张罗”，尚书左仆射高颎荐刘旷“清名善政为天下第一”。杨坚召见刘旷，慰劳勉励他，并对身边的官吏说：“若不殊奖，何以为劝!”特下诏提拔刘旷为莒州刺史。

从开皇六年（586 年）二月起，隋朝各州刺史以及高级僚属于每年岁末轮流入朝，呈奏本州官吏的当年政绩，由朝廷进行考核升降。

富民强国

隋文帝杨坚执政期间有不少便民利民的举措。他懂得，平民百姓的安居乐业，乃是长治久安的必要前提。

统一货币。在他之前，北周、北齐所铸之钱分为四等，加上民间私自铸造的钱币，“名品甚众，轻重不等”。私自铸造钱币，当然是为了获取暴利，能私自铸造钱币的也不是一般的平民百姓。他们获取的暴利，往往是一般平民百姓的血汗。杨坚看到其中之弊，“更铸五铢钱”，对其式样与轻重做了严格规定，禁用前代古钱和私铸钱，“自是钱币始壹，民间便之”。

减轻赋役。杨坚起用苏威不久，曾对西魏“税法颇重”有切肤之痛的苏威就“奏减赋役，务从轻简”，杨坚听从苏威的意见。开皇三年（583年）三月，朝廷颁布法令，规定平民百姓成丁的年龄从十八岁改为二十一岁，所服徭役由每年三十天减为二十天，不服徭役的纳绢（税）由四丈减为二丈。与此同时，北周末年由官府专营而不许民间经营的酒坊、盐池与盐井也全部解禁。

对于原陈朝境内的百姓，杨坚一样体恤。开皇九年（589年），杨坚褒奖平陈有功的将士，同时下诏免除原南陈百姓十年的赋税徭役；其余地区的州郡免除当年的租税。开皇十年又做出百姓年满五十岁免除徭役，改为收庸代役的规定。也在那一年，杨坚下诏偃武修文。诏书称，华夏“率土大同”，百姓“含生遂性”之时，“太平之法，方可流行”。诏书提倡“凡我臣民，澡身浴德，家家自修，人人克念”，特别指出“兵可立威，不可不戢；刑可助化，不可专行”，并规定“禁卫九重之余，镇守四方之外，戎旅军器，皆宜停罢”，与民休养生息。

杨坚一系列改革弊政的方略，如劝课农桑、轻徭薄赋、设立义仓防备天灾、“大索貌阅”、杜绝偷漏税赋等举措，使百姓“衣食滋殖”，国家“仓库盈溢”，国力大为增强。杨坚受禅之初民户不满四百万，杨坚离世之前超过八百九十万户，仅冀州就有一百万户。这大概可以作为考核其政绩的一个综合指标。

作为封建帝王，杨坚也自有其帝王之病。司马光称：“然猜忌苛察，信受谗言，功臣故旧，无始终保全者；乃至子弟，皆如仇敌，此其所短也。”在我看来，他所受的“谗言”，莫过于杨广、杨素对于太子杨勇的诬陷，他做的错事莫过于立杨广为皇位继承人。他受了杨广这个两面人的蒙骗，直到临终时方才看到这一点，却已悔之晚矣。

当然，这并非只是杨坚的过错，也是封建帝制之局限所致。

苏威：高士名相　惟民是系*

苏威经历过不同的历史时期，各有不同表现。他是北周高士，又是隋朝名相，在隋朝前后又大不相同：在隋文帝时，他鞠躬尽瘁，呕心沥血，犯颜直谏，知无不言；在隋炀帝时，他能说则说，适时劝谏，有所保留，守住底线。不论是高士还是名相，他都不忘“民惟邦本，本固邦宁”。

开皇苏威

苏威“少有重名”，连北周初掌有实权的“大冢宰”宇文护都“强以女妻之”。苏威并不想依附宇文护的权势，他知道这个飞扬跋扈的权臣迟早出事，怕到时祸及自己，于是“屏居山寺，以讽读为娱”。他由时任北周宰相杨坚的司马高颎推荐出仕，杨坚“与语，大悦”，谈得非常投机。听说隋将取代北周，苏威又“遁归田里”当高士去了。杨坚看出苏威不想参与以隋代周之事，没有勉强他，等到受禅称帝之后才征召苏威，任命他为太子少保。

苏威的父亲苏绰是西魏名臣。那时因为“国用不足”，制订的“税法颇重”，百姓不堪重负，苏威常听他父亲慨叹：“今所为者，譬

---

* 本篇引文主要出自《资治通鉴》的《陈纪九》《隋纪五》《隋纪七》《唐纪三》《唐纪五》。

如张弓，非平世法也。后之君子，谁能弛之?”从那时起，苏威就有心将减轻百姓赋役作为自己的使命。他之所以出仕于隋，大概是看准了杨坚非昏暴之君，在杨坚为帝的时代，或可实现他的夙愿。出仕之后，他就向杨坚“奏减赋役，务从轻简”，杨坚也果然“悉从所奏”，而且“渐见亲重”，让他与高颎一起“参掌朝政”。开皇年间，无论是对原北周的百姓，还是讨伐陈叔宝后对原南陈的百姓，一概采取轻徭薄赋的政策——例如开皇三年（583 年），隋朝颁布法令，规定平民百姓成丁的年龄从十八岁改为二十一岁，所服徭役由每年三十天减为二十天，不服徭役的纳绢（税）由四丈减为二丈；开皇九年，杨坚下诏免除原南陈百姓十年的赋税徭役，其余地区州郡免除当年租税；开皇十年又规定百姓年满五十岁免除徭役，改为收庸代役——苏威功不可没。

西魏与北周遗留的弊政之一，是滥设郡县，滥封官吏，以至于“地无百里，数县并置”，“户不满千，二郡分领”。如此民少官多，十羊九牧，加大了国家的开支；那时之所以“税法颇重”，与此直接相关。开皇年间，苏威与杨尚希从不同角度提出对此弊政进行改革，杨尚希建议“存要去闲，并小为大”，苏威则提请干脆废去郡一级的建制，于是作为与民休息养生的重要措施，杨坚“悉罢诸郡为州”。

对于隋朝的新律即《开皇律》的制订，苏威也做出重要贡献。《开皇律》经过两次修订。新律颁布之后不久苏威就“屡欲更易事条”，内史令李德林反对他的主张，说：“修律令时，公何不言？今始颁行，且宜专守，自非大为民害，不可数更。”法律需要相对稳定，李德林这番话也是有道理的。两年之后杨坚“览刑部奏”，发现“律尚严密，故人多陷罪”。事实证明苏威当时“屡欲更易事条”有先见之明，于是杨坚又让苏威、牛弘等“更定新律”，废除死罪八十一条，流罪一百五十四条，徒、杖等千余条，从此“刑网简要，疏而不失”。

杨坚会让苏威与牛弘等“更定新律”，不仅因为苏威先前“屡欲更易事条”，更是因为知道苏威目中有法，把一个“法”字看得很重。苏威出仕不久，杨坚因为恼怒要杀掉一人，将杀之时，苏威进殿谏阻，杨坚不听，要亲自出去杀了此人，苏威就挡住杨坚的去路。杨坚绕开苏威出去，又被苏威挡住。杨坚非常生气，“拂衣而入”，过了许久，方才召见苏威说“公能若是，吾无忧矣”。

原先推荐苏威的高颎曾上表辞去仆射的职位，让苏威担任此职。杨坚原想成就高颎让贤之美，同意他的请辞，但事后觉得苏威在前朝隐居不出，因为高颎之荐出仕本朝，进贤者本当受上赏，怎么能让他辞官呢？于是又让高颎复职。开皇九年（589年），苏威出任右仆射。史家称：“颎、威同心协赞，政刑大小，帝无不与之谋议，然后行之。故革命数年，天下称平。”

杨坚公开对朝臣说：“苏威不值我，无以措其言；我不得苏威，何以行其道。”

大业苏威

大业是隋炀帝杨广的年号。大业元年（605年），苏威继杨素为左仆射，大业三年，苏威即因谏阻隋炀帝大兴劳役，并受高颎、贺若弼案株连而被罢免，后以纳言参掌朝政，不久又被罢免。苏威在大业年间（共十二年）的处境，与他在隋文帝开皇、仁寿年间（共二十八年）的处境大为不同。以下所引，或许可见苏威在杨广治下的作为。

> 帝问侍臣盗贼，左翊卫大将军宇文述曰：“渐少。”帝曰：“比从来少几何？”对曰：“不能什一。”纳言苏威引身隐柱，帝呼前问之，对曰：“臣非所司，不委多少，但患渐近。”帝曰：“何谓也？”威曰：“他日贼据长白山，今近在汜水。且往日租赋丁役，今皆何在！岂非其人皆化为盗乎！比见奏贼皆不以实，

> 遂使失于支计，不时翦除。又昔在雁门，许罢征辽，今复征发，贼何由息!”帝不悦而罢。

隋炀帝杨广在短短十余年间，败了其父杨坚二三十年间所创开皇之治的基业，其直接原因，是征伐高句丽的战争。这场战争动用隋军逾一百一十三万，“士卒死亡过半”；征用大量民伕，致使“耕稼失时，田畴多荒”，于是民不聊生，天下骚动，各路豪杰揭竿而起——这就是隋炀帝所问之“盗贼”。

杨广之时，君子受压，小人当道，裴矩、裴蕴、宇文述、虞世基、郭衍“皆以谄谀有宠”，杨广被佞臣包围，还自得其乐。郭衍曾劝他“无效高祖，空自勤苦”，杨广则说：“唯有郭衍心与朕同。”回答隋炀帝的“盗贼”问题而说“渐少”与“不能什一”的宇文述正是这样的角色。

时任纳言的苏威就是在这种背景之下“引身隐柱”，而因杨广“呼前问之”而对答的。他答得很巧妙：不知“盗贼”是多是少，只知“盗贼”由远而近，本来在长白山的，如今已近在汜水。他也答得很明白，既指出了杨广的宠臣宇文述答之不实，也指出了杨广本人言而无信：“昔在雁门，许罢征辽，今复征发，贼何由息!”亲口承诺停止征伐高句丽的战争，却又重新启动，这才是所谓“盗贼”日增的缘由。苏威说的句句是实，杨广难免“不悦而罢”。

还有一段文字，说的是此后几天的事，也照录如下：

> 寻属五月五日，百僚多馈珍玩，威独献《尚书》。或谮之曰：“《尚书》有《五子之歌》，威意甚不逊。”帝益怒。顷之，帝问威以伐高（句）丽事，威欲帝知天下多盗，对曰：“今兹之役，愿不发兵，但赦群盗，自可得数十万，遣之东征。彼喜于免罪，争务立功，高（句）丽可灭。”帝不怿。威出，御史大夫裴蕴奏曰：“此大不逊！天下何处有许多贼!”帝曰：“老革多

奸，以贼胁我！欲批其口，且复隐忍。”

苏威在“百僚多馈珍玩”时“独献《尚书》”，已烁然可见其独立人格。何况《尚书》的《五子之歌》，体现了中国最原始的民本思想，即“民可近，不可下，民惟邦本，本固邦宁”，告诫后世帝王“内作色荒，外作禽荒。甘酒嗜音，峻宇雕墙。有一于此，未或不亡”。《五子之歌》的五“曰”，似乎句句都是针对隋炀帝沉湎酒色、靡音、游猎以及大兴宫室而言的，难怪想讨好杨广的小人会说苏威“意甚不逊”，而已对苏威不悦的杨广会怒气益增。“问威以伐高（句）丽事”是有意找茬，他知道苏威对于讨伐高句丽的态度，但他没有想到苏威竟让他赦免“群盗”之罪，让他们去攻打高句丽，再加上佞臣裴蕴的适时挑唆，杨广对“老革多奸”的苏威已愤恨至“欲批其口”，只是不便即时发作，方才暂且“隐忍”。

以上两节文字引自《资治通鉴·隋纪七》，原是合为一段的，其结局也在那段文字中：“以谄谀有宠”的裴蕴，揣摩迎合杨广的心意，指使一个叫张行本的“白衣”诬告苏威：“威昔在高阳典选，滥授人官；畏怯突厥，请还京师。”杨广“下诏数威罪状，除名为民”。裴蕴不甘罢休，想以苏威“与突厥阴图不轨”为罪名将其处死，杨广虽“未忍即杀”，却将“其子孙三世皆除名”。

在苏威之前，也曾有两位大臣，因为对隋炀帝杨广说了真话而遭杀遭贬。

内史侍郎薛道衡因上《高祖文皇帝颂》，称颂先帝杨坚之德，而使杨广“不悦”，说“道衡致美先朝，此《鱼藻》之义也”，便想治他的罪；又因为薛道衡说了句“向使高颎不死，令决当久行”，高颎乃因非议杨广之弊政而被处死，这就更使杨广生怒：“汝忆高颎邪?”于是即“付执法者推之”。佞臣裴蕴乘机进谗，落井下石，说薛道衡“负才恃旧，有无君之心，推恶于国，妄造祸端”，杨广于是下诏将这位“以才学有盛名，久当枢要”的先帝旧臣“缢而杀之”。

御史大夫张衡因“帝欲大营汾阳宫”进谏杨广，说“比年劳役繁多，百姓疲弊，伏愿留神，稍加抑损”，而使杨广“意甚不平”，从此百般刁难；又因张衡说了一句“薛道衡真为枉死”而发怒，“锁诣江都市，将斩之，久乃得释，除名为民，放还田里”。

苏威独献《尚书》与薛道衡上《高祖文皇帝颂》，都有借古讽今之意；苏威提出赦免“群盗”与张衡提出“稍加抑损”百姓劳役，都是为民请命之举。观往知今，苏威在进书进言之时，对于他将会落得被杀或被贬的结局当有思想准备。他的“引身隐柱”，实在有其苦衷，如果都像在隋文帝时那样敢说敢做，恐怕就算有十个苏威也早已命归黄泉了。

孔夫子曾对他的学生南宫适说：“邦有道，不废；邦无道，免于刑戮。”苏威大概就是这样做的，他在邦无道之时，能够做到假话绝不说，真话也要说，实已相当不易。

乱世苏威

从杨广政权的崩溃前后到李唐皇朝的确立之间，豪杰并起，逐鹿天下，争着想当皇帝的人实在不少，除了终成大业的李唐，还有李密、李轨、窦建德、萧铣，还有最早起事又最早败落的杨玄感，以及宇文化及和王世充。这个时期战乱不断，称为乱世不算为过。对于乱世苏威，史上颇有非议，最早恐怕也是对后世影响最大的，当数“苏威请见”李世民时，李世民说的那段话：

> 秦王世民坐阊阖门，苏威请见，称老病不能拜。世民遣人数之曰：“公隋室宰相，危不能扶，使君弑国亡。见李密、王世充皆拜伏舞蹈。今既老病，无劳相见。”及至长安，又请见，不许。既老且贫，无复官爵，卒于家，年八十二。

但我以为，李世民说的那番话，未必经得起推敲。

先说“公隋室宰相，危不能扶，使君弑国亡”。光是这一条，李世民便是错怪苏威了。隋室之危，过在杨广，此乃穷奢极欲，穷兵黩武，宠信奸佞，压制贤良之独夫。如上所述，苏威也曾冒死进谏，还差点掉了脑袋，日后被夺官爵、削职为民，且累及“子孙三世”。《尚书·太甲》有言：“天作孽，犹可违；自作孽，不可逭。”诸葛亮尚且扶不起刘阿斗，苏威又怎能扶得起昏庸又暴虐的杨广？如果苏威要对隋室“君弑国亡”负责，那么，同是隋室大臣的李渊岂不也有“危不能扶”之失？

再说“见李密、王世充皆拜伏舞蹈”。王世充与李密并非同一类人。王世充原也是杨广的宠臣，“帝数幸江都，世充能伺候颜色为阿谀，雕饰池台，奏献珍物”。史书记载，他要自立称帝之时，“百官劝进，设位于都堂。纳言苏威年老，不任朝谒，世充以威隋氏重臣，欲以炫耀士民，每劝进，必冠威名。及受殊礼之日，扶威置百官之上，然后南面正坐受之”。王世充“扶威置百官之上”，只因为此时的苏威素有重名且不预朝政，名曰“礼遇”，实为挟持，把他当作“炫耀士民”的工具。其实，说“纳言苏威”是“隋氏重臣”并不恰当，他早已被杨广削职为民了。

李密称得上乱世之豪杰。李密能在瓦岗寨聚集众多英雄，包括日后李唐皇朝的重臣秦叔宝和魏徵，自有其过人之处。李密的瓦岗军曾屡破隋军，大败宇文化及也并非出于偶然。李渊父子能取代隋室，很大程度上是借助了李密的力量。时在东郡的苏威“随众降密”，所随之众包括隋末滑州总管王轨及其通事舍人许敬宗。李密还以许敬宗为元帅府记室，与魏徵“共掌文翰”。李密“虚心礼之”的苏威却是布衣之身。使“时人鄙之”的是，“威见密，初不言帝室艰危，唯再三舞蹈，称‘不图今日复睹圣明’”。或许时人以为，苏威当言“帝室艰危”，但此时再言“帝室艰危”还有意义吗？“舞蹈”当是一种礼节，许善心就因“不舞蹈而出”被宇文化及杀掉。倒是

“不图今日复睹圣明”，我以为并非苏威的违心之言。假如得天下的“李氏”，不是李渊而是李密，还有什么可非议的？苏威在隋唐之间的乱世之表现，未必尽如人意。然而，按照世俗的观念，不能匡扶隋室的苏威，是否就得当杨广的殉葬品，才称得上忠臣义士？

李世民是苏威主动求见的，我相信这位在宇文护擅权之时能“屏居山寺，以讽读为娱”的高士，此时求见李世民并非欲为自己求得官位。“称老不拜”，原是相信李世民能礼贤下士。杜淹也是隋炀帝旧臣，苏威对隋炀帝有谏而杜淹无谏，杜淹仕于王世充而苏威未仕。李世民“尊任”杜淹而拒见苏威，难道就因为苏威没有跪拜李世民？宇文邕战胜北齐之后亲临北齐博士熊安生之门，“亲执其手，引与同坐”，仅就这一点说，李世民倒是不如宇文邕了。

赵绰：法不附权　法不挟私*

杨坚以隋代周称帝后，因为赵绰清正刚直，执法公正，先后任命赵绰为大理丞、大理正、刑部侍郎、大理寺少卿，按照通常的说法，杨坚对赵绰有“知遇之恩”。赵绰对于这种“知遇之恩”的报答，依然是公正执法，既不屈从权势，也不夹带私货。他认定“律者天下之大信”，因此舍身护法。哪怕是隋文帝杨坚冒犯法律，也坚定不移地予以抵制，维护法律的尊严。

以下三件事，或许能展示赵绰维护法律尊严之大概。

法不附权

统一货币，是隋文帝富民强国的重要措施之一。在他执政之初，就“更铸五铢钱”，对其式样与轻重做了严格的规定，禁用前代（北齐、北周）古钱和民间私铸钱。但直到开皇十七年（597年），仍然有人以假乱真，浑水摸鱼。那一年，“有二人在市，以恶钱易好者”，被专司社会治安的武候当场抓获并报告朝廷，隋文帝下令此二人“悉斩之”。

赵绰听说了，感到此事轻罪重罚，量刑不当，便向隋文帝进谏。于是他们君臣之间就有一段意味深长的对话：

---

* 本篇引文主要出自《资治通鉴》的《隋纪二》。

> 绰进谏曰："此人所坐当杖，杀之非法。"上曰："不关卿事。"绰曰："陛下不以臣愚暗，置在法司，欲妄杀人，岂得不关臣事！"上曰："撼大木，不动者当退。"对曰："臣望感天心，何论动木。"上复曰："啜羹者热则置之，天子之威，欲相挫邪！"绰拜而益前，诃之，不肯退，上遂入。

这段对话有三个层次，从这三个层次中，可以看出赵绰从法还是从君的选择。

第一层次是有关还是无关。赵绰说此二人"所坐当杖，杀之非法"。隋文帝显然有点怪他狗拿耗子，多管闲事——"悉斩之"原是出于我杨坚之口，即使错了，也与你赵绰没有半毛钱的关系，这才会说"不关卿事"。谁知赵绰不依不饶地回答隋文帝：你既然不嫌我之"愚暗"，把我放在"法司"的位置上，我就应当维护法律，哪怕是陛下你想不按法律不分轻重地随意杀人，我也守土有责，怎么能说与我无关呢？

第二层次是当退还是当进。听了赵绰的话，隋文帝显然感到这位"爱卿"有点不知进退，于是告诫赵绰，"撼大木，不动者当退"。这"大木"，指的当然是他自己，我主意已定，不为你之进言劝诫所动，你就应当适可而止，知难而退。然而在这个"进退"问题上，赵绰选择的是进而不是退——我还希望能感动上天呢，何止是"撼动大木"？"精诚所至，金石为开"，他相信自己护法的执着，能使隋文帝有所醒悟而停止不依法办事的行为。

第三个层次是维护法律之威，还是维护天子之威。隋文帝说，你既已知道这"羹"喝着烫嘴，就应当将它放下，这般不依不饶的，难道还想冒犯"天子之威"不成？这话是说得相当之重的，冒犯天子之威可是忤逆之罪呀！但赵绰看得明白，这并非冒犯天子之威还是维护天子之威的问题。他确信，只有维护法律之威，才有所谓天子之威；只有维护法律之信，才有所谓天子之信。如果身为天子而不知法律之威之信，这天子之威之信又何从说起？于是“拜而益前”，不管隋文帝怎么呵斥他，也不肯退下。

上面所引那段话后面还有一句：“治书侍御史柳彧复上奏切谏，上乃止。”也就是说，由于赵绰不屈不挠地坚持，再加上“柳彧复上奏切谏”，那两个原本要“悉斩之”的“以恶钱易好者”总算没有被斩。赵绰以及柳彧的坚持与切谏，不是为了那两个“以恶钱易好者”，而是为了法律的尊严。由于法律的尊严得到维护，隋文帝依旧不失开明之君。

在此几十年之后，唐太宗与大理寺少卿戴胄之间，也曾有过与此极为相似的争论。按敕当死、依法当流，在唐太宗看来，这“法”毫无疑问地应该服从于“敕”，戴胄却认为“敕”只是出于皇帝一时之喜怒，“法”却是昭之于天下的国家之大信。在敕与法发生矛盾的时候，理当以法为准。赵绰与隋文帝之间关于那两个“以恶钱易好者”是否当死的争论，其实质就是权大还是法大，同戴胄与唐太宗之争可谓如出一辙。无论是赵绰还是戴胄都懂得，法律并不依附于君权，并不是君权的附庸。法之威与信，方才是大威大信，天子之威之信存在于法之大威大信之中；倘若天子目中无法，或视法律为君权的附庸，又何言天子之威之信。

唐离隋不远，隋史亦为唐人所修。戴胄之举，或受赵绰之影响亦未可知。

法不挟私

隋文帝晚年有口含天宪、用法苛严的倾向。例如，他因“属官不敬惮其上，事难克举”，工作效率不高而下诏，“诸司论属官罪，有律轻情重者，听于律外斟酌决杖”。此处所谓的“律外”就是法外，也就是说，诸司论属官之罪，可以法外加刑。因此造成官场之上，“以残暴为干能，以守法为懦弱”的风气。

大理寺掌固来旷，就是在这个背景下，上言大理寺执法官吏对囚犯量刑定罪太宽的，隋文帝因此看好来旷，以为此人忠直，让他每日早朝时列于五品官员中来参见。来旷更来劲了，居然上告大理寺少卿赵绰“滥免囚徒”。大理寺相当于最高法院，设大理寺卿一人，相当于院长，设大理寺少卿二人，相当于副院长。最高法院的副院长“滥免囚徒”，情节十分恶劣，性质相当严重。于是，隋文帝派“信臣推验”，彻底调查，结果是“初无阿曲”。这使隋文帝十分愤怒，下令斩诬告赵绰的来旷。

我们可以推测一下来旷诬告赵绰时的心态，他是在官场“以残暴为干能，以守法为懦弱”的风气中，上言大理寺执法太宽的，上言的结果使他能以掌固身份每旦“于五品行中参见”，虽然尚未正式提拔，但也是早晚的事，于是就心头痒痒地想再立新功。如果此举成功，就不是正五品的问题了，他或许还有希望取代赵绰而成为正四品官员。我想，这样推测来旷的心态不会太过分，这种心态相当阴暗。

我们再去推测一下赵绰当时的心态。来旷是赵绰的下属，下属越过上司直接向皇上反映本部存在的问题和上司的所作所为，在特殊情况下——如上司瞒上欺下，滥用职权——也可以而且应当允许。但你得据实反映，不可信口雌黄；你得出以公心，不可别有所图。来旷之所为恰恰相反。“信臣推验”的结果，“滥免囚徒”纯属子虚乌有，当然不是据实反映；因为首次越级上言大理寺执法太宽尝到甜头而再接再厉，变上言为上告，说明他别有用心。所以，对于此类小人的作为，即使涉及的不是自己，赵绰也会相当不屑，何况来旷诬告的恰恰就是赵绰。如果来旷的诬告得逞，赵绰落职是必定的，弄不好还会丢了脑壳。对于来旷，于公于私，赵绰都会恨恨不已，甚至还会有来旷不死，不足以解恨之念。何况，“命斩之”三字本就出于隋文帝之口，赵绰只需保持沉默即可。

但这只是以一般人的境界来推测赵绰。赵绰并没有保持沉默。

“绰固争，以为旷不合死，帝拂衣入阁。”赵绰争的是来旷的生存权，而且还不是一般的争，而是固争。此“固”可以理解为坚定，也可以理解为固执。如此之固，为的只是“旷不合死”，也就是说，来旷诬告虽然有罪，但依照法律，此罪尚不当死，可见，他维护的是法律的尊严。他的固争使隋文帝很不高兴，以致“帝拂衣入阁”。事情做到这一步，应该说赵绰相当不容易。

赵绰并没有就此罢休，他说了一句假话：“臣更不理旷，自有他事，未及奏闻。”就是说，我不再谈来旷的问题了，我还有别的事没有上奏。得到隋文帝的允许后，赵绰自陈有“死罪三”，其一是“臣为大理少卿，不能制御掌固，使旷触挂天刑”，也就是说，来旷这件事，不能全怪来旷，我不能“制御”我的下属，有失职之罪；其二是“囚不合死，而臣不能死争”，也就是说，来旷这个囚犯，依法不当死，我作为法官，不能以死维护法律的尊严，有渎职之罪；其三是“臣本无他事，而妄言求入”，也就是说，我入见皇上，说的还是来旷的事，却妄言“自有他事，未及奏闻”，有欺君之罪。赵绰这叫“巧争”，他没有硬碰硬地与隋文帝对着干，而是绕着弯子说。隋文帝懂得他的一番苦心，怒气慢慢消去，“旷因免死，徙广州”。

在来旷的问题上，赵绰既不以怨报怨，也不以德报怨，按照孔子的说法，这叫以直报怨，而从法制的角度说，则是法不挟私。

舍身护法

当时民俗以为穿红色裤子利于官运亨通，正好刑部侍郎辛亶穿过一条红裤子，不管他是有意还是无意，反正隋文帝认为辛亶心术不正，竟想以巫术图谋官爵。他厌恶这样的人与事，便要赵绰将其斩首。赵绰又犯傻顶牛了，说是辛亶“法不当死，臣不敢奉诏”。对此，史书说是“帝怒甚”，足见其愤怒的程度，这可是抗旨啊。隋文帝对赵绰说：“卿惜辛亶而不自惜也!”而且言出行随：你既为辛亶之命而不惜自己的命，那就成全你吧——当下就下令斩赵绰。直到此时，赵绰的回答依然针锋相对："陛下宁杀臣，不可杀辛亶。"

赵绰已被剥下衣服，正要挥刀行刑之时，隋文帝让人问赵绰：怎么样，还想抗旨吗？至少在别人看来，他或许是想让赵绰服个软，给赵绰一个求生的机会，赵绰却回答说："执法一心，不敢惜死。"没有丝毫退让妥协，可谓宁死不屈。

事情的结局是戏剧性的，隋文帝并没有因为赵绰宁死不屈而恼羞成怒，听了赵绰的答复，"上拂衣而入，良久，乃释之。明日谢绰，劳勉之，赐物三百段"。他到底还是释放了赵绰，而且向他道歉，还给予赏赐。看来，隋文帝并非真想处死赵绰，但也并非像有些论者说的那样，只想吓唬一下赵绰。"帝怒甚"到底是真的，他或许只是像北魏太武帝拓跋焘对崔浩说的"或时忿恚"而做出错误决定，事后深思赵绰言之成理，方想给自己一个台阶下，但赵绰并不领情。在"拂衣而入，良久，乃释之"之间，隋文帝也经过一番内心挣扎，这是一个战胜自我的过程。

对于此事，我想说的只是这样两点：

其一，有权不能任性，是因为有权极易使人任性，何况是一言九鼎的帝王之权。晚年的隋文帝也曾因怒而欲以六月杖杀人，赵绰也曾为此固争，说是"季夏之月，天地成长庶类，不可以此时诛杀"。隋文帝回复说："六月虽曰生长，此时必有雷霆；我则天而行，有何不可！"到底还是将那人杀了。伴君如伴虎呀，赵绰在一而再、再而三地为此类事固争之时，并非没有想过因此而被诛杀的可能性。他确实是在以命固争，而且始终如一，直到被剥去衣衫，即将行刑之时，也并不奢望会有奇迹出现。

其二，赵绰拼着老命固争，争的并不是辛亶之命，更不是因为他与辛亶有什么交情，他只是为了维护法律的尊严。他对隋文帝说得明白，叫作"执法一心，不敢惜死"。他在保全自己的性命与维护法律的尊严面前，选择了后者，拼着他的一条老命，也要维护法律的尊严。所以，他的拼命固争，其实是拼命护法。

无须讳言，作为法官，赵绰始终法不挟私，法不附权，甚至拼命护法，而能全身而退，也与他有缘在隋文帝时为臣有关。应该说，在封建帝王之中，隋文帝算是比较开明的，即使在他的晚年，也没有全然失去理智。赵绰卒于仁寿年间，仁寿是隋文帝的年号。他没有活到隋炀帝杨广的时代，要不然，即使有再多的赵绰，怕也荡然无存了。在封建专制制度之下，要真正做到司法独立，不受任何权力的控制，难乎其难。但即使如此，赵绰这样的法官也依然值得人们敬仰。

鲁迅先生曾经说过：“我们从古以来，就有埋头苦干的人，有拼命硬干的人，有为民请命的人，有舍身求法的人……虽是等于为帝王将相作家谱的所谓‘正史’，也往往掩不住他们的光耀，这就是中国的脊梁。”（《中国人失掉自信力了吗》）赵绰这样的人就是“中国的脊梁”。

李世民：居安思危　以民为本*

历代帝王与平民百姓之间也有一点相通，帝王想长治久安，百姓要安居乐业，而明智的帝王都懂得，只有民之安居乐业，才有国之长治久安。唐太宗李世民就是其中的佼佼者。在他而言，居安思危与以民为本是互为因果的。因为居安思危，他能时时想到以民为本；因为民系社稷之本，犹如载舟覆舟之水，所以他能居安思危。造就唐太宗及其贞观之治的原因很多，这八个字，却是纲领性的。

居安思危

李世民有三面“镜子”，其中之一就是“古”，“以古为镜，可以知兴替”。

李世民刚当上皇帝，就对朝廷大臣们说：“昔禹凿山治水而民无谤讟者，与人同利故也。秦始皇营宫室而民怨叛者，病人以利己故也。夫靡丽珍奇，固人之所欲，若纵之不已，则危亡立至。”同样是“劳民”，前者“民无谤讟者”，因为“与人同利”；后者“民怨叛”，因为“病人利己”。作为君王，对于“靡丽珍奇”之欲望，当有所遏制，不能放纵，“纵之不已”，必然招致“民怨叛”，导致社稷危亡。

---

* 本篇引文主要出自《资治通鉴》的《唐纪八》《唐纪九》《唐纪十》《唐纪十一》《唐纪十二》《唐纪十三》。

这番话使人想到孟子与梁惠王的对话，梁惠王说的是寡人好货、寡人好色、寡人好勇，孟子说的则是“与百姓共之，于王何有”；这番话又使人想到朱熹注孟子与梁惠王的对话时说的“遏人欲而存天理”，朱熹注《孟子》时李世民的这番话或许也在他的视野之中。

李世民的这番话不是务虚，他是务实的，从“秦始皇营宫室而民怨叛”这面镜子中，看到自己的影子，于是就落实到行动上。“朕欲营一殿，材用已具，鉴秦而止”，这是紧接着上面那番话说的，很有点“壮士断腕”的气概，还以此告诫“王公已下，宜体朕此意”，上行下效，勿为一己之所欲、一时之享乐而劳民伤财。史称“由是二十年间，风俗素朴，衣无锦绣，公私富给”，可见李世民此言此举对社会风尚的影响深远。

更确切地说，“可以知兴替”的“以古为镜”，应是“以史为镜”。同是“二世而亡”，李世民借鉴的虽然有秦，更多的是隋，而隋之于唐，就在眼前，可谓殷鉴不远，算不上“古”。而且，隋文帝杨坚开创的隋朝基业是很强盛的，以至于直到贞观之末，大唐的国力仍远不能与之比肩。然而，隋的覆灭也在转瞬之间。因此，李世民也更是时时处处以隋为鉴——以隋的穷奢极欲为鉴，以隋的穷兵黩武为鉴，以隋的堵塞言路为鉴，以隋的君子受压小人当道为鉴。贞观十年（636 年），李世民在洛阳宫西苑饮宴，在积翠池泛舟，对陪同他的大臣说：“炀帝作此宫苑，结怨于民，今悉为我有，正由宇文述、虞世基、裴蕴之徒内为谄谀，外蔽聪明故也，可不戒哉！”李世民宴洛阳宫西苑而思以隋为鉴的至少有两条，一是不能以一己之享乐而“结怨于民”，二是不要被“内为谄谀”的小人“外蔽聪明”还自得其乐。李世民说的宇文述、虞世基、裴蕴等人，就是“皆以谄谀有宠”的小人。隋炀帝在这种小人的包围圈中自得其乐，根本就不知民间早已怨声载道。

李世民不仅以隋为鉴，还以更为切近的突厥之衰败为鉴。贞观元年（627 年），当突厥颉利可汗众叛亲离走投无路而“表请入朝”

之时，李世民曾对身边的大臣说："向者突厥之强，控弦百万，凭陵中夏，用是骄恣以失其民。今自请入朝，非困穷，肯如是乎！朕闻之，且喜且惧。何则？突厥衰则边境安矣，故喜。然朕或失道，他日亦将如突厥，能无惧乎！"他以突厥的衰败为鉴反省自己，勿因"骄恣以失其民"，勿因"失道"而重蹈覆辙，要求"卿曹宜不惜苦谏，以辅朕之不逮"。突厥以后又分成东西两部，贞观六年，其乱基本平定之后，李世民对三品以上官员说："隋炀帝威加夷夏，颉利跨有北荒，统叶护雄据西域，今皆覆亡，此乃朕与公等所亲见，勿矜强盛以自满也！"此处说的"雄据西域"的统叶护乃是西突厥可汗，"跨有北荒"的颉利则是原先"表请入朝"尔后又几经反复的东突厥可汗。李世民就这样遇事皆告诫文武大臣也告诫自己"勿矜强盛以自满"，此所谓居安思危。

贞观十二年（638年），李世民问他身边的大臣："创业与守成孰难？"房玄龄、魏徵各有所见，李世民做了客观的评述："玄龄与吾共取天下，出百死，得一生，故知创业之难；徵与吾共安天下，常恐骄奢生于富贵，祸乱生于所忽，故知守成之难。然创业之难，既已往矣；守成之难，方当与诸公慎之。"房玄龄等都说："陛下及此言，四海之福也。"贞观十四年，李世民再次对身边的大臣说："朕虽平定天下，其守之甚难。"魏徵回答说："陛下之及此言，宗庙社稷之福也！"创业与守成孰难，是以史为鉴必然会提出的话题。守成之难，因为"骄奢生于富贵，祸乱生于所忽"，亡秦、亡隋以及颉利、统叶护之衰败都是例证。经历创业之艰辛的李世民并没有说创业易而守成难，他只是说，"创业之难，既已往矣"，而"守成之难"才是自己需要认真面对的。"常恐骄奢生于富贵，祸乱生于所忽"，才会知守成之难；知守成之难，才会"常恐骄奢生于富贵，祸乱生于所忽"，此二者亦互为因果。恐者，惧也。常恐者，时知畏惧也。这是居安思危的题中必有之义。

贞观元年（627年）二月，李世民对左右大臣说："人言天子至尊，无所畏惮。朕则不然，上畏皇天之监临，下惮群臣之瞻仰，兢兢业业，犹恐不合天意，未副人望。”所谓“上畏皇天之监临”，其实就是现在人们常说的“人在做，天在看”；不知道李世民是否相信“天意”“天命”“天谴”，但从“犹恐不合天意，未副人望”看，在他心中，“天意”与“人望”是一致的。至于“下惮群臣之瞻仰”，大概是怕“上梁不正下梁歪”罢。至少，李世民从他即帝位之初，就懂得身为帝王更不能为所欲为。他说过：“朕每临朝，欲发一言，未尝不三思，恐为民害，是以不多言。”兼知《起居注》的给事中杜正伦接着他的话头说：“陛下之言失，臣必书之，岂徒有害于今，亦恐贻讥于后。”

贞观十年（636年），吐谷浑归顺之后，李世民说：“中国既安，四夷自服。然朕不能无惧，昔秦始皇威振胡、越，二世而亡，唯诸公匡其不逮耳。”他希望满朝文武能够及时匡正他的过失，不要“以为事小”而“不复执奏”。

贞观十七年（643年），李世民说：“人主惟有一心，而攻之者甚众”，手段不同，“或以勇力，或以辩口，或以谄谀，或以奸诈，或以嗜欲”，目的只有一个，即“各求自售，以取宠禄”。你只要稍有懈怠，中了某一圈套，“则危亡随之，此其所以难也”。这也是李世民之惧。

只有居安思危的人，才能时知畏惧，汉文帝刘恒如此，唐太宗李世民亦如此。

以民为本

李世民以史为镜，最大的收获就是明白了水能载舟、覆舟的道理。

常在一些文章里看到“水能载舟，亦能覆舟”的出处。有的说这是唐代大臣魏徵提出来的，有的说这是唐太宗李世民提出来的。

其实，这都是错的。《荀子》一书有两处说到“君者，舟也；庶人者，水也。水则载舟，水则覆舟”，一处在《王制》篇，说的是“传曰”；一处在《哀公》篇，说的是“丘闻之”。可见“水能载舟，亦能覆舟”的道理，早在战国时期的荀子甚至春秋时期的孔子之前，就有人总结过。魏徵与李世民确实也都说过“水能载舟，亦能覆舟”之类的话。魏徵在贞观十一年（637年）所上的《谏太宗十思疏》中说：“怨不在大，可畏惟人；载舟覆舟，所宜深慎。”《贞观政要·论政体》中所引用的是：“君，舟也；人，水也。水能载舟，亦能覆舟。”出于李世民之口的，则是他“自立太子，遇物则诲之”的实例：“见其乘舟，则曰：‘水所以载舟，亦所以覆舟，民犹水也，君犹舟也。’”这是贞观十七年的事了。显然，“水能载舟，亦能覆舟”体现以民为本的思想，引起亲历隋朝兴衰的李世民与魏徵等人的强烈共鸣，并将它落实到行动中，在中国历史上留下很深的痕迹。这或许是某些论者误将“载舟覆舟”的专利归之于李世民与魏徵的重要原因。

不妨先从李世民即位之初所做的几件事，看看他如何以民为本。

贞观之初，李世民与群臣讨论如何“止盗”，有人提出“请重法以禁之”，李世民说：“民之所以为盗者，由赋繁役重，官吏贪求，饥寒切身，故不暇顾廉耻耳。朕当去奢省费，轻徭薄赋，选用廉吏，使民衣食有余，则自不为盗，安用重法邪！”史称“自是数年之后，海内升平，路不拾遗，外户不闭”。

为了加强统治，李渊将他的远房堂兄弟以及这些堂兄弟的儿子皆封为王，多达数十人。李世民即位之后，征求群臣的意见说：“遍封宗子，于天下利乎？”封德彝回答：“上皇敦睦九族，大封宗室，自两汉以来未有如今之多者。爵命既崇，多给力役，恐非示天下以至公也！”李世民肯定封德彝的意见，他说：“朕为天子，所以养百姓也，岂可劳百姓以养己之宗族乎！”于是就将这数十位宗室郡王均降为县公（除了几个有功勋的不降）。

贞观元年（627年），“关内旱饥，民多卖子以接衣食”，李世民下诏，“出御府金帛”赎回被变卖的孩子，并送还给他们的父母。次日又下诏为连续两年雨灾、旱灾、蝗灾接连不断而大赦天下。诏书中说：“若使年谷丰稔，天下乂安”，即使“移灾朕身”而保全万国百姓，也心甘情愿，在所不惜。

李世民即位后曾颁诏说：“宫女众多，幽可愍，宜简出之，各归亲戚，任其适人。”贞观二年（628年），有个叫李百药的中书舍人进言，说“太上皇宫及掖庭宫人，无用者尚多”，李世民说：“妇人幽闭深宫，诚为可愍。洒扫之余，亦何所用，宜皆出之，任求伉俪。”于是派遣尚书左丞戴胄、给事中杜正伦于掖庭西门“简出”宫女共计三千余人。李世民的诏书以及后面说的这番话中都有一个“愍”字。愍者，悯也，此系仁之发端。李世民这件事，是缓解“内有怨女，外有旷夫”的措施，也颇得“与百姓共之，于王何有”之要义。

李世民以人为本，在许多方面都有所体现，在此择其要者，分述如下。

励精图治，尽力造福于民。李世民将诸位大臣上书言事的奏章，都贴于室内的墙壁上，以便进出“省览”，而且“每思治道”，往往都到“深夜方寝”。他自己以身作则，也要求群臣恪尽职守。“公辈亦当恪勤职业，副朕此意”，这是他对宰相裴寂说的。对太子少师萧瑀则说：“朕以弓矢定四方，识之犹未能尽，况天下之务，其能遍知乎!”于是李世民请五品以上的京官轮流在中书内省值夜，并多次接见他们，“问以民间疾苦，政事得失”；还派遣李靖等大臣代他分行天下，考察地方官吏，询问民间疾苦，慰问高寿老人，赈济穷困百姓，起用底层人才。李世民非常关注都督、刺史的情况，“常疏其名于屏风，坐卧观之，得其在官善恶之迹，皆注于名下，以备黜陟”。他尤其重视县令的选拔，因为县令离百姓最近，与百姓的关系最大。

革除弊政，减轻百姓负担。隋开皇年间民少吏多，隋文帝听苏威之谏撤郡并州。隋末丧乱，豪杰并起，唐时一统，相帅来归。李渊为他们分置州县，授之爵禄，州县之数远超隋开皇、大业时。如此官多民少，百姓苦不堪言。李世民决意革除弊政，下诏“大加并省”，以此削减官吏。

不穷兵黩武。贞观年间，边患不断，突厥、吐谷浑、党项、高句丽屡屡生事。李世民深知，战争最容易给百姓带来苦难，因而不轻易发动战争。贞观之初，突厥与唐不和，“诸将争请战”，但李世民不许。日后他对萧瑀说：“所以不战者，吾即位日浅，国家未安，百姓未富，且当静以抚之”。贞观十六年（642年），薛延陀在漠北崛起并对已经归附于唐的东突厥等部落时有冒犯，李世民与左右大臣商量说：“今御之止有二策，苟非发兵殄灭之，则与之婚姻以抚之耳，二者何从？”房玄龄回答说：“中国新定，兵凶战危，臣以为和亲便。”和亲意味着李世民要舍女远嫁，但为使百姓少受战争之罪，李世民赞成房玄龄的意见，并说：“朕为民父母，苟可利之，何爱一女！”李世民曾对房玄龄说过：“甲兵武备，诚不可阙；然炀帝甲兵岂不足邪！卒亡天下。若公等尽力，使百姓乂安，此乃朕之甲兵也。”在这种观念的支配下，贞观年间少动了不少战事。

不图虚名，不为虚名劳民伤财。历朝历代都将所谓“祥瑞”当作太平之世的象征，李世民不信这个邪。贞观之初就有诸多大臣屡屡上表恭贺祥瑞，李世民说：“家给人足而无瑞，不害为尧、舜；百姓愁怨而多瑞，不害为桀、纣。”曾有“白鹊构巢于寝殿槐上，合欢如腰鼓，左右称贺”，李世民说：“我常笑隋炀帝好祥瑞。瑞在得贤，此何足贺！”下令把巢毁掉，释放白鹊。李世民的态度鲜明，此后就鲜有恭贺祥瑞之事了。泰山封禅，也是太平之世的盛事，贞观年间，屡屡有人上表请封禅，大多被李世民否决，有两次李世民同意了的也都半途而废。贞观十二年（638年），著作佐郎邓世隆表请印行李世民的文集，也被拒绝了。李世民说：“朕之辞令，有益于民者，史皆书之，足为不朽。若为无益，集之何用！”他还以梁武帝父子、陈后主、隋炀帝为例，说他们“皆有文集行于世，何救于亡！”他亦不受“康国内附”，认为此乃“劳百姓以取虚名”。

贞观之治，就是这样开创的。

李世民：任人唯贤　从谏如流*

任人唯贤事关才路，从谏如流事关言路，自古以来，此二者都是执政者绕不开的话题，而且都事关国之兴亡。隋炀帝杨广在这两个方面都做得相当糟糕，他亲小人而远君子，喜佞辞而恶直言，堵塞了才路与言路，也就堵死了自己的生路。李世民以此为鉴，反其道而行之，在这两个方面都做得相当出色，有效地促成了贞观之治。

任人唯贤

任人唯贤，不论贵贱、远近与亲疏，这当是墨家的主张，与儒家之"亲亲"有别，《墨子》称之为"尚贤"。儒家既然"亲亲"，难免亲疏有别。李世民是任人唯贤的，不搞亲疏有别，在这一点上，他取墨而舍儒。如果以亲疏划分，李世民麾下的文武大臣可以分为诸多层次，有隋朝旧臣，有李密瓦岗寨的旧部，有隐太子李建成的旧部，当然也有秦王府的旧部。玄武门之变后，李世民在人事问题上面临的考验，最突出的便是如何对待秦王府旧部与隐太子李建成以及齐王李元吉的旧部。

魏徵原是李建成的太子洗马，他常劝李建成早除秦王。李建成失败之后，李世民召见魏徵说："汝何为离间我兄弟！"故太子府的

---

* 本篇引文主要出自《资治通鉴》的《唐纪七》《唐纪八》《唐纪九》《唐纪十》《唐纪十一》。

许多人为魏徵捏一把冷汗，但魏徵“举止自若”，从容对答说：“先太子早从徵言，必无今日之祸。”李世民“素重其才”，又从他的“举止自若”发现其贤，于是“改容礼之，引为詹事主簿”，后又任命其为谏议大夫。王珪原是李建成的心腹，韦挺从小就与李建成结交，他们都因李建成与李世民矛盾升级而被李渊流放于巂州。玄武门之变后，李世民将他们从巂州召回，“皆以为谏议大夫”，并没有因为李建成的关系，将他们打入另册，置于死地。

薛万彻也是李建成的旧部并受李建成的赏识，玄武门之变时曾率东宫兵马力战，反扑至秦王府，直到李世民派人出示李建成的首级，方才带领数十骑逃入南山。他认为自己是李建成的死党，倘若落入李世民之手，绝无一丝生机。但李世民没有以亲疏画线，他赏识薛万彻之武勇，屡次遣使到南山招谕，硬是将他从山中请了出来并拜他为将，让他日后在平突厥、薛延陀部，征高句丽等战事中屡立大功。

李建成是与齐王李元吉联手对付秦王李世民的，他们得到卢江王李瑗的支持。玄武门之变后，那些散亡于民间的太子党羽虽知有“赦令”而“犹不自安”，贪图功利者也争相告发或抓捕他们去请功邀赏。李世民因此下令，“六月四日已前事连东宫及齐王，十七日前连李瑗者，并不得相告言，违者反坐”，并派遣谏议大夫魏徵宣慰山东，“听以便宜从事”。魏徵途遇州县派人押送原太子千牛李志安、齐王护军李思行去京城，便根据李世民之令，将他们释放了。他相信李世民这样做是真诚的，便不避嫌疑，以真诚报答真诚。

秦王府的旧部当然也是要用的，诸如房玄龄、杜如晦、长孙无忌、尉迟敬德，更是国之重臣。但出自秦王府的也得量才录用，并不是只要出自秦王府的，就得优先录用。房玄龄曾向李世民反映：“秦府旧人未迁官者，皆嗟怨曰：‘吾属奉事左右，几何年矣，今除官，返出前宫、齐府人之后。’”此处说的“前宫、齐府”就是前东宫和齐王府，在这些“秦府旧人”看来，“除官”于他们，无疑应当优先于“前宫、齐府”之人。但李世民说得明白：“王者至公无私，故能服天下之心。朕与卿辈日所衣食，皆取诸民者也。故设官分职，以为民也，当择贤才而用之，岂以新旧为先后哉！”有人上书说秦府旧兵“宜尽除武职”，加入皇宫警卫。李世民又说：“朕以天下为家，惟贤是与，岂旧兵之外皆无可信者乎！”

不仅秦府旧人因未迁官有怨言，还有比他们更亲近的，因为所得之爵位不尽如人意而心中不平，最典型的大概要算李世民的堂叔淮南王李神通了。贞观之初，李世民与群臣一起议定功勋之臣的爵邑，他让陈叔达宣读了初步方案，征求大家的意见。“诸将争功，纷纭不已”，其中就有李神通，因为他“举兵关西，首应义旗”，自以为是真刀真枪地干出来的，却位居“专弄刀笔”的房玄龄、杜如晦等人之下。但李世民认为房玄龄、杜如晦等人“运筹帷幄，坐安社稷”，论功行赏，应在李神通之先。他说：“叔父，国之至亲，朕诚无所爱，但不可以私恩滥与勋臣同赏耳！”本来因争功而纷纭不已的诸将因此“悦服”，他们说：“陛下至公，虽淮安王尚无所私，吾侪何敢不安其分。”

李世民任人唯贤，但也不因为要避任人唯亲之嫌而不用亲且贤之臣。长孙无忌是长孙皇后之弟，皇后贤惠，数次请求李世民不要任长孙无忌为相；长孙无忌自己也低调，李世民委以重任，他屡屡推辞。李世民说，魏徵于我有仇，我委以重任；皇叔与我亲近，但我并不因此而委以重任。我重用你，不是因为一个“亲”字，而是因为一个“贤”字。此所谓“内举不避亲”，出以公心，同样是任人唯贤的体现。李世民曾以蜀相孔明、隋相高颎为例，说“为政莫若至公”，要房玄龄等人以孔明、高颎为榜样，“至公”才能使人心悦诚服。

当然，要使各种经历不同的人才，都能心悦诚服，尽心尽力，就得以真诚换得真诚。贞观元年（627 年），有人上书“请去佞臣”，李世民问“佞臣为谁”，回答说：“愿陛下与群臣言，或阳怒以试之，彼执理不屈者，直臣也，畏威顺旨者，佞臣也”。这种“阳怒以试之”的圈套，乃是帝王的御人之术。李世民对出这个馊主意的人说：

“君，源也；臣，流也；浊其源而求其流之清，不可得矣。君自为诈，何以责臣下之直乎！朕方以至诚治天下，见前世帝王好以权谲小数接其臣下者，常窃耻之。卿策虽善，朕不取也。”他确实“以至诚治天下”，还设身处地考虑各种经历不同的人才之感受。隐太子李建成下葬，魏徵、王珪等东宫旧臣“表请陪送至墓所”，李世民不但准许，还“命宫府旧僚皆送葬”。

“君子用人如器”这句话，是李世民对奉命举贤却久无所举并以“于今未有奇才”辩解的封德彝说的。他批驳封德彝说：“古之致治者，岂借才于异代乎？正患己不能知，安可诬一世之人!”量才任用，各取所长，是任人唯贤的题中应有之义。李世民这样说，也这样做，逐步形成自己的人才格局。贞观四年（630年），他在丹霄殿设宴，王珪奉命当场评品房玄龄以下的诸位大臣说：“孜孜奉国，知无不为，臣不如玄龄。才兼文武，出将入相，臣不如李靖。敷奏详明，出纳惟允，臣不如温彦博。处繁治剧，众务毕举，臣不如戴胄。耻君不及尧、舜，以谏争为己任，臣不如魏徵。至于激浊扬清，嫉恶好善，臣于数子，亦有微长。”

王珪说的是这些大臣各自的长处，李世民用的也正是他们的长处。

从谏如流

李世民享有从谏如流的美誉，宋代苏轼称其“从谏近乎圣”，不仅“从谏”，而且鼓励群臣“进谏”。他懂得一个最简单却又最容易被人忽略的道理：以人为镜，可以明得失。

说到从谏如流，人们就会想到李世民，并同时想到魏徵。这并不奇怪，君之从谏如流与臣之犯颜直谏也是互为因果的。君之从谏如流，能鼓励臣之犯颜直谏；臣之犯颜直谏，又能反衬君之从谏如流。魏徵的谏疏，不仅涉及范围很广，宏观的他谏，微观的他也谏，而且言辞相当尖锐、相当激烈。曾有领导在他管辖的中层干部会上说，有的人两只眼睛专门盯着我的脚后跟，我喘一口气他也管。魏徵就是两眼专门盯着李世民的“脚后跟”，李世民“喘一口气他也管”的人，但李世民大多都能“从之”并予以褒奖；也有“不从”的，事后证明魏徵说得对，也能自我反省且“悔之”。有的当时勉强忍了，心里有受辱之感，回家发牢骚说恨不能杀了这个“田舍郎”，但经过一番内心挣扎，终究克服自己的心理障碍，继续表彰魏徵的直言敢谏。有论者因此非议李世民，我却认为这很真实，从谏如流确实没有说的那么轻松。

贞观六年（632 年），李世民曾在丹霄殿宴请股肱之臣。李世民说：魏徵每次进谏，我要是不听从，与他说话，他总不应答，这是为何？魏徵回答说：“陛下不从而臣应之，则事遂施行”。李世民说：你不会先答应下来，然后再谏吗？魏徵说，那不是“舜戒群臣”说的“尔无面从，退有后言”吗？李世民因此大笑说：“人言魏徵举止疏慢，我视之更觉妩媚，正为此耳！”李世民能容纳得了这种“举止疏慢”的人，这是胸怀宽；这种“举止疏慢”的人让李世民“更觉妩媚”，这是心术正。李世民从谏如流，除了他懂得“以人为镜，可以明得失”，也与这种胸怀与心术有关。难怪魏徵当即拜谢：“陛下开臣使言，故臣得尽其愚；若陛下拒而不受，臣何敢数犯颜色乎！”此非虚言。李世民甚至因为魏徵直言不讳的“妩媚”，而把他当作可以推心置腹的诤友。贞观八年，李靖推荐魏徵为黜陟大使去各地巡察，李世民就说：“徵箴规朕失，不可一日离左右。”

贞观年间能直言进谏的，当然不只是魏徵。不妨在此略举数例。

戴胄之谏。贞观元年（627 年），原任兵部郎中的戴胄因“忠清公直”被提拔为大理寺少卿。那个时候，候选官员中多有“诈冒资荫”之人，李世民为整饬官风，敕令他们自首，否则即处以死刑。偏偏没过几天，就有“诈冒资荫”而未自首者出现，李世民要杀掉他。戴胄为此直谏，说此人“据法应流”。李世民很生气地责问戴胄：“卿欲守法而使朕失信乎？”戴胄毫不退让，从容诉说“据法应流”的道理以及“敕”与“法”的关系：“敕者出于一时之喜怒，法者国家所以布大信于天下也。陛下忿选人之多诈，故欲杀之，而既知其不可，复断之以法，此乃忍小忿而存大信也。”李世民终于转过弯子，对戴胄说：“卿能执法，朕复何忧！”史书称：戴胄“前后犯颜执法，言如涌泉，上皆从之，天下无冤狱”。

王珪之谏。贞观二年（628年）十二月，李世民与刚被任命为侍中的王珪交谈，有美女在旁侍候。李世民对王珪说：“此庐江王瑗之姬也，瑗杀其夫而纳之。”没想到王珪立马离开座位说：“陛下以庐江纳之为是邪，非邪？”李世民回答说：李瑗“杀人而取其妻，卿何问是非！”在他看来，这是非是明摆着的。王珪却说，“今此美人尚在左右，臣以为圣心是之也”，并且由此想到当年管仲谏齐桓公之言，认为这就像“善善而不能用”的郭公之所为。这不是上纲上线、小题大做吗？李世民却爽快地接受了王珪之谏，当即将这位美女放出宫去，让她回到父母身边。他意识到，此中同样也隐匿有危亡的苗头，而王珪帮他及时纠正了自己的过失。

李大亮之谏。贞观二年（628年），凉州都督李大亮有“佳鹰”，李世民派遣凉州的使者暗示李大亮将此“佳鹰”献给李世民。“陛下久绝畋游而使者求鹰”使李大亮疑惑不解，并为此上书密奏。他用了一个二难推理：假如这是陛下的意思，那么这与您过去的主张相背离；假如这是使者自作主张，那么就是陛下“使非其人”了。不管这是不是李世民的意思，李世民都有过错。就为了一只“佳鹰”，李都督犯得着对陛下这样咄咄逼人吗？李世民却对侍臣说：“李大亮可谓忠直”，并“手诏褒美，赐以胡瓶及荀悦《汉纪》”。

刘德威之谏。贞观十一年（637年），李世民问大理寺卿刘德威“近日刑网稍密”之根由，刘德威直言不讳：“此在主上，不在群臣，人主好宽则宽，好急则急。”刘德威此说有个背景：原大理寺丞张蕴古以精神病（“心疾”）为由释放李好德而被处死，此后法官都以减罪或释放为戒。所以刘德威又说：“吏各自免，竞就深文，非有教使之然，畏罪故耳。”他认为只要皇上“一断以律，则此风立变”。张蕴古被“斩之于市”，李世民“既而悔之”，并下诏“自今死有罪，虽令即决，仍三覆奏乃行刑”。刘德威之谏触到他的这块心病，这不是哪壶水不开就提哪壶么？但李世民没有迁怒于人。史书写得分明：“上悦，从之。由是断狱平允。”

马周之谏。贞观十一年（637年），时任侍御史马周上疏称：“贞观之初，天下饥歉，斗米直匹绢，而百姓不怨者，知陛下忧念不忘故也。今比年丰穰，匹绢得粟十余斛，而百姓怨咨者，知陛下不复念之，多营不急之务故也。”马周还说到陛下“宠遇诸王”与朝廷“轻州县之选”，并警告说：“不可使后之笑今如今之笑炀帝”。这些直言李世民过失的话，都说得相当尖锐，李世民却“称善久之”，且立马就对“轻州县之选”问题采取措施：“刺史，朕当自选；县令，宜诏京官五品已上各举一人。”

这样的实例举不胜举，本想就此打住，但裴矩之谏有点特殊性，不妨再唠叨几句。李世民担心“吏多受赇，密使左右试赂之”，还当真有人收受绢帛一匹，于是“上欲杀之”。民部尚书裴矩谏“陛下使人遗之而受，乃陷人于法”，且有违于孔子的“道之以德，齐之以礼”，其实也有悖于他自己“以至诚治天下”的信条。裴矩原是隋朝旧臣，并非能直言进谏之人，故李世民特别高兴，专门召集五品以上的官员说：“裴矩能当官力争，不为面从，倘每事皆然，何忧不治！”

司马光为此点赞：“古人有言：君明臣直。裴矩佞于隋而忠于唐，非其性之有变也；君恶闻其过，则忠化为佞，君乐闻直言，则佞化为忠。”

诚哉，司马光此言。

李世民：善作善成　善始善终[*]

没有考证“善作者不必善成，善始者不必善终”这两句话最早出于何处，只知道战国后期乐毅作《报燕王书》中曾引用过这两句话，南北朝时前秦的王猛曾以此劝告过苻坚。但王猛说的是“功业”，乐毅说的是君臣关系。“不必”应当解读为“未必”——因为客观上有这种“未必”，主观上更当警觉并尽力避免。出自《诗经·大雅·荡》的“靡不有初，鲜克有终”，大致也是这个意思。“鲜克”不是没有，唐太宗李世民就是其中之一，名垂千古的贞观之治可谓善作善成，贞观年间的君臣关系亦可谓善始善终。

善作善成

我认为，将贞观之治仅仅局限于“对内”而排斥“对外”是不可取的。

各民族融洽相处，是贞观之治的题中应有之义，也是李世民孜孜以求的功业。李世民刚即位时就说：“王者视四海如一家，封域之内，皆朕赤子。”贞观元年（627 年），李世民说：“朕以天下为家。”贞观十八年，李世民又说：“夷狄亦人耳，其情与中夏不殊。人主患德泽不加，不必猜忌异类。盖德泽洽，则四夷可使如一家；猜忌多，

---

* 本篇引文主要出自《资治通鉴》的《唐纪八》《唐纪九》《唐纪十一》《唐纪十二》《唐纪十三》《唐纪十四》。

则骨肉不免为仇敌。”因此，李世民对所谓“夷狄”，能不打的尽量不打，能不杀的尽量不杀。

贞观二年（628年），唐军打败突厥，投降的都予以安置，连被俘获的颉利可汗都没有杀。李世民诉说颉利可汗五条罪状：骄奢淫逸，“纵淫虐以取亡”，此其一；背信弃义，“数与我盟而背之”，此其二；“恃强好战，暴骨如莽”，此其三；“蹂我稼穑，掠我子女”，此其四；“我宥汝罪，存汝社稷，而迁延不来”，有失战败者之礼，此其五。前四条正是讨伐颉利可汗之由。能免他一死，因为自武德九年（626年）便桥盟约以来，他“不复大入为寇”。

贞观十九年（645年），唐军大破薛延陀数万军队后，遣使诏谕敕勒诸部，各部“酋长皆喜，顿首请入朝”。其后，回纥、拔野古、同罗、仆骨、多滥葛、思结、阿跌、契苾、跌结、浑、斛薛等十一姓各遣使入贡，表示愿意“归命天子”，背离“暴虐无道”的薛延陀，并“乞置官司”。根据敕勒诸部的请求，贞观二十一年，唐朝在大漠设立六府七州，诸位酋长共奉李世民为“天可汗”，漠北的突厥、铁勒等部民众则称“臣等既为唐民，往来天至尊所，如诣父母，请于回纥以南、突厥以北开一道，谓之参天可汗道”。

从破突厥，擒颉利，到灭薛延陀，恩威并施，皆奏其效，使李世民非常欣喜，他尤其认为铁勒百余万户“远遣使人，委身内属，请同编列，并为州郡”乃是“殊未前闻”之事，特地下诏以“备礼告庙”，“颁示普天”。这种民族大融合，确实“殊未前闻”，确为李世民所开创。

李世民曾经两次总结自己的成功之道。

贞观十九年（645年），薛延陀所属各部归顺之后，李世民说：“朕于戎、狄所以能取古人所不能取，臣古人所不能臣者，皆顺众人之所欲故也。昔禹帅九州之民，凿山槎木，疏百川注之海，其劳甚矣，而民不怨者，因人之心，顺地之势，与民同利故也。”他将自己比作“帅九州之民，凿山槎木”的夏禹，将自己的成功之道归结为顺众所欲，与民同利。他所说的“众”，包括中华之众，也包括戎、狄之众；他所说的“民”，包括中华之民，也包括戎、狄之民。

贞观二十一年（647 年）设置大漠六府七州之后，李世民又将自己的成功之道归结为五点。一是“见人之善，若已有之”，不像别的帝王“多疾胜己者”；二是各类人才，“弃其所短，取其所长”，不责备求全；三是“见贤者则敬之”，而不把他们当作自己的附属，见“不肖者则怜之”，而不将他们舍弃，使“贤不肖各得其所”；四是不“黜责”正直之士，使之“比肩于朝”；五是无论中华夷狄，均“爱之如一”，不分贵贱。

这两个不同时期不同场合说的“成功之道”，应予以综合考察。

李世民于武德九年（626 年）即位，贞观二十三年（649 年）去世，整整二十三年成就的功业，就是贞观之治。因为隋末战争频频而人口锐减，贞观之初，唐朝只有二百九十万户人口，到永徽之初，达到三百八十万户，这当是贞观年间社会安定、经济恢复并稳定发展的一个综合指标。贞观之治，开启了从永徽到开元的盛唐大门，对于此后千余年的中国社会具有深远的影响。

玉成贞观之治，从李世民本身看，窃以为主要是他能以史为镜，以民为本，时知畏惧，居安思危；以人为镜，从谏如流，任人唯贤，各取所长。但在他身上同样也有人性的弱点、帝王之通病，他也有游畋行猎的嗜好，他也有营建宫室的兴趣，如此等等，不一而足，因而也会出现前后不一、自相矛盾的情形。

贞观之治初见成效之后，李世民也曾有所懈怠，但他能及时警觉，反省自己。魏徵《谏太宗十思疏》《十渐不克终疏》以及马周《陈时政疏》大致都出于这个阶段。贞观后期李世民面临“行百里而半九十”的考验，顺境极易使人忘乎所以，他从大臣“顺旨者多，犯颜则少”的现象中，看到了不利于己“自闻其失”的因素，希望诸公“直言无隐”，引出宰相刘洎关于“顷有上书不称旨者，陛下皆面加穷诘，无不惭惧而退”的那番话，认为这种做法“恐非所以广言路”。此后又顺着这个话题上书，谏李世民“饰辞以折其理，引古以排其议”，希望他以“秦政强辩，失人心于自矜；魏文宏才，亏众望于虚说”为鉴。李世民以飞白书回复，表示“今闻谠言，虚怀以改”。

鉴于东征高句丽，西讨龟兹，相继营缮翠微、玉华二宫，以及服玩华靡等事，贞观二十一年（647年），宫中嫔妃徐惠上疏谏李世民“以有尽之农功，填无穷之巨浪；图未获之他众，丧已成之我军”，并说“地广非常安之术，人劳乃易乱之源”，“作法于俭，犹恐其奢；作法于奢，何以制后”，等等。史书称“上善其言，甚礼重之”，并不因为这些话出自女流之辈而置之不理。

其实，李世民在作《帝范》十二篇赐太子时说：“吾居位已来，不善多矣，锦绣珠玉不绝于前，宫室台榭屡有兴作，犬马鹰隼无远不致，行游四方，供顿烦劳，此皆吾之深过，勿以为是而法之。”但这恰恰体现了他颇有自知之明，时时警惕自我，不但严于自律，而且善于借助别人的谏诤约束自己，战胜自我，使此类“过”不至于无限制地扩张而不可收拾，使他的一生虽不尽善尽美，却也善始善终。

这种善始善终，也是促成贞观之治善作善成的重要因素。

善始善终

贞观十七年（643年），李世民修建凌烟阁，陈列由阎立本所画的二十四位与他一起打天下治天下的功臣画像，均与真人一般大小，以示对他们的表彰与怀念，史称《二十四功臣图》。这是李世民君臣关系善始善终的一个标志。

在处理君臣关系方面，我以为李世民至少有以下几条可圈可点。

李世民对文武大臣开诚布公，坦诚相见，心中基本没有弯弯绕绕。贞观元年（627年），李世民引“西域贾胡得美珠，剖身以藏之”的典故，对身边的大臣说，“吏受赇抵法，与帝王徇奢欲而亡国者”，与这个胡商有什么区别？于是约法三章：“朕与公辈宜戮力相辅，庶免为人所笑。”又对黄门侍郎王珪说：设置中书、门下两省，本为互相检察，“中书诏敕或有差失，则门下当行驳正”，既不能护己之短，也不能知非不正。“内外庶官，务相顺从”，一团和气，没有是非，此乃亡隋之政。他希望“卿曹各当徇公忘私”，不要重蹈覆辙。这两段话，可以理解为他处理君臣关系的基本准则：一是要“戮力相辅”，二是要“徇公忘私”。他将以此为标准进行赏罚。

功臣被诛的悲剧，其实也有君臣两方面的原因。从君的角度说，是怕功高盖主；从臣的角度说，则是居功自傲。李世民既“见人之善，若己有之”，不像别的帝王“多疾胜己者”，亦“见人之功，若己有之”，不像别的帝王那样怕臣“功高盖主”。玄武门之变，立功最大的当数尉迟敬德。贞观六年（632 年），李世民在庆善宫设宴，时任同州刺史的尉迟敬德参加宴席，看到别人的位置排在他的前面，就恃功发威，怒气冲冲地说：你有什么功劳，竟敢坐在我的前面？任城王李道宗予以劝谕调解，尉迟敬德竟“拳殴道宗”，差点打瞎了李道宗的眼睛。李世民因此罢宴，并警告尉迟敬德说：我很想与你等共保富贵，令子孙不绝。但身居要职的你每每无法无天，看来韩信、彭越之成为刀下之鬼，并非全是汉高祖的过错呀！李世民这番推心置腹的话，对尉迟敬德可谓终身受用。对于与尉迟敬德有相似经历、相似心态的功臣，亦不无裨益。

李世民对文武大臣，并非只是将他们当作自己的附属物，有用时视之如宝，用完后视之如草芥。他“见贤者则敬之”，并始终以情相待。唐代宰相首推房、杜，房玄龄多谋，杜如晦善断，两人配合得相当默契，真正起到“股肱”的作用，留下千秋佳话。贞观二年（628 年），杜如晦病重之时，李世民不但派太子前往“问疾”，而且“自临视之”。杜如晦去世，房杜失半，李世民的哀伤之情不能平息，“每得佳物，辄思如晦，遣使赐其家”；很久之后“语及如晦，必流涕”。他对房玄龄说：“公与如晦同佐朕，今独见公，不见如晦矣！”房玄龄比杜如晦多活了二十多岁，得重病时与李世民“相对流涕”。李世民把他留在宫中，“闻其小愈则喜形于色，加剧则忧悴”。房玄龄去世前，“上自临视，握手与诀，悲不自胜”。唐初宰相高士廉去世在房玄龄之前，那时李世民大病初愈，却硬要前去吊丧，房玄龄“固谏”不听，长孙无忌“中道伏卧，流涕固谏”，他才返回东苑，“南望而哭，涕下如雨”。诸如此类，不胜枚举。

去世的如丧至亲，在世的也关怀备至。李世勣（即徐懋功）原是瓦岗寨李密之旧部，归顺李唐之后身经百战，立下不世之功。贞观十七年（643年），李世勣得暴疾，听说“须灰可疗”，李世民竟剪下自己的胡须为之和药。李世勣感动得“顿首出血泣谢”。李世民说：我这是为江山社稷，不只是为你呀，有什么可谢的。中书令兼右庶子马周病危时，李世民也“亲为调药”，并“使太子临问”。

李世民对文武大臣予以充分信任，从不疑神疑鬼。他认定：“猜忌多，则骨肉不免为仇敌”。侯君集曾对李世民说“李靖将反矣”，因为李靖奉命教授侯君集兵法，只教他粗浅的东西而隐匿精华。在李世民的武将之中，只有李靖的军事才干可与李世民比肩。对于别的帝王，这种小报告很容易起作用，但李世民不相信李靖会谋反。他问李靖，侯君集为什么会这么说，正如贞观十三年（639年），他问尉迟敬德“人或言卿反，何也”一样。正是因为相信李靖，用他自己的话说，叫作“朕不疑卿，故语卿”。江夏王李道宗说：“君集志大而智小，自负微功，耻在房玄龄、李靖之下，虽为吏部尚书，未满其志。以臣观之，必将为乱。”鉴于当时未有任何反迹，李世民对李道宗说：“岂可亿度，妄生猜贰邪！”贞观二十年，宋公萧瑀对李世民说：房玄龄与中书门下众臣“朋党不忠，执权胶固”，只是眼下尚未谋反而已。李世民颇不以为然地说：“卿言得无太甚！人君选贤才以为股肱心膂，当推诚任之。”

李世民见“不肖者则怜之”，对有人格缺陷的大臣，也不轻易舍弃。萧瑀“性狷介，与同寮多不合”，说谁搞“朋党”说谁将“谋反”大概也不止一次，李世民虽然不满，“但以其忠直居多”，“未忍废”。萧瑀受李世民批评后，干脆“称足疾不朝，或至朝堂而不入见”，又当着朝廷大臣的面说话反复无常，李世民这才贬他为商州刺史，虽被贬官但仍名列“凌烟阁二十四功臣”。萧瑀去世，其子萧锐继承爵位，娶襄城公主为妻。

在“凌烟阁二十四功臣”中，侯君集是不能善终的一个，这是由他自己的贪欲与权欲难以满足所造成的。其实，在绘二十四功臣图之前，就已有张亮向李世民反映侯君集的反迹。“公能反乎？与公反。”这话是侯君集亲口对张亮说的。李世民因为“语时旁无他人，若下吏，君集必不服”，而让张亮“且勿言”，仍如既往对待侯君集。此后侯君集鼓动而且参与太子谋反事发，李世民怕侯君集受“刀笔吏辱”而亲自审理此案，“君集辞穷，乃服”，仍以“君集有功”而“欲乞其生”，然“群臣以为不可”。侯君集被处死前，李世民与之哭泣“长诀”，并答应侯君集“乞全一子以奉祭祀”的请求，“原其妻及子，徙岭南”。侯君集不能善终，李世民对侯君集却可谓仁至义尽，善始善终。

要说含冤而死的倒是时任刑部尚书张亮，他因收养“假子”五百人，与术士公孙常语“名应图谶”，又问术士程公颖曰：“吾臂有龙鳞起，欲举大事，可乎?”被人当作谋反告发，李世民让马周查实并与朝臣共议处以死刑，行刑前派遣长孙无忌和房玄龄去监狱与他诀别。当时，满朝文武之中只有李道裕一人认为证据不足。事后，李世民说：“往者李道裕议张亮狱云‘反形未具’，此言当矣，朕虽不从，至今悔之。”

善始善终并非尽善尽美，需要“悔之”的毕竟也是失误。

魏徵：犯颜直谏　拾遗补阙*

据《贞观政要》记载统计，魏徵向李世民面陈谏议有五十次，呈送给李世民的奏疏十一件，一生的谏诤二百余事，多达数十万言。这组数据是否准确未曾细加考证，但在我的直觉中，魏徵有三个"皆谏"，一是事无巨细皆谏，二是自始至终皆谏，三是君喜君怒皆谏。只有利民安国心无旁骛之人，方能如此拾遗补阙、犯颜直谏。

本文拟以时间先后为序，简述魏徵之谏。

前期之谏

贞观之初，大臣们都上书说："人主当独运威权，不可委之臣下。"又说："宜震耀威武，征讨四夷。"只有魏徵劝李世民"偃武修文，中国既安，四夷自服。"李世民采用了魏徵的意见。几年后，突厥破灭，颉利成擒，海内康宁，"东至于海，南极五岭，皆外户不闭"。李世民说：这都是魏徵的功劳，还说"但恨不使封德彝见之耳!"此言事出有因。对于隋末大乱之后百姓能否教化，国家能否"偃武修文"，封德彝与魏徵曾有过一场争论，封德彝以为"三代以还，人渐浇讹，故秦任法律，汉杂霸道"，魏徵反驳：照你这么说，今日之人"当悉化为鬼魅矣，人主安得而治之"。封德彝于是说"魏

* 本篇引文主要出自《资治通鉴》的《唐纪九》《唐纪十》《唐纪十一》《唐纪十二》《唐纪十三》《唐纪十四》。

徵书生，未识时务，若信其虚论，必败国家”，这是两三年前的事情，李世民抚今追昔，故有是言。

说是“偃武修文”，其实内容十分丰富，包括与民休养生息，不要轻启战事；包括注重礼义德治，不要严刑苛法，这是关于国家大政方针的谏言。那个时候，不但群臣皆言对内应当“独运威权”，对外应当“震耀威武”，连李世民也担心大乱之后“民未易化”，独魏徵不以为然，说“久安之民骄佚，骄佚则难教；经乱之民愁苦，愁苦则易化”，并以“饥者易为食，渴者易为饮”为喻使“朕用其言”。从中可见魏徵之格调：他不唯上，察言观色唯唯诺诺；也不从众，看风使舵随波逐流，当然也不怕以为今不如古的封德彝上纲上线乱扣帽子。

贞观六年（632 年），关于是否封禅，魏徵也有过与众不同、与“朕”不一的看法。实事求是地说，李世民在这个问题上还是比较清醒的，大臣们多次请求封禅，他都没有同意。因为他并不像他们想的那样“以封禅为帝王盛事”，在他看来，倘若“天下乂安，家给人足”，虽不封禅又有什么关系？秦始皇封禅而汉文帝不封禅，后世也不会以为“文帝之贤不及始皇”，而且“事天扫地而祭，何必登泰山之巅”。但既然“群臣犹请之不已”，李世民“亦欲从之”。魏徵就在这个时候，“独以为不可”。对此，李世民很不高兴，他接连反问魏徵六个问题：是我李世民“功未高”吗？“德未厚”吗？是我大唐社稷“未安”吗？“四夷未服”吗？“年谷未丰”吗？“符瑞未至”吗？这六个方面，魏徵都做了肯定的回答。那么，又为什么不可封禅呢？面对如此一个接着一个的问题，要是别的大臣，早就被吓得魂不附体，屁滚尿流了，魏徵却视若等闲，从容不迫地说出了自己的理由，归纳起来，大概有两层意思：其一，“隋末大乱之后，户口未复，仓廪尚虚，而车驾东巡，千乘万骑，其供顿劳费”，国家折腾不起，百姓承受不了。其二，封禅之行，“远夷君长，皆当扈从”，而去泰山沿途“烟火尚希，灌莽极目”，这是“引戎狄入腹中，示之以虚弱”。总之，魏徵认为，这是“崇虚名而受实害”之事。

封禅兴师动众，乃是史上最大的形象工程。这次封禅最终没有成行，除了河北河南大水，魏徵此谏是否也起了作用？

贞观六年（632年），魏徵尚有一谏，是关于长乐公主之嫁妆的，既非国之大政方针，亦非影响国家的大事。长乐公主乃长孙皇后所生，李世民“特爱之”，责成有关方面为其准备嫁妆倍于先帝之女永嘉长公主。魏徵援引汉明帝封皇子“我子岂得与先帝子比”的古例谏李世民：“今资送公主，倍于长主，得无异于明帝之意乎！”长孙皇后知道此事后赞叹说：“妾亟闻陛下称重魏徵，不知其故，今观其引礼义以抑人主之情，乃知真社稷之臣也！妾与陛下结发为夫妇，曲承恩礼，每言必先候颜色，不敢轻犯威严；况以人臣之疏远，乃能抗言如是，陛下不可不从。”

长孙皇后这番话，就是对魏徵此谏最贴切的点评。

中期之谏

贞观八年（634年），中牟县丞皇甫德参上书称：“修洛阳宫，劳人；收地租，厚敛；俗好高髻，盖宫中所化。”贞观之初竭力鼓励各级官吏进言的李世民，这回却发怒了，他对房玄龄等人说：这个皇甫德参是不是要“国家不役一人，不收斗租，宫人皆无发”，方才称心如意？还想治他个谤讪之罪。魏徵劝谏说，“自古上书不激切，不能动人主之心，所谓狂夫之言，圣人择焉”，是耶非耶，还由“陛下裁察”。李世民这才冷静下来，说：“朕罪斯人，则谁敢复言！”魏徵及时提醒说：“陛下近日不好直言，虽勉强含容，非曩时之豁如。”李世民于是破格提拔皇甫德参为监察御史，另予优厚的赏赐。

贞观十一年（637年），魏徵上疏再次说到这个话题：“陛下欲善之志不及于昔时，闻过必改少亏于曩日，谴罚积多，威怒微厉。乃知贵不期骄，富不期侈，非虚言也。”魏徵说到当年隋朝之强盛，远非今时唐朝可比，然而隋朝说亡就亡，希望李世民能“取鉴于隋，去奢从约，亲忠远佞，以当今之无事，行畴昔之恭俭”。

贞观十一年（637年），魏徵还因李世民作洛阳飞山宫而进言，以隋炀帝“恃其富强，不虞后患，穷奢极欲，使百姓困穷，以至身死人手，社稷为墟”为鉴，常思“隋之所以失，我之所以得，撤其峻宇，安于卑宫”，倘若“因基而增广，袭旧而加饰”，则无异于“以乱易乱”，并说“难得易失，可不念哉”。

贞观十一年（637年），魏徵最有分量的奏疏就是流传千古的《谏太宗十思疏》。贞观之治初见成效之后，李世民在从谏纳言、去奢从约等方面有所懈怠，享乐主义、奢靡之风有所抬头。魏徵此疏针对这种情况总体而论，提出历代帝王为什么“善始者实繁，能克终者盖寡”的大问题，给出的答案则是“在殷忧必竭诚以待下，既得志则纵情以傲物；竭诚则吴、越为一体，傲物则骨肉为行路”。这意思与孟子说的“生于忧患，死于安乐”相近。尤其是引入“载舟之水，亦能覆舟”的圣哲警语，提出“怨不在大，可畏惟人；载舟覆舟，所宜深慎”。魏徵所说的“十思”，即“见可欲则思知足以自戒，将有作则思知止以安人，念高危则思谦冲而自牧，惧满溢则思江海下百川，乐盘游则思三驱以为度，忧懈怠则思慎始而敬终，虑壅蔽则思虚心以纳下，想谗邪则思正身以黜恶，恩所加则思无因喜以谬赏，罚所及则思无因怒而滥刑”。他认为“总此十思”，可“不言而化”（《贞观政要》卷一）。显然，魏徵希望李世民能将此“十思”作为跳出“安乐”陷阱的有效途径。

贞观十二年（638年），李世民因为皇孙出世而在东宫宴请五品以上大臣。那天他很高兴，说：“贞观之前，从朕经营天下，玄龄之功也。贞观以来，绳愆纠缪，魏徵之功也。”并把他自己的佩刀送给他们，还兴致勃勃地问魏徵：“朕政事何如往年？”魏徵直言李世民政事不如贞观之初。仅就言路而论，先前是“导之使言，悦而从之”，虽然“勉从之”，但“犹有难色”了，还举了贞观之初孙伏伽谏杀元律师而李世民赐予兰陵公主园和近期皇甫德参谏修洛阳宫而“陛下恚之”作为例证。李世民感叹说：“非公不能及此。人苦不自知耳！”

后期之谏

魏徵在贞观十三年（639年）所上之《十渐不克终疏》（《贞观政要》卷十）是《谏太宗十思疏》姐妹篇，同样流传千古，为人津津乐道。

魏徵此疏，开篇就说自古帝王“受图定鼎”，都想“传之万代”，因此“布政天下”之时，“其语道也，必先淳朴而抑浮华；其论人也，必贵忠良而鄙邪佞；言制度也，则绝奢靡而崇俭约；谈物产也，则重谷帛而贱珍奇”。但普遍规律是“受命之初，皆遵之以成治；稍安之后，多反之而败俗”。魏徵将其原因归结为“居万乘之尊，有四海之富，出言而莫己逆，所为而人必从，公道溺于私情，礼节亏于嗜欲”，并称此为“非知之难，行之惟难；非行之难，终之斯难”。

魏徵在这种普遍规律的大框架中，以贞观之初为参照系，列出李世民“渐不克终”的十个方面：一是贞观之初，无欲清静之化远播边疆；如今“其风渐坠”，以至于“求骏马于万里，市珍奇于域外”。二是贞观之初，“爱民犹子，每存简约，无所营为”；如今却是“意在奢纵，忽忘卑俭，轻用人力”，还说什么“百姓无事则骄逸，劳役则易使”，这恐怕不是“兴邦之至言”。三是贞观之初，“损己以利物”；如今却是“纵欲以劳人”，包括营建宫室，因为“虑人致谏”而说“若不为此，不便我身”，这是堵“谏者之口”，并非“择善而行”。四是贞观之初，“亲爱君子，疏斥小人”；如今却是“昵近小人”“疏远君子”，此非“兴邦之义”。五是贞观之初，“捐金抵璧，反朴还淳”；如今却是“好尚奇异”，“上好奢靡”不能“望下敦朴”。六是贞观之初，“求贤如渴，善人所举，信而任之，取其所长，恒恐不及”；如今却是凭个人好恶，听小人谗言，轻率褒贬人物。七是贞观之初，“高居深视，事惟清静”，即使有狩猎之爱好，也能“内除毕弋之物，外绝畋猎之源”；如今却已超越一年三猎的旧礼，以致“见讥于百姓”。八是贞观之初，“君恩下流，臣情上达”，上下融洽，少有隔膜；如今在这方面“多所忽略”，使人欲言又止，“莫能申其忠款”。九是贞观之初，“孜孜不怠，屈己从人，恒若不足”；如今却是骄长欲纵，“恃功业之大，意蔑前王，负圣智之明，心轻当代”。十是贞观之初，“频年霜旱”，天灾不断，百姓“无一户逃亡，一人怨苦”，因为他们感受到“陛下矜育之怀”；如今百姓“疲于徭役”，其心恐已“不能如前日之宁帖”。

魏徵的《十渐不克终疏》，摆出来的是“不克终”，目的却在于帮助李世民“克终”，以免“九仞之积，犹亏一篑之功”。尽管其言辞激烈，罗列“十渐不克终”，犹如罗列“十大罪状”，然而李世民读了这份奏疏之后“深加奖叹”，将它挂在屏风上，早晚观看，并将魏徵的谏言抄录给史官，还赐予魏徵黄金十斤，御马二匹。

此后之进谏，大致都与《十渐不克终疏》有关，都为帮助李世民善始善终。例如，贞观十四年（640 年），魏徵谏李世民“宽于大事，急于小罪，临时责怒，未免爱憎”，认为如此这般，易使“刀笔之吏，顺旨成风，舞文弄法，曲成其罪”，大小官员“苟求免祸，矫伪成俗”；魏徵谏李世民因宦官的小报告而怒贬员外郎韦元方为华阴令，说“帝王震怒，不可妄发”，而“宦者之徒，古来难养，轻为言语，易生患害，独行远使，深非事宜”；贞观十五年，魏徵谏唐太宗之斥房玄龄，说“营缮”事宜，房玄龄等“问于有司，理则宜然”，何错之有，“何罪而责”？

贞观十六年（642 年），魏徵有病，李世民以“手诏”慰问，并说“不见数日，朕过多矣。今欲自往，恐益为劳。若有闻见，可封状进来”。魏徵遵嘱“封状”谏李世民之言行相悖：“临朝，常以至公为言，退而行之，未免私僻。或畏人知，横加威怒，欲盖弥彰。”这是魏徵对李世民最后的奏疏与谏诤了。

身后之事

贞观十七年（643 年）正月，魏徵去世。魏徵病重之时，李世民派中郎将李安俨住在他家，随时向自己汇报魏徵的病情，并与太子同至魏徵宅第看望；魏徵去世之后，又“命百官九品以上皆赴丧，给羽葆鼓吹，陪葬昭陵”，这是相当高规格的丧葬礼仪。魏徵的妻子裴氏表示，“徵平生俭素，今葬以一品羽仪，非亡者之志”，因此辞谢皇恩，只“以布车载柩而葬”。李世民“登苑西楼，望哭尽哀”，又亲自撰写碑文，书写墓碑。“人以铜为镜，可以正衣冠，以古为镜，可以见兴替，以人为镜，可以知得失”，就是在魏徵去世之时说的，后面还有一句：“魏徵没，朕亡一镜矣!”因为魏徵拾遗补阙，使他减少过失，魏徵犯颜直谏，使他善始善终。而他与魏徵之君臣关系，亦可谓善始善终。

魏徵曾向李世民推荐侯君集与杜正伦有宰相之才，且说：“国家安不忘危，不可无大将，诸卫兵马宜委君集专知。”日后杜正伦因为太子屡教不改而向太子泄露过李世民的废立之意，侯君集更是劝说、鼓励并参与太子谋反，李世民始疑魏徵“阿党”；又听说魏徵曾自录前后谏词以示褚遂良，于是毁了自己撰写的魏徵墓碑。然而，清者自清，时过境迁，“阿党”云云，烟消云散，“失镜”之痛，越发强烈。“毁碑”只是插曲。若是日后李世民不言在薛延陀问题上的“徵之失”，仅为“恐塞良谋”，那么，在攻打高句丽不顺撤军之时感叹“魏徵若在，不使我有是行也”，并命人乘驿马昼夜兼程赶到京城用猪羊祭祀魏徵，复立魏徵的墓碑，慰劳赏赐魏徵的妻子儿女，则是思徵之情的自然流露。

宋璟：开元贤相　守法持正*

姚崇与宋璟并称姚、宋，系唐玄宗开元年间的宰相，堪比唐太宗贞观年间的贤相房（玄龄）、杜（如晦），对开元之治具有举足轻重的作用。司马光在《资治通鉴》中评说："姚、宋相继为相，崇善应变成务，璟善守法持正；二人志操不同，然协心辅佐，使赋役宽平，刑罚清省，百姓富庶。"此中所谓的"守法持正"，就是坚守成法，坚持正道。

其实，早在唐睿宗景云元年（710年），姚、宋就曾搭档为相。姚崇为兵部尚书、同中书门下三品，宋璟为吏部尚书、同中书门下三品，两人一起执掌朝政，同心协力，革除弊政。宋璟主持的吏部，不畏强御，人服其公；姚崇主持的兵部，"武选亦治"。他们还一起向唐睿宗提出"先朝斜封官悉宜停废"，得到唐睿宗的支持，"罢斜封官凡数千人"，如此进忠良，退不肖，请托不行，纲纪修举，朝野"翕然以为复有贞观、永徽之风"。可惜为时不长，宋璟"抗言"太平公主"易储"的主张，且与姚崇一起向唐睿宗进防范太平公主之谋泄漏，姚崇被贬为申州刺史，宋璟被贬为楚州刺史，韦安石与李日知取代了姚、宋执掌朝政，"自是纲纪紊乱，复如景龙之世"。革除"斜封官"的问题也因太平公主反对以及崔莅、薛昭素的提议而在"量材叙用"的幌子下故态复萌。

---

* 本篇引文主要出自《资治通鉴》的《唐纪二十三》《唐纪二十四》《唐纪二十五》《唐纪二十六》《唐纪二十七》《唐纪二十八》。

唐玄宗李隆基铲除太平公主势力之后，先由姚崇与卢怀慎搭档为相，开元四年（716年），宋璟与苏颋一起接替姚崇与卢怀慎执掌朝政，此所谓姚、宋“相继为相”。这是开元年间最好的时期。开元八年，宋璟与苏颋因派出整治“恶钱”问题的御史大夫萧隐之执法苛暴，而分别被罢免为开府仪同三司和礼部尚书，源乾曜与张嘉贞接替他们执掌朝政，“恶钱”再次泛滥。

宋璟二十五岁时作《梅花赋》，此赋对冰清玉洁，傲霜斗雪，“独步早春，自全其天”的寒梅的赞美，体现了青年宋璟的人格追求，这也正是他终身服膺的君子人格。

宋璟历仕武则天、唐中宗、唐睿宗、唐玄宗等朝，不避权奸，不讳君过，不受吹捧，“守法持正”四字，正是司马光对其官德人品及君子人格之高度概括。

不避权奸

宋璟入朝担任凤阁舍人以及御史中丞之时，正是武则天的男宠张易之、张昌宗（简称“二张”）不可一世，连武承嗣、武三思等人都要讨好他们的时候。不想惹麻烦的大臣唯恐避之不及，宋璟却是大义凛然，直面相对。

宰相魏元忠看不惯张易之、张昌宗等人狐假虎威、横行霸道的做派，曾有三件事得罪了他们，使“诸张深怨之”。他们害怕一旦武则天甩手西去，自己会被魏元忠除去，于是先下手为强，向武则天进谗言，说魏元忠曾与人私议：“太后老矣，不若挟太子为久长。”被此言激怒的武则天将魏元忠打入牢狱，并让魏元忠与张昌宗廷辩对质。张昌宗暗中用高官厚禄拉拢时任凤阁舍人张说，要他出面做伪证，张说答应了。

此事原与宋璟无关，但在是非正邪之前，宋璟不会装聋作哑。正当张说因武则天之召将要入内作证之时，宋璟出现了，他提醒张说：“名义至重，鬼神难欺，不可党邪陷正以求苟免！”并且指出这将是流芳百世还是遗臭万年的节点，还向张说表示："若事有不测"，他会挺身而出，"叩阁力争，与子同死"。张说就因为宋璟的这一番话而猛然醒悟，在朝廷之上说了完全出乎"二张"意料的话："臣实不闻元忠有是言，但昌宗逼臣使诬证之耳！"张易之、张昌宗恼羞成怒，直呼"张说与魏元忠同反"。此后武则天叫人反复逼问，张说之证言始终如一。武则天只好将魏元忠贬职为高要县尉，又将张说等二人流放到岭南。宋璟的一番话，救了魏元忠的性命，使之不死于冤狱，也全了张说的名节，使之不致成为党邪陷正的小人，当然，更是维护了正气，打击了奸邪。宋璟却依然为此感叹说："璟不能申魏公之枉，深负朝廷矣。"

有人告发张昌宗"尝召术士李弘泰占相，弘泰言昌宗有天子相，劝于定州造佛寺，则天下归心"。这是忤逆之罪。宋璟此时任职御史中丞，武则天就叫他与韦承庆、崔神庆一起审理这个案子。韦承庆与崔神庆附从"二张"之势，也知道武则天并不想真治张昌宗之罪，于是上奏说："昌宗款称'弘泰之语，寻已奏闻'，准法首原；弘泰妖言，请收行法。"也就是说，张昌宗主动交代，依法免予处罚；李弘泰妖言惑众，应予逮捕法办。宋璟与大理丞封全祯上奏说的则全然不同：张昌宗"宠荣如是，复召术士占相，志欲何求"？李弘泰称占卜得的是天子之卦，张昌宗"倘以弘泰为妖妄，何不执送有司"？所谓"奏闻"，不过是虚晃一枪。因此，他们提出"法当处斩破家。请收付狱，穷理其罪"。武则天终究舍不得这个男宠，就想把不依不饶的宋璟打发出去，一会儿命宋璟到扬州审理案件，一会儿命宋璟去幽州审理案件，此后干脆就派遣宋璟去陇、蜀任职。宋璟知道武则天唱的是哪一出，"皆不肯行"，却明知故问："中丞非军国大事，不当出使。今陇、蜀无变，不识陛下遣臣出外何也？"

宰相崔玄暐屡屡提及张昌宗案，武则天无奈令"法司议其罪"，崔玄暐之弟司刑少卿崔昪主张"处以大辟"，于是宋璟复奏收张昌宗下狱。武则天又说"昌宗已自奏闻"。宋璟力争张昌宗的"自陈"是为"飞书"所逼，完全出于不得已；他犯的是谋逆大罪，即使"自陈”也不能免刑；张昌宗“不伏大刑，安用国法”。武则天只好让张昌宗前往御史台接受宋璟审讯，但没等审讯完毕，就下敕书赦免了张昌宗，又让张昌宗到宋璟那里道歉，宋璟拒而不见。

张易之、张昌宗后来是被张柬之等“五王”除掉的。张柬之等人同时逼武则天让位于太子李显，是谓唐中宗。但“诸武”的权势仍在，武三思更是因为与韦后私通而作威作福。于是就有处士韦月将上书告发武三思“潜通宫掖，必为逆乱”。明明是武三思让唐中宗戴了绿帽子，而韦后有心于唐中宗的帝位，想当武则天第二，唐中宗却不杀与皇后私通的武三思，执意要杀告发此事的韦月将。时任黄门侍郎的宋璟又挺身而出“奏请推按”。唐中宗恼羞成怒，说是“朕谓已斩，乃犹未邪”，命令宋璟立即执行。宋璟坚持要查实，唐中宗硬是不肯，于是宋璟斩钉截铁地说：“必欲斩月将，请先斩臣！不然，臣终不敢奉诏。”

对于权奸，无论是“二张”还是“诸武”，宋璟就是如此疾恶如仇。

不讳君过

宋璟为官，从不唯上，更不攀上。

开元四年（716年）十二月，将要去东都洛阳的唐玄宗任命不久前因“坐监朝堂杖人杖轻”而被贬为睦州刺史的宋璟为刑部尚书。他派内侍杨思勖前去迎接。在赴京途中，宋璟没有与之作任何交谈。“思勖素贵幸，归，诉于上，上嗟叹良久。”唐玄宗之“嗟叹”，是因为宋璟不与“素贵幸”的杨恩勖套近乎，他也因此而“益重璟”。

此后不久，宋璟与苏颋搭档执掌朝政。宋璟为相，敢于犯颜直谏，不讳君过，唐玄宗对他“甚敬惮之，虽不合意，亦曲从之”。这样的实例很多。

唐玄宗去东都洛阳，宋璟随行。车驾经过崤谷，道路状况相当不好，颇受折腾之苦的唐玄宗就要撤免河南尹和负责皇上出行食宿的置顿使的职务。宋璟为此谏言："陛下方事巡幸，今以此罪二臣，臣恐将来民受其弊。"唐玄宗听从了宋璟之言，在他们"待罪朝堂"之时予以赦免。

唐玄宗昔日地位并不显赫之时，就"与太常卿姜皎亲善"，姜皎又参与铲除窦怀贞等太平公主的党羽，为唐玄宗登上帝位立有汗马之功，因此其"宠遇群臣莫及，常出入卧内，与后妃连榻宴饮"，连其弟姜晦也一直升到吏部侍郎。宋璟觉得这种过于亲密的君臣关系于公于私都没有好处，于是对唐玄宗说：姜皎"兄弟权宠太盛，非所以安之"。唐玄宗自是领会宋璟的意思，于是免除了姜皎兄弟的实职，还在制中说到"西汉诸将，以权贵不全；南阳故人，以优闲自保"。

岐山县令王仁琛是唐玄宗还是藩王时的王府故吏，又是皇后的同族，唐玄宗未与吏部商议，就直接提拔他为五品官。宋璟觉得这种"除官"的方式违制出格，就上奏说"故旧恩私，则有大例，除官资历，非无公道"，如果一再破格提拔，做得太过分了，同僚心中不平，难免负面舆论。他提议，这样的事最好还是交给"吏部检勘"。

宁王李先奏请唐玄宗给姻亲薛嗣先一个小官，唐玄宗交给中书、门下去办。宋璟上奏说：在先朝景龙年间，"常有墨敕处分，谓之斜封"，唐玄宗登基之后，这种"斜封"的弊政已被革除，行赏任官，不但"必是缘功与才"，而且"皆历中书、门下"，就是要给姻亲薛嗣先一个小官，也"不为屈法，许臣等商量"，但按程序，应当"付吏部知"，且"不出正敕"。

诸如此类，唐玄宗都听从了宋璟的意见。

开元七年（719年），王仁皎去世，其子驸马都尉王守一奏请依照窦孝谌的先例，为自己的父亲筑高五丈二尺的坟。王仁皎是王皇后之父，唐玄宗因而答应了这一请求。但宋璟与苏颋一起谏阻此事，说窦太尉墓至今仍有"议者颇讥其高大"，只是"当时无人极言其失"，如今怎能"复踵而为之"？又说"夫以后父之尊，欲高大其坟，何足为难"，他们之所以"再三进言者，盖欲成中宫之美耳。况今日所为，当传无穷，永以为法，可不慎乎"？那时的唐玄宗励精图治，很想有一番作为，因而也能明鉴宋璟和苏颋的赤诚之心，回复说："此乃人所难言，卿能固守典礼，以成朕美，垂法将来，诚所望也。"愉快地接受了他们的意见。日后称宋璟为"沽名卖直之人"的唐玄宗，已非开元年间的唐玄宗。

宋璟确实珍重名节，然而，与其说宋璟沽名卖直，不如说其爱惜羽毛。

不受吹捧

有的人不阿权贵，不拍马屁，不当吹鼓手，一旦自己身居高位，大权在握，也就开始慢慢适应这一套。宋璟全然不是如此，以下二事足以为证。

首先是"广州吏民为宋璟立遗爱碑"。宋璟曾出任广州刺史，顾名思义，这大概是为他在广州"遗"留的"爱"心所立的碑吧，叫作功德碑也行，是在他离开广州刺史这个职位后立起来的，可谓"人去政声后"。但宋璟不敢掠此美，不想领此情，他上奏唐玄宗说："臣在州无他异迹，今以臣光宠，成彼谄谀；欲革此风，望自臣始，请敕下禁止。"他是颇有自知之明的，知道什么是自身的功德与魅力，什么是权力与地位的附加值。这块"遗爱碑"，并非因为他"遗爱"于广州，而是因为他当宰相后的"光宠"。作为宰相，他还有更深层次的考虑，"欲革此风，望自臣始"，他想借助唐玄宗的敕令，刹住阿谀奉承的恶劣风气。《资治通鉴》紧接着此事写道："上从之，于是他州皆不敢立。"

可与"遗爱碑"相伯仲的是《良宰论》，这是范知璇的作品。有人向宋璟推荐这位隐士，说他精于文学，并献上他的《良宰论》。宋璟拜读了这篇文章后说："观其《良宰论》，颇涉佞谀。山人当极言谠议，岂宜偷合苟容！文章若高，自宜从选举求试，不可别奏。"这篇《良宰论》并没有流传下来，但其中所说的"良宰"是谁，明眼人定能由这番话猜到。宋璟从这篇马屁文章看出，这位本当"极言说议”的“山人”是将“偷合苟容”的《良宰论》当作进入仕途之“敲门砖”的。因此他明确表示，你若真有本事，就与别的士子一样，通过“选举求试”，不能如此“别奏”，走后门走捷径走歪门邪道。

有此二例在先，日后还有人敢拍宋璟的马屁吗？

宋璟不喜欢别人拍他的马屁，也不喜欢别人攀附他。有一位叫宋元超的候选官员在吏部说他是宋璟的远房堂叔，希望吏部能在提拔官员时予以优先考虑。宋璟没有否定这层宗族关系，本来也不会去干预宋元超的选任，鉴于宋元超自己挑明了这一层关系，才专门发文书给吏部，明确交代不能录用此人。

人欲人尊必先自尊。宋璟如此行事，也为自己赢得了尊严。王毛仲是唐玄宗宠幸的炙手可热的权贵，朝廷百官他都能呼来唤去，唯有对宋璟不敢如此怠慢。《资治通鉴》载有王毛仲嫁女时与唐玄宗的一段对话：“上问何须。毛仲顿首对曰：‘臣万事已备，但未得客。’上曰：‘张说、源乾曜辈岂不可呼邪？’对曰：‘此则得之。’上曰：‘知汝所不能致者一人耳，必宋璟也。’对曰：‘然。’”当时宋璟已辞去宰相之职，张说与源乾曜才是宰相。时任宰相呼之即来，已辞宰相难以请得，不知王毛仲是不敢去请还是请之不来，反正后来是唐玄宗为他去请来的。即使如此，宋璟也是姗姗来迟，并找借口很快就退席了。

司马光为之感叹“璟之刚直，老而弥笃”。

郭子仪：功高盖世　德高望重*

唐朝自安史之乱起至藩镇割据的几十年间可谓乱世。这几十年中，权奸更替不断，藩镇叛逆不断，朝廷平乱不断，生逢其时的郭子仪却始终如一，用司马光的话说，叫作“天下以其身为安危殆三十年”。郭子仪功高盖世，却从不以功臣自居，可谓唐太宗《赠萧禹》诗中说的疾风劲草、板荡诚臣。

功业

平定安史之乱，郭子仪之功无人可比。

平乱之初，即天宝十四载（755 年），郭子仪就已由九原太守提拔为朔方节度，李光弼、仆固怀恩、浑释之以及其子浑瑊都是他的部属，他与他们一起打了不少大仗硬仗。安禄山的大同军使高秀岩侵扰振武军，被郭子仪的朔方军击败；安禄山的大同兵马使薛中义侵扰静边军，也被郭子仪的朔方军击败；郭子仪的朔方军又进军云中，攻克马邑，打开东陉关的通道。

郭子仪救援被史思明围困于常山的李光弼之战，算得上是一场硬战。郭子仪引兵出井陉，与李光弼合兵十余万，大败史思明于九门县城南。史思明收罗残兵逃奔赵郡、博陵，杀死当地全部郡官。

---

* 本篇引文主要出自《资治通鉴》的《唐纪三十四》《唐纪三十六》《唐纪三十七》《唐纪三十八》《唐纪三十九》《唐纪四十》《唐纪四十一》《唐纪四十三》。

河朔民众不堪忍受叛军暴虐起兵反抗，郭子仪与李光弼的大军一到，他们都自动前来助战，一天就攻下了赵郡。郭子仪与李光弼率兵退回常山，史思明收罗的散兵数万随后追击，安禄山派蔡希德与牛廷发率兵数万增援史思明。郭子仪采取疲劳战术，敌军来攻就固守，敌军撤兵就追击，白天以大兵炫耀武力，夜里派精锐袭击敌营。如此持续数天，郭子仪对李光弼说："贼倦矣，可以出战。"于是两军决战于嘉山，安史贼军大败，史思明坠马落荒而逃，"河北十余郡皆杀贼守将而降"，安禄山大惧。

如此这般，到了唐肃宗至德二载（757 年），郭子仪大败崔乾，平定河东。此后，郭子仪提议并获得唐肃宗赞同，又与回纥兵一起合击叛军。那年十一月，郭子仪与广平王李俶一起从东京来到西京，唐肃宗慰劳郭子仪说："吾之家国，由卿再造。"

唐肃宗或许没有想到，对于李唐王朝，郭子仪的"再造"并非仅此一次。

广德元年（763 年），唐肃宗去世，唐代宗即位之后，即面临一场可谓"内外交困"的危机，内有奸佞作祟，危害朝政，想另立皇帝的不止一人，郭子仪危难时刻挺身而出很有担当。丰王李珙在叛将王献忠胁迫下有意取代唐代宗，被郭子仪阻止。外有吐蕃入寇，边将告急，权奸程元振对唐代宗封锁消息"皆不以闻"。郭子仪奉命出镇咸阳抵御吐蕃军队，派中书舍人王延昌入朝奏报军情，请求增兵支援，也受到程元振的阻拦。吐蕃兵因此得以占领西京长安，"剽掠府库市里，焚闾舍，长安中萧然一空"；就在这种情况下，郭子仪靠他的谋略、魄力与影响，虚实相间，调度相当有限的兵力，退却吐蕃，还擒获并杀了举城投降吐蕃又与吐蕃人一起立伪帝的原泾州刺史高晖。那时还有一个叫王甫的人乘机作乱，自称长安京兆，聚集二千多人，设置属吏，并在长安城中横行霸道。郭子仪率三十骑来到城下，王甫按兵不出。郭子仪派人去传唤王甫，王甫只好"出迎伏拜"，郭子仪果断地斩了王甫，使"其兵尽散"，于是将由白孝德和张蕴琦率领的驻扎于京畿各县的军队召之入城，如此，"京畿遂安”。危急之时出走陕州的唐代宗回到长安，郭子仪率城中百官及诸军迎于浐河之东。唐代宗对郭子仪说：“用卿不早，故及于此。”

平定安史之乱后，藩镇割据、武将反叛的事频频出现，接连不断。原在郭子仪辖下的仆固怀恩就是其中之一。仆固怀恩自“兵兴以来，所在力战”，为收复东京西京，平定河南河北，立下汗马之劳。在此过程中，其家族“死王事者四十六人”，却被河东节度使辛云京、中使骆奉仙以及仆固怀恩的副将李怀光等人构陷为企图谋反，心中憋屈；上书自讼又没有得到回复，于是疑惧、恐慌，继而真的走上叛逆之路，最后甚至不惜借用回纥与吐蕃的兵力。司马光称其“拒命三年，再引胡寇，为国大患”。

消除这场兵祸的，依然是郭子仪。仆固怀恩因暴疾死于鸣沙，郭子仪利用回纥与吐蕃的矛盾，与曾被仆固怀恩借用的回纥军一起进攻曾被仆固怀恩借用的吐蕃兵，终于反败为胜，转危为安。

格调

唐代的藩镇割据、武将反叛，往往是平叛有功的武将，在平叛之后，转身又成为拥兵自重的叛将。这原因是多方面的，其中包括皇帝怕武将功高盖主心存疑窦，权臣妒武将功高权重蓄意挑唆，而武将本身又极易居功自傲，稍有不顺或不遂己意便心有怨怼，于是致使矛盾升级，最后走上叛逆之路。

郭子仪是武将之首，功臣之魁，“天下以其身为安危殆三十年”。然而，其“功盖天下而主不疑”，其“位极人臣而众不疾”，应该说，这与他自身的格调有关。

其实，因为郭子仪功高而暗生忌恨的小人不是没有，鱼朝恩就是一个。乾元元年（758 年），讨伐安庆绪的相州之战，唐肃宗因为郭子仪与李光弼“皆元勋，难相统属”而不置元帅，只以鱼朝恩为观军容宣慰处置使。此战败北，鱼朝恩将失败的责任全都推到郭子仪的身上，而且因为原本就“恶郭子仪”，此时更“因其败”，向唐肃宗进谗言，打了郭子仪的小报告。于是“上召子仪还京师”，让李光弼代朔方节度使、兵马元帅之职。不要小看“上召子仪还京师”这七个字，这无异于剥夺了郭子仪的兵权，此中恐怕不无唐肃宗的心病在起作用。郭子仪却将此视若等闲。朔方士卒为他鸣不平，痛哭流涕地“遮中使请留子仪”。郭子仪为阻止事态发展，骗他们说，我去为中使饯行，不是就要离开，借此脱身，与中使一起策马而去。

上元二年（761年），河东局势紧张，史朝义之将谢钦让在申州城下大败淮西军，活捉淮西节度使王仲升，致使“淮西震骇”。与此同时，绛州各军又掠杀不止。朝廷担心他们与叛军联手，又担心这种局面并非新进诸将所能镇服，这个局势也并非他们所能掌控，于是封郭子仪为汾阳王，任命他为朔方、河中、北庭、泽潞节度行营兼兴平军、定国军副元帅。临行前，正在病中的唐肃宗召见郭子仪，对他说：“河东之事，一以委卿。”郭子仪也没有因为此前的“上召子仪还京师”而耿耿于怀，更不想在这种节骨眼上讨价还价。正如司马光说：“程元振、鱼朝恩谗毁百端，诏书一纸征之，（郭子仪）无不即日就道，由是谗谤不行。”河东之行就是一个典型的实例。

郭子仪的河东之行可谓不负使命。先是征调定国军前去救援正在泽州被史朝义围困的李抱玉，退却史朝义军。而后整肃军纪，首先是整肃他的朔方旧部。河中节度都统处置使李国贞治军颇严，“朔方将士不乐，皆思郭子仪”。王元振率领部下作乱，烧毁牙城门，还杀了已经逃入监狱的李国贞。郭子仪到军营时，王元振自以为他替郭子仪张目有功，郭子仪却痛陈他的罪行及其可能造成的恶果：“汝临贼境，辄害主将，若贼乘其衅，无绛州矣。”明明白白地告诉王元振：“吾为宰相，岂受一卒之私邪！”毫不留情地杀了王元振及其同谋四十人。新任河东节度使辛云京亦效法郭子仪，将带头闹事杀前任节度使邓景山的将士处以死刑。自此之后，“河东诸镇率皆奉法”，局面总算安定下来。

即使对于鱼朝恩这类的奸佞之徒，他也胸怀坦荡。代宗大历四年（769年），郭子仪入朝，鱼朝恩邀请他游章敬寺。元载让郭子仪的军吏密告郭子仪："朝恩谋不利于公。"郭子仪未予理睬。他的军吏亦将这个意思告诉诸将，于是就有三百人请求衣内穿甲跟从郭子仪前去。郭子仪说："我，国之大臣，彼无天子之命，安敢害我？若受命而来，汝曹欲何为？"于是只带家僮数人前往，迎接他的鱼朝恩"惊其从者之约"。当他得知事情的经过之后，居然也抚胸拱手、痛哭流涕地说："非公长者，能无疑乎！"

郭子仪不很看重权位，倒是比较注重民生。安史之乱时，因为安禄山、史思明占据洛阳，所以诸道都设置节度使控制军事要冲，这在情理之中。但平乱之后，各节度使仍在当地聚集军队，使老百姓不堪重负。郭子仪觉得是一个大问题，于是上表请求取消节度使，且"仍自河中为始"，即从他自己做起。唐代宗同意他的请求，敕令取消河中节度使。他又请求免去他的关内副元帅职务，没有得到唐代宗的准许。唐代宗要加封郭子仪为尚书令。郭子仪坚决推托不受，他说："自太宗为此官，累圣不复置，近皇太子亦尝为之，非微臣所宜当。"

郭子仪也经常碰到不很如意的事，但他都以平常心面对，低调处置。例如，大历二年（767 年），郭子仪父亲的墓被盗，盗墓贼没能捕获。有人怀疑这是鱼朝恩指使什么人干的。恰巧那时郭子仪自奉天入朝，朝廷担忧郭子仪会因此而闹出什么事来。然而，当代宗与他说到这件事时，郭子仪却反省自己："臣久将兵，不能禁暴，军士多发人冢。今日及此，乃天谴，非人事也。"他的深明大义，维护了朝廷的安定。还有一例，郭子仪曾奏请任命一名州县级的官员，却没有得到答复。他的僚属议论说："以令公勋德，奏一属吏而不从，何宰相之不知体！"听到这些话议论后，郭子仪对他们说："自兵兴以来，方镇武臣多跋扈，凡有所求，朝廷常委曲从之"，其原因是陛下对他们有戒心。对于我郭子仪所奏之事，"以其不可行而置之"，则是陛下没有把我也当成是那样的方镇武臣。所以他说：就为此事，"诸君可贺矣，又何怪焉！"

《打金枝》这出戏家喻户晓，戏中所说之事于史有据，并非剧作家的凭空想象，体现的也正是郭子仪的这种格调。

名望

郭子仪的名望之高，在数代朝臣之中无人可以企及。他的将佐当上大官、成为名臣的很多。但即使贵为王公，在郭子仪的面前，也不敢没有规矩。

如前所说，广德元年（763 年），吐蕃入寇长安，不掌兵权赋闲已久的郭子仪，以相当有限的兵力退却吐蕃。其实，那次退却吐蕃在一定程度上靠的就是郭子仪的名望。首先，这相当有限的兵力，本身就是靠郭子仪的名望召集起来的。当时唐代宗出走陕州，皇家禁军大多溃逃商州，郭子仪派王延昌抄近路去商州安抚人心，收容溃逃的禁军。禁军诸将正在纵兵虏掠，听说郭子仪要来，又都振作起来，甘愿听命。于是，只带了三十名骑兵去的郭子仪收容了残兵四千。其次，吐蕃兵在长安为非作歹之时，有长安市民放出风声说："郭令公自商州将大军不知其数至矣！"吐蕃兵信以为真，方才退出长安。从这个意义上说，吐蕃兵是被郭子仪的名望吓退的。

平定仆固怀恩之乱，郭子仪名望的作用显示得更为充分。颜真卿曾经提议"不若以郭子仪代怀恩，可不战而服"。汾州别驾李抱真脱身跑到京师，其见解与颜真卿相仿，他说："朔方将士思郭子仪，如子弟之思父兄。怀恩欺其众云'郭子仪已为鱼朝恩所杀'，众信之，故为其用耳。陛下诚以子仪领朔方，彼皆不召而来。"唐代宗以郭子仪为关内河东副元帅、河中节度使时，仆固怀恩的将士听到这个消息，都说："吾辈从怀恩为不义，何面目见汾阳王！"郭子仪刚到达汾州，他们就都来归顺。

仆固怀恩后来不惜借用回纥、吐蕃的兵力进攻大唐，却因暴病在鸣沙去世，郭子仪得知吐蕃与回纥"已争长，不相睦，分营而居"。当时的形势"众寡不敌，难以力胜"，鉴于他在平定安史之乱时，曾与回纥有过一段交往，而且"契约甚厚"，于是派牙将李光瓒等前往传递与他们共击吐蕃之意。回纥人不信，说郭公真的在这里吗？是骗我们吧。如果郭公真在这里，能让我们见见吗？郭子仪听取李光瓒的汇报后，仅带数骑前往回纥军营。回纥大帅可汗之弟药葛罗及诸酋长见真是郭子仪，便“皆下马罗拜”。郭子仪一番推心置腹的话，说得他们心悦诚服。药葛罗曰：“怀恩欺我，言天可汗已晏驾，令公亦捐馆，中国无主，我是以敢与之来。今知天可汗在上都，令公复总兵于此，怀恩又为天所杀，我曹岂肯与令公战乎！”于是郭子仪与药葛罗结成共击吐蕃的盟约。吐蕃人听到这个消息后，就连夜“引兵遁去”了。郭子仪派遣白元光率领精锐骑兵与回纥军队共同追击，在灵台西原与吐蕃军队交战，大破吐蕃军队。

不少拥兵自重的藩镇，对郭子仪也都不敢轻举妄动。郭子仪曾派使者到被魏博节度使田承嗣处，一向桀骜不驯的田承嗣向西下拜，说：“此膝不屈于人若干年矣！”所谓汴宋留后李灵曜依凭汴州作乱，公私物品经过汴州的全都被他扣留，唯有郭子仪的物品，他不敢靠近，还派兵护卫送出州境。

郭子仪的名望，不仅与他功高有关，而且与他德高相连。德高望重，此之谓也。

颜真卿：乱世忠孝　生死大义*

颜真卿走上仕途之时，基本上处于李唐王朝的乱世，先是安史之乱，后是藩镇割据。朝廷之上，又先后有杨国忠、李辅国、元载、卢杞等奸佞之徒得势弄权。然而，对于乱局，他敢于担当；对于奸佞，他疾恶如仇；身陷绝境，他临危不惧，可谓乱世凸显忠孝，生死俱存大义。

首举义旗

安禄山原是范阳、平卢、河东三镇节度使，河北就在他的辖内。他在范阳起兵作乱之时，“所过州县，望风瓦解，守令或开门出迎，或弃城窜匿，或为所擒戮，无敢拒之者”。唐玄宗则还在梦乡之中，太原以及东受降城已传来安禄山反的奏报，他“犹以为恶禄山者诈为之”。等他确知安禄山反，而“河北郡县皆风靡”时，曾感叹：“（河北）二十四郡，曾无一人义士邪!”其实，义士是有的，时任平原太守颜真卿即是其一。他早就看出安禄山要举兵反叛，借“霖雨”之机，修筑城壕，估算兵源，充实仓库。安禄山还真没有把颜真卿当一回事，以为他不过是一介书生。直到起兵谋反，还发公文要颜

* 本篇引文主要出自《资治通鉴》的《唐纪三十三》《唐纪三十四》《唐纪三十七》《唐纪三十九》《唐纪四十》《唐纪四十三》《唐纪四十四》《唐纪四十五》《唐纪四十七》。

真卿率领平原、博平二郡的七千兵马为他守卫黄河渡口。但他打错了算盘，颜真卿不但没有听从他的指令，还派平原司兵李平“间道”报告朝廷安禄山的叛逆。同时又派人暗藏讨伐叛军的文告到其他州郡联络，得到许多州郡响应，包括其从兄颜杲卿为太守的常山郡。唐玄宗得到李平的奏报时说：“朕不识颜真卿作何状，乃能如是!”

颜真卿招募勇士，十天即募得勇士万余人。讨伐安禄山的战前动员，他说得失声痛哭，说得勇士们义愤填膺，同仇敌忾。安禄山指使其党羽段子光以李憕、卢奕和蒋清三人的头颅在河北地区各郡县招摇，颜真卿抓了段子光，将他腰斩示众。又用蒲草做人身续接在李憕等三人的头颅上，将他们装入棺材，然后厚葬祭奠他们。颜真卿派人联络的其他州郡也有所行动，河间郡司法李奂杀了安禄山所任命的长史王怀忠，清池县尉贾载和盐山县尉穆宁一起杀了安禄山任命的代理景城太守的海运使刘道玄，饶阳太守卢全诚占据郡城不接受安禄山的招降，灵昌太守李随派人过黄河杀了安禄山任命的博平太守马冀。这些忠义之士各有兵马数千或上万，他们共同推举颜真卿为盟主，军事方面的事都向他禀报，听从他的指挥。

就这样，颜真卿率先举起了讨伐安禄山叛军的义旗。

颜真卿“乃能如是”，而不同于那些“望风瓦解”的州县，或是“开门出迎”，或是“弃城窜匿”，或是“为所擒戮”，取决于其政治素质。其一，他有高度的政治敏感，对于安禄山的叛逆有所察觉并做了防备，不像那些州县的守令因事出突然而手足无措。其二，他有可贵的政治担当。他知道不少州县的守令其实并不想顺从甚至也想反抗安禄山的逆行，但怕仅以本州本县之力抵制叛逆无异于以卵击石，又没有气魄举起义旗。颜真卿看准了这一点，于是挺身而出。其三，他有不怕牺牲的政治品格，早已做好随时为国捐躯的思想准备，所以在任何情况都不可能为保命而“开门出迎”或“弃城窜匿”。

颜真卿只是平原太守，由他直接指挥的兵力有限，但他善于“借力”，对安禄山叛军的打击不可小觑。

颜真卿曾派遣其从兄颜杲卿的外甥卢逖与颜杲卿暗中联系，要与颜杲卿连兵断绝安禄山的后路，阻止安禄山进攻长安。颜杲卿也不负颜真卿之所望，设计捕杀安禄山的部将李钦凑并“尽缚其党”，擒获奉安禄山之命去幽州征兵返回的金吾将军高邈和来自东京洛阳的何千年，又用何千年之策，向张献诚陈说利害，不战而屈其之兵，并命崔安石晓谕诸郡：“大军已下井陉，朝夕当至，先平河北诸郡。先下者赏，后至者诛!”如此这般，“河北诸郡响应，凡十七郡皆归朝廷，兵合二十余万”。

一个叫李萼的年轻人来找颜真卿，请他借兵清河郡。他说清河是平原的邻郡，那里的“财足以三平原之富，兵足以倍平原之强”；如今河北诸郡都把颜真卿看作是国家的长城，清河有难，希望颜真卿能出兵相助。他也想借此看看颜真卿的度量。颜真卿和他的部属都有点犹豫不决，认为平原兵新集，尚不宜分兵。李萼又写信给颜真卿说：“清河去逆效顺，奉粟帛器械以资军，公乃不纳而疑之。仆回辕之后，清河不能孤立，必有所系托，将为公西面之强敌，公能无悔乎?”一番话说得颜真卿恍然大悟。这似乎是清河郡向平原郡借兵，其实也是借力于平原军，包括财力与兵力。于是颜真卿不但“以兵六千借之”，而且听取李萼所献的破敌之策，“引兵先击魏郡”，血战一天，收复魏郡，军势大振。

颜真卿的义举，其意义更在于提振各地（不仅是河北）讨伐安禄山叛乱的士气。

唐玄宗李隆基在安史之乱中的表现不佳。叛乱之前毫无觉察，叛乱之始想亲征，一旦战事不利，又仓皇出逃。太子李亨在灵武即位，也是颜真卿“以蜡丸达表于灵武”，又将赦书颁下河北诸郡，并派人颁布于河南与江、淮地区的各郡。史书称：“由是诸道始知上即位于灵武，徇国之心益坚矣。”颜真卿此举，再次提振各地平叛的士气。

当然，这个时候，颜真卿已不再是平原太守，而是河北招讨、采访、处置使，又被刚刚即位的唐肃宗任命为工部尚书兼御史大夫了。

疾恶如仇

忠奸善恶，犹如水火冰炭，很难相融。颜真卿后来到朝廷当官，对于那些权势熏天的奸佞之徒，总是遏制不住那种几乎是天生的厌恶。那些权势熏天的奸佞之徒对于颜真卿所做的几乎也如出一辙，就是借皇帝之手，将颜真卿逐出朝廷，贬他到地方上去任职。

唐肃宗时，宦官李辅国与皇后勾结干预朝政，并以皇上的名义行事，高居于百官之上，顺我者昌，逆我者亡。李辅国还做了不少似乎是维护刚刚即位的唐肃宗之最高权力，而削减太上皇唐玄宗各种待遇的事情，甚至逼迫唐玄宗从兴庆宫搬到太极宫去居住，企图用这种手法讨好唐肃宗，巩固自己的权位。时任刑部尚书的颜真卿十分厌恶这种做派，于是首率百官上表唐肃宗，请问太上皇的起居到底是怎么回事，“辅国恶之，奏贬蓬州长史”。

唐代宗时，元载为相。此公原是靠与李辅国结交而得意于仕途的，后见唐代宗讨厌李辅国，就帮助他剪除了李辅国，由此获得唐代宗的信任，于是飞扬跋扈，独揽朝政。郭子仪收复长安之后，唐代宗从陕州启程返京。时任左丞的颜真卿请求唐代宗先拜谒祖宗陵庙，然后回宫，受到元载的阻止。颜真卿愤怒地说：“朝廷岂堪相公再坏邪？”由此可见颜真卿对元载的厌恶，而元载对颜真卿也“由是衔之”。

真正事关国家兴亡的，是颜真卿谏“论事者先白宰相”之举，名义上是皇上为防止“群臣之为谗”，其实是元载想堵百官之口。因而颜真卿上疏称：“郎官、御史，陛下之耳目。今使论事者先白宰相，是自掩其耳目也。”他甚至直接在奏疏中援引“天宝以后，李林甫为相，深疾言者，道路以目。上意不下逮，下情不上达，蒙蔽喑呜，卒成幸蜀之祸”的前车之鉴，尖锐地指出，即使那个时候，李林甫也还“不敢明令百司奏事皆先白宰相”，告诫唐代宗不要逐渐孤立自己，到时悔之莫及。元载当然懂得颜真卿说的是什么意思，于是“闻而恨之，奏真卿诽谤”。唐代宗也不辨是非，将颜真卿贬为峡州别驾。

其实，早在唐玄宗时，颜真卿就已在朝廷任职，也是因为与权相杨国忠格格不入，而被杨国忠贬去出任平原太守的。

但在此类奸佞之徒中，心肠最毒、手段最阴的还得数唐德宗时专以美言杀人的权相卢杞。那个时候，颜真卿的官职是太子太傅。说起来，他与卢杞还有渊源。前面说过，安禄山反叛时，曾指使段子光以李憕、卢奕和蒋清三人的头颅在河北地区各郡县招摇，其中的卢奕就是卢杞的父亲。那时候，是颜真卿杀了段子光，为卢奕等三人报仇并将他们全身入殓厚葬的。但卢奕是卢奕，卢杞是卢杞，他与颜真卿不是一路人，总感到颜真卿碍手碍脚，也与以上几位一样，想将颜真卿“出之于外”。颜真卿早就看出卢杞的心思，直截了当地对卢杞说：“先中丞传首至平原，真卿以舌舐面血。今相公忍不相容乎!”颜真卿说的“先中丞”，正是卢杞的先父卢奕。对于颜真卿此言，卢杞的反应，《资治通鉴》写的只是十个字：“杞矍然起拜，然恨之益甚。”

几年之后，李希烈作乱，唐德宗问计于卢杞。卢杞回答说，李希烈是年少气盛的骁将，恃功骄慢，一般将佐不敢也不能劝阻他，得有“儒雅重臣”，奉旨前去宣示圣上的恩泽，向他陈述“逆顺祸福”。如此，“希烈必革心悔过，可不劳军旅而服”。卢杞推荐的这位“儒雅重臣”正是颜真卿。卢杞的话说得很好听：“颜真卿三朝旧臣，忠直刚决，名重海内，人所信服，真其人也!”唐德宗或许不知道卢杞的真实用意，于是命颜真卿到许州宣慰李希烈。然而，此诏一下，“举朝失色”。

因为谁都知道，“儒雅重臣”颜真卿此行意味着什么。

临危不惧

颜真卿奉命许州，可谓义无反顾。尽管他也明知卢杞是想将他投入虎口置于死地，但仍然将此行当作是去执行一项重大的使命。与颜真卿同行的郑叔则劝他稍作逗留，或许皇上会改变主意，收回成命。但颜真卿丝毫没有这样的念头，只说："君命也，将焉避之!"同朝为官的大臣李勉一面上表称"失一元老，为国家羞，请留之"，一面又派人追赶并挽留颜真卿。颜真卿给他儿子留下一封书信，只命他"奉家庙，抚诸孤"。

平定安史之乱时，颜杲卿陷于史思明的包围之中，"昼夜拒战，粮尽矢竭"，城陷敌手后被擒送往洛阳。安禄山责问颜杲卿："汝自范阳户曹，我奏汝为判官，不数年超至太守，何负于汝而反邪?"颜杲卿回答说："汝本营州牧羊羯奴，天子擢汝为三道节度使，恩幸无比，何负于汝而反？我世为唐臣，禄位皆唐有，虽为汝所奏，岂从汝反邪？我为国讨贼，恨不斩汝，何谓反也？臊羯狗，何不速杀我!"一番话说得安禄山恼羞成怒，于是将颜杲卿绑在桥柱之上，将他一刀一刀地剐死，而颜杲卿直到最后一口气还骂不绝口。许州之行，颜真卿也有如此为国尽忠的思想准备。

颜真卿刚到许州，正要宣读诏书，李希烈就"使其养子千余人环绕谩骂，拔刃拟之，为将剸啖之势"，似乎要把他一块一块地割下来吃。面对这种阵势，颜真卿"足不移，色不变"，可谓大义凛然，视死如归。李希烈见这一出吓唬不了颜真卿，即"以身蔽之，麾众令退"，将颜真卿安置在馆舍，以礼相待，又让已经叛降李希烈的汝州别驾李元平说降颜真卿。李元平被颜真卿说得无地自容。但也正是这个李元平写密信让李希烈扣留颜真卿。

朱滔、王武俊、田悦、李纳等四位已经割据一方自称为王的节度使各派使者来许州向李希烈上表称臣，劝李希烈即位称帝。这四位使者"拜舞"于李希烈前，对李希烈说："都统英武自天，功烈盖世，已为朝廷所猜忌，将有韩、白之祸，愿亟称尊号，使四海臣民知有所归。"李希烈被他们说得飘飘欲仙，兴致勃勃地召来颜真卿，对他说："今四王遣使见推，不谋而同，太师观此事势，岂吾独为朝廷所忌无所自容邪!"颜真卿回答说："此乃四凶，何谓四王！相公不自保功业，为唐忠臣，乃与乱臣贼子相从，求与之同覆灭邪?”过了一些日子，李希烈又让颜真卿与这四位使者同宴。这四位使者说：“久闻太师重望，今都统将称大号而太师适至，是天以宰相赐都统也。”意思是说，李希烈称帝，颜真卿正好当他的宰相，颜真卿义正词严地说：“何谓宰相！……吾年八十，知守节而死耳，岂受汝曹诱胁乎！”并自豪地告诉他们，当年那位骂安禄山而死的颜杲卿，正是他的兄长。他是打定主意要像颜杲卿那样“知守节而死”的。说得这四位使者“不敢复言”。李希烈又派甲士十人在馆舍中守着颜真卿，并当庭掘坑，扬言要将他活埋。颜真卿神色怡然，他对李希烈说：“死生已定，何必多端！亟以一剑相与，岂不快公心事邪！”软硬兼施一概无效，李希烈只得“谢之”了。

颜真卿只是在李希烈将荆南节度使张伯仪的旌节以及被俘将士的左耳拿给他看时，方才“号恸投地，绝而复苏，自是不复与人言”。

兴元元年（784年），唐德宗颁制赦免李希烈、田悦、王武俊、李纳等藩镇之罪，让他们“咸以勋旧，各守藩维”，田悦、王武俊、李纳皆上表谢罪，只有李希烈自恃兵强财富“遂谋称帝”，还派人去向颜真卿请教登基的礼仪。颜真卿拒绝说：“老夫尝为礼官，所记惟诸侯朝天子礼耳！”李希烈又派其将辛景臻对颜真卿说：“不能屈节，当自焚！”并在颜真卿居住处堆薪灌油，颜真卿从容不迫走向火堆，却被辛景臻阻止了。

李希烈一直威胁颜真卿，一再容忍颜真卿，是想让颜真卿为他所用。他懂得，像李元标这样的降将是没有感召力的。但颜真卿终究不会为其所用。当李希烈得知弟弟李希倩被诛之时，终于抑制不住心头之怒，派遣中使去杀颜真卿。中使对颜真卿说：“有敕。”颜真卿以为是朝廷派来的使者，按礼而拜。中使说：“今赐卿死。”颜真卿就起了疑心，说：“老臣无状，罪当死。不知使者几日发长安?”中使说：“自大梁来，非长安也。”颜真卿终于明白了是怎么回事，于是说：“然则贼耳，何谓敕邪！”他说完这句话后就被中使缢杀了。

段秀实：敬业尽职　大义殉国*

与郭子仪一样，段秀实的军事生涯基本上在安史之乱后，长达三十余年。与郭子仪不同，段秀实大多在别人麾下，因而他最耀眼的不是功勋与战绩，而是君子品格与敬业精神，至于他的最后结局，则与颜真卿极为相似。晚唐裴敬称："以忠烈称者，颜鲁公、段太尉。"（《唐才子传笺证》卷二）在这一点上，裴敬将他们相提并论。

拾遗补阙

段秀实从天宝四载（745年）起直到大历十二年（777年）的三十余年，当过马灵察为节度使的安西府别将，高仙芝为安西节度使的大堆府果毅都尉，封常清为安西节度使的绥德府折冲都尉，以后又担任李嗣业、荔非元礼、白孝德三任节度使的节度判官。别将官衔在正七品下或从七品；果毅都尉是折冲都尉的副职，官衔在从五品下到从六品下之间，折冲都尉为折冲府的长官，官衔在正四品上到正五品下之间。节度判官则可由节度使等掌有一方军事大权的军事长官自选并奏请朝廷任命，是佐助节度使等军事长官的中级官员，实际权力较大，甚至可以相当于节度副使。白孝德后又任命他为掌管军中执法的都虞候，并奏请朝廷任命他为泾州刺史。大历元年

* 本篇引文主要出自《资治通鉴》的《唐纪三十二》《唐纪三十四》《唐纪三十九》《唐纪四十》《唐纪四十一》《唐纪四十四》。

（766 年），朝廷以四镇、北庭行营节度使马璘兼邠宁节度使，以段秀实为三使都虞候，并奏请加封段秀实开府仪同三司。到大历十一年，马璘病重，不能管事，请段秀实代理节度副使兼任左厢兵马使，实际上就是代替马璘行使节度使的职责。可以看出，在此三十余年的军旅生涯中，段秀实的军事长官，从马灵察、高仙芝、封常清、李嗣业、荔非元礼、白孝德直到马璘，都是看好他的，都曾提拔他。他也从中下级军官，一直升到高级军事长官。

那么，是段秀实善于迎合长官意志，承颜候色，拍马奉承，或者在长官面前唯唯诺诺，唯命是从吗？事实恰恰相反，几乎在每一任军事长官面前，段秀实都能保持自己的君子品格，提出自己的独立见解。他没有担任过拾遗补阙一类的职务，却做了不少拾遗补阙的事情。

段秀实批评李嗣业的就有两次。一次是在天宝十载（751 年），高仙芝打了败仗，士气低落，将士相失。段秀实听到高仙芝副将李嗣业的叫喊声，“诟病”他说：“避敌先奔，无勇也；全己弃众，不仁也。幸而得达，独无愧乎！”李嗣业握着段秀实的手表示歉意，随后毅然断后阻击追兵，收罗散卒。回到安西后，李嗣业把此事告诉了高仙芝。另一次在至德元载（756 年），肃宗李亨于灵武即位，命节度副使李嗣业率兵五千赴灵武护驾，节度使梁宰想“缓师以观变”，李嗣业答应了。那时已是折冲都尉的段秀实责备李嗣业说，“岂有君父告急而臣子晏然不赴者乎！”你常自称大丈夫，如今看来，也不过是小儿女子罢了。这批评使李嗣业“大惭”，于是请梁宰如数发兵，以段秀实为副将，率兵前往灵武。

段秀实也曾向封常清提过意见，而且是在战争的节骨眼上。那是天宝十二载（753 年）的事，封常清刚接替高仙芝担任安西节度使，段秀实随其出征大勃律，进军贺萨劳城，一战即胜。此时的封常清兴致勃勃，想要乘胜追击，段秀实站出来说：“虏兵羸而屡北，诱我也；请搜左右山林。”这短短的一句话，包含了三层意思，一是谏阻封常清因为一战即胜而盲目追击；二是提醒封常清，敌军出的是羸弱之兵，要提防他们用诱敌之计；三是建议封常清派兵去搜索山林。这样的意见，当然不同于以上对李嗣业的指责，但在这三层意思之中，其实也都隐含着对封常清头脑发热、麻痹轻敌的批评。亏得在这件事上封常清没有刚愎自用，他听取了段秀实的意见，而且果然发现敌人的伏兵，于是将其一举歼灭。

段秀实给马璘提批评意见是最多的。当时军中有名士兵“犯盗当死”，因为这名士兵能拉开二百四十斤重的弓，马璘想法外开恩。段秀实说：“将有爱憎而法不一，虽韩、彭不能为理。”他说的“韩”即韩信，“彭”即彭越，此二者都是西汉名将。马璘听取了段秀实的意见，依法处置了那名士兵。诸如此类，只要马璘“处事或不中理”的，段秀实总要“力争之”。马璘有时甚至被段秀实惹得怒发冲冠，吓得“左右战栗”，段秀实却依然平静地说：“秀实罪若可杀，何以怒为！无罪杀人，恐涉非道。”丝毫没有退却之意。于是马璘拂袖而起，段秀实则“徐步而出”。过了一段时间，马璘怒气消了之后置办酒席向段秀实表示歉意。他知道，段秀实是在冒着生命危险为他拾遗补阙。此后无论军事还是州事，马璘都先征求段秀实的意见，史家称“璘由是在邠宁，声称殊美”。

段秀实懂得一条，无论是作为属下，还是作为僚佐，他应该做的不是忠于上司，而是忠于职守。他把及时提醒上司或为上司指谬，及时补救上司的过失，都当作自己的职责。

忠于职守

段秀实的职责，当然不仅为上司拾遗补阙，他的忠于职守，也就不仅在于他对上司怎么说，更在于他自己怎么做。不管在哪位节度使的辖下，他都尽心尽力。

不妨先说说白孝德当邠宁节度使时的一件事。

郭子仪曾在邠宁当过节度使，那边有郭子仪的旧部。郭子仪自邠宁行营入朝之后，郭子仪的儿子郭晞“纵士卒为暴”。碍于郭子仪的面子，白孝德虽然感到头疼，却不敢管也不敢说。那时段秀实是泾州刺史，他请求白孝德补他都虞候一职。到任一月后，有十七名军士“入市取酒，以刃刺酒翁”。段秀实派兵围捕，砍下这十七人的首级，用长矛串起来，杵在市门边。郭晞的士卒骄横惯了，哪里受得了这样的“委曲”。于是“一营大噪”，都披上了战甲准备闹事。白孝德不知道该怎么办，段秀实说：“无伤也，请往解之。”自带一名跛脚老翁为他牵马，一起来到郭营门前。那一群披甲的士兵涌出来，段秀实却笑着进了郭营，说何必披甲呢，我是自己带着脑袋来的。那群披甲的士卒怔住了。段秀实于是说：“常侍负若属邪，副元帅负若属邪？奈何欲以乱败郭氏？”他说的“常侍”就是郭晞，他说的“副元帅”就是郭子仪。他责问他们难道要以兵变来败坏郭氏的声誉吗？郭晞出来了，段秀实又责备郭晞：“副元帅勋塞天地，当念始终。今常侍恣卒为暴行，且致乱，乱则罪及副元帅；乱由常侍出，然则郭氏功名，其存者几何！”一番话说得郭晞心服口服：“公幸孝以道，恩甚大，敢不从命！”并且训斥那些披着战甲的士卒说：“皆解甲，散还火伍中，敢哗者死！”自此之后，郭晞军再不扰民，邠州得以安宁。段秀实以非凡的胆略与稳妥的方式整肃郭晞军，尽到了都虞候的职责，维护了当地百姓的安宁。

段秀实在马璘的麾下供职，从大历元年（766年）马璘接替白孝德兼任邠宁节度使起，直到大历十一年马璘去世。在此长达十年的时间中，至少有三件事值得一说。

一是大历三年（768年），马璘节度的四镇军队要从邠宁移镇泾州。马璘先去泾州修筑城池，让都虞候段秀实担任州留后。因为多次迁移调防，军队辛劳疲惫，将士多有怨言，刀斧兵马使王童之乘机图谋作乱，并且已定好作乱时辰。段秀实得知消息后精心设计，使执掌更漏者拖延报更时间，使王童之不能准时发难。后又有信息，说王童之将在当天晚上借救火之名作乱。夜半时分，马坊果然失火，段秀实命军中“行者皆止，坐者勿起，各整部伍，严守要害”；王童之果然请求救火，段秀实不许。天亮之时，即抓捕王童之等八人就地正法。于是下令，“后徙者族，流言者刑”，军队得以顺利换防。

二是大历八年（773 年），马璘在盐仓与吐蕃交战，为敌军所隔，到黄昏尚未回营。泾原兵马使焦令谌等人和败兵争相夺门入城，有人劝时任行军司马段秀实登城拒守，段秀实回答说：“大帅未知所在，当前击虏，岂得苟自全乎?”又召见焦令谌等人，责备他们说：“军法，失大将，麾下皆死。诸君忘其死邪!”焦令谌等人慌忙跪拜，请求段秀实下达命令，指挥布阵，准备力战，吐蕃兵“畏之，稍却”，马璘得以回城。

三是大历十一年（776 年），马璘病重及去世之时，段秀实以行军司马知节度事，明知都虞候史廷干、兵马使崔珍、十将张景华“谋因丧作乱”，却不露声色，在“严兵以备非常”的同时，将丧事安排得井井有条，什么人处在什么位置都做了规定；又奏请朝廷，让史廷干入朝宿卫，崔珍移军驻守灵台，张景华补任外职，“不戮一人，军府晏然”。

段秀实接替马璘出任节度使后，更是兢兢业业，身先士卒。史家称“秀实军令简约，有威惠，奉身清俭，室无姬妾，非公会，未尝饮酒听乐”。在此四年任内，吐蕃不敢犯境，百姓安居乐业。后因权相杨炎企图复用元载遗策，段秀实认为“今边备尚虚，未宜兴事以召寇”而惹怒了杨炎，将段秀实调去当司农卿了。

大义殉国

杨炎将段秀实调离节度使的岗位，夺了他的兵权。已经走上叛逆之路的朱泚，以己之心度人之腹，以为段秀实久失兵权，必然其意怏怏，甚至愤愤不平，于是打起段秀实的主意。那时唐德宗已离开长安，朱泚派遣数十人骑马传召段秀实。段秀实“闭门拒之”，这些骑士仍不放弃，居然翻墙而入，劫持了他。段秀实离家之前，对子弟们只留下一句话：“国家有患，吾于何避之，当以死徇社稷；汝曹宜人自求生。”他是打定主意以身殉国的。

朱泚见到段秀实相当高兴，他认定段秀实会与自己合作，于是说："段公来，吾事济矣。"还问计于段秀实，应该如何行事，方能登基称帝。段秀实对他晓以大义，说："公本以忠义著闻天下，今泾军以犒赐不丰，遽有披猖，使乘舆播越。夫犒赐不丰，有司之过也，天子安得知之？公宜以此开谕将士，示以祸福，奉迎乘舆，复归宫阙，此莫大之功也！"朱泚当然不高兴听这番话，但在他看来，段秀实与他同病相怜，"皆为朝廷所废"，终究会有共同语言，故仍"推心委之"。

朱泚确实也曾为朝廷出过力。大历十三年（778 年），吐蕃一万骑兵从青石岭而来进逼泾州，段秀实就曾奉诏与郭子仪、朱泚一起共同抵御。泾原兵变，确实也因"犒赐不丰"引起——这犒赐仅是粗米饭和菜饼（"粝食菜餤"），离泾原兵的期望值太远。闲居在长安的朱泚，是被泾原兵拥立的。于是他就顺水推舟，做起皇帝梦来了。反正先前他出任节度使，也是这样被无所适从的将士所拥立的，朝廷的任命只是认可而已。

对于当时军队的腐败，长期供职于军队的段秀实有切肤之痛。尤其是所谓的禁军，军人死了可以隐瞒不报，市井商贩可以用行贿取得军籍，享受供给与赏赐，却依然在商肆之中贩卖货物。段秀实曾提醒德宗："禁兵不精，其数全少，卒有患难，将何待之！"遗憾的是唐德宗根本听不进去，此时果然应了此言，"上召禁兵以御贼，竟无一人至者"。对于泾原兵的"犒赐不丰"，也可能由类似腐败现象所致。然而动不动就搞兵变，就要自立为帝，乃是忤逆之事，有违君臣大义。而且，兵变与战乱，最终受苦的还是平民百姓。这时君臣大义，就不仅仅是君臣大义了。所以，当段秀实看到朱泚已经不可救药，便与自己"素所厚"的泾原左骁卫将军刘海宾、都虞候何明礼、孔目官岐灵岳密谋杀掉朱泚，迎回德宗。

朱泚调遣泾原兵马使韩旻带领三千精锐之师，声称迎接德宗，其实是要袭击奉天。段秀实知道当时奉天的守备力量相当单薄，事情已经火烧眉毛，就让孔目官岐灵岳诈取节度使姚令言的印符，命韩旻返还；岐灵岳未能取得姚令言的印符，段秀实就倒用司农卿的印符，物色善于疾行者追赶韩旻。他知道，一旦韩旻得符而还，事情就会败露，于是对同谋者说："旻来，吾属无类矣！我当直搏泚杀之，不克则死，终不能为之臣也！"并让刘海宾、何明礼暗结军中之士，在外面呼应。韩旻带兵返回之时，朱泚与姚令言均大为吃惊，岐灵岳独自承担此责而死，没有牵连段秀实等人。

那一天，朱泚召集李忠臣、源休、姚令言以及段秀实等人议及称帝之事。段秀实勃然而起，夺取源休的象牙朝笏，走上前去唾朱泚面，大骂道："狂贼！吾恨不斩汝万段，岂从汝反邪！"并以此象牙朝笏击打朱泚。朱泚举手招架，朝笏只击中了他的额头，其血溅地。朱泚与段秀实相搏，左右一时不知所为。段秀实知道诛杀朱泚之事不能成功，对他们说："我不同汝反，何不杀我！"于是，朱泚的属下争相上前杀了段秀实。

段秀实并不因为权奸弄权，自己受到冷落而心生怨怼，而在朱泚百般拉拢之下与他同流合污，也不因为德宗不听忠言劝告早作防患，到头来自食其果而幸灾乐祸，恰恰相反，他在这种情况下，舍弃个人恩怨，不顾个人安危，大义凛然，壮烈殉国。

难怪朝野赞叹："自古殁身以卫社稷者，无如秀实之贤。"（《旧唐书》卷一百二十八）

李泌：白衣山人　乱世真相*

李泌历经唐肃宗、代宗、德宗三朝，正式出任宰相之职，只有最后两年时间。但正如唐德宗对李泌所说："凡相者，必委以政事，如玄宗时牛仙客、陈希烈，可以谓之相乎！如肃宗、代宗之任卿，虽不受其名，乃真相耳，必以官至平章事为相，则王武俊之徒皆相也。"本文题中"真相"二字，便出于唐德宗的这番话。

纵观唐肃宗、代宗、德宗三朝之宰相，也只有李泌这个"白衣山人"，不仅被委以政事，且能尽心尽职，可谓乱世真相。

白衣山人

唐肃宗李亨还是太子的时候，李泌就是他的布衣之交。至德元载（756年），唐肃宗在灵武即位，隐居于颍阳的李泌奉诏晋见，唐肃宗喜出望外，就像当太子时一样，"出则联辔，寝则对榻"，事无大小都与李泌商量，连将相之进退也不例外，而且言听计从。唐肃宗要以李泌为相，却被李泌坚决推辞了。李泌说："陛下待以宾友，则贵于宰相矣，何必屈其志！"

唐肃宗常与李泌并马而行，有军士窃窃私语："衣黄者，圣人也。衣白者，山人也。"唐肃宗把这个"白衣山人"的议论说给李泌

* 本篇引文主要出自《资治通鉴》的《唐纪三十四》《唐纪三十五》《唐纪三十六》《唐纪四十一》《唐纪四十七》《唐纪四十八》《唐纪四十九》。

听了，让李泌穿上一套事先备好的紫色衣袍，说："艰难之际，不敢相屈以官，且衣紫袍以绝群疑。"等李泌穿上之后，又笑着说："既服此，岂可无名称！"于是敕命李泌为侍谋军国、元帅府行军长史，请他"以济艰难"，平乱之后悉听尊便，"任行高志"。元帅府的元帅，就是广平王李俶，即日后的唐代宗李豫。因为当时的头等大事是平乱，李泌日理万机，做的就是乱世宰相的事情。他日后对唐德宗说："臣在灵武之日，未尝有官，而将相皆受臣指画。"

李泌对战局的估量很乐观。唐肃宗问李必："今敌强如此，何时可定?"李泌回答说："以臣料之，不过二年，天下无寇矣。"其理由有二：一是他们将"所获子女金帛，皆输之范阳"，可见并无"雄据四海之志"；二是只有胡人"或为之用"，汉人除高尚等数人外，"自余皆胁从"而已。李泌这个分析不无道理，安禄山确实也不过两年就命归黄泉，但李泌没有料到此端一开，乱绪绵绵不绝。

李泌对战争的部署很得体。他向唐肃宗提议，敕令李光弼自太原出井陉，郭子仪自冯翊入河东，以此两支部队，拖住史思明与张忠志、安守忠与田乾真四员骁将，使安禄山势单力薄；又提议唐肃宗亲自征召与率领的军队，与郭子仪、李光弼的军队交互攻击叛军，使叛军首尾不能相顾，往来疲于奔命。次年春上他又命建宁王李倓从塞北出兵，与李光弼南北夹击，直攻范阳。

在平乱的过程中，李泌也不忘为唐肃宗拾遗补阙，他既然无意于仕途，不在乎官衔，自然鲜有利害得失之考量，何况是对"出则联辔，寝则对榻"的布衣之交李亨，因而往往直言不讳。

唐肃宗赏赐给宠妃张良娣以七宝装饰的马鞍，李泌对唐肃宗说："今四海分崩，当以俭约示人，良娣不宜乘此。请撤其珠玉付库吏，以俟有战功者赏之。"张良娣不高兴了，怪她这个老乡与她过不去，说是"邻里之旧，何至如是"。唐肃宗明白李泌也是"为社稷计"，下令撤去镶在马鞍上的珠宝。建宁王李倓为唐肃宗的从谏如流"喜极而悲"，张良娣却从此恨上了李泌与李倓。

唐肃宗在闲聊时对李泌说，他要命令诸将在攻克长安之后，挖开李林甫的坟墓，并将他的尸休“焚骨扬灰”。李泌知道，李林甫得势之时，曾千方百计地想废掉李亨这个太子，唐肃宗欲泄心头之愤。尽管那时李林甫亦恨太子的布衣之交李泌，但他还是劝阻唐肃宗，因为此举“徒示圣德之不弘”，极易阻碍跟从安史作乱之人的“自新之心”。更何况李林甫当时做的有些事曾借力于唐玄宗，唐肃宗当真这样做了，会使太上皇“内惭不怿”，倘若“感愤成疾”，就有“以天下之大不能安君亲”之嫌。李泌的话还没有说完，唐肃宗就泪流满面：“朕不及此，是天使先生言之也!”

唐肃宗想立张良娣为后，因为张良娣的祖母，是太上皇的姨妈，他想以此慰藉太上皇；唐肃宗还想立广平王李俶为太子，而让建宁王李倓出任元帅。这两件事，他都征求李泌的意见，李泌不像唐高宗想立武则天为后时的李勣，以“此乃陛下家事”搪塞过去。李泌知道此乃帝王家事，更知道帝王家事很难与国事分拆，于是直抒己见，说的都是同一个道理，即肃宗在灵武即位，是因为“戎事交切，须即区处”，立后与立储则“宜待上皇之命”。

至德二载（757年），李泌向唐肃宗提出“复为闲人”的请求，自述其理由为“臣有五不可留”，即“臣遇陛下太早，陛下任臣太重，宠臣太深，臣功太高，迹太奇”，并说如果“不听臣去”，则无异于“杀臣”，而“杀臣者，非陛下也，乃‘五不可’也”。李泌提出这个问题，是因为建宁王李倓的冤案，他被人诬陷要谋杀其兄广平王李俶。李泌知道此事与张良娣有关，估计张良娣还会对广平王李俶下手，因而在离去之前，还以《黄台瓜辞》劝说李亨不要再作“摘瓜”之事。

唐肃宗未能留住李泌，只好让他返回衡山，再当“白衣山人”去了。

谋略与胆识

唐代宗即位之后，大历三年（768年）就派中使去衡山请李泌。

唐代宗就是李泌任元帅府长史时的元帅广平王李俶，此时已更名李豫。李泌出山之后，唐代宗对他的信任程度，庶几无异于当年的唐肃宗。军政大事，自给事中、中书舍人等正五品官以上的官员以及各藩镇节度使的任免都和李泌商议。唐代宗欲以李泌为门下侍郎、同平章事，李泌同样坚决推辞。已经大权独揽的元载容不了李泌，经常在唐代宗面前进李泌的谗言。大历五年，唐代宗让李泌先去魏少游那边任江西判官躲避。等到除掉元载，已是八年之后，生怕代宗重用李泌的常衮又引经据典、巧言令色，让唐代宗外放李泌出任刺史，“使周知人间利病”，尔后再委以重任。

大历十四年（779年），代宗病逝，德宗即位，李泌正任杭州刺史。他们君臣早有渊源，唐肃宗于灵武即位时，唐德宗是奉节王，曾“学文于李泌”；唐代宗即位后，李泌居蓬莱书院，那时还是太子的唐德宗也常“与之游”。故唐德宗出行兴元府时就紧急颁诏，征召李泌至行在，任他为左散骑常侍，命他每天都在中书省值班，以便召对。

唐德宗与李泌探讨的都是军国大事。

唐德宗日夜为河中担忧，因为河中离京城很近，而“朔方兵素称精锐，如达奚小俊等皆万人敌”。李泌则对唐德宗说，河中“不足忧”。达奚小俊之辈不过是兵，不足为意，因为“料将不料兵”。李怀光此将亦不足为忧，因为他犯了两个致命错误：其一，奉天解围之后，他不乘胜灭了朱泚这伙“垂亡之虏”，反而“与之连和”；其二，陛下已回京城，他不“束身归罪”，反而“虐杀使臣”，如今犹如“鼠伏河中”。李泌预料，不久后李怀光将会“为帐下所枭”。次年，李怀光在四面楚歌中自缢而死，其将牛名俊割下他的头颅出城投降。

唐德宗征发吐蕃兵征讨朱泚时，曾经答应吐蕃，成功之后将伊西、北庭之地送给吐蕃。剿灭朱泚之后，吐蕃人就来要地了。唐德宗正想召回郭昕、李元忠两位节度使，而将此二地送给吐蕃。李泌谏阻了，认为不能将此二地“拱手与之”。其一，此二地“人性骁悍”，其地理位置也相当重要，不但控制西域一带，且能使吐蕃不能“并兵东侵”；其二，此二地的将士，“势孤地远，尽忠竭力，为国家固守近二十年”，“一旦弃之以与戎狄”，势必让他们心生怨恨，他日将会“从吐蕃入寇，如报私仇”；其三，讨伐朱泚的时候，吐蕃兵“观望不进，阴持两端，大掠武功，受赂而去”，无功可言，无须回报。李泌这番话，使唐德宗打消了这个念头。

李泌也善于处理错综复杂而又迫在眉睫的实际问题。

兴元元年（784年），陕虢都兵马使达奚抱晖杀害节度使张劝，想得到节度使的旌节取而代之，暗中勾结李怀光下属达奚小俊。唐德宗担心“蒲、陕连衡”使朝廷“猝不可制”，而且达奚抱晖占据陕地，又会使“水陆之运皆绝”，于是派遣李泌为陕虢都防御水陆运使前去破解这道难题。李泌是单枪匹马去的，谢绝唐德宗派军队护送，以免激化矛盾；还故意放出口风让人传回陕州，说皇上让他出任水陆运使，监督江淮之粮以赈陕虢之灾，达奚抱晖如若立功，也当赐予节度旌节。如此，“使其士卒思米，抱晖思节”，上下都有盼头，也就不会铤而走险。李泌到了陕州之后，将佐们自行前来迎接。离州城不远时，达奚抱晖出来谒见，李泌肯定他“摄事保完城隍之功”，让他们“职事皆按诸如故”。他在军中视事，“但索簿书，治粮储”，如此种种，其用意都在于安定人心，使“反仄者皆自安”。把局面稳住之后李泌才私下召见达奚抱晖，叫他代自己前去祭奠前任节度使，别再进入潼关，“自择安处”之后，再来悄悄地接走家眷。李泌对达奚抱晖说，之所以给他留一条生路，不是可怜他，而是“恐自今有危疑之地，朝廷所命将帅皆不能入”。待朝廷派遣的宣慰使来到，李泌奏报：“已遣抱晖，余不足问。”他就这样不用一兵一卒，低调化解了陕州兵变。

时隔不久，淮西门枪兵马使吴法超领兵四千发起叛乱，李泌又奉诏以陕虢观察使的名义，指挥相当有限的陕虢之兵，用疑兵之计大败叛军。

宰相名实

贞元三年（787年），唐德宗以陕虢观察使李泌为中书侍郎、同平章事，李泌正式出任宰相。从至德元载（756年）唐肃宗在灵武即位请李泌出山要他出任宰相至此，已经过了三十余年。

李泌出任宰相时，与唐德宗有个君子约定。唐德宗要李泌“慎勿报仇”，李泌要唐德宗“勿害功臣”，他特别点明勿因李晟、马燧功大而忌之。这当然是事出有因的。吐蕃的尚结赞把李晟、马燧以及浑瑊当作阻碍他图谋大唐的最大阻碍，正在实施离间计，也有朝臣配合他们向唐德宗进谗言。李泌当着李晟、马燧的面和唐德宗说这句话，也是为了使他们不自疑。三十余年中发生的大小兵变历历在目，李泌深知其来龙去脉，他提醒唐德宗“万一害之，则宿卫之士，方镇之臣，无不愤惋而反仄，恐中外之变不日复生”。唐德宗当即表示，此乃“社稷之至计”，而李晟与马燧亦“泣谢”。

多年以来，藩镇割据此起彼落，权臣把持朝政前赴后继，李泌既要解决急需解决的问题，又要革除长年积累的弊政，他将这一切处理得井然有序。

吐蕃对唐的威胁很大，朝廷防御吐蕃的军费严重不足。李泌奏请解决藩镇州县官吏违规聚敛的问题。他的意见是，赦免他们的罪过，改正以往的做法，除了依法可留地方的外，应输京师的悉输京师。对于以往拖欠的赋税，“可征者征之，难征者释之，以示宽大。敢有隐没者，重设告赏之科而罪之”。李泌认为，实行这种办法，纳税人为免除惩处而乐于交纳；不然，他们就会争相隐藏，使国家不得应急，而获利的反而是那些官吏。

李泌着手解决胡人长期客居长安的问题。客居长安者，都是安西、北庭来长安奏事及西域派来的使者，由于战乱，归路断绝，故长期以来“人马皆仰给于鸿胪，礼宾委府、县供之”，地方财政不堪重负。这些人领不到钱时还会使长安的市肆不得安宁。“胡客留长安久者，或四十余年，皆有妻子，买田宅，举质取利，安居不欲归”，李泌下令凡胡客有田宅者一律停发给养，这样的对象共有四千余人。愿意回去的可以帮助他们回去，不愿回去的根据不同情况在神策两军中安排他们的差使。这样一来，“岁省度支钱五十万缗”，大大减轻国家负担，且使“禁旅益壮”“市人皆喜”。

唐德宗曾与李泌说过恢复府兵制的问题，李泌认为此乃社稷之福，于是为唐德宗“历叙府兵自西魏以来兴废之由”。出任宰相之后，他首先要解决的就是府兵的粮食问题。李泌注意到原州和会州一带吐蕃人运输粮食之后闲置的牛。他提议将长期库藏的丝帛染色，通过党项人卖给吐蕃，拿出十八万匹丝帛，便可换来六万多头牛，再配上农用器具与麦种，分赐边疆一带的军镇，由戍卒耕种，约定来年加倍偿还种子，政府加价收买余粮，如是使“戍卒获利，耕者浸多”。因为边疆民少，供过于求，“其价必贱”。

李泌上述意见，都得到唐德宗的支持和赞赏。

因为当时对唐威胁最大的是吐蕃，故李泌力劝德宗北和回纥，南通云南，西结大食、天竺，使吐蕃孤立无援自困，且在北和、南通、西结数者之间，以北和回纥为先。但由于历史的原因，唐德宗最不容易过的就是这一道坎，他将前任可汗与现任可汗做的事混为一谈，将于唐有功者视作于唐有罪，认为北和回纥就对不起当年死去的将士。为此，李泌至少不下十六次与唐德宗谈论此事，最终说服唐德宗“北和回纥”，改变了周边环境的整个格局，也一并解决了边军缺乏马匹的问题。

李泌谏阻唐德宗收受甚至索取“诸道贡献”，不但因为“古者天子不私求财”，也为防止“奸吏因缘诛剥”，至于宫中所需费用，可由中央财政直接调拨。对于李泌此谏，虽曰“上从之”，但“从”得很不甘愿，对诸道仍“数有宣索”，且敕令“诸道勿令宰相知”。李泌听说之后，“惆怅而不敢言”。他日后提出辞职，除了身体不佳，恐怕也有这个因素。

贞元五年（789 年），李泌去世。

为李泌辩

司马光评说李泌，“有谋略而好谈神仙诡诞，故为世所轻”。但在司马光的《资治通鉴》中，除了李泌归隐、李泌奉道、李泌曾居蓬莱书院，并未发现李泌“好谈神仙诡诞”的例证，恰恰相反，李泌不言“神仙诡诞”的倒有两例。

咸阳有人上言，说他看到秦代名将白起了，还说白起请陛下准他“捍御西陲”，刚好碰上吐蕃兵被边将打退，唐德宗就以为白起显灵了，竟“欲于京城立庙，赠司徒”。于是李泌直谏：“臣闻‘国将兴，听于人’，今将帅立功而陛下褒赏白起，臣恐边臣解体矣！若立庙京城，盛为祈祷，流闻四方，将长巫风。”

李泌以“建中之乱”说卢杞的危害，唐德宗为卢杞辩护：“建中之乱，术士豫请城奉天，此盖天命，非杞所能致也。”此“术士”倒是“好谈神仙诡诞”的，但李泌不信这个邪，他说：“天命，他人皆可以言之，惟君相不可言。盖君相所以造命也。若言命，则礼乐刑政皆无所用矣。”他还针对纣王的“我生不有命在天”说：“此商之所以亡也!”

对此，我觉得司马光似乎是看走眼了。

裴度：砥柱中流　疾恶如仇*

裴度为官，历经唐德宗、宪宗、穆宗、敬宗、文宗五代。司马光称其“威望远达四夷……以身系国家轻重如郭子仪者二十余年”。尤其在唐宪宗致力于“元和中兴”之时，更是砥柱中流。裴度为官，是非分明，疾恶如仇，临终言不及私，其气节操守令人敬仰。

脱颖而出

唐宪宗元和七年（812年）十一月，在田兴被任命为魏博节度使之后，知制诰裴度受唐宪宗派遣，前去魏博宣慰，以一百五十万缗钱赏军士，并给魏博六州的百姓免除赋税徭役一年。据史书记载，“军士受赐，欢声如雷”。相邻几个道的使者见到这个场面都“相顾失色”。

田兴原是魏博节度使田季安麾下的牙将，“有勇力，颇读书，性恭逊”，曾屡次规劝暴虐淫乱的田季安，在军中颇有影响。田季安曾想杀掉田兴，因为田兴“阳为风痹，灸灼满身”方得幸免。那年七月田季安去世。已为副使的田季安之子田怀谏方才十一岁，实际掌权的乃田氏家僮蒋士则，此人“数以爱憎移易诸将”，触犯众怒，军中大哗，数千士卒“环兴而拜，请为留后”。田兴与众约定四条：一

* 本篇引文主要出自《资治通鉴》的《唐纪五十四》《唐纪五十五》《唐纪五十六》《唐纪六十二》。

为“勿犯副大使”即田怀谏；二为遵守朝廷法令；三为向朝廷申报版图户籍；四为奏请朝廷任命官吏。大家答应之后，方由魏博监军将魏博将士废黜田怀谏、拥立田兴的文状上报朝廷。

田季安本与李师道、王承宗、吴少诚等节度使，在与中央政府闹独立这一点上结成互保关系。被魏博军兵拥立又很快被任命为魏博节度使的田兴，却成了他们这些割据势力中的另类。他们游说田兴，遭到田兴拒绝，又合计一起讨伐田兴，企图拔去这根肉中刺。

朝廷显然看到田兴“不贪专地之利，不顾四邻之患”，不仅结束“魏博五十余年不沾皇化”的历史，也将“刳河朔之腹心，倾叛乱之巢穴”。裴度此行，不仅是对田兴打破割据格局的鼓励与褒奖，也是对在河朔腹心处境险恶的魏博的支持。他知道，因为“魏博五十余年不沾皇化”，即使是他与田兴之间也有很多东西需要沟通。在魏博期间，他与田兴陈说“君臣上下之义”，田兴听之也“终夕不倦”。裴度还应田兴之请“遍至所部州县，宣布朝命”。田兴言行一致，恪守政治规矩，遵守朝廷法令，奏请朝廷任命官吏，向朝廷输送赋税，对于此前建造的过度奢华的居室，田兴“皆避不居”。田兴日后被赐名田弘正，为反对割据势力做出诸多贡献，都与裴度此行有关。

在魏博之变的前后另有彰义之变，其情形正好相反。先是吴少阳杀死彰义节度使吴少诚之子，在吴少诚去世之后自为留后，诈取吴少诚之权位；没过多久，吴少阳去世，其子吴元济“匿丧”，以父病上报朝廷，“自领军务”。吴少阳的判官苏兆、杨元卿和大将侯惟清等人都曾劝说吴少阳入京朝见，吴元济憎恶他们，诛杀了苏兆，囚禁了侯惟清，反迹昭著。因为有田兴归顺朝廷的魏博之变，唐宪宗决定部署诸道兵力，讨伐吴元济。

战事并不顺畅，诸军讨伐久未有功。唐宪宗派遣御史中丞裴度前往行营抚慰将士，察看军情。裴度返回后向唐宪宗汇报：其一，“淮西必可取”，这是对整个战局的评估；其二，“观诸将，惟李光颜勇而知义，必能立功”，这是对参战诸将的评估。裴度所言，并非信口开河。第一条，裴度说的自有种种“必可取之状”，连魏博田兴也派兵参战；第二条，则是在“观诸将”后之所言。诸将中有的懒得立功却又急于报功，有的只知竭尽库存赏赐将士、厚贿宦官以结声援，更不要说与吴元济暗中勾结的李师道、王承宗等人了。但因为有像李光颜这般“勇而知义”的人，“必能立功”，也就有“淮西必可取”的结局。

裴度称李光颜“必能立功”之前，李光颜就已屡有战绩；而在说李光颜“必能立功”之后，李光颜又有“败淮西兵于时曲”之奏。这是一场血战。吴元济的淮西兵一早就在李光颜的营垒外严阵以待了，李光颜无法出兵，就“自毁其栅之左右，出骑以击之”，他本人更是身先士卒，率“数骑”冲击淮西兵阵，“出入数四，贼皆识之”，箭矢密集地向他射去，“其子揽辔止之，光颜举刃叱去”，于是将士们纷纷拼死作战，“淮西兵大溃”。唐宪宗由此深知裴度识人。

李师道、王承宗预感大事不妙，派刺客至京都，他们杀死宰相武元衡之后，又去偷袭裴度，“伤其首，坠沟中”，只因裴度戴的毡帽厚实，才免一死。整个京城都被弄得人心惶惶，连百官上朝，天未亮都不敢走出家门。在这种情况下，兵部侍郎许孟容提请起用御史中丞裴度为相，但也有人提请罢裴度之官职以息事宁人。唐宪宗懂得裴度的价值，闻此言大怒，他旗帜鲜明地说：“若罢度官，是奸谋得成，朝廷无复纲纪。吾用度一人，足破二贼。”由此言可知，此时的裴度在唐宪宗心目中的分量。

裴度就这样于危难之时在百官之中脱颖而出，独占鳌头。

自往督战

诸军讨伐淮西吴元济四年不克，要不要再打下去，唐宪宗有点犹豫不决。李逢吉等大臣认为“师老财竭”，已有明显的罢兵意向。唐宪宗问裴度，裴度说：“臣请自往督战。”并申述“自往督战”之理由，归纳起来有这样几条：一是吴元济祸国殃民不可不讨，裴度说：“臣誓不与此贼俱生”；二是讨伐吴元济不能不胜，从吴元济所上的奏表看，他已度日如年；三是吴元济一直未降，只因“诸将心不壹，不并力迫之”，裴度自往督战，要解决的就是这个问题，“诸将恐臣夺其功，必争进破贼”。唐宪宗同意让裴度亲临前线，裴度出发前说：“臣若贼灭，则朝天有期；贼在，则归阙无日。”大有不灭此贼誓不归之气概。

当时讨伐吴元济的诸军不仅军令不能统一，而且都有中使即宦官作为监军，“进退不由主将，胜则先使献捷，不利则陵挫百端”。军事长官不仅没有指挥部队作战的自主权，而且受尽监军的窝囊气，他们的军事才能以及作战的积极性、主动性和灵活性都得不到充分发挥。这也是讨伐吴元济“四年不克”的重要原因之一。对此，裴度早有所闻。那时宦官势力遍布朝野，左右神策军横行无忌，要改变这种状况，需要极大的勇气与魄力。裴度“自往督战”之后，更有实际感受。因此，当他以郾城为治所，暂时安定下来之后，就毅然奏请朝廷，全部撤除监军中使，也就是从此时起，“诸将始得专军事，战多有功”。

裴度作为讨伐吴元济的统帅，充分尊重诸道讨伐军的主将。左散骑常侍兼随、唐、邓三州节度使李愬，从淮西降将李祐那边得知“蔡之精兵皆在洄曲，及四境拒守，守州城者皆羸老之卒”，做出雪夜袭奔蔡州的决定，遣人前往郾城密报裴度。裴度赞赏说：“兵非出奇不胜，常侍良图也。”李愬此战真有多种“出奇”之处。自吴少诚割据起，蔡州已有三十余年不见官军，吴元济做梦也没有想到李愬会突然兵临蔡州城下，仓促应战，终究于事无补。他的唯一希望是洄曲精兵的救援，但李光颜军已奔赴洄曲，而董重质已单骑前去李愬处投降。于是蔡州被攻克，吴元济被擒，申、光二州以及各城镇军两万多人亦相继来降。

李愬用囚车将吴元济送往京城，并向裴度做了报告。裴度不仅没有“胜则先使献捷”，即使是手持彰义节度使的符节，带领万余降兵进蔡州城时，也想避开李愬向他行跪拜礼。李愬对他说：“蔡人顽悖，不识上下之分，数十年矣，愿公因而示之，使知朝廷之尊。”听了这番话，裴度方才接受李愬的跪拜。

灭了吴元济，克了蔡州城，并不意味着已经平定淮西。如何治理蔡州等地，包括如何处理与本地军民的关系，则更有讲究。不然，新的吴元济还会冒出来，蔡州等地也会得而复失。对此，裴度始终保持清醒的头脑。

裴度用蔡州的兵卒做自己的警卫，有人劝谏说："蔡人反仄者尚多，不可不备。"裴度笑着说："吾为彰义节度使，元恶既擒，蔡人则吾人也，又何疑焉！"蔡州人听到这番话，都感动得哭了。吴少阳吴元济父子拥兵淮西之时，"禁人偶语于涂，夜不然烛，有以酒食相过从者罪死"。裴度治蔡"惟禁盗贼"，将这些不得人心的戒律统统废除，"蔡人始知有生民之乐"。平蔡有功的将士和蔡之归降的将士，得到不同程度的任用，阵亡或伤残的官军及其家族得到不同程度的抚恤。裴度又宣布朝廷免除淮西各州县百姓赋役两年，免除邻近淮西的四州的次年夏税。这些措施对于安定淮西人心大有作用。

先前，夏、绥节度使韩全义讨伐淮西军时，在溵水败于淮西军。淮西军在韩全义的营帐中发现朝廷权贵写给韩全义的信件。吴少诚拿着这些信件对淮西将士说：那些朝廷权贵嘱托韩全义，希望在攻克蔡州时得到一名将士的妻子或女儿作为婢女姬妾。蔡州将士都愤怒之极，誓死为叛军效力。吴元济就凭借蔡、光、申三州民众的这种情绪作乱，以致朝廷以诸道之兵四面攻打四年未克。裴度却以他的善政告诉人们，朝廷以及朝廷平淮的军队并非如此。从裴度"自往督军"，到平定淮西，总共不到四个月。四年不克之淮西能在四月之内平定，原因当然很多，是否使人心服，也是很关键的一条。

平定淮西对那些割据或有割据倾向的藩镇是极大的震撼，这之后，刘总"专意归朝廷"；韩弘自将兵击李师道；王承宗被吓破了胆，通过田弘正请求"以二子为质，及献德、棣二州，输租税，请官吏"为条件归顺。李师道亦忧惧交加，不知所为。因为李公度等人的劝说，他也曾"遣使奉表，请使长子入侍，并献沂、密、海三州"以自赎，其后反悔并重走老路，经过一番折腾，最终在讨伐军的捷报声中“忧悸成疾”而死。

裴度辞相

唐宪宗在位十五年，“唐之威令，几乎复振”，被史家称为“中兴之主”。遗憾的是后期“任用非人，不终其业”。史书记载：“淮西既平，上浸骄侈，户部侍郎判度支皇甫镈，卫尉卿、盐铁使程异晓其意，数进羡余以供其费，由是有宠。又以厚赂结吐突承璀，甲辰，镈以本官、异以工部侍郎并同平章事，判使如故。制下，朝野骇愕，至于市道负贩者亦嗤之。”这里所说的“羡余”，始于唐德宗时期，这是藩镇们用加重税收、克扣俸禄、贩卖商品（即后世所谓当“官倒爷”）等方式聚敛的财物，在他们中饱私囊后所剩余的部分。皇甫镈、程异看到“上浸骄侈”而投其所好，以此进贡皇上，获得恩宠，得到宰相的高位，这就难怪连市井小民都要哑然失笑了。

裴度与崔群对这项任命“极陈其不可”，但唐宪宗根本听不进去。裴度耻与小人同列，“表求自退”，唐宪宗也没有同意。于是，裴度向唐宪宗说了一番推心置腹的话。

首先是说为什么不能以皇甫镈、程异为相。不但因为他们靠“数进羡余”得宠为相，而且出任执掌财政大权的“度支”时，“专以丰取刻与为务”的作为，已使人恨不得食其肉。近日“裁损淮西粮料”，就弄得“军士怨怒”，这是裴度亲见亲闻，要不是他到行营“晓谕慰勉”，差一点就引发“溃乱”；一旦淮西将士得知皇甫镈、程异为相，不知道还会闹出什么事来。尤其是皇甫镈，可谓“资性狡诈，天下共知”。那时“淮西荡定，河北底宁”不久，他怕唐宪宗以此等小人为相，会自毁已经十有八九的“升平之业”。

同时陈述他“表求自退”的理由。裴度诉说“臣若不退，天下谓臣不知廉耻；臣若不言，天下谓臣有负恩宠”。然而，裴度既已尽言，皇上不听，他就不仅担心唐宪宗的“升平之业”会半途而废，而且担心自己也会声名狼藉。为相者当有旷世之才，如今却连“数进羡余”者也能为相，这是相位的贬值。再当这样的宰相，还不被天下人视为此等小人的一丘之貉？而且，小人多有小旮旯，不会琢磨事却专门琢磨人，正派人一不小心就会被他们算计，这种宰相也很难再当得下去。

裴度请求辞相位，也可以理解为一种直谏或抗争的方式。假如唐宪宗因此醒悟，杜绝小人，裴度或许就会收回自己的辞职报告。唐宪宗却因此而“以度为朋党”，还对包括裴度、皇甫镈、程异在内的宰相们说：“人臣当力为善，何乃好立朋党？”对此，裴度这样回答：“方以类聚，物以群分，君子、小人志趣同者，势必相合。君子为徒，谓之同德；小人为徒，谓之朋党；外虽相似，内实悬殊，在圣主辨其所为邪正耳。”这就是裴度的朋党论。如果不是碍于皇上的脸面，他或许还会更加痛快淋漓地说：你自己正邪不分，难道还要我与小人同流合污？

唐宪宗没有准许裴度辞职，裴度日后终究还是遭了皇甫镈的暗算构陷而贬为河东节度使。这样的事，他遭遇过不止一次。唐穆宗时他复为宰相，不久为李逢吉离间，贬为山南西道节度使；宝历年间再次入朝辅政，穆宗死后迎立文宗即位，但因功高望重而为牛僧孺、李宗闵所忌，被贬为山南东道节度使。大致规律是形势吃紧时，想起裴度的好处，于是起用裴度；局面稍稍稳定，就感到裴度碍眼，于是就让皇甫镈之类的小人得逞。

但有一条裴度始终不变，那就是疾恶如仇。

李愬：智慧用兵　仁义服人*

李愬是唐德宗时讨伐河朔三镇、平定朱泚之乱的名将李晟之子，李愬得以扬名立万，却不是因为李晟的庇荫，全凭他自己的功业。白居易评说李晟李愬"父子之功"："在建中岁，泚贼叛逆，惟太师晟实仗大顺，翦而潴之；在元和朝，蔡寇充斥，惟尔愬，实奋奇策，虏而戮之。"（《白居易集》卷四十九）李愬的军事才能和政治素养，也在平定淮西的过程中充分显现，其夜袭蔡州、活捉吴元济，则是平定淮西之乱的关键之役。

李愬的功业还不仅在平定淮西，他任武宁节度使时，讨伐李师道之乱，"与平卢兵十一战，皆捷"，攻克平卢重镇金乡等地，同样功勋卓著。

智慧用兵

李愬为将，不靠匹夫之勇，他是很会动脑子的，善于以智慧用兵。

李愬之前，在唐州对付吴元济的是袁滋。此公软弱无能，无所作为。他到唐州后便撤除了岗哨，并"止其兵不使犯吴元济境"。吴元济于是得寸进尺，包围了袁滋的"新兴栅"，袁滋"卑辞以请"，

---

* 本篇引文主要出自《资治通鉴》的《唐纪五十六》。

吴元济撤围。这样一来，吴元济就更是我行我素，根本不把袁滋放在眼里。这道对付吴元济的防线形同虚设，袁滋也因此被贬为抚州刺史。

李愬是在这样的情况下取代袁滋，任命为唐、随、邓节度使的。

李愬来唐州时，唐州士气不振，“军中承丧败之余，士卒皆惮战”。对此，李愬是有思想准备的，但他装出一点也不像会带兵打仗的样子。他对前来接他的人说：“天子知愬柔懦，能忍耻，故使来拊循尔曹。至于战攻进取，非吾事也。”让那些怕打仗的士卒“信而安之”。李愬到兵营之后，亲自去看望将士，慰问伤病者，他给人以没有威严的感觉。有人提醒他唐州“军政不肃”，李愬知道这种“不肃”，他说：“袁尚书专以恩惠怀贼，贼易之，闻吾至，必增备，吾故示之以不肃。彼必以吾为懦而懈惰，然后可图也。”也就是说，所谓“军政不肃”，是他故意为之的。他在向敌方示弱，包括展示军队的“不肃”和主将的“懦弱”，使吴元济的淮西军因此而“懈惰”，不把他李愬当一回事，放松对他的戒备，从而使他能够出其不意地战胜对手。李愬的“用而示之不用”，果然达到了目的。因为淮西兵曾先后打败过高霞寓和袁滋两位主帅，对于“名位素微”的李愬“遂不为备”。然而，就在这种“遂不为备”的情况下，李愬时有斩获，先后占领的淮西据点就有文城栅、兴桥栅、马鞍山、路口栅、嵖岈山、冶炉城等地，先后擒获的吴元济麾下骁将则有丁士良、吴秀琳、柳子野以及李祐。故南宋学者张预称“愬示卑弱而有马鞍之胜”（《十七史百将传》）。

朗山之战失利，“愬独欢然曰：‘此吾计也！’”，其计也在示弱。

李愬示弱，致使叛军轻敌，这种效应在擒获李祐的过程中体现得十分明显。李祐颇有勇略，根本不把李愬的军队放在眼里，他率领士卒到张柴村收割麦子，李愬嘱史用诚率三百骑兵埋伏在那边，让少量士卒在李祐率领的淮西兵不远处摇动旗帜，假装要焚烧他们的麦堆，利用李祐的“素易官军”诱他进入伏击圈。史用诚“如言而往”，生擒李祐。

不按常规出牌，也是李愬用兵的一个特色。攻打吴房就是这样的实例。吴房处于蔡州与唐州之间，原属蔡州。攻打吴房那天，是所谓的“往亡日”，按民俗不宜出兵作战。诸将提醒李愬，但李愬恰恰因为这是“往亡日”而决计出战。他对诸将说：“吾兵少，不足战，宜出其不意。彼以往亡不吾虞，正可击也。”不出他所料，吴房的守军因为“往亡”而根本没有防备，于是“克其外城，斩首千余级”。其余吴房守兵防守内城，不敢出战。李愬故意撤兵，使得守卫内城的淮西兵信以为真，由淮西将领孙献忠率领骁骑五百在后面追击。李愬麾下的将士不知道这些追兵乃由李愬撤兵引诱所致，顿时惊慌失措，准备逃走，李愬军令如山：“敢退者斩!”于是同心协力，“返旌力战”，打得孙献忠丢了脑壳，淮西兵大败而退。有人劝李愬乘胜攻打吴房的内城，李愬却说此“非吾计”，居然“引兵返营”。

李愬应该是熟读《孙子兵法》并能在实战中灵活运用的，南宋学者张预在注释《孙子兵法》时，就多处援引李愬的战例。

仁义服人

吴元济的骁将捉生虞候丁士良，是由李愬麾下的马少良“将十余骑巡逻”时擒获的。此人对唐州邓州等地时有侵犯，将士“请刳其心”。李愬叫人把他押来，当面责问他，“士良无惧色”，李愬于是感叹他是“真丈夫”，下令给他松绑。丁士良自述，他本非淮西人，因“与吴氏战，为其所擒”，自以为必死无疑，没想到吴氏释放了他，且以他为捉生虞候。他“因吴氏而再生，故为吴氏父子竭力”；如今为李愬所擒，也以为死定了，而“公又生之，请尽死以报德”。就这样，吴元济的捉生虞候，成了李愬的捉生将。

丁士良告诉李愬，据守文城栅的吴秀琳拥有三千人马，犹如吴元济的左臂。官军不敢靠近文城栅，因为有陈光洽给吴秀琳当参谋。

陈氏被擒，吴秀琳就会不战自降。他知道陈光洽“勇而轻，好自出战”，自告奋勇地前去擒拿陈光洽。

不出丁士良之所料，陈光洽被擒获不久，吴秀琳就以文城栅降于李愬。那天，李愬率军至文城西还有五里路时，派遣唐州刺史李进诚带甲士八千到城下，招降吴秀琳，没承想“城中矢石如雨，众不得前”。李进诚报告李愬：“贼伪降，未可信也。”李愬知道，吴秀琳是要自己前去受降。他到城下时，吴秀琳收起兵器，拜伏在李愬马前，李愬“抚其背慰劳之，降其众三千人”。吴秀琳军的将领，李愬量才录用，又把他们的家室迁至唐州；有“勇才”之名的李宪，被赐名李忠义。于是“唐、邓军气复振，人有欲战之志”，前来投降的“相继于道”。李愬随其所便予以安置；家中有父母需要照料的，让他们“勿弃亲戚”，还给粟帛打发他们回家。这种仁义之举，使“众皆感泣”。

李愬从降卒处得尽知吴元济军的“险易远近虚实”。他厚待吴秀琳，吴秀琳也以诚相报，一起商议如何攻取蔡州。吴秀琳向他推荐李祐：“公欲取蔡，非李祐不可，秀琳无能为也。”李祐是据守兴桥栅的淮西骑将，如前所说，此人从来不把“官军”放在眼里，李愬就利用他的这种心态，把他擒获。因为李祐“常陵暴官军”，李愬的麾下“争请杀之”，但李愬“不许，释缚，待以客礼”。

李愬准备袭取蔡州，谋划得相当隐秘，“独召祐及李忠义屏人语，或至夜分，他人莫得预闻”。诸将为李愬的安全担心，多有劝谏，但李愬“待祐益厚”。因此“士卒亦不悦”，恐怕也有点心理不平衡，每天都有文牒称李祐为淮西军的内应，还说是听淮西间谍说的。李愬担心，如果这种声音传到皇上耳中后再去解释，就怎么也说不清楚，更救不了李祐了。他握着李祐的手哭着说：难道上天不愿意平定淮西这伙贼人，为什么你我“相知之深而不能胜众口”？他“械祐送京师”，且“先密表其状”，让皇上明白“若杀祐，则无以成功”，并对众将士说：“诸君既以祐为疑，请令归死于天子。”结果唐宪宗下诏释放李祐，将他送还李愬。李愬见到李祐，高兴地握着他的手说："尔之得全，社稷之灵也！"于是任命李祐为散兵马使，担任这个职务的人，可以"佩刀巡警，出入帐中"，随后又任命李祐为掌管三千精锐的六院兵马使。李愬如此保护、信任、重用李祐，使李祐非常感动，并全力支持李愬平定淮西。李愬袭击蔡州，李祐起了很大的作用。

北宋史学家宋祁评说："愬得李祐不杀，付以兵不疑，知可以破贼也。祐受任不辞，决策入死，以愬能用其谋也。祐之才，待愬乃显，故曰平蔡功，愬为多。"（《新唐书》卷一百五十四）

从丁士良到吴秀琳到李祐，从其情状而言，可谓环环相扣，但贯穿于其间的，是李愬以仁义服人。

李愬以仁义服人，所服者不仅是丁士良、吴秀琳（包括李忠义）和李祐。"旧军令"规定，留宿敌方奸细的要"屠其家"。李愬废除了这个条款，让人厚待敌方奸细，于是那些奸细反而为他所用，将实情报告李愬，使李愬对敌情了如指掌。这大概就是现在说的化消极因素为积极因素吧。

由此可见，能以仁义服人，不仅是政治素养，也是军事才干。

奇袭蔡州

如上所说，李愬攻克吴房外城击退吴房追兵时，有人劝他乘胜攻打吴房内城，李愬却说此"非吾计"。他不取吴房，意在分散或牵制吴元济的兵力，这就是《孙子兵法》中说的"我专而敌分"。那时在他的"计"中，攻取蔡州已是重头戏了。此后，李愬就"募敢死士三千人，号曰突将，朝夕自教习之，使常为行备，欲以袭蔡"。

李愬决计立即攻取蔡州，是在听取李祐建议之后。李祐告诉他："蔡之精兵皆在洄曲，及四境拒守，守州城者皆羸老之卒，可以乘虚直抵其城。比贼将闻之，元济已成擒矣。"那时，吴元济的"谋主"

董重质率领“蔡之精兵”，正在抵御李光颜攻打洄曲。

李愬没有大动干戈，他出动了不到一万人马，由李祐、李忠义率领三千被称为“突将”的敢死队打前锋，他与监军率领三千人为中军，又命李进诚率领三千人殿后。李愬也没有大张旗鼓，他只说是“东行”，在占据了张柴村，留下五百兵马断后，“复夜引兵出门”时，才告诉大家此行的目的是“入蔡州取吴元济”。这是将士们未曾想到的，“诸将皆失色”，那位监军甚至哭着说“果落李祐奸计”。那个晚上气候相当恶劣，大雪弥漫，夜气阴黑，狂风大作，连旌旗都被撕裂，走的又都是将士们从未走过的崎岖山路，夜半时分，雪下得更大，“人人自以为必死”，但李愬军令如山，谁也“莫敢违”。这大概就是《孙子兵法》中说的“投之亡地然后存，陷之死地然后生”。

吴元济以及蔡州的将士更没有想到李愬会突然出现在他们面前。自从“吴少诚拒命”以来，朝廷的军队不到蔡州城下已有三十余年，蔡州的军队疏于防备已经习以为常。四更时分，李愬兵临城下，蔡州居然无人得知。李祐和李忠义率领的“突将”用锄头在城墙上掘出坑坎，率先登城，看守城门的士兵还在梦中。李祐命人打开城门，李愬的大队人马进入蔡州城后，城中仍然“皆不之觉”。直到有人向吴元济报告“官军至矣”，吴元济还躺在床上，懒洋洋地笑着说：“俘囚为盗耳！晓当尽戮之。”又有人告诉他“城陷矣”，吴元济依然不信，说“此必洄曲子弟就吾求寒衣”，直到李祐发布号令说“常侍传语”，响应号令的居然有近万人，吴元济才开始害怕，说是“何等常侍，能至于此”，带领左右牙将登城拒战。李愬的军队势如破竹，进入蔡州之后，李祐与李进诚又奉李愬之命“攻牙城，毁其外门，得甲库，取器械”，李进诚“复攻之，烧其南门”。吴元济在蔡州为所欲为不得人心，故连蔡州百姓也加入了讨伐吴元济的行列，所谓“民争负薪刍助之，城上矢如猬毛”。吴元济无力抵抗，“于城上请罪”。几天时间，李愬就“以槛车送元济诣京师，且告于裴度”了。

奇袭蔡州，展示的依然是李愬的智慧用兵和仁义服人。

奇袭本身就很需要智慧。“兵非出奇不胜，常侍良图也”，这是奇袭蔡州之前裴度对李愬的整体谋划之肯定。这样的军事行动，居然能够密不透风，始终按照事先的谋划进行，且在整个过程中时有出人意料之处，则更需要智慧。

李愬依然以仁义服人。攻打蔡州时，他曾前去拜访在蔡州的董重质家眷，晓之利害，给予安抚，又派遣董重质的儿子董传道带着他的书信去洄曲规劝董重质，促使董重质“单骑诣愬降”。此举不但断绝了吴元济等待洄曲精兵救援的指望，对于在洄曲的淮西精锐也不啻釜底抽薪，有助于李光颜“驰入其壁，悉降其众”。而在吴元济被擒获之后，李愬不杀一人，吴元济下辖的官吏将士以至厨房马厩之兵卒“皆复其职，使之不疑”。

李愬攻克蔡州后，“申、光二州及诸镇兵二万余人相继来降”，恐怕亦与此有关。

郭威：其风可师　其政惠民*

郭威是五代时期后周的创立者，史称后周太祖。他当皇帝的时间不长，从广顺元年（951 年）正月即位，到显德元年（954 年）初春驾崩，总共三年有余，却颇有可圈可点之处。郭威之政，使安史之乱直到五代北周立国之时长达一百六七十年的混乱局面始现转机；郭威之风，也直接影响了他的继承人北周世宗郭荣乃至宋太祖赵匡胤。北宋宰相薛居正评说郭威："虽享国之非长，亦开基之有裕矣。"

黄旗加身

人们大多知道宋太祖赵匡胤陈桥兵变黄袍加身之事，却未必知道早在赵匡胤之前，就有郭威黄旗加身。而且，郭威的黄旗加身，很可能就是赵匡胤黄袍加身的滥觞。因为，赵匡胤本来就是郭威及其继承人郭荣的得力干将。

郭威十八岁时就投身军旅，他是应募入伍的。年轻时代的郭威血气方刚，且颇有正义感，好打抱不平。他曾仗义为地方除掉一霸，那是一个欺行霸市、飞扬跋扈的屠夫，其情正像《水浒传》中鲁智深拳打镇关西。施耐庵写的那一幕很可能就取材于郭威除霸。

---

* 本篇引文主要出自《资治通鉴》的《后汉纪四》《后周纪一》《后周纪二》以及《旧五代史》卷一百一十三。

天福元年（947 年），刘知远称帝，建立后汉。郭威因助刘知远称帝有功，成为统率全军的将领，位至宰相，还是刘知远临终托付的顾命大臣之一；后奉刘知远的继承人刘承祐之命，平河中李守贞、永兴赵思绾、凤翔王景崇之乱，使后汉政权转危为安，又移师北伐，大败契丹。按理说，他对后汉有不世之功。但越是没有能耐的皇帝越有奇特的心态：既要依赖功臣立功，又怕他们功高震主。刘承祐就是这种角色。他早已受不了自己的荒唐行为受到约束，与外戚李业密谋杀害在朝辅佐他的杨邠、史弘肇、王章，又密令郭崇诛杀在外带兵的郭威等人，迫使郭威起兵“清君侧”。

按照孟子称武王伐纣为“诛独夫纣”而非“弑君”的逻辑，郭威起兵有其正当性。但儒家的正统观念大多仍视这种起兵为“谋逆”、为“弑君”。为此，郭威采用了一些谋略：一是伪作诏书，宣称刘承祐令郭威诛杀诸将，致使群情激愤，推举郭威起兵讨伐，以“清君侧”；二是请李太后临朝听政，“迎立”武宁节度刘赟为帝，又使人暗杀刘赟；其三就是澶州兵变，黄旗加身。“壬子，郭威渡河，馆于澶州。癸丑旦，将发，将士数千人忽大噪，威命闭门，将士逾垣登屋而入曰：‘天子须侍中自为之，将士已与刘氏为仇，不可立也！’或裂黄旗以被威体，共扶抱之，呼万岁震地，因拥威南行。”说是将士们的自发行为，其实未尝不是有人看准了郭威的心思而策划实施的。

对于天下百姓来说，所谓“英雄不问出处”，谁来当皇帝与他们没有多大的关系，关键是当了皇帝之后是否能让他们安居乐业。

登基亮相

郭威最后是由后汉太后下诰，“授监国符宝，即皇帝位”的。国号“周”，恐怕不仅因为他号称“周室之裔，虢叔之后”，也有对文武周公之政在价值取向上的认同。虢叔就是周文王的弟弟，也是周公的老师。

郭威即位后的亮相，至少有这样几条，可以称之为“仁”。

一是为杨邠、史弘肇、王章等平反昭雪。与郭威一样，这几位都是刘知远临终时托付的顾命大臣。因为刘承祐受不了他们的规谏，加上李业等奸佞小人添油加醋的挑唆，而使他们连同他们的族人一起死于非命。郭威即位后，给他们追赠官衔，并由官府出面为他们收殓安葬，寻访他们散落民间幸免于难的子孙，按德才录用。因为杨邠、史弘肇、王章以及他们的族人死得太冤，郭威此举很得人心。

二是后唐庄宗李存勖、后唐明宗李嗣源、后晋高祖石敬瑭，尤其是后汉高祖刘知远的陵墓之守墓规格与户数一概如旧。这不仅是对陵墓的保护，也是一个信号，意味着前后传承之间“不翻烧饼”，除了直接责任人，尤其是奸佞小人，不再祸及宗室亲族以及大臣，避免改朝换代之后往往出现的大规模杀戮。尽管在郭威起兵“清君侧”之时，李业等人都说其反状已明，将他在京的家族成员统统杀死，“婴孺无免”，但郭威没有以怨报怨。

三是“凡仓场、库务掌纳官吏，无得收斗余、称耗；旧所进羡余物，悉罢之”。此中包含两层意思：“斗余”与“称耗”是有关官吏在斗与秤上巧立名目的额外苛敛，“无得收斗余、称耗”，就是对于这种恶政发布禁令。至于此处说的“羡余”，始于唐德宗时代，是藩镇用加重税收、克扣俸禄、贩卖商品（即后世所谓当“官倒爷”）等方式聚敛的财物，到郭威立国时，已沿袭一百七十余年。郭威全部罢免“旧所进羡余物”，堵塞藩镇以“羡余”来谋取权力的路径，也是一种自我约束。

四是废除苛法。唐末以来多有盗贼，官府常把原有法律丢在一边，另行严刑苛法，动不动就定人死罪甚至灭族。郭威是过来人，深知其害，故即位之后，“首革其弊”。

俭约之风

郭威的俭约，不是登基亮相之时做做样子的，“悉罢”的远不仅是“旧所进羡余物”。他曾对大臣王峻说：“朕起于寒微，备尝艰苦，遭时丧乱，一旦为帝王，岂敢厚自奉养以病下民乎！”这话可以解读为这样两层意思：一是不敢人阔脸就变，二是不敢损民奉己。他命令王峻清理四方贡献的珍美食物，下诏“悉罢之”。诏书中说的“所奉止于朕躬，所损被于庶”，正是“厚自奉养以病下民”的另一种表述，这是从大处说的。从小处说，将这些珍美之物“积于有司之中，甚为无用之物”，也是暴殄天物。郭威还将后汉宫中数十件珠宝玉器全部清出，“碎之于庭”，说：“凡为帝王，安用此物！闻汉隐帝日与嬖宠于禁中嬉戏，珍玩不离侧，兹事不远，宜以为鉴。”他要身边的人与他一起以后汉隐帝刘承祐为鉴，切忌玩物丧志，并且告诫左右，“自今珍华悦目之物，无得入宫”。

官场中人想巴结上司，常能巧立名目，花样很多，往往是你禁甲，他就行乙。郭威悉罢进贡“羡余”，悉罢贡献“珍美食物”，禁止“珍华悦目之物”入宫，却又冒出一位“献买宴绢千匹，银五百两”的前节度使。这个“买宴绢”与“买宴银”真的很新鲜，那位前节度使恐怕也是绞尽了脑汁，但郭威拒绝了。他说：“诸侯入觐，天子宜有宴犒，岂待买邪?”为了防止还有什么人搞新花样，他又加上一句：“自今如此比者，皆不受。”也就是说，今后一概以此类推，照此办理了。

郭威也严格约束自己的亲近故旧。莱州刺史叶仁鲁是郭威的“故吏”，贪污绢帛一万五千匹、钱一千缗。郭威没有因为他是老部下而法外开恩，依法赐死。他遣中使赐叶仁鲁酒食，说：“汝自抵国法，吾无如之何！当存恤汝母。”

郭威自身行得正，其言也因此掷地有声。他离世的那年正月，军中有“流言”说郊祀的赏赐薄于后唐明宗李嗣源。因为安史之乱后直至五代有不少军队哗变，往往始于此类“流言”，病中的郭威很敏感，召集并责备诸将：“纵凶徒腾口，不顾人主之勤俭，察国之贫乏，又不思己有何功而受赏，惟知怨望，于汝辈安乎?”因为他自即位以来，确实“恶衣菲食，专以赡军为念”，诸将有目共睹，故“皆惶恐谢罪，退，索不逞者戮之，流言乃息”。

郭威临终前的遗嘱有一个很重要的内容，就是丧事从简。他曾多次告诫自己的继承人郭荣，那些话可以梳理归纳为这样三条：一是薄葬。“衣以纸衣，敛以瓦棺”，墓中以砖代石，“勿修下宫，勿置守陵宫人，勿作石羊、虎、人、马”。如此清晰而又坚定的指示，源于他的亲眼所见：“昔吾西征，见唐十八陵无不发掘者，此无他，惟多藏金玉故也。”唐十八陵中最有代表性的就是李世民和长孙皇后的合葬墓昭陵，占地面积200平方公里，这是中国规模最大、陪葬墓最多的帝陵。建这样的陵墓要动员多少人力，耗费多少财力?当然，这并非李世民本人之所为，故郭威专门交代郭荣：要他在陵墓前立一石碑，刻上“周天子平生好俭约，遗令用纸衣、瓦棺，嗣天子不敢违也”。二是速葬，“勿久留宫中”，道理也一样，留在宫中的时间越长，耗费国力越大。三是减少扰民。营造陵墓的工匠役徒都由官府出钱雇佣，“勿以烦民”，招募靠近陵墓的百姓守墓，免除他们的各种徭役。其实，郭威遗嘱薄葬速葬，终极原因也都是为了尽量少扰民甚至不扰民。郭威还特地交代郭荣，对他的这些遗嘱不能打任何折扣，说是“汝或吾违，吾不福汝”。仅此一条，中国历史上除了汉文帝刘恒，几乎无人可以与之比肩。

薛居正称郭威“勤俭之美，终始可称”，说得相当到位。

惠民之政

郭威“岂敢厚自奉养以病下民”的意识，不仅支撑他的俭约之风，还直接影响他的施政思路与成效。在执政的三四年中，他心中常怀“下民”，放开牛皮之禁和悉罢营田之务就是两个突出的事例。

先说放开牛皮之禁。

唐末五代时牛皮对于政府、军队和平民百姓有什么重要作用，尚待进一步考证，但从相关规定看，牛皮绝不是一般的物资。那个时候，牛皮是禁止民间私自买卖的，甚至不得私自动用，都得送入官府，由官府给予适当补偿。后唐明宗李嗣源时，有关部门给予的补偿是食盐；后晋高祖石敬瑭时，官府只取不予，连盐都不给。后汉法律规定，私自动用一寸牛皮者即处以死刑。即使是出自民间的牛皮，民间也不能使用，这种规定相当不合情理，而平民百姓在日常生活中又不能没有牛皮，于是就有怨声载道，就有铤而走险，就有由此酿成的悲剧冤魂。郭威“素知其弊”，在他登基之后，听取宰相李谷的建议将官府所需之牛皮“均于田亩”，而使公私两便。具体的做法，在他的敕令中写得明白：“约每岁民间所输牛皮，三分减二；计田十顷，税取一皮，余听民自用及卖买，惟禁卖于敌国。”如此，既保证了国家、军队的需要，又杜绝了对平民百姓的无理限制与无偿剥夺。至于“惟禁卖于敌国”，则完全合理。郭威革除“兴兵以来”的此项弊政，于国于民都大为有益。

再说悉罢营田之务。

大概也从唐末开始，军队在中原而不是边疆设置营田（屯田），耕种空旷之地，又招募富户经营并向他们课税。这种营田直接由户部专门设置有关部门总领，不属州县，“或丁多无役，或容庇奸盗”，州县都不能追究过问，使奸邪之徒得以上下其手从中获利。后梁太祖朱温则在进击淮南之时，抢得耕牛数以千万计，租给东南各州农民，每年收取牛租，以致成为惯例，几十年后牛早已死去而牛租不免。诸如此类，农民深受其苦。郭威“素知其弊”，正好有“知青州”的张凝上书请罢营田，宰相李谷也赞同此请，于是敕令：“悉罢户部营田务，以其民隶州县；其田、庐、牛、农器，并赐见佃者为永业，悉除租牛课。”因为“以其民隶州县”，便于地方管理；因为“田、庐、牛、农器，并赐见佃者为永业，悉除租牛课”，百姓有恒产而有恒心，“始敢葺屋植木，获地利数倍”。仅此一年，户部统计全国增加三万余户。有人对郭威说：“营田有肥饶者，不若鬻之，可得钱数十万缗以资国。”郭威说：“利在于民，犹在国也，朕用此钱何为！”

记述革除牛皮之禁和悉罢中原营田，史书都有“帝素知其弊”一语。因为他一直都关注体察民情民瘼，才能“素知其弊”；因为他有“利在于民，犹在国也”的意识，方才有这样的魄力与决断，革除多年弊政，便民利民惠民。

五代更替，十国相伴，时局始终错综复杂。郭威以周代汉之后，其外部环境并不十分乐观。刘崇的北汉想借助契丹为后汉复仇，李璟的南唐想利用契丹与后周争锋。这就是郭威在放开牛皮的敕令中所说的“敌国”。但郭威从未把敌国之民视之为敌。恰恰相反，敌国之民在他的心目中也同样是民。

淮河之南是南唐，淮河之北是后周，后周与南唐只有淮河一水之隔。广顺元年（951 年）四月，滨淮州镇上奏：“淮南饥民过淮籴谷，未敢禁止。”他们多少了解郭威的意向，只想使已然的“未敢禁止”得到确认。郭威诏曰：“彼之生民，与此何异，宜令州县津铺无得禁止。”广顺三年七月，南唐大旱，井水干涸，淮河已可涉水而过。南唐的灾民渡淮而北者接连不断，濠州、寿州都发兵阻拦，但南唐灾民仍与士兵争斗北上。郭威听到此事后说：“彼我之民一也，听籴米过淮。”南唐也有乘机筑仓“多籴以供军”的，于是又下诏说：“唐民以人畜负米者听之，以舟车运载者勿予。”

郭威心中有民，声名远播。南唐草泽之士邵棠说：“近游淮上，闻周主恭俭，增修德政。”他担心北周有南征之志，希望李璟“宜为之备”。南唐的言事者依然在献攻取中原之策，中书舍人韩熙载说：“郭氏有国虽浅，为治已固，我兵轻动，必有害无益。”

故薛居正评说郭威：“期月而弊政皆除，逾岁而群情大服。”

郭荣：神武雄略　兼爱兆民*

郭荣原名柴荣，因被郭威收为养子而改姓郭。他继承郭威为帝，同时也继承了郭威的俭约之风和惠民之政，胸有统一抱负，心怀天下庶民，文治武功，各有所成，大大推进了郭威开启的宏大事业，成为结束中唐以来两百余年割据动荡的关键人物，史称五代第一帝。

高平之战

北汉刘崇乘郭威离世、郭荣即位之机，与契丹一起入侵中原，伏击后周昭义节度使李筠派遣穆令均率领的两千步骑后，乘胜进击潞州。在刘崇眼里，郭荣的分量显然不如郭威。对此，郭荣是明白的，他要亲自前往抵御，但“群臣皆曰”“不宜轻动，宜命将御之”。郭荣说：“崇幸我大丧，轻朕年少新立，有吞天下之心，此必自来，朕不可不往。”其中“轻朕年少新立”一语，明说刘崇，也隐指进谏之群臣。宰相冯道却依然“固争”，他们之间有一番意味深长的对话。郭荣说：“昔唐太宗定天下，未尝不自行，朕何敢偷安！”冯道说：“未审陛下能为唐太宗否？”郭荣说：“以吾兵力之强，破刘崇如山压卵耳！”冯道又说：“未审陛下能为山否？”两个“未审”，明显透露冯道以为郭荣自视过高，对他的亲征缺乏信心，郭荣闻此言后

---

* 本篇引文主要出自《资治通鉴》的《后周纪二》《后周纪三》《后周纪四》。

之“不悦”也正为此。满朝文武唯有“王溥劝行”而“帝从之”。看似郭荣一意孤行，骨子里却包含着他的抱负、志向与自信。

郭荣将兵力做了总体部署后，就从大梁出发直趋潞州，两军遭遇于高平。北汉军业已布阵，“众颇严整”，北汉主刘崇见周军少就“悔召契丹”，满以为凭他的三万大军足以获胜，不听杨衮、王得中之谏顶风出战。后周军后军未至，“众心危惧”，然郭荣“志气益锐”，将左路军、右路军和中军分别做了安排，就骑着战马临阵督战。后周军与北汉军未战几个回合，樊爱能、何徽引骑兵脱逃，右路军溃败，步兵千余人降于北汉。情势危急，但郭荣临危不惧，带领亲兵冒着矢石奋力向前。宿卫将赵匡胤与殿前都指挥使张永德各将二千人进击，“士卒死战，无不一当百，北汉兵披靡”，由此扭转了战局。刘词率领的后军适时而至，与诸军两面夹击，此时南风益盛，周兵争奋，北汉兵再败。刘崇戴着斗笠率百余骑狼狈逃窜，几经折腾后方才勉强进入晋阳。樊爱能等“闻周兵大捷，与士卒稍稍复还”，郭荣听从张永德之言，将樊爱能等叛将全部斩首，以此整肃军政，使“骄将惰卒始知所惧”。

高平之战后，后周北伐，原本只想“耀兵于晋阳城下，未议攻取”，进入汉境之后，“其民争以食物迎周师，泣诉刘氏赋役之重，愿供军须，助攻晋阳”，北汉州县也相继有投降后周的，郭荣始有“兼并之意”。但北汉的问题又与契丹捆绑在一起，北汉从立国起，就像后晋那样以契丹为后盾，甘愿充当契丹的附庸。刘崇去世，契丹主册命刘承训为帝，更名刘钧，谓之“儿皇帝”。要将北汉重新纳入中原，并非在朝夕之间就能轻易办到的。于是郭荣改变战略，从长计议，诏令王彦超、韩通将兵夫疏浚胡卢河，筑城于李晏口，命张藏英为沿边都指挥使募兵防范契丹入侵，使契丹军队不敢轻涉胡卢河，使河南之民始得安宁。

郭荣常为唐僖宗后中原地域日益缩小而愤慨。高平之战后，他不但对北汉始有“兼并之意”，而且“慨然有削平天下之志”。他

“思致治之方，未得其要”，命近臣著《为君难为臣不易论》及《开边策》，并因此而得王朴进献的策论。

王朴认为：“中国之失吴、蜀、幽、并，皆由失道。今必先观所以失之之原，然后知所以取之之术。”他所说的“失道”，包括“君暗臣邪，兵骄民困，奸党内炽，武夫外横”，因此，中国要收回失地，必须先收回既失之道：一是“进贤退不肖”以“收其才”；二是“恩隐诚信”以“结其心”；三是“赏功罚罪”以“尽其力”；四是“去奢节用”以“丰其财”；五是“时使薄敛”以“阜其民”，如此“群才既集，政事既治，财用既充，士民既附，然后举而用之，功无不成”。王朴的策论，还提出收复中原失地之方略与顺序，其方略：先攻易攻取者，先扰其无备之处，备东扰西，备西扰东，避实击虚，避强击弱；其顺序：先得江北（南唐）诸州，再取江南、岭南、巴蜀，南方既定，燕地易取，最后才来对付河东（北汉）。他认为“惟河东必死之寇，不可以恩信诱，当以强兵制之”。

对于王朴之策论，郭荣“欣然纳之”。郭荣的统一大业，大致就按此方略和路径进行。

整肃军政

对于郭荣来说，收复中原失地与整肃中原军政是交错进行的，整肃军政要解决的就是王朴策论中所说的“失道”问题，他要在解决“失道”的同时收复失地。

首先是整肃禁军之弊。因为“宿卫之士”即禁军的待遇优厚，想谋取禁军饭碗的人很多，不少都有官场背景，因而中唐以来历代均“务求姑息，不欲简阅”，由此造成的弊端有三：一是“羸老者居多”，这样的兵大多只是养而不能用；二是“骄蹇不用命”，使军令无法如山，军队难以统一调遣；三是“每遇大敌，不走即降”，既无斗志，亦无战斗力。这是中唐以来历代失地失国的主要原因。高平之战使郭荣“始知其弊”，下决心进行整肃，使“精锐者升之上军，羸者斥去之”。郭荣整肃军队，优胜劣汰，重在精选。不但禁军精选，而且诸军精选，故“士卒精强，近代无比，征伐四方，所向皆捷”。他曾对侍臣说：“凡兵务精不务多，今以农夫百未能养甲士一，奈何浚民之膏泽，养此无用之物乎！且健懦不分，众何所劝！”这个理念兼顾军政，精简军队不但可以提高军队的战斗力，也能大大减轻百姓负担。郭荣对于官场的整肃同样重在精选，选贤任能，荐者有责；有功必赏，有过必罚；每年考核，以定黜陟。

其次是整肃税赋。鉴于近代各朝征收粮食、布帛，大多不等收获、纺织完毕就征收，增加百姓负担。显德四年（957年）十月，郭荣下诏三司，“自今夏税以六月，秋税以十月起征”，以此便利于民。中书舍人窦俨曾上书言事，其中说到关于税赋的弊政：“累朝已来，屡下诏书，听民多种广耕，止输旧税，及其既种，则有司履亩而增之，故民皆疑惧而田不加辟。夫为政之先，莫如敦信，信苟著矣，则田无不广，田广则谷多，谷多则藏之民犹藏之官也。”窦俨的这些话很合郭荣的心意，他“览而善之”，且付诸实施。显德五年七月，郭荣将唐代元稹的《均田图》赐予诸道官员，准备均定田赋，并派官吏巡行诸州，与地方官吏一起丈量土地，以田亩确定税赋。到显德六年二月，开封府率先奏报征取租税的田地原为十万二千余顷，经丈量多出田地四万二千余顷。这些多出来的田地，或许大多就是原先许诺“止输旧税”而“多种广耕”开发出来的。郭荣敕令减免租税三万八千顷。巡行诸州的官吏回来，所奏报多出的田地，减免租税的比例仿照开封府执行。

再次是整肃寺庙僧尼。有关敕令之要点，一是禁止私自营建寺院，“非敕额（即未经朝廷敕赐匾额）者悉废之”；二是禁止“私度僧尼”，出家为僧为尼者都必须得祖父母、父母及伯叔的同意；三是禁止僧俗舍身（自杀）以及斩断手足、指上燃香、裸体挂灯、身带铁钳之类的自残行为。整肃寺庙僧尼与政事有关，因为寺庙过滥，须耗费大量人力物力财力；僧尼过多，使有关家庭因为缺乏劳力而增加负担，使整个社会因为减少赋税人口而增加赋税额度；僧俗自杀自残，则是危害人之生命，惑乱社会风俗。敕令要求东京、西京以及各州每年都要编制僧侣名册，有死亡、还俗的都要随时注销。那一年，天下寺院废除的有三万零三百三十六座，保存的仅二千六百九十四座，整肃的力度很大，将大量的人力物力与农田从寺院中解放出来。

与整肃寺庙僧尼有关的还有一件事值得一说。当时有许多人将铜钱拿来铸造佛像以及其他器具，可以流通的钱币越来越少。郭荣敕令“采铜铸钱”，铜铸佛像也是集铜的对象。或许是考虑到人们对此会有疑虑，以为这是对佛的冒犯，弄不好还会遭到报应，他对侍臣说：“卿辈勿以毁佛为疑。夫佛以善道化人，苟志于善，斯奉佛矣。彼铜像岂所谓佛邪！且吾闻佛在利人，虽头目犹舍以布施，若朕身可以济民，亦非所惜也。”郭荣此言有两层意思：一是将佛与佛像加以区别，认为佛像非佛；二是“以善道化人”之佛，甚至可以舍得自己的头与目布施众生，他自己也一样，只要“可以济民”，就是需要献身，也在所不惜。

司马光对此评价很高，称：“若周世宗，可谓仁矣，不爱其身而爱民；若周世宗，可谓明矣，不以无益废有益。”

三征南唐

郭荣这种常怀“下民”的意识，也时时体现在他收复中原失地的过程中。

后周收复后蜀之秦州、凤州、阶州、成州之后，郭荣下诏：“用慰众情，免违物性，其四州之民，二税征科之外，凡蜀人所立诸色科徭，悉罢之。”也就是说，除了夏税、秋税，免除此四州之民先前承受的全部苛捐杂税。后周收复淮南诸州之后，废除南唐李氏政权不合理的赋役，凡事有不便于民者，均可委托州县官吏向上奏报。后周收纳楚地之后，郭荣以周行逢为武平节度使楚，“矫前人之弊，留心民事，悉除马氏横赋”，全部罢免祸害百姓的贪官污吏，选择廉政清明的官吏为刺史、县令。

先前周军进入北汉，日后周军进入南唐，都曾出现军队抢劫之事，使本来将周军当作王者之师欢迎的北汉、南唐百姓顿生反感。郭荣得知后，都立即采取措施，禁止抢劫，安抚百姓。郭荣亲率军队到南唐泗州城下，更是严令军中割草打柴者“毋得犯民田”，故“民皆感悦，争献刍粟”。淮南闹饥荒，郭荣命令把粮食借贷给百姓。有人说：“民贫，恐不能偿。”郭荣说：“民吾子也，安有子倒悬而父不为之解哉？安在责其必偿也！”

郭荣收复失地，大致按王朴所说的路径进行。但这只是大致，战局千变万化，并非都能事先预料的。例如，先得南唐诸州，就没有王朴说的那么容易。

南唐李氏政权的前身是杨行密的吴国，杨行密去世之后，由徐温执掌大权，后由徐温的养子徐知诰改名李晟称帝，改国号为南唐。李璟是第二代的南唐主，此公不像徐温与徐知诰那么励精图治，他秉性奢侈，亲近奸佞，导致朝政腐败，国力下降，却又听术士之言，受近臣怂恿，痴迷于天子梦，勾结契丹，联络后蜀，意在与后周争雄，且曾先后利用马殷之后的楚国和王审知之后的闽国内乱，以援助之名操控楚、闽。

郭荣曾三次亲征南唐，第一次在显德三年（956年）一月，大败南唐军，收复滁、扬、秦、光、舒、蕲六州，后因雨季来临班师回京，只留李重进军围攻寿州。鉴于“唐水军锐敏，周人无以敌之”，郭荣从寿春返回之后，在大梁城西汴水侧畔“造战舰数百艘，命唐降卒教北人水战”，数月之后成效令人刮目相看。第二次在显德四年二月，攻破南唐援军紫金山寨，攻克寿州，消灭唐军四万人，获船舰数百艘。第三次在同年十一月，从大梁出发攻克濠州、涡口，并鼓行而东，所向披靡。李璟在大势已去之时也曾多次求和，却又心有不甘，多次反复。是年十二月，南唐泗州守将范再遇举城降，南唐战船数百艘停泊洞口，南唐兵退保清口。郭荣亲率大军水陆并行，从淮水北岸、淮水南岸和淮水之中进击并大破南唐兵，全歼淮水之中的南唐战舰，直趋长江北岸。

南唐就在这种迫不得已的情形之下降于北周，南唐主李璟先后派陈觉、刘承遇奉表呈献后周皇帝郭荣，自称南唐主，请献长江以北，淮河以南尚未被后周收复的庐、舒、蕲、黄四州。至此，郭荣方才正式接受南唐归降。

南唐归降后周之后，南唐清源节度使留从效派遣使者入朝进贡，请求在京城设置进奏院，直属朝廷。留从效或许是以此向郭荣套近乎并与南唐划清界限，但郭荣没有接受这个请求。直觉告诉郭荣，此事倘若处置不妥，会使留从效与南唐主处于对抗的地位，也使自己失信于南唐。他要留从效一如既往地侍奉南唐主，如此，留从效能“笃始终之义”，郭荣也能“尽柔远之宜”。郭荣还要南唐大臣钟谟转告南唐主，乘郭荣在世时“完城郭，缮甲兵，据守要害”，以“为子孙计”。司马光因此点评：“夫天子所以统治万国，讨其不服，抚其微弱，行其号令，壹其法度，敦明信义，以兼爱兆民者也。”郭荣对南唐正是这样做的，“江南未服，则亲犯矢石，期于必克，既服，则爱之如子，推诚尽言，为之远虑”。司马光称此为“宏规大度”，并认为郭荣能有这种“宏规大度”是因为他“兼爱兆民”。

南方基本平定之后，郭荣准备收复北方。他与赵匡胤、韩通、李重进等将领率军，水陆并行，所向披靡。到乾宁军，契丹刺史王洪举城降；到益津关，契丹守将终廷晖举城降；到瓦桥关，契丹守将姚内斌举城降；此后，又有契丹莫州刺史刘楚信、瀛州刺史高彦晖等举城降，从此瓦桥关以南全部平定。郭荣欲取幽州，因身体不适而止，返回大梁，但仍有北伐的捷报频传：孙行友奏报拔取易州，擒获契丹刺史李在钦；李重进奏败北汉兵于北井，斩首二千余级；

李筠奏击北汉，拔辽州，获其刺史张丕；杨廷璋奏报出击北汉，降服十三个堡寨。

可惜此后不久，郭荣病情加重，离世而去。

郭荣风华正茂之时，曾对自己人生做过规划：十年开拓天下，十年养百姓，十年致太平。谁知天不假年，他只活了三十八岁，即位五年半。他的未竟事业就留待陈桥兵变后黄袍加身的赵匡胤去完成了。

第二编

乱世奇葩

——《资治通鉴》中21个恶可为戒的奇葩皇帝

白痴皇帝秦二世胡亥*

说周有八百年的天下而笼统地称秦为“剧秦”其实不妥。周之八百年天下早已礼崩乐坏，至少是在春秋战国时期，天子形同虚设，徒有其名。秦则有秦国与秦朝之分。《史记·秦始皇本纪》明明白白地写着，秦自“秦襄公至二世，六百一十岁”，此“秦”即为秦国。秦始皇结束了贯穿春秋战国时期的漫长战乱，而使秦国得以一统天下。“剧秦”之谓，当是秦朝之秦，是从秦始皇算起，而将秦始皇之前的秦的历史统统割离了的。继秦始皇当皇帝的胡亥，就成了秦二世。秦“二世而亡”，故称“剧秦”。

秦始皇统一天下，统一法令，统一度量衡，符合民心，顺应大势；改周之分封制为郡县制，亦功在千秋。他在统一天下之后，实施严刑苛法，加重劳役赋税，未能让天下百姓得以休养生息，却违背了民意。从这个意义上说，秦“二世而亡”的种子，是在秦鼎盛时期就已播下了的。对于秦之“二世而亡”，秦始皇有不可推卸的责任。但秦之所以亡于“二世”，也与胡亥密不可分。

贾谊在《过秦论》中这样评说“二世之过”：“贵为天子，富有四海，身在于戮者，正之非也。”在我看来，要靠胡亥去纠正秦之弊政可谓匪夷所思。从根子上说，他是只图寻欢作乐的白痴，何曾想过励精图治、长治久安？

---

* 本篇引文主要出自《资治通鉴》的《秦纪二》《秦纪三》，《史记》卷六。

沙丘之谋

胡亥会成为秦始皇的继承人，即所谓的秦二世，具有相当的偶然性。秦始皇恐怕从未想过要让胡亥成为自己的继承人，他心中的继承人是扶苏，尽管扶苏因为对焚书坑儒之事提出异议而被秦始皇罚去边境当大将蒙恬的监军，也未曾动摇过他的意志，秦始皇临终前写信给扶苏要他速回“与丧”就是铁证。胡亥自己大概也从未想过——尽管他受秦始皇的宠爱，却并不受重用。无论从年龄还是从才干着眼，都轮不上他。他之所以想跟着秦始皇出巡，只是因为好玩，一路游山玩水，一路嬉戏作乐，并未有过非分之念。而且，在秦始皇出巡之前，大概谁也未曾想到秦始皇会“崩”在返回途中。

胡亥会成为秦始皇的继承人，即所谓的秦二世，又不完全出于偶然。从秦始皇外出巡游返回时突然驾崩起，就有人开始图谋，此人便是赵高，他有自己的小九九。赵高是生下来就被阉割的宦官，秦始皇听说赵高的能力很强，且“通于狱法”，就提拔他为中车府令，并让他教胡亥“决狱”，得到胡亥的宠信。蒙恬蒙毅兄弟是秦国的台柱，蒙恬带重兵三十万守边，蒙毅则在朝中参与决策。当年赵高有罪，秦始皇曾派蒙毅“治之”。蒙毅认为赵高依法当死，却被秦始皇赦免了。为此，赵高从心底痛恨蒙毅以及蒙恬，从自己的利害关系考虑，就想立胡亥为帝。他怕扶苏接班当皇帝，没有他的好果子吃，不如让胡亥当皇帝，可以由他摆弄。他将这一想法告诉胡亥，胡亥当然求之不得。但此事没有李斯支持也是不成的，别人不信。于是赵高就与李斯沟通，对李斯晓之以利：李斯与扶苏的关系肯定不如蒙恬，倘若扶苏当了皇帝，他这个宰相能否保住还得两说。李斯的“升官欲”本来就很强，经他一说，也就“开窍”了。

于是就有“沙丘之谋”：“诈为受始皇诏，立胡亥为太子”。与此同时，要赶紧处置扶苏与蒙恬。秦始皇临终时写给扶苏的信被赵高李斯他们篡改了，不是速回“与丧”，而是就地“赐死”。还罗列了扶苏的一大堆罪状：什么“不能辟地立功”呀，什么秦军“士卒多耗”呀，什么“日夜怨望”呀，什么“直言诽谤”呀，说蒙恬的则是“不矫正，知其谋”。于是扶苏自杀，蒙恬不服，却被囚禁起来。稍后，在赵高的挑唆之下，蒙毅也被关押。

秦始皇“崩”后一直秘不发丧，据说是为了防止有什么事变。其实，在秘不发丧期间，悄悄达成并实施的“沙丘之谋”，便是最大的事变，这是一场名副其实的政变。

胡亥就是这样，在赵高的操纵之下，成为秦始皇的继承人的。

屠戮宗室

蒙恬与蒙毅毕竟都是心病，胡亥即位之后，就想将他们置于死地。他的侄子子婴劝谏说：“诛杀忠臣而立无节行之人，是内使群臣不相信而外使斗士之意离也！”但胡亥根本听不进去，于是蒙毅被杀，蒙恬自尽。

胡亥或许以为，除此二人，他的皇位便可稳固，就可以“欲悉耳目之所好，穷心志之所乐”了。赵高则说，胡亥还不能“得为此乐”，其原因就在于“沙丘之谋，诸公子及大臣皆疑”。他对胡亥说：“诸公子尽帝兄，大臣又先帝之所置也。今陛下初立，此其属意怏怏皆不服，恐为变”。他要胡亥实施严刑苛法，“令有罪者相坐，诛灭大臣及宗室”，使“贫者富之，贱者贵之”，由他们来取代被诛的大臣及宗室，方能“高枕肆志宠乐”。胡亥果然一一照办，“更为法律，务益刻深”，大臣与诸公子有“罪”，都交给赵高去“鞠治”。于是，十二位公子在咸阳街头被斩首示众，十位公主在杜县被肢解陈尸，他们的家产全部没入官府，受他们株连被捕的人更是不可胜数。

公子将闾兄弟三人因为被囚于内宫，“议其罪独后”。胡亥派使者去向他们宣布：“公子不臣，罪当死！”将闾向使者陈述自己三个

"未尝"——在"阙廷"之上未尝失礼，在"廊庙"之中未尝失节，在"受命应对"之时未尝失辞。他诘问使者："何谓不臣？愿闻罪而死！"使者无言以答，只好说"臣不得与谋，奉书从事"。于是将闾呼天痛号"吾无罪"，兄弟三人"皆流涕，拔剑自杀"。此事之惨烈，致使"宗室振恐"。

公子高为使自己的家族不受株连，主动上书，"请从死，愿葬骊山之足"，追随先帝而去，借以报答先帝之恩。他说："臣当从死而不能，为人子不孝，为人臣不忠。不孝不忠者，无名以立于世。"胡亥得此书而大悦，认为是他们的高压态势起了作用，赵高则说："人臣当忧死不暇，何变之得谋！"

事情做到这个份上，胡亥自以为可以作威作福、为所欲为了呢！

肆意极欲

以"隐宫刑徒七十万"修阿房宫、筑骊山墓，是秦始皇招致天怨人怒的重大弊政，秦始皇去世之后，秦二世胡亥将此弊政推至极致。

秦始皇自然是要葬于骊山墓的，下葬前就先将铜熔化后灌入以"下锢三泉"，堵住地下之水，又从各地运来各种"奇器珍怪"藏于墓穴之中。墓穴"上具天文，下具地理"，又"以水银为百川、江河、大海，机相灌输"。后宫嫔妃，凡是没有子嗣的，"皆令从死"以为殉葬。调集各类能工巧匠在墓道中暗设机关，如有进入墓道靠近墓穴之人都会被箭射死。墓葬结束，就将这些设置机关暗道的能工巧匠统统封在墓中以免泄密。

秦二世胡亥又"复作阿房宫"，以完成秦始皇的"未竟事业"。同时"尽征材士五万人为屯卫咸阳，令教射"。这些人以及他们的狗马禽兽所需粮食，都由郡县调拨并转运到咸阳，并规定押送这批粮食的民夫都自带口粮，咸阳四周三百里之内不准食用这批粮食。

贾谊在《过秦论》中说："今秦二世立，天下莫不引领而观其政。夫寒者利裋褐，而饥者甘糟糠。天下嚣嚣，新主之资也。此言劳民之易为仁也。"也就是说，那个时候，只要稍稍体恤天下百姓之苦难，略施仁政，让他们休养生息，是很容易见效的，然而胡亥没有这样做。在他即位之后，"坏宗庙与民，更始作阿房之宫；繁刑严诛，吏治刻深；赏罚不当，赋敛无度"，致使被秦之弊政与苛法逼上绝路的陈胜吴广揭竿而起，"天下苦秦久矣"一语引发天下百姓的共鸣，其中也不乏"帝王将相宁有种乎"的心理因素，于是应者云集，刘邦、项羽等人杰以及六国之后也都一起汇入了反秦的潮流。

有从东方回来的"谒者"把各郡县"争杀长吏以应涉"的情况奏报胡亥，胡亥勃然大怒，居然把如实奏报的"谒者"交给法吏治罪。日后再有使者来，就不敢实话实说了，只以"群盗鼠窃狗偷，郡守、尉方逐捕，今尽得，不足忧也"之言敷衍。胡亥受此糊弄却自得其乐。

这种自欺欺人的日子是不能长久的，因为事实不断揭穿谎言。胡亥数次责备宰相李斯"居三公位，如何令盗如此"，李斯却只为自己的"三公"之位着想，进"行督责"之言投其所好。他之所谓"行督责"，就是皇帝"独断于上"，然后"灭仁义之涂，绝谏说之辩，荦然行恣睢之心"，如此，"群臣、百姓救过不给，何变之敢图"。他认为"苦形劳神，以身徇百姓"的，只是"黔首之役"，明主应当"专以天下自适"，而不能"以天下为桎梏"。李斯这番话，胡亥特别受用，于是"行督责益严"，官员"税民深者为明吏，杀人众者为忠臣"，天下"刑者相半于道，而死人日成积于市，秦民益骇惧思乱"。

秦二世的毛病出在哪里，李斯心知肚明，但他只顾得上自己的"三公"之位。然而，秦室将倾，"三公"何存？作为左丞相的他不得不与右丞相冯去疾、将军冯劫直言进谏。一是"关东群盗并起"的势头很猛，以至于"秦发兵追击，所杀亡甚众，然犹不止"；二是

“盗多”的根本原因，在于戍边、转运、营建宫室等劳役太苦，税赋太重；三是应对之策，“请且止阿房宫作者，减省四边戍、转”。这几条与李斯先前所进之“行督责”恰好相反，胡亥振振有词地予以反驳，什么“贵有天下者，得肆意极欲，主重明法，下不敢为非，以制御四海”呀，什么“贵为天子，亲处穷苦之实以徇百姓，尚何于法”呀，用的都是李斯劝他“行督责”时说的话。胡亥尤其不能容忍的是，面对“群盗并起”的局面，他们无能为力，却要罢当年秦始皇“以章得意”之所为，因此断定他们三人“上无以报先帝，次不为朕尽忠力”，没有理由再占据“三公”之位。此后，冯去疾与冯劫自杀身亡，李斯被关入牢狱，交由赵高处置，最终被腰斩于市，灭三族。

“圣主”的结局

此前，赵高曾进言秦二世胡亥：“陛下不如深拱禁中，与臣及侍中习法者待事，事来有以揆之。如此，则大臣不敢奏疑事，天下称圣主矣。”其用意就是让胡亥与群臣隔离，把他当“圣主”供起来，使下情不能上达，自己也就能无所顾忌地为非作歹。以胡亥的智商，当然看不透赵高的真实用意，于是“二世用其计，乃不坐朝廷见大臣，常居禁中”，真的当起“圣主”来。赵高还趁机给李斯挖了个坑，三次让李斯在胡亥正与美女玩得欢时前去进言。胡亥对李斯的厌恶，在那个时候已然萌发。

李斯一除，“以赵高为丞相”，赵高更加独断专行。那个著名的“指鹿为马”的典故，就是赵高当着秦二世胡亥与满朝文武的面，测试自己有多大权势的一场闹剧。牵来的明明是一头鹿，但赵高偏要对胡亥瞎说是一匹马，哪怕胡亥已明言“丞相误邪，谓鹿为马”，他仍逼问左右是鹿是马，实际上是以此画线，让“左右”站队。“左右”要么沉默，要么跟着他瞎说；那些实话实说的，均被赵高私下处之以“法”。这场闹剧之后，“群臣皆畏高，莫敢言其过”。他多次说“关东盗无能为也”，也无人指陈其言之虚妄。

然而，章邯等人率领的秦军节节败退，反秦的“楚军”步步紧迫，“关东盗无能为”的谎言维持不下去了，胡亥终于派使者前来责备赵高了。但直到这个时候，胡亥也未曾意识到，他已经没有多大能耐，是名副其实的“孤家寡人”了。

赵高对付胡亥很容易，大权独揽的他只需与自己的女婿咸阳令阎乐以及弟弟赵成商议。最简单的办法，就是废了胡亥这个皇帝，“更立子婴”。他让阎乐前去执行，而叫郎中令为内应。阎乐“诈为有大贼”率兵直接杀入宫中，秦二世的左右不敢斗，宦官不敢言，他只好乖乖地听阎乐数落自己的罪状——“足下骄恣，诛杀无道，天下共畔足下”云云，并请他“其自为计”。这个“白痴皇帝”的求生欲极强，与阎乐一再讨价还价，想求见“丞相”而“不可”，想降格“得一郡为王”而“弗许”，想再降格“为万户侯”还是“弗许”，最后连求“愿与妻子为黔首”也不可得了，只好自我了断。

子婴就比胡亥来得聪明，知道赵高既然能杀由他立起来的胡亥，自然也能杀由他立起来的自己，于是毫不犹豫地“竟诛滑臣”。班固为之点赞，称：“吾读《秦纪》，至于子婴车裂赵高，未尝不健其决，怜其志。婴生死之义备矣。”

东吴末帝孙皓*

曹操有言："生子当如孙仲谋，刘景升儿子若豚犬耳!"（《三国志》卷四十七）叶剑英直接将后半句入诗，称"景升父子皆豚犬"。确实，曹操的前半句将孙坚孙权父子一起夸奖了。孙权能使东吴与曹魏、蜀汉三国鼎立，成就了一番事业，也是孙坚之大幸。但孙权生子并不如意，太子孙和被大权独揽的宗室辅政大臣孙峻所废所杀，孙亮十岁登基为帝，十五岁亲政，一年后又被权臣孙綝所废，并在前往封地途中自杀（一说被杀），吴国的第三位皇帝（即景帝）孙休有点作为，却又享年不长。孙皓是孙权颇为喜欢的孙子，算是吴国的第四位皇帝，却已是末帝，或曰亡国之君。

孙皓杀人

孙皓是废太子孙和的儿子，他的皇位是从叔父孙休那边继承的。那时晋刚灭蜀，对吴国的震动极大。孙休去世时，群臣认为吴国最好能立一个稍为年长的君主，丞相濮阳兴、左将军张布说服朱太后（即景皇后）让孙皓继位。孙皓即位之初亦有仁明之事，诸如开仓赈贫、减省宫女和放生珍禽异兽。但为时不久，他就日益暴虐凶残、奢靡荒诞，令人失望。

---

* 本篇引文主要出自《资治通鉴》的《魏纪十》《晋纪一》《晋纪二》。

孙皓杀过许多人，杀人的原因五花八门。

孙皓“既得志，粗暴骄盈，多忌讳，好酒色，大小失望”，当时说服朱太后让孙皓继位的濮阳兴与张布亦暗自后悔。有人向孙皓告密，孙皓就在上朝之时将他们拿下，流放广州，并派人在半道上将他们杀死，并“夷三族”。

此后，孙皓又逼杀了朱太后。景帝孙休的四个儿子，年龄大的两个也被他杀死。当年孙皓的父亲孙和被孙峻赐死，他与三个庶弟危若累卵，孙休即位后封孙皓为乌程侯，方才使他们重见天日。孙休去世，由他即位，亦由朱太后首肯，如今却杀朱太后与景帝的两个儿子，这是出于什么心态？莫非是感到他们的存在，本身就是对自己皇位的潜在威胁？

孙皓的妒忌心很强，妒忌比他强的人。他有才气，能吟诗，中书令张尚“为人辩捷，谈论每出其表”，就成了他妒忌的对象。有一次他问张尚：“孤饮酒可以方谁？”张尚回答说：“陛下有百觚之量。”因为古谚云“尧饮千钟，孔子百觚”，孙皓立马翻脸说：张尚明知孔丘尚未为君，却拿朕与孔丘作比。其言下之意是张尚居心何在？仅凭这样一句话，就把张尚抓了起来。百余名官员进宫叩头求情，张尚才被免死送建安造船，但不久后孙皓还是把他杀了。

湘东太守张咏不上缴赋税，孙皓把他杀了，其首级在诸郡传送示众。会稽太守车浚公正清廉有政绩，会稽大旱饥荒之年，又为民“表求振贷”，孙皓说这是收买人心，也把他杀了，还把头颅悬之于柱；尚书熊睦“微有所谏”，孙皓即以刀镮把他活活砸死，砸得体无完肤。孙皓有不少怪癖，诸如“恶人视己”，因此，每当上朝之时，群臣“莫敢举目”。他大概以为，这样才有“台上咳嗽一声，台下鸦雀无声”的肃穆，这样才能显出他这位皇帝的威严。左丞相陆凯说：“君臣无不相识之道，若猝有不虞，不知所赴。”因为陆凯是吴国重臣，素有名望，孙皓允其一人破例，其他大臣则依然如故。

孙皓的宠姬派人到街市中夺民之物，被管理街市的中郎将陈声绳之以法。这位宠姬向孙皓诉说，孙皓大怒，借着他事用烧红的锯子锯断陈声的头颅，将他的身躯抛之于四望山下。

孙皓拒谏

对于孙皓的逆行，看不惯的人不少，大多是不敢怒而又不敢言。敢言之人也有，不但不能使他有丝毫收敛，还招致杀身之祸。

卫将军、录尚书事滕牧是滕皇后的父亲，朝中大臣屡屡推举他向皇上进谏。但就因为这个原因，“滕后之宠由是渐衰”，滕牧也被放逐并“在道以忧死”。多亏抚养孙皓兄弟成人的何太后保护，又有太史说“中宫不可易”而使笃信巫觋的孙皓有所顾忌，滕皇后遂“得不废”，但被供养在升平宫，“不复进见”。孙皓派出的宦官走遍各地州郡，大凡二千石大臣之女都要申报姓名年龄，到了十五六岁就要接受“简阅”，“简阅不中”的方才可以出嫁。后宫女子数以千计，孙皓依然“采择无已”。

中书令兼领太子太傅贺邵上疏，直言孙皓即位之后的朝政得失，大致是说，孙皓对朝臣“严刑法以禁直辞，黜善士以逆谏口”，而使官场“人执反理之评，士吐诡道之论”；对庶民“法禁转苛，赋调益繁”，“妄兴事役”，甚至“发江边戍兵以驱麋鹿”，而使“老弱饥冻，大小怨叹”，“人力不堪，家户离散”；东吴已“国无一年之储，家无经月之蓄”，后宫之中却“坐食者万有余人”。他希望孙皓“丰基强本，割情从道”。对于贺邵这份犯颜直谏的疏状，孙皓“深恨之”。左右佞臣自然懂得孙皓的心思，诬陷贺邵与楼玄在路上相遇，交头接耳，诽谤朝政。于是他们二人都遭到审讯谴责，楼玄被贬去广州、交趾后被杀了。贺邵不久后中风，不能说话，离职数月，孙皓认为他装病，把他收押至酒窖，拷打千余次，贺邵始终未吐一言。孙皓居然叫人用烧红了的刀锯割断他的头颅，把他的家眷迁徙到临海，顺便又杀了楼玄的子孙。

韦昭是东吴儒林名士，也是史官，孙皓为帝时任中书仆射侍中，领左国史。孙皓即位后，要韦昭为其父孙和作纪。韦昭说："文皇不登极位，当为传，不当为纪。"孙皓很不高兴，渐渐形之于色。韦昭因此忧郁恐惧，以衰老为由请求辞去侍中和左国史二职，未得准许。孙皓经常宴请群臣喝酒，"不问能否"一概都"以七升为限"。对韦昭原本网开一面，许他以茶代酒，自他拒绝为孙和作纪后，就没有那么客气了。公卿大臣酒后失态，便有牢狱之灾，甚至惨遭杀戮。韦昭以为这会使"群臣不睦，不为佳事"，对此略有微词，这就触发了孙皓对韦昭的"前后嫌忿"，把他关入监狱，最终还是把他杀了，并"徙其家于零陵"。

散骑常侍王蕃并没有言语冒犯孙皓，更没有什么过错，只是"体气高亮，不能承颜顺指"，就使孙皓"不悦"了。王蕃的同僚万彧、陈声看出这种"不悦"，乘机进谗言诬陷。那一次孙皓宴请群臣，王蕃醉酒"顿伏"，孙皓怀疑他是假装的，用车子把他送出去，过了一会儿又召他回来，见他"行止自若"就勃然大怒，喝令左右在殿堂之下把他杀了，然后登来山，让左右亲随把王蕃的头颅抛来抛去，又像虎狼一般去争抢啃咬，把王蕃的头颅弄得支离破碎。

孙皓容不了犯颜直谏之人，容不了不能事事顺从他的人，容不了有独立人格的人。

孙皓的天子梦

孙皓颇信怪力乱神，对于装神弄鬼之人往往言听计从。朝中善于察言观色的大臣也就投其所好，就连国家大事也依此而定。

曾有"望气"者说："荆州有王气，当破扬州。"西陵督步阐上表请求孙皓从建业（今南京）迁都武昌，孙皓自然是"从之"的，只留御史大夫丁固、右将军诸葛靓留守建业。迁都并非轻而易举之事，朝廷百官及其僚属，后宫嫔妃及其侍女都要随行，劳民伤财之规模与额度就已够惊人的了，他们在武昌享用的物资，还得“扬州之民溯流供给”，何况孙皓“奢侈无度”，因而使“公私穷匮”。陆凯曾为此上疏，直言迁都之事使“民有离散之怨，国有露根之渐”，希望孙皓“省息百役，罢去苛扰，料出宫女，清选百官”，但孙皓听不进去，只是因为陆凯之“宿望”，而“特优容之”。日后陆凯一死，就把一直积压的戾气全都发泄在陆凯后人的身上。

有个叫施但的人，“因民劳怨”而聚众数千，挟持了孙皓的庶弟孙谦作乱。他们很快就发展到万余人，向北进军在离建业不到三十里处驻扎下来。因为这些兵马没打过仗，又没有盔甲，很快就被留守建业的丁固、诸葛靓击溃。孙皓不因此而反省自己的作为，反而以为是“望气”者说的“荆州有王气，当破扬州”之言应验，派数百人“鼓噪入建业”，杀了施但一家，名曰“天子使荆州兵来破扬州贼”。

有个叫刁玄的人，伪造谶文说：“黄旗紫盖，见于东南，终有天下者，荆、扬之君。”荆州与扬州都是“东南”之地，都在吴国境界，“荆、扬之君”指的便是孙皓，也就是说，这个“荆、扬之君”，就要像秦皇汉武那样“终有天下”了。这样的神话孙皓当然也是“信之”的，而且说干就干，当月就“大举兵出华里，载太后、皇后及后宫数千人”，从牛渚（今马鞍山采石矶）西上，好像晋武帝就等着把皇位让给他似的，简直是天方夜谭。难怪东观令华核等虽然官不大位不显，也要“固谏”了，但专信鬼话的孙皓照例“不听”。等到“行遇大雪，道涂陷坏”，在冰天雪地中“被甲持仗”的士兵怨声载道，都说“若遇敌，便当倒戈”之时，孙皓方才返回。

吴军将领陆抗与晋军将领杨肇在西陵对峙。陆抗部属俞赞逃亡投奔杨肇。俞赞熟悉吴军的分布情况，陆抗料定杨肇会根据俞赞提供的情报率晋军进击“素不简练”的“夷兵”把守之处，于是“夜易夷兵，皆以精兵守之”。次日，杨肇来袭果然不出陆抗所料，于是被打得落花流水。陆抗攻下西陵，返还乐乡，“貌无矜色，谦冲如常”。而孙皓却“自谓得天助，志益张大”，又叫术士尚广“筮取天下”。这位术士装模作样地占卜一番之后说：“吉。庚子岁，青盖当入洛阳。”青盖指帝王，于是孙皓越发“不修德政，专为兼并之计”。

孙皓还因为有人说自汉末就堵塞的临平湖开了，又有人献刻“皇帝”二字的小石，并说得之于临平湖边，于是下诏大赦，改元天玺。

正当孙皓醉心于“天子梦”的时候，益州刺史王浚上书晋武帝说：“孙皓荒淫凶逆，宜速征伐。”杜预两次上表，力挺此议，张华则说：“吴主淫虐，诛杀贤能，当今讨之，可不劳而定。”晋武帝司马炎于是决意伐吴。太康元年（280年）开春，杜预、王浑、王浚等几路人马向孙吴发起进攻，几乎攻无不克。三月，王浚自武昌顺流直趋建业，孙皓派遣游击将军张象率舟师万人抵御，张象望旗不战而降，王浚“兵甲满江，旌旗烛天，威势甚盛，吴人大惧”。鉴于“北军日近”而吴军“兵不举刃”，数百名随从官员请诛“倾险谀佞，致位九列，好兴功役，为众患苦”的嬖臣岑昏，孙皓只好“以奴谢百姓”，但此时诛杀嬖臣终究无济于事，怎么可能挽回颓局？结局是孙皓“面缚舆榇，诣军门降”，后由晋武帝赐爵，成了归命侯。

前赵昭武皇帝刘聪*

前赵（304年—329年）系五胡十六国时期的十六国之一，在西晋晚期由匈奴人刘渊创立，因为追尊汉帝，原称为汉，故亦称汉赵。刘渊去世后太子刘和即位，这位“猜忌无恩”的新帝在呼延攸、刘乘、刘锐的鼓动下，派兵攻打并诛杀齐王刘裕、鲁王刘隆等宗室诸王，大司马刘聪则是他们要诛杀的首要对象。刘聪是在这种情况下反击的，他在光极殿西室杀了刘和，又抓住刘锐、呼延攸、刘乘，将他们“枭首通衢”，而后应群臣所请登上帝位。刘聪文武双全，并非无能之辈，即位后先后派兵攻破洛阳和长安，西晋王朝几近覆灭。

但刘聪在自以为坐稳皇位之后的种种行为，却表明了他的无德无道也非同一般。

执辱二帝

晋永嘉五年（311年）六月，刘聪的军队攻入洛阳，晋怀帝司马炽在逃往长安途中被俘，太子司马诠被杀，这是西晋人的噩梦，史称“永嘉之祸”。刘聪任命司马炽为特进左光禄大夫，封为平阿公，次年二月，又改封其为会稽郡公，加仪同三司。

刘聪与司马炽叙旧：“卿昔为豫章王，朕与王武子造卿，武子称

---

* 本篇引文主要出自《资治通鉴》的《晋纪十》《晋纪十一》《晋纪十二》。

朕于卿，卿言闻其名久矣，赠朕柘弓银研，卿颇记否?”司马炽说：“臣安敢忘之！但恨尔日不早识龙颜!”刘聪说：“卿家骨肉何相残如此?”司马炽说：“大汉将应天受命，故为陛下自相驱除，此殆天意，非人事也！且臣家若能奉武皇帝之业，九族敦睦，陛下何由得之!”从这番对话看，刘聪在逗司马炽，就像逗动物园里的老虎猴子大熊猫。“朕”与“卿”的称谓倒了过来，昔日的“真命天子”，如今俯首称臣，而且只恨自己“不早识龙颜”。对于刘聪来说，这是一种莫大的快感。刘聪揭挖司马炽的老底，对于失去了昔日的尊贵威严而沦为阶下囚的皇帝，抖出他的“先前阔”，或许比当着刘邦的面抖出他当年的无赖面目，或当着韩信的面抖出他当年的胯下受辱更为刻薄。刘聪就这样在戏弄司马炽的过程中展示着自己的得意心态。史书在这段文字之后，写的是：“聪喜，以小刘贵人妻帝，曰：‘此名公之孙也，卿善遇之。’”

晋建兴元年（前赵嘉平三年，313年）春，刘聪在光极殿宴请群臣，命司马炽“青衣行酒”。司马炽毕竟曾是晋朝皇帝，被刘聪俘获后也先后被封为平阿公与会稽郡公，且加仪同三司，居然在这种场合穿着“青衣”为群臣“行酒”，这使跟着司马炽一起被俘的西晋大臣庾珉、王隽等“不胜悲愤”，以致“号哭”。此事惹怒刘聪，于是凶相毕露，“杀珉、隽等故晋臣十余人，怀帝亦遇害”。

晋怀帝司马炽去世之后，司马邺在长安即位，这就是晋愍帝。晋建兴四年（316年），刘聪的军队攻克长安，司马邺“乘羊车，肉袒、衔璧、舆榇出东门降”。戏弄晋怀帝司马炽的闹剧，又得以在晋愍帝司马邺身上重演。刘聪任命司马邺为光禄大夫，封怀安侯。他去游猎之时，就让司马邺权充“车骑将军，戎服执戟前导”，让路边人指着司马邺说“此故长安天子”，引人“聚而观之”，就像引人观看动物园里的猴子一般。刘聪“飨群臣于光极殿”时，也像命司马炽“青衣行酒”一样地使愍帝“行酒洗爵（杯）”，使得随帝而降的“晋臣多涕泣”。西晋的尚书郎辛宾起甚至“抱帝大哭”，因此被刘聪命人“引出”斩首。这情节与司马炽所遭遇的如出一辙，而司马邺最终也难免一死。

刘聪如此行事，被司马光称为“执辱二帝”。这种小人得志的心态，展示了他的价值取向和执政基调。

并立三后

前赵嘉平四年（314年）春，“有流星出牵牛，入紫微，光烛地，坠于平阳北，化为肉，长三十步，广二十七步。汉主聪恶之，以问公卿。陈元达以为‘女宠太盛，亡国之征’。聪曰：‘此阴阳之理，何关人事！’聪后刘氏贤明，聪所为不道，刘氏每规正之。己丑，刘氏卒，谥曰武宣。自是嬖宠竞进，后宫无序矣。”此处所说的“汉主聪”就是刘聪。

流星坠地化成肉的可能性不大，说这是“亡国之征”也有点玄乎。除此二条之外，这段文字中说的都确有其事。

首先是“女宠太盛”。仅嘉平二年（312年）春，刘聪后宫所纳之嫔妃就有司空王育、尚书令任顗之女，分别为左、右昭仪；中军大将军王彰、中书监范隆、左仆射马景之女，皆为夫人；右仆射朱纪之女为贵妃；太保刘殷之女刘英、刘娥为左右贵嫔，刘殷孙女四人皆为贵人，自此“六刘之宠倾后宫，聪希复出外，事皆中黄门奏决”。顺便一说，“女宠太盛”亦非“亡国之征”，却与“亡国”有内在联系，因为“女宠太盛”而“希复出外”，日夜在宫中寻欢作乐，不理朝政，以至于“事皆中黄门奏决”才是误国之道。这不是“女祸”论，这叫奢靡亡国。

说“聪后刘氏贤明，聪所为不道，刘氏每规正之”也是事实。刘聪的这个皇后刘氏，就是“六刘”之中的刘娥。她被立为皇后之时，已经修筑诸多宫室的刘聪又要为之大兴土木，修筑仪殿，廷尉陈元达犯颜直谏，批评刘聪“宫室之侈乃至于此”，使得刘聪恼羞成怒。在他放言“不杀此鼠子，朕殿不成”，命令左右将陈元达“曳出斩之！并其妻子同枭首东市，使群鼠共穴”时，就是刘娥“密敕左右停刑”，手书上言，称“陛下为妾营殿而杀谏臣，使忠良结舌者由妾，远近怨怒者由妾，公私困弊者由妾，社稷阽危者由妾，天下之罪皆萃于妾，妾何以当之”。此疏使刘聪“览之变色”，并中止“不道”之举。

至于刘娥去世之后，“嬖宠竞进，后宫无序”，最突出的就是所谓的“并立三后”了。这是嘉平四年（314 年）的事。刘聪先是纳中护军靳准的两个女儿靳月光、靳月华，立靳月光为上皇后，立靳月华为右皇后，立刘贵妃为左皇后。此时又是陈元达“极谏”，称“并立三后，非礼也”，刘聪“不悦”，夺了陈元达的实权。其后“月光有秽行”，仍是“元达奏之”，致使刘聪“不得已废之，月光惭恚自杀”。于是，刘聪又把已故张皇后的婢女樊氏立为上皇后，补了因有“秽闻”而被废的靳月光之缺。自古以来，后宫数千的不少，数后并立的不多。而刘聪的后宫除了“并立三后”外，佩戴皇后玺印绶带的还有七人。

刘聪立后之事并未就此消停。他听说中常侍王沈之养女颇有姿色，便立她为左皇后。尚书令王鉴、中书监崔懿之、中书令曹恂谏阻之，说此“非国家之福”，惹恼了刘聪。他对相国刘粲下了指令：“鉴等小子，狂言侮慢，无复君臣上下之礼，其速考实！”于是将王鉴等人“皆斩之”。此后，又立中常侍宣怀养女为中皇后，这是刘聪死前不久的事。

宠信王沈

说刘聪因为“女宠太盛”而“希复出外”乃是要而言之，说得具体点，叫作“游宴后宫，或三日不醒，或百日不出”。而自建元元年（315 年）冬季起，刘聪干脆就不上朝视事了。“政事一委相国粲，唯杀生、除拜乃使沈等入白之”。这段文字中的“相国粲”指的是刘聪的儿子刘粲。“沈等”指的是中常侍王沈、宣怀，中宫仆射郭猗等因受刘聪之宠信而胡作非为的太监。刘粲自担任宰相之后，就“骄奢专恣，远贤亲佞，严刻愎谏”而使“国人始恶之”，此处且不去说他，专说刘聪如何宠信王沈等太监，王沈等太监又如何僭用、滥用帝王权力。

说刘聪“唯杀生、除拜乃使沈等入白之”，其实“沈等多不白，而自以其私意决之”。也就是说，有关朝廷大臣的生死予夺与官职升降之事，王沈等人大多不经过刘聪而以他们的好恶而定。于是就有“勋旧”之臣晾在一边不予任用，而奸佞小人在数日之间官至二千石者不乏其人，这是在官职升降问题上的本末倒置；也有连年征战沙场流血流汗的“将士无钱帛之赏”，而终年笙歌燕舞的“后宫之家”乃至僮仆所获之赏“动至数千万”，这是在财物赏赐上的本末倒置。至于王沈等人的“车服、第舍”即衣食住行之排场的豪华奢靡，更是远超宗室诸王。他们的族人担任郡守县令的就有三十多人，都是贪婪凶残危害百姓的贪官酷吏。曾有两个女儿（靳月光、靳月华）被同时立为皇后的“国丈”靳准则以整个宗族来巴结王沈等人。

满朝文武之中自然也有正直之士鄙视这些狐假虎威的宠臣。例如少府陈休、左卫将军卜崇就不屑与他们交往，甚至“虽在公座，未尝与语”，私下也曾抒发对这股“足以回天地”的宦官势力的愤懑，誓不“俯首眉以事阉竖”。这种能够让人明显感觉得到的愤懑，引起了王沈等人的忌恨。

正邪如同水火不能相容。难得上朝视事的刘聪旗帜鲜明地站在王沈等人一边，他“出临上秋阁，命收陈休、卜崇及特进綦毋达、太中大夫公师彧、尚书王琰、田歆、大司农朱诣并诛之”。这七位“皆宦官所恶”，刘聪的诛杀之举可谓“稳、准、狠”了。有位叫卜干的大臣“泣谏”刘聪，他认为此七人“皆国之忠良”，即使有罪，也得“下之有司，暴明其状”。他向刘聪“叩头流血”，希望收回成命。王沈呵斥："卜侍中欲拒诏乎!"刘聪干脆拂衣而入，并罢免了卜干的官职，将他贬为庶人。

陈元达又挺身而出了，与他一起上表规谏的，还有河间王刘易、勃海王刘敷、西河王刘延，刘易与刘敷是刘聪的儿子，刘延也属刘氏宗室。他们直言不讳地说："王沈等矫弄诏旨，欺诬日月，内谄陛下，外佞相国，威权之重，侔于人主，多树奸党，毒流海内。知休等忠臣，为国尽节，恐发其奸状，故巧为诬陷。陛下不察，遽加极刑，痛彻天地，贤愚伤惧。"希望刘聪罢免王沈等人的官职，并"付有司治罪"。刘聪却将此奏表拿给王沈等人看了，笑着说："群儿为元达所引，遂成痴也。"王沈等人装出一副可怜相，顿首哭泣说："臣等小人，过蒙陛下识拔，得洒扫闺阁；而王公、朝士疾臣等如仇，又深恨陛下。"虚情假意地说他们情愿被投入"鼎镬"，来使"朝廷自然雍穆"。刘聪哪里舍得这些"宝贝"，反而封王沈等人为列侯。河间王刘易又"上疏极谏"，这一回，刘聪勃然大怒了，撕了刘易的奏疏。刘易感到绝望，因此"忿恚而卒"；陈元达物伤其类，不愿"默默苟生"于世，"归而自杀"。

陈元达倘若不是"归而自杀"，恐怕也难免被刘聪所杀。他说"女宠太盛"时，刘聪已然不悦；他谏修筑仪殿之时，刘聪差一点就把陈元达"并其妻子同枭首东市"；他谏"并立三后"，刘聪更是恨之入骨。刘聪既然会因为宠信王沈等人而情愿让亲儿子刘易"忿恚而卒"，就不会因为宠信王沈等人而杀了屡屡冒犯他的陈元达吗?

刘聪背信弃义地废了皇太弟刘乂，也与他宠信王沈、郭猗以及"国丈"靳准相关。正是这些人设局诬陷刘乂谋反，而使刘聪信以为真。刘乂被废之后，是由刘粲指使靳准谋杀的。

刘聪于麟嘉三年（318 年）初夏因病去世，汉赵王朝最后葬送在他的继承人刘粲之手。

前赵隐帝刘粲*

刘粲以前赵太子的身份，在刘聪去世之后（318 年）登基即位，年号为汉昌。他当皇帝的时间很短，还不到一年，但他的奇葩行为之“浓度”却很高，全然是一副亡国之君的做派，不但无道，而且愚蠢，其做派与乃父刘聪如出一辙。

谋杀刘乂

事情还得从刘聪杀刘和即位说起。当时，刘聪曾让位于单太后之子刘乂，因为刘乂“涕泣固请”方即帝位，并立刘乂为皇太弟，许诺“俟乂年长，当以大业归之”。按照刘聪当时的承诺，他的皇位继承人应当是皇太弟刘乂。

或许是因为刘粲“少而俊杰，才兼文武”，或许是因为刘粲善于迎合刘聪，投其所好，或许是二者兼而有之，嘉平四年（314 年），刘聪在一年之中先后任命刘粲为宰相和相国。刘粲担任宰相之后，“骄奢专恣，远贤亲佞，严刻愎谏”而使“国人始恶之”；刘粲担任相国之后，“羽仪威重，逾于东宫，万机之事，无不由之”，他的权力与排场都已远远超越皇太弟刘乂。太傅崔玮、太保许遐为刘乂担忧，提醒他：“殿下非徒不得立也，朝夕且有不测之危，不如早为之

---

* 本篇引文主要出自《资治通鉴》的《晋纪十一》《晋纪十二》。

计。”对于这话，刘乂“弗从”，却被东宫舍人荀裕告发。于是，刘聪将崔玮、许遐收监，用其他罪名将他们杀了，又派兵监守东宫，将刘乂幽禁起来。刘乂“忧惧不知所为”，上表乞求贬他为庶人，同时免除他的几个儿子的封爵，并向刘聪褒扬晋王刘粲，恳请立刘粲为刘聪的继承人。此时的刘乂，只求平安度日。

原先就与刘乂有隙的中宫仆射郭猗和“国丈”靳准出场了，他们首先要让刘粲相信刘乂意图谋反，并下决心除掉刘乂。为此郭猗对刘粲说皇太弟刘乂和大将军刘翼“谋因三月上巳大宴作乱”，并恩威并施大费周折地诱逼从事中郎王皮、卫军司马刘惇出来为他的这番话作证。而靳准则说“若使太弟得天下，殿下无容足之地矣”。接着是刘粲与郭猗、靳准策划如何使刘聪确信刘乂谋反。靳准出的主意是“缓东宫之禁，使宾客得往来”，他说：“太弟雅好待士，必不以此为嫌，轻薄小人不能无迎合太弟之意为之谋者。然后下官为殿下露表其罪，殿下收其宾客与太弟交通者考问之，狱辞既具，则主上无不信之理也。”刘粲颇以为然，“令卜抽引兵去东宫”，好抓刘乂的把柄，但却似乎未能如愿。刘粲又派其党王平劝说刘乂“适奉中诏，云京师将有变，宜衷甲以备非常”，刘乂信以为真，“命宫臣皆衷甲以居”。于是靳准奏报刘聪：“太弟将为乱，已衷甲矣！”并由王沈为之作证。选王沈作证是有讲究的。在陈元达及刘易等人奏请刘聪罢免王沈等人的官职并“付有司治罪”，而刘聪反要封王沈等人为列侯之间，刘聪问过刘粲，刘粲为王沈等人大大地美言了一番，如今正是投桃报李之时。王沈当然乐成其事，还对刘聪说“臣等闻之久矣，屡言之，而陛下不之信也”。刘聪闻之大惊，命刘粲“以兵围东宫”，抓捕、用刑、“烧铁灼目”、屈打成招，使人“自诬与乂谋反”，从而获取所谓“谋反”的证据，于是“诛东宫官属及（刘）乂素所亲厚”者以及靳准、王沈等人“素所憎怨者”大臣数十人，“坑士卒万五千余人”。刘聪贬刘乂为北部王，刘粲却暗中指使靳准把他杀了。

刘聪有废皇太弟刘乂的潜意识，才会有意无意地让刘粲的权力与排场都超越刘乂，或许是因为受制于当初的许诺而未曾着手废立，更未曾想过要杀这位皇太弟。他为刘乂之死恸哭时说“吾兄弟止余二人而不相容，安得使天下知吾心”，似乎不全是装出来的。刘粲与靳准、郭猗不同，靳准、郭猗想泄私愤报私仇，刘粲则想争皇位。他们有废皇太子杀刘乂的故意和能量，方才得以狼狈为奸，并不择手段地达成了目的。

刘乂被废被杀之后，刘粲就成了刘聪名正言顺的继承人。

即位之后

刘粲即位之后都做了些什么呢？

先帝刘聪有不少皇后，刘粲即位之后，首先要“处理”的，就是这些皇后。他“尊皇后靳氏为皇太后，樊氏号弘道皇后，武氏号弘德皇后，王氏号弘孝皇后”。刘粲之“尊”，既非出于对先帝刘聪之尊，更非真的尊重这些皇后。史书写得明白，“靳太后等皆年未盈二十”，不仅青春年少，而且美貌出众，即使在居丧期间，刘粲也“多行无礼，无复哀戚”。可见，除了继承刘聪的皇位，他还继承了刘聪的皇后，或许也有刘聪后宫的其他嫔妃。刘粲又立其妻靳氏为皇后，此后与太后同姓，都是靳准之女。什么居丧，什么伦理，他可以全然不顾，只顾及时行乐。

刘粲做的第二件大事，是“处理”刘氏宗亲诸王。这件事是“国丈”（既是其父刘聪的“国丈”，也是刘粲自己的“国丈”）靳准提出的。靳准对刘粲说：“如闻诸公欲行伊、霍之事，先诛太保及臣，以大司马统万机，陛下宜早图之！”靳准这话大可推敲，“如闻”就是“好像听说”，可见这原是捕风捉影之事。拿“如闻”说事，劝“陛下宜早图之”，本身就很不像话。靳准这话又大有深意，“伊、霍之事”的“伊”，指的是商汤的伊尹，“伊、霍之事”的“霍”，指的是西汉的霍光，无论是“伊之事”还是“霍之事”都事关君主的权力或君主的废立。前者指的是伊尹废太甲而安宗庙，太甲一味享乐，暴虐百姓，而使朝政昏乱，伊尹先将他放逐三年而由他自己当摄政王，等太甲改邪归正后方才还政；后者指的是霍光废刘贺而立刘询，刘贺一即位就行淫乱，霍光不但废了刘贺，将汉宣帝刘询“扶上马”还“送”了好长的一程。然而，靳准说“诸公欲行伊、霍之事”时，只说他们意欲“先诛太保及臣，以大司马统万机”，并没有言及废立。刘粲“不从”，或许与此有关。

于是“准惧，复使二靳氏言之，粲乃从之”。二靳氏即太后靳氏与皇后靳氏，她们都是靳准的女儿，又都是刘粲的枕边人。皇后靳氏自不必说，太后靳氏当时也“未盈二十”，是刘粲“多行无礼”的重要对象。此二靳氏到底对刘粲说了些什么而使刘粲“从之”不得而知，大概是晓之以利害吧。比如她们会说陛下你自己想想“诸公”是否会把你当作太甲当作刘贺，比如她们会说，陛下你能否受得了被放逐被废黜的滋味，比如她们还会说，陛下你有没有想过“诸公”之中谁会是伊尹谁会是霍光又有谁会成为刘询。反正她们是摸准了刘粲那根最敏感的神经，拨弄并最大限度地激活了这根神经。

刘粲终于“从之”了，尔后的行动是极其雷厉风行、大刀阔斧、干净利落的，他出其不意地将太宰刘景、大司马刘骥、车骑大将军刘逞、太师刘顗和大司徒刘励一概收捕，不分青红皂白地“皆杀之”。

刘粲即位之后做的第三件大事，是退居“二线”。他效仿其父刘聪的做法，以靳准为大将军、录尚书事，并将“军国之事，一决于准”，他自己则“常游宴后宫”去了。

靳准作乱

靳准被委以“军国之事”后，立马矫诏，以其从弟靳明为车骑将军，以靳康为卫将军，以他靳氏之人填补刘氏宗室被杀戮后出现的空缺，接着就“谋于王延”准备作乱。没想到王延“不从”将去告发，刚被任命为卫将的靳康就在半途中劫持了他。靳准“遂勒兵升光极殿”，派全副武装的士兵抓获刘粲，“数而杀之”。

所谓“数而杀之”，大概是要让刘粲死个明白，“数”的当然是刘粲的罪状。但弄不清靳准“数”的是刘粲哪些罪状：是“数”刘粲谋杀皇太弟刘乂之罪吗？但这事正是靳准与郭猗游说刘粲，并为刘粲出谋策划一起干的。是“数”刘粲在居丧期间“多行无礼，无复哀戚”之罪吗？但刘粲“多行无礼”的对象首先就是靳准的女儿皇太后靳氏。靳准还将另一个女儿送给刘粲去当嫔妃并在居丧期间被立为皇后。是“数”刘粲杀戮刘氏宗室和诸大臣之罪吗？但此事也正是由靳准挑唆在先，之后又“复使二靳氏言之”方使刘粲“从之”的。凡此种种，刘粲或许死也弄不明白到底是怎么回事，但这也正是刘粲愚蠢而且可悲之处。

顺便说说，靳准作乱之时，将“刘氏男女，无少长皆斩东市”，连刘渊、刘聪的陵墓以及刘氏的宗庙也一起毁了。

刘粲的谥号“隐帝”，也拜靳准所赐。

后赵武帝石虎*

石虎之于后赵与刘曜之于前赵有相似之处。刘曜延续的是刘聪的前赵政权，刘聪之后虽曾有刘粲为帝但很短暂。石虎延续的是石勒的后赵政权，石勒之后也曾有石弘短暂为帝。但这仅是形似，石虎与刘曜是不可同日而语的。刘曜是挫败篡夺前赵政权的靳准而即位的，在位期间，向西攻打仇池和凉州，向东抵御后赵，对内提倡汉学，设立学校，发展文教事业，颇有一番作为。石虎的即位，却伴随着腥风血雨，几乎灭尽包括石弘在内的石勒后人。在位期间，他穷兵黩武，穷奢极欲，穷凶极恶，杀人如麻，弄得朝政昏乱，民不聊生。

从后赵延熙元年（334 年）杀死石弘，自称“居摄赵天王”起，到太宁元年（349 年）去世，石虎在位十五年。

血腥上位

石虎是后赵皇帝石勒的侄子，在石勒的麾下南征北战多年，与东晋战，与前赵战，攻城略地无数，杀敌坑俘无数，对于建立后赵政权有汗马之劳。之后石勒自称大赵天王，石勒之子皆封为王，世子秦王石弘还被任命为骠骑大将军、都督中外军事、大单于。这使

---

* 本篇引文主要出自《资治通鉴》的《晋纪十七》《晋纪十八》《晋纪十九》《晋纪二十》。

石虎心态极不平衡，发誓待石勒过世之后，要灭尽他的后代。后赵建平四年（333 年）夏，石勒病逝，石虎就开始行动了：劫持太子石弘，收捕负有顾命之责的右光禄大夫程遐、中书令徐光，将他们交付廷尉治罪，又征召其子石邃，让他带兵入宫宿卫。

本当以太子身份即位的石弘见势不对，曾先后两次辞让皇位，但两次都遭到拒绝。

石弘第一次辞让，石虎说："君终，太子立，礼之常也。"弘涕泣固让，虎怒曰："若不堪重任，天下自有大义，何足豫论！"石弘于是即位，以石虎为丞相、大单于，赐加九锡，总领朝廷大小政事，封魏王，以魏等十三郡其封国，相当于摄政王——这权势足以控制后赵政局，石弘其实就是一个摆设。程遐与徐光是他即位后被杀死的，这当然是石虎的主意。彭城王石堪被火烧灼后被杀死，更是石虎之所为。原先的文武大员都被安排了闲散的官职，要职则由石虎的僚佐亲属取而代之。石虎还将太后刘氏以下的人员全部移居由东宫改名的崇训宫，不久就干脆废黜并杀死刘氏，而以石弘的生母程氏为皇太后。镇守关中的石生、镇守洛阳的石朗"举兵以讨"石虎，也都死得很惨，石朗是先被砍断了脚，再被杀死的。

石弘第二次辞让是在一年之后，石虎再次拒绝。他说："帝王大业，天下自当有议，何为自论此邪！"石弘回宫后对太后程氏说："先帝种真无复遗矣！"尚书奏请石虎"依唐、虞禅让故事"处理此事。石虎说："弘愚暗，居丧无礼，便当废之，何禅让也！"也就是说，他之所以两次拒绝石弘之辞让，不是因为故作谦让，更不是真心谦让，他认为石弘没有辞让的资格，更不具备"禅让"的资格。两个月后，石虎派郭殷进宫，废黜石弘为海阳王，幽禁石弘以及太后程氏、秦王石宏、南阳王石恢等于崇训宫，不久后便将他们全部杀死。此时他自称"居摄赵天王"。这"居摄"二字，或许还有点讲究。

建武三年（337 年）正月，石虎在南郊即位，去掉"居摄"二字，自称"大赵天王"；太宁元年（349 年）春病亡之前方才称帝。

四面出击

石虎的一生，几乎都与战争为伴。在石勒麾下时，他与前赵战，与东晋战，可谓南征北战；号称“居摄赵天王”之后，则与前赵战，与前燕战，与东晋战，与前凉战，可谓四面出击。建武八年（342年）冬，石虎敕令黄河以南的四个州郡整治南伐的军备，并州、朔州、秦州、雍州准备西讨的军资，青州、冀州、幽州为东征准备兵员。这个敕令本身就能体现他四面出击的战略思路。

用兵打仗并非一概不好，但石虎用兵，既非“救乱诛暴”之义兵，亦非“不得已而起”之应兵，大多是“利人土地、货宝”之贪兵、“欲见威于敌”的骄兵，以及“争恨小故，不忍愤怒”之忿兵。例如，他与前燕战，只是因为燕王慕容皝没有如约与他的后赵兵一起攻段辽“自专其利”而怒不可抑，可谓“忿兵”，也可谓图“利”之“贪兵”，又是以强凌弱之“骄兵”。建武十三年（347年），石虎派中书监石宁为征西将军，率并、司两州之兵二万余人为凉州刺史麻休等人之后援与前凉张重华麾下之“年少书生”战，被打得落花流水，则是“骄兵必败”的典型。

石虎用兵，往往用举国之力。在与前燕战时，石虎命司、冀、青、徐、幽、并、雍七州之民一家有五个男丁的征兵三个，一家有四个男丁的征兵两个，与邺城的旧兵加在一起，总共五十万，运送军粮之船万艘，“自河通海，运谷千一百万斛于乐安城”。又迁徙辽西、北平、渔阳的百姓万余户到兖、豫、雍、洛四州之地，自幽州以东至白狼“大兴屯田”，强占百姓的马匹四万余，家有马而敢私自藏匿者腰斩。建武八年（342年）冬，石虎敕令青州、冀州、幽州为东征准备兵员时，则是每户三个男丁中征兵二人，五个男丁中征兵三人。各州郡的军队共有甲士五十多万人，船夫十七万人，溺水而死、被虎狼吞噬的占三分之一。石虎用兵打仗怎样兴师动众、祸害百姓，由此可见一斑。

诸如此类的四面出击，说他“穷兵黩武”亦不算为过。

宫室与美女

石虎营建宫殿宫室，大兴土木，延绵不断，乐此不疲。

建武元年（335 年），石虎因为鹳雀台崩塌，便杀了典匠少府任汪，并让人重修此台，规模比原先扩大一倍。

建武二年（336 年），石虎“作太武殿于襄国，作东、西宫于邺”。据《资治通鉴》记载，太武殿“基高二丈八尺，纵六十五步，广七十五步”，用有纹理的石头筑成。有地下宫室，驻扎卫士五百名。宫殿的外观相当豪华，“以漆灌瓦，金珰，银楹，珠帘，玉壁”，可谓“穷极工巧”；宫殿之内的设施也相当精致，“殿上施白玉床、流苏帐，为金莲华以冠帐顶”。太后居住的显阳殿后还有九座宫殿，“选士民之女以实之，服珠玉、被绮縠者万余人”。关于邺城的东、西宫，书上并无详细介绍，只说石虎“使牙门张弥徙洛阳钟虡、九龙、翁仲、铜驼、飞廉于邺”；还特别说到，有一口钟沉入黄河，招募三百名水手潜入黄河，用大竹索捆扎，再用百头牛牵引重滑车，把它拉出水面，又造“万斛之舟”运载至邺城。襄国是石勒时的后赵都城，石勒即位后迁都邺城。令人费解的是，石虎何以既能在襄国之太武殿“以女骑千人”充当自己的侍从“游宴”，又能在邺城为那口用“万斛之舟”运载的巨钟到达而“大悦”？

建武八年（342 年）冬，石虎在邺城作台观四十余所，又营建洛阳、长安两处宫室，参与劳作的有四十余万人；建武十一年初，石虎发诸州二十六万人修洛阳宫。建武十三年，石虎派尚书张群征发邺城附近各郡男女十六万人，车十万乘，“运土筑华林苑及长墙于邺北，广袤数十里”。为此，申钟、石璞、赵揽等上疏陈“天文错乱，百姓彫弊”，石虎大怒，他说了一句狠话：“使苑墙朝成，吾夕没，无恨矣。”

与大建宫室同时进行的是广招美女。建武二年（336 年），在襄国营建太武殿时，就“选士民之女”万余人以“实”显阳殿后的九座宫殿；建武十一年发诸州二十六万人修洛阳宫时，又增设宫中女官，分置二十四等，东宫十二等，七十多个公侯封国则分九等，大举征选民女三万余人，分为三等配置各处。太子、诸公（石虎正式称帝前诸王皆称为公）私下征选的美女又将近万人。在此征美过程中，“郡县务求美色，多强夺人妻，杀其夫及夫自杀者三千余人”。美女送到邺城后，石虎在殿前挑选分等，征选美女得力的被封侯。

骨肉相残

石虎立过两次太子，也都被他自己所杀。

先立石邃为太子，并授予重权，命他省视、决断尚书所奏之事，只有祭祀郊庙、选任地方官、征伐、刑杀方面的奏章石虎才亲自审议。那个时候，石虎非常宠信石邃。石邃日益“骄淫残忍”，甚至“妆饰美姬，斩其首，洗血置盘上，与宾客传观之，又烹其肉共食之”。其弟石宣与石韬受宠于石虎，石邃于是“疾之如仇”。然而，石虎“荒耽酒色，喜怒无常”，即使对太子石邃也是如此。有关尚书所奏之事石邃奏告于他，他感到很烦，说“此小事，何足白也”；不奏告于他，他又怒不可遏，指责“何以不白”，并且鞭打杖击。如是一月数次，使石邃渐生异心。石邃先谋于中庶子李颜等人，说是“官家难称，吾欲行冒顿之事，卿从我乎?”尽管李颜等人“伏不敢对”，石邃“欲至冀州，杀河间公”时李颜又“叩头固谏”，但因为没有及时告发，被石虎所杀，与李颜一起被杀的还有三十余人。接着，石虎将石邃幽禁、废黜，终至“杀邃及其妃张氏，并男女二十六人同埋于一棺；诛其宫臣支党二百余人”。

后立石宣为太子，同样授予重权，甚至一度想将刑杀的大权也授予石宣。石虎喜欢打猎，还曾修造打猎用的车子一千辆，从灵昌津向南到荥阳东境的阳都都划为猎场，让御史监护。建武十三年（347 年）秋，石虎命石宣到各地的山川祈福，顺便周游打猎。石宣树起天子旌旗，摆出一副天子派头，十六路军队的十八万士卒从金明门出发。石虎为此感到欣慰，说："我家父子如此，自非天崩地陷，当复何愁！但抱子弄孙，日为乐耳。"后来石虎命石韬继出，自并州至于秦州、雍州，石韬也如此而行，石宣便忌恨骤起，再加上宦官赵生挑唆，始有杀石韬之图谋。石虎曾因石宣"忤旨"而有"悔不立韬"之言，石韬因为有石虎的宠爱也日益骄横，兄弟之间的矛盾升级恶化。石宣先下手为强，派杨杯等人夜杀石韬，并想在石虎前来吊唁时杀死石虎。石虎发现石宣的恶行与图谋之后，"囚宣于席库，以铁环穿其颔而锁之"，取杀死石韬的刀箭让石宣"舐其血"，石宣"哀号震动宫殿"。石虎还让石韬宠幸的宦官郝稚、刘霸揪着石宣的头发，拽着石宣的舌头，拉着石宣登上梯子，"以绳贯其颔，鹿卢绞上"，砍断他的手脚，挖出他的眼睛，刺穿他的肠子，以极其残酷的刑罚将石宣折磨至死，然后将其焚烧成灰。石宣周围三百人、宦官五十人全被"车裂节解，弃之漳水"。

石虎接连杀死两个太子，两个太子罪有应得，石虎亦咎由自取。其一，太子的骄横，无不由石虎之"宠"所致；其二，太子之残忍，也是石虎言传身教带出来的。石虎却不会这样去吸取教训，他将这一切都归结为"年逾二十辄欲杀父"，因而听从戎昭将军张豺之言，立年方十岁的齐公石世为嗣。他料定，等到石世二十岁时，自己已不在人世了。

石虎怎么也没有想到，在他尚未断气之时，张豺就与石世之母刘氏勾结，矫诏以"无忠孝之心"为由将受命辅政的燕王石斌"免官归第"，继而又矫诏杀了石斌。

彭城王石遵很快起兵杀了张豺、刘氏以及小皇帝石世而自立为帝，后赵政权也就在石氏宗室的自相残杀之中衰落败亡。

成汉昭文帝李寿*

十六国时的李雄国号为“大成”，李寿国号为“汉”，史称“成汉”，他们都是“成汉皇帝”，“成汉”的开国皇帝便是李雄，史称“成汉武帝”。李寿是“成汉”的第四位皇帝，因为第二位皇帝李班、第三位皇帝李期都是转瞬即逝的角色，李寿接续的便是李雄的大统，史称“成汉文帝”。李寿其人，为人臣时可谓贤相，即帝位后成为昏君，前后变化，发人深省。

攻克成都

李寿“敏而好学，雅量豁然，少尚礼容”（《晋书》卷一百二十一），其堂兄李雄“奇其才，以为足荷重任”，拜其为前将军、督巴西军事，迁征东将军，年方十九。其父李骧死后，升任大将军、大都督、侍中，封扶风公；征讨宁州、平定各郡有功，进封建宁王。大成玉衡二十四年（334 年），李雄遗诏李寿辅佐朝政。太子李班即位之后，以李寿为录尚书事，“政事皆委于寿及司徒何点、尚书王瑰”。李班是李雄大哥李荡的儿子，李雄的亲儿子李期、李越兄弟不服，李班即位三月，就被他们合谋杀死。李期称帝，改封李寿为汉王，兼任梁州刺史。李寿战功卓著，尤其是攻克朱提一战，更是威

---

* 本篇引文主要出自《资治通鉴》的《晋纪十八》《晋纪十九》。

震南中，为李期、李越兄弟以及景骞等人所忌惮。且李期、李越兄弟十几个都拥有强兵，李期取代李班之后，“骄虐日甚，多所诛杀，而籍没其资财、妇女，由是大臣多不自安”。李寿更是担忧不能免祸，因此，每逢要入朝的时候，常诈称边事告急而推辞。

李寿秘密请教巴西处士龚壮，龚壮为之提供“自安之策”，即“发兵西取成都，称藩于晋”。他认为此举必能成功，因为“巴、蜀之民本皆晋臣”，一旦李寿打出“称藩于晋”的旗号，他们势必为李寿“奋臂前驱”，不仅能“脱今日之祸”，还能“福流子孙，名垂不朽”。对此，李寿颇以为然。成都是成帝李期之所在，“发兵西取成都”就是取李期而代之。对于李寿的图谋李期有所风闻，数次派人去李寿处观察动静，但他万万没有想到李寿会不期而至，以至于未曾做任何防备。李寿“屯兵宫门”之后，李期只能派侍中前去慰劳李寿。李寿则奏称李越、景骞等人心怀不轨，扰乱朝政，将他们全部杀死，此后“纵兵大掠，数日乃定”；又以太后任氏之名，废李期为邛都县公，并予以幽禁。

李寿能够迅速攻克成都，得益于打出“称藩于晋”的旗号，得到“巴、蜀之民”的支持。李寿为激励攻打成都的将士，许诺“赏以城中财物”，攻克成都，杀死李越、景骞等人之后，“纵兵大掠，数日乃定”，甚至强奸抢掠了李雄的儿女。这却是大失人心之举，至少使“巴、蜀之民”切身感受到李寿与“骄虐日甚，多所诛杀”的李期并无多大区别。

李寿攻克成都取代李期之后何去何从，有两种不同的声音。解思明等人的意见，是“称藩于晋”并送李期去晋都建康；任调等人的意见，是劝李寿自立为帝。李寿请人占卜，占卜者说：“可数年天子。”主张自立为帝的任调很高兴，迫不及待地说：“一日尚足，况数年乎!”主张“称藩于晋”的解思明则说：“数年天子，孰与百世诸侯?”但在“数年天子”与“百世诸侯”之间，李寿毫不犹豫地选择了前者。他借用《论语》中孔子的话说：“朝闻道，夕死可矣。”

也就是说，即使当天当皇帝当天就死，他也心甘情愿。这话反映了他的价值取向，他当皇帝，不要说什么励精图治，为民造福，甚至没有去想龚壮说的“福流子孙，名垂不朽”，只想当回皇帝过个瘾图个痛快。

大成玉恒四年（338年）四月，李寿即皇帝位，改国号为汉，改元汉兴。

效法石虎

李寿沿袭一朝天子一朝臣的老谱，登基之后，在重要部门全部撤换了李雄为帝时的旧臣，换上他的亲信。此举难免引发李雄旧臣和宗室的不满。那年九月，仆射任颜谋反。任颜是任太后的兄弟。因此，李寿不仅杀了任颜，而且诛杀了李雄的全部子嗣。

李寿也没有全然抛弃李雄为帝时的“俭约宽惠”之风。汉兴元年（338年）八月，“蜀中久雨，百姓饥疫”，李寿就命群臣“极言”朝政之“得失”。曾经为他提供“自安之策”的龚壮上疏说：李寿“起兵之初，上指星辰，昭告天地，歃血盟众，举国称藩，天应人悦”，这才使“大功克集”，攻克成都之后，却是言而无信，“权宜称制”，自己当了皇帝。龚壮认为如今的“淫雨百日，饥疫并臻”，乃是老天爷对他的“监示”，他希望李寿“宜遵前盟，推奉建康”。这些话很尖锐，但李寿还能“省书内惭”，并没有因此训斥龚壮，更没有将他关入牢狱，尽管他为维护自己的皇位“秘而不宣”，扣压了龚壮的奏疏。

李寿曾因后赵石虎所约，兴致勃勃地想与后赵“连兵入寇”东晋，平分江南之地，于是“大修舟舰，缮兵聚粮”。龚壮、解思明谏阻，认为“国小兵弱，吴、会险远，图之未易”，他还能冷静下来，“命群臣大议利害”，以利集思广益。龚壮再次申述自己的理由，群臣皆以为然，李寿也能因此停止攻伐江南之举。

李寿最终完成从“俭约宽惠”到奢侈暴虐的过程，是在李闳与王嘏从后赵的邺城回来之后。此二人“盛称邺中繁庶，宫殿壮丽，且言赵王虎以刑杀御下，故能控制境内”。李寿十分仰慕石虎，这番话颇合他的心意。他或许以为，当皇帝就得像石虎那样，具有至高无上的威严，享尽人间极乐。具体地说，大致包括这样几个方面：

仰慕后赵之邺城“宫殿壮丽”，因此李寿将成都附近州郡的百姓，凡每家有三个以上成年男丁的，都迁徙来充实成都，大修宫室，治器玩。既然大修宫室，也得广纳美女；“治器玩”，则是满足他们寻欢作乐之所需。但这一切，都得劳民伤财。

将石虎“以刑杀御下”当作“控制境内”的宝贵经验吸取，“人有小过，辄杀以立威”。然“人非圣贤，孰能无过”，即使是“圣贤”，也难免有过，更不待说“小过”。如此这般，他想杀谁就杀谁，可以想见他杀过多少人了。

以“刑杀”堵塞言路，也是李寿借以“立威”之所需。他或许以为，身为至高无上的皇帝，老是被人说三道四、指指点点，不成体统。左仆射蔡兴、右仆射李嶷都是因为犯颜直谏而被他置于死地的。

李寿会对石虎之政如此顶礼膜拜，与他借用“朝闻道，夕死可矣”一语所表达的初衷有关。然而其结果却不是蜀中大治，而是“民疲于赋役，吁嗟满道，思乱者众矣”。

传位李势

成汉汉兴六年（343年），李寿病逝，太子李势即位。“势骄淫，不恤国事，多居禁中，罕接公卿，疏忌旧臣，信任左右，谗谄并进，刑罚苛滥，由是中外离心”，以至于“四境之内，遂至萧条”。此公继承了李寿的负面遗产，将成汉迅速推向灭亡。

李势的弟弟大将军李广因为李势没有儿子，请求立他为皇太弟，李势不许。大臣马当与解思明进谏说“陛下兄弟不多，若复有所废，将益孤危”，并“固请许之”。李势怀疑马当、解思明与李广有密谋，于是拘捕此二人，将他们斩首并“夷其三族”，又派遣太保李奕袭击驻守涪城的李广，将他贬为临邛侯，李广因此自杀。马当“素得人心”，解思明“有智略，敢谏诤”，他们被杀后，“士民无不哀之”。仅此一事，便可见李势之政。

解思明被收捕时感叹：“国之不亡，以我数人在也，今其殆矣!”此言不久便得到应验。东晋安西将军桓温讨伐成汉，就因为看准了“李势无道，臣民不附，且恃其险远，不修战备”。东晋永和三年（347年）三月，成都就被攻下，“汉人惶惧，无复斗志”。李势走投无路，便自称“略阳李势叩头死罪”，抬着棺材，反绑双手，到桓温的军营前投降东晋。后被送往建康，封为归义侯。

李雄建立的成汉政权就此了结。

前秦厉王苻生*

十六国时的前秦政权由苻洪奠定基础，苻健立国称帝。苻健的第三个儿子苻生是第二任皇帝，在位仅两年，却以“暴虐”著称，杀人无数。清康熙帝称“秦主生乃以杀千人为常事，又谓‘野兽食人正天，所以助朕杀之’，草菅民命，自有载籍以来莫盛于此”（《圣祖仁皇帝御制文集》第二集卷三十八）。前秦寿光三年（357年），苻生遭到东海王苻坚囚禁，废为越王，处死于狱中，时年二十三岁，谥号为厉，史称越厉王。

“暴虐”之源

探讨苻生的“暴虐”之源，或者说，探讨造就苻生这个杀人魔王的各种因素，以下这段话有其参考价值：

> 秦淮南王生幼无一目，性粗暴。其祖父洪尝戏之曰：“吾闻瞎儿一泪，信乎?”生怒，引佩刀自刺出血，曰：“此亦一泪也。”洪大惊，鞭之。生曰：“性耐刀槊，不堪鞭棰!”洪谓其父健曰：“此儿狂悖，宜早除之；不然，必破人家。”

这段话是说苻生“性粗暴”的。从这段话看，他的“性粗暴”与他的残疾（即“幼无一目”）有关，这是他的痛苦、无奈与郁闷的集

---

* 本篇引文主要出自《资治通鉴》的《晋纪二十二》。

结点。苻洪的“戏之”恰恰戳到了他的痛处，这才会引发如此极端的反应，居然用佩刀自戳那只瞎眼出血，以“此亦一泪也”回复苻洪，被大为震惊的苻洪“鞭之”后，还要自称“性耐刀槊，不堪鞭棰”。这种逆反，同样显示出他的“性粗暴”。

值得注意的是，这段话中有“性粗暴”与“性耐刀槊”两处“性”字出现，这是性格之性、性情之性，也是人性之性。身有残疾的未必都像苻生那样“性粗暴”。不要说“幼无一目”，自幼双目失明的，也能心如止水。苻生的“幼无一目”加重了他的“性粗暴”，但苻生的“性粗暴”却未必源自他的“幼无一目”。用儒家的“性相近，习相远”去理解，其先天就有“性恶”的一面，在后天的各种因素作用下得到发展。“性粗暴”自然也是一种“性恶”，却未必都是负面的东西，倔强、顽强、勇猛以及大刀阔斧，也会与“性粗暴”相连。倘若苻生“性柔弱”，日后能够“力举千钧，手格猛兽，走及奔马，击刺骑射，冠绝一时”吗？

苻洪是苻生的祖父，又是前秦的君王，看到苻生如此逆反，就要苻健杀了这个“逆种”。反过来说，苻生在苻洪的威严之下依然如此逆反，将自己的“粗暴”之“性”表现得如此强烈，那么，可以想象，一旦他掌有生杀大权，这种“性粗暴”就会因为有了权力加持而百倍扩张。他是在帝王之家中成长的，又生在那个乱世之中，对于权力与杀戮可谓司空见惯，无师自通。

历史偏偏出现了这样的逆转，苻健刚要执行苻洪之命，就被他的弟弟苻雄谏阻了，理由是“儿长自应改”，用不着这样急不可待。苻生也确实在东晋桓温进攻前秦时，单骑冲入敌阵，前后斩将夺旗十余次，为维护前秦政权立有汗马之劳。太子苻苌在桓温入关时中流矢而死，苻健又因“三羊五眼”的谶文而立苻生为太子。苻生在苻健去世之后即位，掌握了至高无上的权力；这种至高无上的权力，最终造就了他的暴虐。

苻健并非暴君，但他临终时做了一件自相矛盾的蠢事，一方面，任命大司马、武都王苻安都督中外诸军事，遗诏太师鱼遵、丞相雷弱儿、太傅毛贵、司空王堕、尚书令梁楞、左仆射梁安、右仆射段纯、吏部尚书辛牢等人辅政，另一方面，又对苻生说："六夷酋帅及大臣执权者，若不从汝命，宜渐除之。"这叫"为之羽翼而教使翦之"，"任以大柄，又从而猜之"。司马光认为苻健此举埋下了前秦的祸乱之根。

在我看来，这也正是苻生"暴虐"的催化剂。

自剪羽翼

苻生是怎样剪除他的"羽翼"的呢？

苻健去世，苻生即位，立马大赦、改元，这种做法有违礼制，于是群臣进言："未逾年而改元，非礼也。"苻生就因为他们不从其命而怒不可遏，查得"议主"是右仆射段纯，便将他杀了。这是苻生杀的第一个辅政大臣。

中书监胡文、中书令王鱼借言天象有变，占卜"不出三年，国有大丧，大臣戮死"，进言"愿陛下修德以禳之"。苻生说："皇后与朕对临天下，可以应大丧矣。毛太傅、梁车骑、梁仆射受遗辅政，可以应大臣矣。"事隔不久，苻生就杀了梁皇后以及毛贵、梁楞、梁安。这三位都是辅政大臣，而且都与梁皇后有关，梁安是梁皇后的父亲，梁楞是梁皇后的堂叔或堂伯，毛贵则是梁皇后的舅父。苻生就以这种方式来"应大丧"和"应大臣"。

丞相雷弱儿生性刚直，痛恨苻生宠幸的赵韶、董荣等"乱政"之人，且常"公言于朝"。赵韶、董荣向苻生进谗言，苻生眼睛都不眨一下就杀了雷弱儿，还把雷弱儿的九个儿子二十七个孙子统统杀了。雷弱儿不仅是辅政大臣，也是原先的羌族酋长，苻生此举，使"诸羌皆有离心"。

司空王堕之死与雷弱儿相隔不过一月，他们二人性格相似，死因相近。生性刚峻的王堕对“以佞幸进”的右仆射董荣、侍中强国“疾之如仇”，视若鸡狗，上朝之时从不搭理他们。这两位乘“天变”之机进言苻生：“今天谴甚重，宜以贵臣应之。”也就是说，要以“贵臣”之命应对“天谴”。苻生说：“贵臣惟有大司马及司空耳。”苻安是大司马，王堕是司空。董荣说：“大司马国之懿亲，不可杀也。”以应“天谴”的“贵臣”之指向很明确了，于是苻生就杀了王堕。另有赵韶乘机进谗言说王堕的外甥洛州刺史杜郁与东晋有来往，苻生也将他一起杀了。

苻生宴群臣于太极殿时喝醉了酒，嫌作为“酒监”的尚书令辛牢劝酒不力，没有逼人喝酒，以至于还有人坐着不喝，于是就“引弓射牢”，当场将辛牢一箭射死；吓得在场的大臣“莫敢不醉，偃仆失冠”，大失仪态，洋相百出，这才使他称心而“悦”。

苻生梦见大鱼食蒲，又有长安民谣“东海大鱼化为龙，男皆为王女为公”。二者都有一个“鱼”字，鱼遵偏偏姓鱼并位至太师，苻生生怕这条“大鱼”食“蒲”，并让“鱼”子“鱼”孙为王为公，于是将鱼遵连同他的“七子、十孙”一起杀了。

就这样，苻生的八个辅政大臣，在一年多的时间中，被他统统杀死。

草菅人命

苻生杀的不仅是辅政大臣，而且他杀人的缘由和手段也五花八门。

进谏者大多会被苻生所杀。苻生即位次年三月，征集三辅百姓修治渭桥，金紫光禄大夫程肱进谏，以为此时动用民力妨碍农耕，苻生就把他杀了。那年四月，因为“长安大风，发屋拔木”，造成“宫中惊扰，或称贼至”。苻生查得“称贼至”者就要“刳出其心”，左光禄大夫强平谏言“天降灾异，陛下当爱民事神，缓刑崇德以应之”，苻生竟然凿开了他的天灵盖将他杀死。强平还是他的亲舅舅呢！

太医奉诏为他看病也会被杀。苻生有次夜里吃多了枣，第二天就生病了。太医令程延为他看病后说了句“陛下无他疾，食枣多耳”使他不快，怒斥“汝非圣人，安知吾食枣”犹不解恨，索性将他杀了。还有一位太医为苻生开药，苻生嫌药中人参细小，那太医稍作辩解，苻生就怀疑他在讥讽自己的眼疾，命左右挖出他的双眼，然后枭首示众。

在外行走，也会招致飞来横祸。有青春年少眉目清秀的一男一女并行于道，恰巧碰上出游的苻生，苻生以为他们是配偶，其实他们是兄妹，苻生竟要他们结为夫妻，并当场交欢行男女之事供他观赏。他们没有听从，苻生就拔剑将他们杀了。苻生与他的宠妾登楼远望，因为他的宠妾关注了一位风度翩翩的大臣，使苻生妒意骤起，居然立马拔剑让卫士去割下那位大臣的首级送他的宠妾。

苻生“饮酒无昼夜，或连月不出”，经常醉酒而且“乘醉多所杀戮”。因为“幼无一目”，凡是与此有关的字眼，如“残、缺、偏、只、少、无、不具”之类都得忌讳，误犯此忌而死者不可胜数。他曾问左右：“自吾临天下，汝外间何所闻？”有的对答说：“圣明宰世，赏罚明当，天下唯歌太平。”苻生怒斥“汝媚我也”并将他斩了。有人对答“陛下刑罚微过”，他又怒斥“汝谤我也”，照样把他斩了。苻生难得上朝接见大臣们时，总是佩刀带箭，锤、钳、锯、凿等“可以害人之具，备置左右”，以此不同的刑具杀人，“截胫、拉胁、锯项、刳胎者，比比有之”。如此这般，“勋旧亲戚，诛之殆尽，群臣得保一日，如度十年”。

苻生的种种暴虐行为自然招致非议，他也有所耳闻。即位次年六月，苻生颁布诏书，振振有词地为自己辩护。他将外界的非议视为诽谤，反问非议者自他“嗣统以来，有何不善”？他“杀不过千”，怎能称之为“残虐”，街头巷尾不是“行者比肩，未足为希”吗？他认为自己“受皇天之命，君临万邦”，他就要以此“峻刑极罚”治国，又有谁能奈何得了他？可见，关键还在于他有“君临万邦”之权。

那个时候，潼关之西至长安一带虎狼横行，日夜出没，被吃掉的已有七百多人，严重威胁人身安全，直接祸害民众。群臣“奏请禳灾”，苻生居然说，正因为“犯罪者多”，上天才派遣虎狼助他“杀之”。

康熙称苻生“草菅民命，自有载籍以来莫盛于此”，就是接着这个话头来的。

苻坚除暴

如上所说，苻生杀死太师鱼遵的原因之一，是“东海大鱼化为龙，男皆为王女为公”这两句民谣。其实，此民谣原本与鱼遵无关，倒是暗指龙骧将军、东海王苻坚。不仅因为他的头衔之中既有“东海”又有“龙”，更因为他口碑不错，“素有时誉”。

苻生的杀人如麻惹得天怨人怒，前秦就有大臣开始寄希望于苻坚。先有薛赞、权翼密劝苻坚：“主上猜忍暴虐，中外离心，方今宜主秦祀者，非殿下而谁！愿早为计，勿使他姓得之！”继而又有御史中丞梁平老等对苻坚说：“主上失德，上下嗷嗷，人怀异志，燕、晋二方，伺隙而动，恐祸发之日，家国俱亡。此殿下之事也，宜早图之！”言词虽然有异，意思完全一致：他们都认定苻生无道失德，将除暴安良拯救家国之希望寄托于苻坚，而且都力主“宜早”。对于他们的提议，苻坚也是认同的，还找王猛合计谋划，把王猛当作他的诸葛亮，只是考虑到苻生之凶猛，未敢轻率动手。

最终逼使苻坚动手的还是苻生。寿光三年（357 年）六月的一个晚上，他对侍婢说：“阿法兄弟亦不可信，明当除之。”苻生之不得人心，使得侍婢背叛他而将这个重要信息告知“阿法兄弟”即苻法与苻坚。于是苻坚与苻法别无选择，各带一路人马先后杀进宫去。而苻生之不得人心，又使他的宿卫将士放下武器归顺苻坚。

此时的苻生已成瓮中之鳖，而他全然不知，还醉倒在床上呼呼大睡。直到苻坚的士兵来到他的面前，才惊问左右“此辈何人”，左右回答说是“贼也”，他又摆出皇帝的架子说“何不拜之”，士兵都笑了。苻生还在大要其暴君的威风，说“何不速拜，不拜者斩之”，士兵就把他带到别的房间关起来了。

这个杀人魔王就这样被苻坚废黜为越王，继而又被处死。

南朝宋废帝刘子业*

正统的帝王谱系中是找不到刘子业的，司马光的《资治通鉴·宋纪十二》写的大多是他的各种恶行，标的却是南朝宋明帝及宋明帝的年号“泰始”，没有称他为“上”，只称他为“废帝”。但刘子业确实做过皇帝，而且不是自称，也不是篡位，他在南朝宋孝建元年（454年）正月被立为太子，五年后宋孝武帝刘骏去世，他顺理成章地即了位。

刘子业转瞬之间就成“废帝”，由其“多行不义”所致。

血染皇冠

刘子业即位时才十六岁，其所作所为受王太后和越骑校尉戴法兴的制约。王太后去世之后，戴法兴成了抑制刘子业的主要角色，他甚至动辄就会以前废帝营阳王刘义符为例教训刘子业：“官（即皇上）所为如此，欲作营阳邪！”刘子业宠信宦官华愿儿，给他的赏赐不计其数，戴法兴也常加以削减。华愿儿对戴法兴恨之入骨，一有机会就向刘子业进谗言说，说什么“道路皆言‘宫中有二天子：法兴真天子，官为赝天子’”，又说戴法兴原系“孝武左右，久在宫闱”，现在又与刘义恭、颜师伯、柳元景等“共为一体”，长此以往，

---

* 本篇引文主要出自《资治通鉴》的《宋纪十一》《宋纪十二》。

“深恐此坐席非复官有”。刘子业本来就对戴法兴憋着一股气，华愿儿这番话更是火上加油，于是立马免去了戴法兴的职务，将他放逐到边远的地方去，不久又将戴法兴赐死。

华愿儿向刘子业进谗言时说的刘义恭、颜师伯、柳元景等人，都是前朝旧臣，刘义恭还是刘骏的叔父，刘子业的叔祖父。刘骏去世前留下遗诏，对他们的官爵与职权做了安排。刘骏去世之后，他们“声乐酣饮，不舍昼夜”，这已使刘子业十分不满，华愿儿的话加深了这种不满。戴法兴被赐死对刘义恭等人的震动很大，此前刘子业以王彧为右仆射分颜师伯之权，已使颜师伯内心畏惧，于是他与柳元景谋划，想推立刘义恭为帝，废了刘子业。谁知因“日夜聚谋，而持疑不能决”，还没等有所行动已被人告发。

刘子业终于大开杀戒。他亲自率兵打上门去，杀了刘义恭和他的四个儿子，这还不解恨，又将刘义恭的身体肢解，把刘义恭的肠胃撕裂，把刘义恭的眼珠挖出来浸在蜜水中，称之为“鬼目粽”。同时派遣“以兵相随”的使者去“诏召”柳元景。柳元景知道大祸临头，告别母亲后“整朝服乘车应召”。弟弟车骑司马柳叔仁“帅左右壮士欲拒命”，他苦苦劝阻。柳元景刚走出巷口，就有“军士大至”，于是“下车受戮，容色恬然”；一起被杀的还有他的八个儿子、六个弟弟以及所有侄子，可谓斩草除根。颜师伯是在路上被抓获杀害的，他的六个儿子也被诛杀。此外刘子业还下令杀了廷尉刘德愿、湘州刺史刘伯禽。

刘子业即位不久，杀了抑制他的戴法兴，又先发制人，对密谋废掉他的刘义恭、颜师伯、柳元景等大开杀戒，这不算太奇葩。凡封建帝王为了自己座下的皇位头顶的皇冠，十有八九都会这么做。何况，这些人本身也有专权暴虐、骄奢淫逸的一面。不过，刘子业杀人手段之狠毒残忍，也算得上出类拔萃了。自此之后，公卿以下的官员，“皆被捶曳如奴隶矣”，连大气也不敢出。

刘子业的杀戮并未就此收手。

新安王刘子鸾有宠于孝武帝刘骏，刘子业在东宫时有过失，刘骏曾想废刘子业而立刘子鸾，刘子业一直怀恨在心，便乘诛杀刘义恭等人之势，派遣使者前去赐死刘子鸾，并诛杀刘子鸾的同母弟弟刘子师和妹妹。

义阳王刘昶不受孝武帝刘骏待见，民间时有“刘昶当反”的流言，刘骏去世后这种流言更盛。刘昶派典签官蘧法生到建康呈递奏章，请求入朝晋见刘子业，不乏为自己辩白之意。刘子业对蘧法生说：“义阳（指义阳王刘昶）与太宰（指刘义恭）谋反，我正欲讨之。今知求还，甚善！”又屡屡诘问蘧法生：“义阳谋反，何故不启？”吓得蘧法生偷偷逃回彭城。刘子业常说：“我即大位以来，遂未尝戒严，使人邑邑！”这一回，他下诏讨伐刘昶，终于得以内外戒严，并亲自率兵渡江，逼得刘昶投奔了北魏。

刘子业杀江州刺史晋安王刘子勋的理由更怪，因为刘宋文帝刘义隆、武帝刘骏在自己的兄弟中都排行第三，而晋安王刘子勋也排行老三，这种巧合使他心里很不舒服。何况刘子业的姑父何迈要杀刘子业的时候，还曾打算立刘子勋为帝，因此就遣朱景云送药赐死刘子勋。朱景云至湓口，遣信使报江州长史邓琬。在邓琬等人的安排下，刘子勋起兵反刘子业。

人伦道尽

刘子业的荒诞与淫秽，即使在中国帝王的历史上，也屈指可数。

刘子业的姑姑新蔡公主刘英媚，是宁朔将军何迈的妻子，刘子业却把刘英媚纳入后宫，做了他的嫔妃，称为谢贵嫔。而对外谎称长公主已薨，并杀了一个宫女当替身，送去何迈府第举办葬礼。不久，他封谢贵嫔即刘英媚为夫人，让她乘坐“鸾辂龙旗”的御车“出警入跸”。这种小把戏自然瞒不过何迈的眼睛。他是先帝刘骏的驸马，又是刘子业的姑父，生性豪爽，有侠义之风，且家中“多养死士”，忍受不了这样的屈辱。何迈之所以要杀刘子业，就为出这口窝囊气。因为事情泄露，刘子业亲自带兵杀了何迈。

刘子业与他的姐姐山阴公主刘楚玉的关系也非同一般。外出时，常常与刘楚玉及亲信的大臣“同辇”。这位山阴公主认为自己与刘子业“男女虽殊，俱托体先帝”，刘子业有“六宫万数”，而她只有一个驸马“事太不均”。刘子业于是为她置面首（即男宠）三十人，并加封她为会稽郡长公主，俸禄与郡王一样。吏部郎褚渊长得漂亮，刘楚玉就向刘子业请求让褚渊侍奉自己。但褚渊虽因刘子业之命侍奉公主，却死也不肯当她的面首。

少府刘曚之妾怀孕临产，刘子业将她迎入后宫，说如果生的是男孩，就立为太子。建安王刘彧曾违背刘子业的旨意，刘子业就命人把他的衣裤统统剥去，让他一丝不挂，捆住他的手脚，用一根木棍抬着交给太官，说：“今日屠猪！”只因刘休仁说“待皇子生，杀猪取其肝肺”，方才留得一命。刘曚之妾生的果然是儿子，刘子业就称其为皇子，为此下令天下大赦，大凡此日生子的臣属全都赐爵一级。这件荒唐事恐怕还有隐情：如果刘曚之妾所生的儿子不是刘子业的种，刘子业为何立他为太子？还要天下大赦，连同日生子的臣属也要赐爵。

在男女之事上，刘子业的荒唐事还有很多。例如，他把刘氏宗室的嫔妃与公主召集在面前，命左右侍从在众目睽睽之下去侮辱、玷污她们。南平王刘铄的妃子江氏拒不从命，刘子业因此发怒，杀了江妃的三个儿子，打了江妃一百鞭。刘子业还经常命令宫女赤裸身体相互追逐、嬉笑，供他寻欢作乐。

儒家的“三年之丧”以及“三年无改于父之道，为孝”未必可取，但对于前辈、长辈，尤其是父母之孝，却不可或缺，这是人之所以为人的应有道德。身为皇帝的刘子业，却连这一条都做不到。

刘骏去世刘子业即位之时，皇帝的玉玺是由吏部尚书蔡兴宗呈献给刘子业的，那时正在居丧之中的刘子业就显得傲慢而且懈怠，没有一丝为人之子的悲戚。蔡兴宗由此预感到刘宋之祸，他对人说："昔鲁昭不戚，叔孙知其不终。家国之祸，其在此乎!"没有多久，刘子业的母亲王太后也去世了。王太后病重之时，曾派人去请刘子业，想与已经即位的亲生儿子再见一面，刘子业却懒得去，理由是"病人间多鬼"。听了这话，王太后气得不行，她对侍从说："取刀来，剖我腹，那得生宁馨儿!"

刘子业曾让画师画先人之像。画好后，他去过太庙，不是瞻仰、祭奠，而是对先人指指点点。一会指着他的曾祖父刘宋高祖刘裕之像说："渠大英雄，生擒数天子。"一会指着他的祖父刘宋太祖刘义隆的画像说："渠亦不恶，但末年不免儿斫去头。"一会又指着他的父亲刘宋世祖刘骏之画像说："渠大齄鼻，如何不齄?"并召画师画出刘骏的酒糟鼻子。说的虽是实情，却没有礼数，缺乏教养。

刘子业对他的几位叔父既畏且忌，怕他们在外地不好控制，就都"聚之建康"，即使已任命为雍州刺史的建安王刘休仁和南豫州刺史的湘东王刘彧，亦"皆留不遣"，不让他们赴任，将他们拘禁在殿内，殴打鞭笞欺辱，没有人伦之理。湘东王刘彧、建安王刘休仁、山阳王刘休祐都长得很肥很壮，刘子业就把他们分别关在竹笼里，放到秤上称体重，称刘休仁为"杀王"，刘休祐为"贼王"，刘彧最胖，就称为"猪王"。此三王年龄最大，他对他们也最苛刻，而且"常录以自随，不离左右"。刘子业曾以木槽盛饭，搅拌杂食，掘地为坑，灌满泥水，然后把刘彧衣服剥光，扔入泥坑里，叫他去吃木槽中那些乱七八糟的东西，以此取乐。刘子业前后曾有十几次想杀掉刘彧、刘休仁、刘休祐，幸好刘休仁足智多谋，善于逢场作戏，插诨打科，方得苟活。

凡此种种，被时任吏部尚书蔡兴宗称之为"人伦道尽"。《管子·八观》有言："背人伦而禽兽行，十年而灭。"这话用在刘子业的身上是很恰当的。

只是他"灭"得更快，远远不用十年。

竹林噩梦

刘子业多行不义，对他恨之入骨的人，明明暗暗的不计其数。就在他遣使送药赐死晋安王刘子勋的时候，长史郑琬就言之凿凿地说："幼主昏暴，社稷危殆，虽曰天子，事犹独夫。今便指帅文武，真造京邑，与群公卿士，废昏立明。"声称受刘子勋指派，"令所部戒严"。刘子勋也身穿戎服，召集僚佐听事议事，调兵遣将，招兵买马，征集武器，构筑工事，并"移檄远近"，准备从江州直趋洛阳，讨伐"独夫"刘子业。这是明的，动静已经不小了。

还有暗的，就在他的身边。

刘子业以美女、金帛拉拢宗越、谭金、童太一、沈攸之等武勇有力的侍从为爪牙，肆无忌惮、无所不为，使"左右宿卫之士皆有异志"。刘彧等三王久被幽禁于宫中，刘彧的主衣阮佃夫等人与刘子业的侍卫淳于文祖等人谋划废了刘子业。阮佃夫又把他们的谋划偷偷告诉了刘子业的主衣寿寂之，他知道刘子业很不喜欢寿寂之，"见辄切齿"。刘子业因忙于立后之事，借用三王身边之人，刘彧的侍从钱蓝生也在其中，刘彧命钱蓝生窥视刘子业。

刘子业曾游华林园竹林堂，让宫女赤身裸体地互相追逐供他观赏，有一女拒不从命被斩。那天夜里，刘子业梦中在竹林堂有一女骂他"悖虐不道"，说他活不到明春小麦成熟的时候，次日刘子业找出一个和梦中骂他的女子模样相近的人杀了。夜里又梦见被杀者说："我已诉上帝矣!"巫师巫婆们都说竹林堂里有鬼，于是那天晚上，刘子业"悉屏侍卫，与群巫及彩女数百人射鬼于竹林堂"。

因为情报及时准确，诛杀刘子业的行动随即开始。刘子业最后是被寿寂之"追而弑之"的，在位一年半。

南朝宋后废帝刘昱*

称刘昱为南朝宋的后废帝，是相对于他之前的废帝刘子业而言的。刘子业在华林园竹林堂射鬼被杀，刘彧便被他的兄弟刘休仁等推上了皇帝的宝座。刘昱并非刘彧的种，他是刘彧以宠妃陈妙登借宠臣李道儿之种而生的。但他还是以刘彧儿子的身份继承刘彧衣钵，十岁即位，在位五年，并无理政，唯有恶行，死于非命，史称苍梧王。

子承父行

说刘昱之前，不妨先说说其父刘彧。

最早举旗讨伐刘子业的是晋安王刘子勋的长史郑琬。他以刘子勋的名义调兵遣将，招兵买马，征集武器，构筑工事，并“移檄远近”。而刘子业身边的人却沾了“近水楼台”的光，先下手杀死了刘子业。于是，这边已立刘骏之弟刘彧为帝，那边再立刘骏之子刘子勋为帝——刘子勋当时不过十一岁，做主的是郑琬等人——两边自有一场帝位的争夺。当时各地多用刘子勋的年号“义嘉”，这场内斗便称为“义嘉之乱”。内斗的结果，刘彧胜出。

刘彧是南朝宋第七位皇帝，史称宋明帝。但明帝不明，虽有文

---

* 本篇引文主要出自《资治通鉴》的《宋纪十三》《宋纪十四》《宋纪十六》。

才，曾撰《江左以来文章志》并续卫瓘所注《论语》二卷，然其德行与刘子业相差无几。

刘彧的杀戮也与刘子业一样无度，先是为了维护自己的皇位而诛杀孝武帝刘骏的子孙，刘子房、刘子仁、刘子真、刘子孟、刘子产、刘子舆、刘子嗣等都是内斗平息后被赐死的。刘骏的二十八个儿子一个都没有剩下，可谓斩草除根。后是为了太子刘昱未来的皇位，大杀为他登基立过大功的刘休仁、刘休祐、刘休若等兄弟以及寿寂之、吴喜等重臣。因为触犯忌讳而被诛杀的也不乏其人。内斗和诛杀，使官难自保、民不聊生、国力衰弱。

刘彧的奢靡与刘子业也有得一比。他在宫中举行盛大宴会，与男男女女一起观看裸体女子。皇后王贞凤看不下去这种淫秽的场景，"以扇障面"，遭到刘彧的训斥："外舍寒乞！今共为乐，何独不视！"性情柔弱的王皇后并不这样认为，她不卑不亢地回答说："为乐之事，其方自多；岂有姑姊妹集而裸妇人以为笑！外舍之乐，雅异于此。"明白地说，就是"寒乞"的"外舍"之乐，也比这种阔绰的皇家淫秽来得高雅。刘彧于是恼羞成怒，把王皇后赶了出去。

以上说的，都是刘彧言传身教而刘昱耳闻目睹的事。刘昱不仅继承了刘彧的皇位，也继承了刘彧的德行，既是子承父业，也是子承父行。

无日不出

南朝宋泰豫元年（472 年）四月，刘昱即位，时年十岁。

刘昱刚即位时还有所忌惮，"内畏太后、太妃，外惮诸大臣"，因而"未敢纵逸"。行过加冕礼后，宫内宫外的约束有所松弛，他就经常外出游逛了。最初出宫，还有仪仗、卫队，以后就只带身边数人，"或出郊野，或入市廛"了。他的生母陈太妃怕他出事，每次都乘坐青盖牛犊车尾随其后监护。他又改乘轻骑，一跑就是十几里，把陈太妃远远地甩在后面，让她根本无法追赶。侍从侍卫则因为有所顾忌也不敢追赶，只能驻扎一处眺望以备万一。刘昱微服出行时，甚至常穿短裤短衫，无处不往，“或夜宿客舍，或昼卧道傍”，常在市井小民中穿行，与他们交易，“或遭慢辱”，亦“悦而受之”。那个时候，刘昱的任性、顽劣或可归结为童心使然。

刘义隆的孙子刘景素在京口起兵，并兵败万岁楼后，刘昱更加我行我素。他的任性与顽劣也开始与皇权结合，演化为凶残与暴虐。身为皇帝的刘昱“骄恣尤甚，无日不出，夕去晨返，晨出暮归”，跟随他的人也都成了杀手、屠夫，路上碰到的男女老少以及犬马牛驴，都会死于他们的短刀长矛之下，于是造成“民间扰惧，商贩皆息，门户昼闭，行人殆绝”的局面。

刘昱即位后，王贞凤为太后，陈妙登为太妃。对于刘昱的种种恶行，王太后看不过去，曾屡屡训诫刘昱，刘昱本来就感到很恼火。端午节那一天，太后送给他一把羽毛扇。刘昱嫌其不够豪华，居然命令太医煮药，想把太后毒死。左右侍从以此举会使刘昱戴重孝而不能“无日不出”为由劝阻，说是“若行此事，官便应作孝子，岂复得出入狡狯”，刘昱这才罢手。

刘昱的“无日不出”也给自己埋下了隐患。阮佃夫与直阁将军申伯宗等要废了他，就想趁刘昱到江乘打野鸡之时；萧道成想废了他，萧道成的族弟史顺之与萧道成的次子萧嶷，也都以为“帝好单行道路，于此立计，易以成功”。

倒是刘昱自己没有这种戒备。

杀人为乐

除了出宫玩耍，杀人也是刘昱的一种嗜好。针、椎、凿、锯等可以施行不同酷刑的凶器不离他的左右，身边人“小有忤意，即加屠剖，一日不杀，则惨然不乐”，使宫廷侍从与朝廷官员人都担忧惶恐。

曾为刘彧登基立过大功的阮佃夫等谋废刘昱未成被诛后，有人告发散骑常侍杜幼文、司徒左长史沈勃、游击将军孙超之与阮佃夫同谋，刘昱未经核实就率领卫士突然袭击杜幼文、沈勃、孙超之三家，不分男女老幼全部诛杀。这还不解恨，还要砍断肢体，把肉一块块割下，连婴儿也不能幸免。到沈勃府上时，侍卫还没来得及赶来，刘昱就独自一人挥刀冲了进去。沈勃当时正守丧在家，他知道自己横竖都难免一死，就与刘昱徒手搏斗，还打了刘昱的耳光，唾骂刘昱："汝罪逾桀、纣，屠戮无日。"尔后才被刘昱砍死。

领军将军萧道成为刘宋王朝屡立战功，包括参与平息刘彧即位后的"义嘉之乱"和刘昱即位后的"京口事件"。宋明帝刘彧临终前命他与袁粲、褚渊、刘勔共同辅佐刘昱。然在刘昱眼里，萧道成似也无足轻重。那天天气相当闷热，萧道成居家正裸身躺着睡觉，刘昱闯进了领军府，把他从床上拉起来，让他站在室内，在他的肚脐上画了一个圈作为靶，把弓拉得满满的就要射去。萧道成说："老臣无罪。"侍卫王天恩说："领军腹大，是佳射堋；一箭便死，后无复射；不如以骲箭射之。"骲箭是用骨头做的，射过去会发出响声，但射不死人。因为王天恩说的貌似为刘昱着想，使他日后还能再射这个"佳射堋"，刘昱便听从了他的建议，换成骲箭射去，正中萧道成的肚脐，他还得意地笑着说："此手何如!"在刘昱的生活经验中，杀人犹如儿戏，但对于萧道成，此举又并非全是儿戏。萧道成功高位重，使刘昱妒忌非常。故刘昱"此手"，既是对萧道成的戏弄，也不无除萧道成而后快的敌意。刘昱平日就曾自磨短矛说："明日杀萧道成。"只因其生母陈太妃说："萧道成有功于国，若害之，谁复为汝尽力邪!"方才罢手。

或许正是刘昱此举，直接引发了萧道成废黜刘昱的念头。

自食其果

萧道成先是与尚书令袁粲、中书监褚渊密谋废黜刘昱，另立新君。袁粲不赞成，认为“主上幼年，微过易改”，而且，像伊尹废太甲、霍光废刘贺那样的事，“非季（末）世所行；纵使功成，亦终无全地”，而褚渊不语，于是密谋无果。其后有人劝他从广陵起兵，有人劝他静待时机，最后萧道成还是听取史顺之与萧嶷的意见，乘刘昱外出之时下手。

越骑校尉王敬则知道刘昱不能长久，于是自告奋勇地“夜著青衣，扶匐道路，为道成听察帝之往来”。萧道成又命令王敬则暗中结交刘昱身边杨玉夫、杨万年、陈奉伯等人，他们都在宫殿之中任职，可以窥探适当时机。

那年秋天的一个夜晚，刘昱微服出行，到了萧道成的领军府门前。左右侍卫说：“一府皆眠，何不缘墙入?”刘昱说：“我今夕欲于一处作适，宜待明夕。”这些话，门里边的员外郎桓康等听得一清二楚。刘昱要去“作适”的处所，则是青园尼姑庵。

第二天，刘昱与左右侍从前往台冈比赌跳高后，仍然前往青园尼姑庵。夜晚又到新安寺偷狗，再到昙度道人处煮狗肉吃，吃饱喝足后才回仁寿殿睡觉。虽说刘昱从来就喜怒无常，却偏偏在此日突然对原先宠信的杨玉夫恨得咬牙切齿，说：“明日当杀小子取肝肺!”这是七月初七，刘昱命令杨玉夫去盯住夜空观察织女渡河，并说：“见当报我；不见，将杀汝!”牛郎织女鹊桥相会只是一个传说，谁也没有见过，刘昱此言将杨玉夫逼上了绝路。于是杨玉夫绝地反抗，乘刘昱熟睡之时，与杨万年一起取下刘昱的防身之刀，割下他的首级，又通过陈奉伯“袖其首”，宣称奉敕，打开承明门，再由王敬则骑马送至领军府萧道成处。

刘昱就这样了结了自己的一生，他去世时方才十五岁，若是活在当代，尚未有公民权。人称刘昱的凶残暴虐堪比桀纣，我倒以为，他的种种凶残、暴虐与荒诞，都可看作是一个掌有皇权的顽童的恶作剧。刘昱固然荒诞，但让他当皇帝掌皇权更为荒诞。对于刘昱而言，投胎于皇家是他的不幸，而当上皇帝更是他的不幸。倘若不出身于刘彧这样的帝王之家，他未必会沾染那么多恶习；倘若不是身为皇帝，他充其量是个恶少，未必能犯下那么多的罪孽，也未必会死得那么早而且那么不堪。刘彧煞费苦心地借种生子使自己的皇位得以世袭，又杀了那么多自己的兄弟来让这个宝贝坐上而且坐稳皇位，却未曾想到过会有这样的结局。

刘昱死后，就由萧道成做主，以王太后的名义历数刘昱的罪行，追谥其为苍梧王，并立刘准为帝。当然，这个刘准只是一个摆设，不久就将皇位禅让给萧道成了。

刘裕创立的刘宋皇朝，就此终结。

南朝齐郁林王萧昭业*

萧道成以齐代宋，很想成就一番事业，他的直接继承人萧赜也算是守成之主，故在南齐永明时代，“百姓丰乐，贼盗屏息”。但无论是萧道成还是萧赜都未曾想到，他们的后人会重走刘裕后人的老路，一代接着一代地自毁江山，其败落的起点就是萧赜亲自选定的接班人萧昭业。

两面皇孙

萧昭业是很被齐武帝萧赜看重的，故在皇太子萧长懋即萧昭业的父亲去世之后，萧赜就立他为皇太孙，还在遗诏中称赞萧昭业“进德日茂，社稷有寄”，要皇叔萧子良等“善相毗辅”，并对萧昭业即位后的人事做了安排。

那么，萧昭业是怎样获取齐武帝萧赜的青睐的呢？

萧昭业为南郡王时，跟随萧子良一起住在西州。其父萧长懋通过各种方式约束他的饮食起居，限制他的日常花销。但他会偷偷地向富人索要金钱，因为畏于皇家权势，人家不敢不给。他还私自配制西州州府后门的钥匙，晚上与侍从一起出后门到各个营署中去“淫宴”。他的老师史仁祖和侍书胡天翼均年逾七十，既不忍心也不

---

* 本篇引文主要出自《资治通鉴》的《齐纪四》《齐纪五》。

想看他如此作为，又怕连累家人而不敢向萧赜与萧长懋如实反映，于是双双自杀。凡此种种隐情，萧赜与萧长懋一无所知。

萧长懋病重以及去世之后待葬期间，萧昭业貌似“忧容号毁”，而使“见者呜咽”，为他的“悲痛”所感动，其实他回到家中便“欢笑酣饮”。此前萧昭业曾请女巫杨氏祷祀“速求天位”，萧长懋去世，他认为是杨氏的祈祷起了作用，于是对杨氏“倍加敬信”。齐武帝萧赜病重时，已被立为皇太孙的他隔日便进宫问安、侍奉，一说话就痛哭流涕，私下却故伎重演，请杨氏祷祀，还特地写信给在西州的何妃，正中写一个大大的喜字，四周环绕三十六个喜。萧赜与萧长懋，一个是他的祖父，一个是他的亲爹，他都巴不得他们早点死去，好让自己早日登上皇帝的宝座。对宠信的侍从，他都预先许诺封官晋爵只等即位兑现。齐武帝至死都没有看清这个皇太孙的面目，临终时还拉着他的手说：“若忆翁，当好作!”指望他能励精图治，使萧齐的江山代代相传。然而，萧赜刚入殓尚未安葬，人前“忧容号毁”的萧昭业便“悉呼世祖诸伎，备奏众乐”了。萧昭业的表里不一，在齐武帝萧赜出葬时也有出色的表演。萧赜的棺材要在秦淮河上船，萧昭业在皇城端门送别，丧车尚未出端门，他就称自己有病，回宫去了；一进宫内，就命人在殿内演奏胡乐，皮鼓、铜铃之声响彻内外。

看出萧昭业真实面目的人是有的，太子舍人王融就是一个。他在萧赜病重之时，就曾图谋矫诏废立，他要立的是萧赜的次子，萧长懋的同胞兄弟萧子良。在萧昭业未立为皇太孙之前，萧子良的呼声也很高，但“子良素仁厚，不乐世务，乃更推鸾（即萧鸾）”，故齐武帝遗诏中说“事无大小，悉与鸾参怀”，这是萧子良之志。所以此时他没有呼应王融，以至于王融慨叹“公误我”。萧道成的孙子萧鸾则直接拥戴萧昭业登基即位。萧昭业即位之后十余天，就将王融关入牢狱，接着就赐死。萧鸾受到重用，而萧子良则从此受到萧昭业的忌恨、排斥，最后忧郁而死。萧昭业从小是由萧子良与袁妃抚养的，他们对他“慈爱甚著”。但这也不足为奇，为了早日当皇帝，连自己的亲爹萧昭业都巴不得他早日死呢，何况是皇叔，而且还对他有潜在的威胁。

史家称萧昭业“性辩慧，美容止，善应对，哀乐过人；世祖由是爱之。而矫情饰诈，阴怀鄙慝，与左右群小共衣食，同卧起”。“辩慧”是聪明而又富有辩才，“鄙慝”是卑劣而又邪恶，这段话不仅概括了齐武帝萧赜为什么会看走眼的原因，也将萧昭业其人写得活灵活现。

这是一个标准的两面皇孙。

甩手掌柜

萧昭业即位后很少亲自理政，他当的是甩手掌柜。这一点，从他如何选人用人中便可以看得一清二楚。他用人，谈不上任人唯贤，谈不上德才兼备，只要符合他的心意，只要有利于他吃喝玩乐。因此，凡他宠信的人，如中书舍人綦毋珍之、直阁将军周奉叔、宦官徐龙驹等，便是他的首选。而只要是他宠信的人，他都言听计从，放任不管。例如，凡是綦毋珍之所举荐的人，他都任用，凡是綦毋珍之所提出的事，他都答应。这就让綦毋珍之能上下其手，长袖善舞，有营私舞弊的极大空间。他可以把朝廷内外的官职定价出售，光是这一项，就“旬月之间，家累千金”。他也可以擅自攫取朝中物品，擅自役使公职人员，无须等候诏命圣旨，以至于在朝廷命官中有“宁拒至尊敕，不可违舍人命”之说。又如，萧昭业任命宦官徐龙驹为后阁舍人，让他常居本来应当由皇帝常居的含章殿，穿戴本来应当由皇帝穿戴的黄纶帽和貂裘，朝南坐在本来应当由皇帝坐的案前，批阅本来应当由皇帝批阅的文书敕命。如此这般，本应侍奉皇帝左右的人，已与皇帝没有什么差别，这大概也是齐昭业“与左右群小共衣食，同卧起”的实例。

萧昭业选用的还有一种人，就是前朝旧臣。卫尉萧谌是齐武帝的本家侄子，从武帝还在郢州时起，萧谌就是他的心腹；征南谘议萧坦之则是萧谌的族人，曾经当过萧长懋的东宫直阁，萧昭业就“以二人祖父旧人，甚亲信之”。与他们在一起，他有一种安全感。萧谌每次“请急出宿”，萧昭业均“通夕不寐”，直到萧谌回来后方才心安。而萧坦之可以随时出入后宫，萧昭业每次“亵狎宴游”，他都得在旁伺候。但这种对先朝旧臣的信任与使用也就止于此了。

萧昭业偶尔也过问朝政，却全然没有章法。御史中丞江淹弹劾前益州刺史刘悛贪污受贿，而且数额特别巨大。这个刘悛，既贪得无厌，也挥金如土。他在益州的时候，浴盆都是用黄金做的，而别的器皿也很豪华，一概都与浴盆配套。套用现在的话，这是个不折不扣的腐败分子。但萧昭业之恨刘悛，要将刘悛收付廷尉关入牢狱，甚至要杀掉刘悛，并非因为刘悛贪赃枉法依律当死。齐武帝的时候，刘悛曾被罢去广州、司州两地的职务，当时他将全部家产变卖，把钱献给齐武帝。萧昭业即位后，刘悛没有什么贵重的东西可以贡献，这让萧昭业心理很不平衡；他后来没有杀刘悛，也不是因为此人罪不至死，而是因为西昌侯萧鸾出面说情。定人生死，对于萧昭业来说，不是凭个人好恶，就是凭人情关系，与律法几乎没有关系。江淹同时弹劾的还有前梁州刺史阴智伯，萧昭业如何处置此公，史书没有说，不便妄加猜测。

萧鸾当然也属于先朝旧臣，萧道成很看重他。何况王融想矫诏更立萧子良为帝时，他曾挺身而出。萧昭业用萧鸾，与萧谌、萧坦之又有所不同。他自己去寻欢作乐，而朝事无论大小全由萧鸾去决策。

但无论是萧谌、萧坦之，还是萧鸾，倘若对他有所规劝或进谏，那就不一样了。

花花天子

萧昭业唯一感兴趣的就是寻欢作乐。他让巫师巫婆祈祷自己的父亲与祖父早日归天让他早日当上皇帝，不是想去呕心沥血地治国理政，而是为了能肆无忌惮地寻欢作乐。登基即位之后，他就常与左右侍从微服游走于街头巷尾，或去他父亲萧长懋的陵墓前与左右侍从一起比扔泥巴、比跳高，做种种游戏，并随心所欲地赏赐在比赛或游戏中得胜的侍从，“动至百数十万”。他恐怕压根儿就没有想到过，这些赏钱中凝结着多少平民百姓的血汗与血泪？他还经常进入主衣库（御衣玩物的贮存库），让何皇后以及宠妃们用各种珍贵器具互相投击，直到把它们打破成碎片，并以此取乐。似乎打破的东西越是贵重，他便越是开心。

萧昭业每次见到钱的时候都会说：“我昔思汝十枚不得，今日得用汝未?”他说的“昔”，是在西州之时，那时因为萧长懋的约束，他还曾偷偷向富人索要金钱。如今对他来说，金钱根本不是问题，要多少就是多少，想怎么用就怎么用。萧昭业的这句话，相当真实地反映了他当皇帝后能够随意支配金钱的得意心态。这大概也是他谋求帝位的原因之一。今朝有酒今朝醉，今朝有钱就乱来。齐武帝萧赜聚敛金钱存入上库的有五万亿，存入斋库的有三万亿，金银布帛更是多得不可胜计，萧昭业即位不到一年，几乎挥霍殆尽。

萧昭业的淫荡也是出类拔萃的。如前所说，他当南郡王时，就常与侍从偷偷夜出“淫宴”。所谓“淫宴”，不就是酗酒泡妞吗？但那时他还要偷偷配钥匙开后门出去，如今却是要什么样的女人，就有什么样的女人。即使是他的庶母他父亲的宠妃霍氏也可以私通，而且不必躲躲闪闪，还堂而皇之地更其姓曰“徐”。萧昭业的皇后何氏也与萧昭业一样淫荡。萧昭业与庶母霍氏私通，何皇后则与萧昭业的侍从杨珉“同寝处如伉俪”。因她对萧昭业极尽狎昵取宠之能事，萧昭业也就对她十分放纵而甘愿戴绿帽子了。

对于这个花花天子，想进谏想规劝的当然也有，萧鸾就是一个。开始时，他想进谏，萧昭业就躲在后宫不出来，萧鸾只好让派遣萧谌、萧坦之去后宫，把他的话转告萧昭业。例如，萧鸾就曾派萧坦之进宫奏诛杨珉，何皇后泪流满面地向萧昭业呼冤，说："杨郎好年少，无罪，何可枉杀！"萧坦之向萧昭业耳语称"杨珉与皇后有情，事彰遐迩，不可不诛"，萧昭业不得已许之，却又立马反悔并赦免杨珉，却已人头落地。

萧鸾进谏的次数多了，萧昭业便开始怨恨，甚至萌生除掉萧鸾的念头，企图与同是前朝旧臣的尚书右仆射鄱阳王萧锵联手，因为被萧锵劝阻，方才罢手，还怏怏不乐地对宦官徐龙驹说："我欲与公共计取鸾，公既不同，我不能独办，且复小听。"

萧昭业既然沉湎于寻欢作乐而当甩手掌柜，朝政基本上就在萧鸾的掌控之中，当他感到萧鸾已经成为他寻欢作乐的绊脚石而想搞掉萧鸾时，已经无能为力了。他在与萧锵联手的图谋落空之后，又与何皇后的堂叔中书令何胤图谋诛杀萧鸾，并要何胤承担此事。何胤知道此事非同小可，不敢答应，还不顾萧昭业的意愿反复劝谏，萧昭业这才收手。倒是他宠信的徐龙驹、周奉叔、綦毋珍之先后被萧鸾名正言顺地除掉。萧昭业身边的前朝旧臣萧谌、萧坦之等见萧昭业"狂纵日甚，无复悛改"，恐怕到时候祸及自己，也暗中依附萧鸾，劝萧鸾行"废立"天子之事，并充当他的耳目。此后萧鸾带兵进宫行"废立"之事，作为内应并亲手杀死萧昭业、徐姬（即萧昭业的庶母霍氏）以及其他宠信的，正是在宫中带兵的萧谌。

萧昭业在位总共一年零九天，死时二十一岁，他被追谥为郁林王。

南朝齐东昏侯萧宝卷*

南朝齐永泰元年（498年）七月，明帝萧鸾病逝，太子萧宝卷即位。

对待先帝的丧葬，萧宝卷与萧昭业颇为相似。萧昭业的先帝是他的祖父萧赜，萧宝卷的先帝则是他的父亲萧鸾。先帝去世，继承者并无伤痛悲哀，萧宝卷甚至不想让萧鸾的灵柩停放在太极殿中。每当应该他哭的时候，就推托说是喉咙痛。太中大夫羊阐是个光头，进殿哭灵，前仰后合，头巾掉落在地，萧宝卷居然转哭为笑，对左右说："秃鹙啼来乎！"

萧宝卷为先帝居丧的格调与萧昭业相似，他当皇帝的整体格调也与萧昭业相近。

谨遵"父嘱"

萧鸾临终，命始安王萧遥光、尚书令徐孝嗣、右仆射江祏、右将军萧坦之、侍中江祀、卫尉刘暄一起辅佐萧宝卷，同时又告诫萧宝卷："作事不可在人后。"所谓"作事"的实际含义就是杀人。萧鸾无非是说，为了维护自己的皇位，凡是对皇位有威胁的人，都要先下手为强，绝不心慈手软。萧鸾或许没有想到，萧宝卷所杀的人，

---

* 本篇引文主要出自《资治通鉴》的《齐纪七》《齐纪八》《齐纪九》《齐纪十》。

他选中的顾命大臣全在其中。

萧鸾安排的顾命大臣虽有六人，但他最信任的是江祏、江祀兄弟，而萧宝卷最先杀掉的也是江氏兄弟。

萧宝卷在东宫当太子时就游手好闲不好学，即位之后，“不与朝士相接”，专与包括宦官及左右御刀、应敕等在内的“嬖幸”往来。对于他的种种作为，江祏、江祀兄弟感到责任在身，不敢有丝毫懈怠，故对萧宝卷管束甚严。萧宝卷虽然有所忌惮，但心中甚是恚忿。他的“嬖幸”茹法珍、梅虫儿等人，更是对江氏兄弟恨得咬牙切齿。江祏预感南齐社稷将危，就与萧遥光、萧坦之、刘暄等顾命大臣图谋废立，欲废的想法基本一致，欲立的对象各有所见，于是事未成而谋已泄。江祏、江祀兄弟被萧宝卷置于死地。

萧遥光是“素有异志”的，江祏与几位顾全大臣图谋废立时，他想的就是取而代之。江祏被诛后，萧遥光心不自安，以讨伐刘暄的名义举兵起事，却又期待朝廷自身变故，未能一鼓作气，结果兵败被诛。萧坦之“帅台军讨遥光”，是为平定萧遥光之乱立有大功的，但在萧遥光死后二十余日，萧宝卷就派遣延明主帅黄文济带兵包围萧坦之的宅第，将他和他的儿子秘书郎萧赏一起杀掉。刘暄是萧宝卷的舅舅，而且江祀等人废立之谋原是由他告发，因为萧宝卷的“嬖幸”茹法珍等进谗言，称“刘暄有异志”，并以明帝（萧鸾）与武帝（萧赜）“同堂”且“恩遇”非同一般而“犹灭武帝之后”为据，责问“舅焉可信邪”，致使萧宝卷杀了刘暄。这两位都是因为平定萧遥光有功升官晋爵然而尚未就任就被杀了。徐孝嗣虽然处世圆滑，却也终于让萧宝卷与他的那些“嬖幸”看不顺眼了，于是与沈文季、沈昭略被召入华林省赐予毒酒。徐孝嗣愤而“饮药酒至斗余，乃卒”。萧宝卷“数与近习谋诛大臣”，使“大臣人人莫能自保”，于是就会有各种不同的反应。

太尉陈显达原是萧道成、萧赜时的旧臣，在萧鸾篡位之后以韬晦之术得以自保。萧宝卷即位之后，陈显达很高兴地离开建康而去江州任职。听说萧宝卷“屡诛大臣”，又听说萧宝卷“当遣兵袭江州”，他于是“举兵于寻阳”，并令长史庾弘远等“与朝贵书”，历数萧宝卷的罪恶，并称“欲奉建安王（萧宝寅）为主”，说等到除去京城诸恶之后“西迎大驾”。陈显达的军队也曾势如破竹，先是“败胡松于采石”而使“建康震恐”，继而力战左兴盛所率之诸军，潜军夜渡，奇袭宫城，使“新亭诸军闻之，奔还”，使“宫城大骇，闭门设守”；其后又与朝廷大军两次大战，两次大胜，最后却是寡不敌众，“骑官赵潭注刺显达坠马，斩之”。他的两个儿子以及他的长史庾弘远父子也一起被斩。

崔慧景是离开建康之后，再率兵打回建康去的。他在召集各位军主时说：“吾荷三帝厚恩，当顾托之重。幼主昏狂，朝廷坏乱；危而不扶，责在今日。欲与诸君共建大功以安社稷，何如?”可见，他之所以起事，可以归结为两条，其一，鉴于“幼主昏狂，朝廷坏乱”，这是有目共睹的现实；其二，他曾受“三帝厚恩”和“顾托之重”，感到在此危难时节自己有安定社稷之责。这理由站得住脚，故“众皆响应”，一时势如破竹，渡过长江之后，又打回建康。

崔慧景“围城凡十二日而败”，其原因也有二。其一，他原先想废萧宝卷而立萧宝玄，而且已经以萧太后的名义将萧宝卷废为吴王，但在萧子良的儿子萧昭胄兄弟出现之后，他更想立萧昭胄，如此“犹豫未知所立”，错过时机；其二，“竹里之捷”后，他儿子崔觉与崔恭祖争功，崔慧景不能当机立断，不能听取崔恭祖之劝，攻击萧懿之军，射烧北掖楼，结果与崔恭祖、崔觉均不能善终。

萧懿在平息崔慧景事件中是立有大功的，于是被任命为尚书令，居于朝臣之首，取代原先崔慧景的角色。因为功高位重，很受茹法珍、王咺之等“嬖幸”忌惮，他们在萧宝卷面前进谗言，说萧懿“将行隆昌故事”，像当年萧鸾废掉萧昭业那样把萧宝卷废了。此前，确实也曾有人对萧懿说过这种话，先是萧衍曾派遣亲信虞安福对萧懿说：“诛贼之后，则有不赏之功。当明君贤主，尚或难立；况于乱朝，何以自免!”劝说萧懿趁势“勒兵入宫”，像伊尹废太甲、霍光废刘贺那样废了萧宝卷，但萧懿不听。因为萧宝卷仍然“出入无度”，亦曾有人劝萧懿“因其出门，举兵废之”，萧懿亦不听。谁知“嬖幸”们与萧宝卷一说，萧宝卷立马“然之”，毫不犹豫地“赐懿药于省中”，让萧懿自杀了。

直阁、骁骑将军徐世檦是为萧宝卷掌兵权的人，萧宝卷杀戮大臣之事，他都是具体的执行人。茹法珍、梅虫儿等“嬖幸”忌惮他的实权，萧宝卷亦“稍恶其凶强”；而且徐世檦深知萧宝卷之昏庸与骄纵，与茹法珍、梅虫儿等“嬖幸”说了句“何世天子无要人，但侬货主恶耳”，略有劝人劝己不要助纣为虐之意，却被他们告发，萧宝卷就派遣禁军把他杀了。

豫州刺史裴叔业也是因为萧宝卷“数诛大臣，心不自安”，方才投奔北魏去的。

变本加厉

萧宝卷的荒诞，并没有因为劝谏乃至兵谏而有所收敛，反而变本加厉。

自诛江祏兄弟之后，萧宝卷就无所忌惮，日夜与“嬖幸”在后堂鼓吹弹唱，常常闹到五更就寝，睡到傍晚方起。朝中大臣在固定日子入朝晋见，却等到天黑了也不见萧宝卷上朝视事。尚书们的文案奏章往往送上去后就不知下落，谁能想到是被他的“嬖幸”们“裹鱼肉还家”了。萧宝卷还喜欢由“嬖幸”们陪同骑马，总要尽兴而归。他说：“江祏常禁吾乘马；小子若在，吾岂能得此!”因问：“祏亲戚余谁?”对曰：“江祥今在冶。”萧宝卷“于马上作敕，赐祥死”。

萧宝卷诛陈显达后，荒诞得更加出奇。他喜欢出游，却又不愿人看见，所以每次出去之前，把将过之地的人家全部赶走，只留下空宅。出游时先让司鼓沿途击鼓，让人回避，违禁者格杀勿论。这样的出游，每月都有二十余次，去哪里没个定数，“东西南北，无处不驱”，并且常在“三四更中，鼓声四出，火光照天，幡戟横路”，弄得四方民众不得安宁，也无法从业，打柴割草都无路可行。一个孕妇因为临产来不及躲避，萧宝卷就叫人剖开她的肚子，看看怀的是男孩女孩；一个和尚因为年老体弱躲在草丛之中，萧宝卷就把他当靶子，让左右百箭齐发。萧宝卷还招募善于长跑的无赖痞子五百人，让他们随马而跑；有时去“嬖幸”家中玩，从这家转到那家，来回转悠，转遍全城；有时去郊外射野鸡，设置射雉场二百九十六处，奔走往来，无暇停息。

萧宝卷之“嬖幸”行事，也跟着变本加厉。崔慧景起事平息之后，朝廷原有诏命赦崔慧景之党，但他们根本没有照此办理，恰恰相反，即使没有参与起事，只要其家殷富，也都诬陷为“贼党”，杀其人而掠其财。有人对中书舍人王咺之说：“赦书无信，人情大恶。”于是再发赦书，但他们依然滥杀无辜如初。萧宝卷派禁军杀了徐世檦后，茹法珍、梅虫儿更是肆无忌惮地以皇帝的名义弄权。萧宝卷所宠潘贵妃之父潘宝庆也与茹法珍、梅虫儿等合流。萧宝卷经常与茹法珍等一起去潘宝庆家，使潘宝庆得以“恃势作奸”，凡是富有之人，都诬之以罪，并启告萧宝卷索取他们的“田宅赀财”。“一家被陷”，往往“祸及亲邻”，为了不留后患，“尽杀其男口”。最受萧宝卷宠幸的是那个年方十三四岁、号称“伥子”的阉人王宝孙。他可以“控制大臣，移易诏敕，乃至骑马入殿，诋诃天子；公卿见之，莫不慑息”，连茹法珍、梅虫儿及王咺之对他都服服帖帖，不知道哪来那么大的魅力与能量！

有一天夜里后宫失火，萧宝卷去街市游玩尚未返回。宫内之人无法出门逃命，宫外之人不敢开门救火，等到打开宫门之时，死者尸体相叠，房子烧毁三十余间。有一个叫赵鬼的“嬖幸”借张衡《西京赋》中的“柏梁既灾，建章是营”说事，给萧宝卷出馊主意，要他像汉武帝在柏梁台被烧毁之后营造建章宫那样大兴土木。此议正中萧宝卷之下怀，于是大起芳乐、玉寿等宫殿，以麝香涂壁，雕梁画栋，富丽堂皇，他甚至命人把金子凿制成莲花贴在地板上，让潘贵妃在上面行走，称此为“步步生莲”。金玉之器不够铺陈，将建康酒税都折成金犹嫌不足，还以数倍的价格去民间购买，又命令交纳赋税的民众上贡锦鸡头、白鹤翎、白鹭羽毛。那些“嬖幸”则“课一输十”，浑水摸鱼，甚至到各州各县逼人交纳，从而中饱私囊，大发横财。如此前后不息，弄得“百姓困尽，号泣道路”。

死不改悔

萧宝卷“疑雍州刺史萧衍有异志”，派遣郑植以探望在萧衍麾下担任宁蛮长史的弟弟郑绍叔的名义刺杀萧衍。萧衍可不像萧懿那样对萧宝卷忠心耿耿，他从郑绍叔那得到这个消息后，就让郑植“历观城隍、府库、士马、器械、舟舰”，以此向萧宝卷示威。萧懿被杀之后，萧衍召集僚佐说：“昏主暴虐，恶逾于纣，当与卿等共除之!”从此开始了废萧宝卷的行动。萧衍也不是陈显达、崔慧景，他不但“有异志”，胸有定识，而且绝不会在应当进击之时裹足不前，在应当决断之时犹豫不决。

萧宝卷依然在那边寻欢作乐。他筑了芳乐苑，“山石皆涂以五采”。当地望族家有“好树、美竹”，即使“毁墙撤屋”也要将它们移植过来；盛暑时节，移植不易成活，枯死了再换活的，使植树人“朝暮相继”，不得停息，也使有“好树、美竹”之望族提心吊胆，不得安宁。萧宝卷还在芳乐苑中设立一个集市，命宫人、宦官充当小贩，让潘贵妃充当市令，他自己充当集市的录事；倘若什么人小有过失，就由潘贵妃交予卫士杖责。萧宝卷又在芳乐苑中挖渠筑坝，自己或驾船行使，或充当屠夫卖肉。有一次萧宝卷进入芳乐苑，马突然受惊，他问身边自称能看见鬼的朱光尚是怎么回事。朱光尚说他看到“先帝”生气了，叫陛下不要经常出来。萧宝卷于是怒气冲冲地拔刀与朱光尚一起到处寻鬼，没有找到，又用草扎成萧鸾模样，然后砍下草人的脑袋，挂在芳乐苑的大门口。

萧衍攻克江州、郢州之时，萧宝卷仍“游骋如旧”。直到萧衍直逼建康，萧宝卷方才“聚兵为固守之计”。萧衍兵临城下，他还在寻欢作乐，可谓死不悔改。他是在含德殿笙歌弹唱休息时，被兖州中兵参军张齐砍下脑袋的。那脑袋就以百官签名且涂了油的黄绢裹着，由国子博士范云等人送到石头城献给萧衍。

萧宝卷在位三年三个月，被杀时方才十九岁，萧衍以宣德太后的名义，追封其为东昏侯。

北齐武成帝高湛*

南北朝时与北周、南朝陈三国鼎立的北齐政权，由东魏掌握实权的大丞相高欢及其长子高澄打下基础，由文宣帝高洋建立，到了武成帝高湛时，已经开始由兴盛转向衰落。与高洋一样，高湛有其两面性。但与高洋相比，恶过于善。高洋在位初期，励精图治，厉行改革，劝农兴学，编制齐律，删削律令，减少冗官，整肃吏治，北战南征，开疆拓土，其文治武功均有建树。高湛在位四年，除了曾经击退北周与突厥的进攻，完成高洋开始修订的齐律，其建树乏善可陈，远远不如高洋，其暴虐荒诞与骄奢，则比高洋有过之而无不及。《资治通鉴》有言："世祖骄奢淫，役繁赋重，吏民苦之。"

百年之死

百年即高百年，系高湛之兄孝昭帝高演之子，曾被立为太子，登过皇位。

高洋立其子高殷为太子，高洋去世，高殷即位。高演高湛都是高洋的兄弟，心中原本就不服，又得到高殷要将他们外放的消息，于是谋划并在娄太后的支持下废了高殷。高演即位登基时，曾许诺封高湛为皇太弟，之后却又立其子高百年为太子，并杀了已被贬为

---

* 本篇引文主要出自《资治通鉴》的《陈纪二》《陈纪三》《陈纪四》。

济南王的高殷。高湛原想以此为由起事废了高演并取而代之，却被巫师劝阻，说高演将不久于人世。高演果如其言，仅仅在位一年就命归黄泉——占卜如此灵验，真耶假耶，暂且存疑——他在临终前传位高湛，并写信给高湛说："百年无罪，汝可以乐处置之，勿效前人也。"可见高演此举出于无奈，他想以皇位为代价，使其子高百年免于血光之灾。

但高演白费了这番苦心，高百年到底还是未能保住小命。

北齐河清三年（564 年）六月，天有异象，"白虹晕日两重，又横贯而不达，赤星见"，据说这是"易主"之兆。高湛想到已被贬为乐陵王的废太子高百年，他想以高百年的小命来驱除这种异象。恰巧高百年的老师贾德胄见高百年写过"敕"字，在官场中人看来，这个"敕"字似乎只能出自帝王之手。贾德胄升官心切，他知道高百年与高湛之间的微妙关系，见到高百年写的这个"敕"字，便如获至宝，赶紧"封以奏之"。果然，此事触动了高湛那根最敏感的神经，立马怒气冲冲地召见高百年。高百年生在帝王之家，这种事听得多了，"自知不免"，割下所佩戴的玦留给其妃斛律氏，就前去凉风堂见高湛。高湛叫高百年当众书写"敕"字，验证与贾德胄所封奏的"敕"字出于一人之手，随即命左右侍从用拳头用棍棒痛打高百年，还拖着他绕堂边走边打，所过之处血迹斑斑，直到高百年气息奄奄，方才砍下他的脑袋，"弃诸池，池水尽赤"。这是高湛的亲侄子，其兄高演临终时专门叮嘱高湛"百年无罪，汝可以乐处置之，勿效前人"，而且此时方才八岁，但高湛就能下得了手。什么亲情，什么信用，什么仁义，他可以一概不顾。难怪高百年之妃斛律氏（估计比高百年也大不了几岁）"哀号不食，月余亦卒"，至死都紧紧抓住那块玦不肯把手放开。

从高百年之死，可见高湛之残忍，庶几毫无人性，犹如禽兽。

逼奸李后

李后名祖娥，是北齐文宣帝高洋的皇后，也是高湛的皇嫂。李祖娥貌若天仙，高洋为太原公时娶她为妻，当上皇帝后立她为皇后。高洋对后妃喜怒无常，厌烦了就杀，唯有对李氏却始终以礼相待。高洋去世时年方三十四岁，是时李祖娥风韵犹存。高湛一定以为当了皇帝之后就可以为所欲为，所以就瞄上了昭信宫的李后李祖娥。

然而，李祖娥是前朝皇后，不是那么容易得手的。于是史书中用了一个“逼”字，叫作“逼通昭信李后”，也就是强逼昭信宫的李后与他通奸。高湛之所为与“通奸”不同，离“强奸”不远。其“逼”的手段，就是以杀李后的儿子相威胁——“若不从我，我杀尔儿”。李后有两个儿子，一个是曾被立为太子登上帝位，后被高演与高湛废了又被高演杀死的高殷，还有一个就是太原王高绍德。李后为了保住这个儿子，方才不得已而从之，不久，就有了身孕。

大概已经有所风闻，那一天，高绍德来到昭信宫门口，李后不见他，高绍德生气了，说：“儿岂不知邪！姊腹大，故不见儿。”李后感到非常惭愧，“由是生女不举”，这意思大概与“溺婴”相近。高湛因此大发雷霆，对李后横刀怒吼：“杀我女，我何得不杀尔儿！”并且当着李祖娥的面用刀环砸死了高绍德。李祖娥放声大哭，高湛更加恼怒，剥光了她的衣服，对她乱打一气。李祖娥号啕大哭，高湛命人把她“盛以绢囊，流血淋漉”，连人带袋地扔入沟渠中浸泡，“良久乃苏”，之后便用牛车把她载到妙胜寺去当尼姑了。

高湛逼奸李后，能说“婚外情”吗——“情”之何在？能说“风流韵事”吗——“风流”何存？整个过程之中，只有玷污，只有恶浊，只有强暴，只有血腥，只有兽性的发作，而毫无人性可言。

其实在高洋后期也曾有过类似的事。有个姓薛的嫔妃颇有姿色，高洋与她如胶似漆、整日厮守，但薛嫔与武昭王高岳（高欢的堂弟，高洋的堂叔）曾有一段男女之情，这应是薛嫔成为高洋的嫔妃之前的事，并非突然发现的秘密。那一天，喝得酩酊大醉的高洋忽然想起此事，醋心大作，用匕首把薛嫔杀了，还在喝酒时把薛嫔的尸体肢解，用薛嫔的髀骨做成琵琶，自弹自唱。

高湛对李祖娥做的，与高洋对薛嫔做的，其情形自然各自有别，其血腥与凶残却是如出一辙。高洋或许做梦也未曾想到，他始终以礼相待的李后，居然会遭遇这样的摧残。

极意为乐

高湛即位不久，他与高洋高演的亲生母亲娄太后去世。高湛若无其事，他不穿丧服，依然“绯袍如故”；他未有哀戚，照旧“置酒作乐”；宫女为他送去白袍，竟然被他“投诸台下”；散骑常侍和士开请他停止作乐，他居然怒发冲冠，把和士开狠狠地“挝”了。凡此种种均可看出，他之所为不是一时疏忽，而是德性使然。

这个和士开，日后成了高湛的主要宠臣，大概是被高湛“挝”出来的。此“挝”之后，他再也没有此类谏言，倒是极尽阿谀奉承之能事投其所好。和士开对高湛说：“自古帝王，尽为灰土，尧舜、桀纣，竟复何异！陛下宜及少壮，极意为乐，纵横行之。一日取快，可敌千年。国事尽付大臣，何虑不办，无为自勤约也!”和士开这番帝王要趁着年轻的时候“极意为乐，纵横行之”的高论，高湛十分受用。

高湛确实是把国事“尽付大臣”的。此前交付的是曾教他起事取代高演的高元海与素有盛名的魏收。但“元海庸俗，帝亦轻之”，魏收“畏懦避事”，这两位或被贬职，或被革职。此后国事交付赵彦深、元文遥、唐邕、冯子琮、胡长粲等人，他自己“三四日一视朝，书数字而已，略无所言，须臾罢人”，其余时间都与和士开等人“极意为乐”去了。

和士开由散骑常侍而成为侍中、开府仪同三司，日复一日地有宠于高湛。人说“一日不见，如隔三秋”，高湛与和士开则是一日数见尚嫌不足。和士开“奸谄百端”，高湛“宠爱日隆”，高湛给和士开的“前后赏赐，不可胜纪”，史书称和士开“每侍左右，言辞容止，极诸鄙亵；以夜继昼，无复君臣之礼”，这欲言又止的字里行间包含的隐情，给读者留下极大的联想空间。

高湛曾叫和士开与胡皇后玩一种叫“握槊”的游戏，河南康献王高孝瑜觉得这不合君臣之礼，劝谏说：“皇后天下之母，岂可与臣下接手!”又劝谏高湛不要亲近“其父死于非命”的赵郡王高睿，和士开与高睿因此记恨高孝瑜，一有机会就向高湛进谗言。和士开说高孝瑜“奢僭”，高睿说“山东唯闻河南王，不闻有陛下”。对于高氏宗室大臣，高湛最忌恨的就是这一条，偏偏又听说“孝瑜窃与尔朱御女言”，于是大怒，给高孝瑜灌了三十七杯酒，叫左右侍从将身体肥大的高孝瑜塞进车中送他出去，又在车上给他灌了毒酒，让他“烦躁投水而绝”。他就如此“极意为乐”，胡皇后也一起“乐”成了和士开的情妇。

齐文宣帝高洋在世之日，北周的军队常惧齐兵西渡，每到寒冬时节，就到黄河边上“椎冰”。齐武成帝高湛即位之后，“嬖幸用事，朝政渐紊”，两军对垒，倒成了齐人“椎冰”以备周兵。曾经打败过北周与突厥联军的高湛，再次面对北周与突厥的联军时，居然“畏其强，戎服帅宫人欲东走避之”。

北齐的名将斛律光为此忧心，说：“国家常有吞关、陇之志，今日至此，而唯玩声色乎!”

何以克终

高湛还有个宠臣叫祖珽。此人品行不好，手脚不干净，曾有偷盗行为，也曾贪赃枉法，只因善于舞墨弄文，才得以继续混迹于官场；又因为曾“梦见”还是长广王的高湛“乘龙上天”，而在高湛即位之后官运亨通。祖珽似乎比和士开多一个心眼。他在和士开与高湛“极意为乐”之时，想到了高湛的身后之事，对和士开说：“君之宠幸，振古无比。宫车一日晚驾，欲何以克终？”祖珽记得，“文襄、文宣、孝昭之子，俱不得立”，一旦高湛甩手西去，高湛的子孙又当如何，自己这些人又当如何？“极意为乐”不能不顾及“何以克终”。祖珽想出的办法是“宜令皇太子早践大位，以定君臣之分”，名义上是为高湛及其子孙着想，骨子里却是提前巴结“二宫”，使“中宫、少主”都感激他们的恩德。祖珽的设想得到和士开的赞同，于是，他乘着又有象征“易主”的彗星出现之机向高湛上书说：“陛下虽为天子，未为极贵，宜传位东宫，且以上应天道。”高湛听从了祖珽的意见，让皇太子高纬即位，自己当了太上皇，继续“极意为乐”去了。

高湛当太上皇期间，除了“极意为乐”，也没有忘记残害宗室。他听信祖珽、和士开的谗言，认定高孝琬有谋逆之企图，让武卫赫、连辅玄用鞭子粗的一头抽他，打得他直喊“叔”。但就因为高孝琬喊“叔”并陈述自己喊“叔”的理由——他是高欢的孙子，高登的儿子——高湛更是恼羞成怒，打断了他的两条小腿，将他置于死地。高孝琬的弟弟高延宗鞭草人责问“何故杀我兄”，又被高湛狠狠地抽了两百鞭，差点把他活活打死。

但高湛留下的最大一笔负面资产，还是那位最终断送北齐政权的高纬。

北齐“无愁天子”高纬*

高纬是北齐第五位皇帝，即位登基之时不到十岁。他在位十年期间宠信奸佞，残害忠良，沉迷酒色，荒废朝政，将其父高湛的奢靡与荒诞发挥得淋漓尽致，将高欢、高登、高洋创下的基业毁之殆尽。值得注意的是，高纬的种种作为无不与他的那些“嬖幸”相关。

“无愁天子”不是谥号，而是民间对他的戏称，北周封他为温国公。

嬖幸用事

和士开与祖珽使高纬“早践大位”，自然得到高纬的重用，而在高纬的“嬖幸”之中，还有比和士开与祖珽能量更大手腕更绝的，那就是陆令萱。其夫因谋反罪连坐，陆令萱因此被发配到掖庭当宫婢，其子骆提婆也一起入宫为奴。当时尚在襁褓之中的高纬由她“保养”，而她又“善取媚”，有宠于胡太后，得以在“宫掖之中，独擅威福”，被封为“郡君”，“和士开、高阿那肱皆为之养子”。高纬即位之后“以令萱为女侍中”。陆令萱又引荐其子骆提婆“入侍齐主，朝夕戏狎”，累迁至开府仪同三司、武卫大将军。穆舍利是斛律皇后的随从奴婢，也得到高纬的宠爱，陆令萱为了依附她，就当了

* 本篇引文主要出自《资治通鉴》的《陈纪四》《陈纪五》《陈纪六》《陈纪七》。

她的养母，还让儿子骆提婆改姓为穆提婆。

陆令萱先与和士开一起弄权，和士开被高俨杀死之后，她又与祖珽一起弄权。她向高纬进谗言说：“人称琅邪王（即高俨）聪明雄勇，当今无敌；观其相表，殆非人臣。自专杀以来，常怀恐惧，宜早为之计。”祖珽亦以“周公诛管叔，季友鸩庆父”之典，配合陆令萱鼓动高纬杀了高俨，高俨的四个遗腹子也一起被处死。此后陆令萱又与祖珽一起，挑唆高纬杀了斛律光。

胡太后因为与和尚私通而被幽禁，为了“求悦于”高纬，就把其兄胡长仁之女置于宫中。此女果然得到高纬的青睐，纳为昭仪。斛律光被杀后，斛律皇后被废，皇后之位空缺。陆令萱想立穆昭仪为后，胡太后想立胡昭仪为后。当年充当陆令萱靠山的胡太后，此时却卑辞厚礼去巴结陆令萱，与她结为姐妹。因为胡昭仪正受高纬宠爱，陆令萱也就顺水推舟，让胡昭仪当了皇后。但她并没有放弃立穆昭仪为皇后的念头。穆昭仪之子已被立为太子，陆令萱私下向高纬进言，说：“岂有男为皇太子而身为婢妾者！”接着使人行厌蛊之术，使胡皇后精神恍惚，说笑无常，惹得高纬“渐畏而恶之”，又把穆昭仪打扮成国色天香的仙女，给她披上皇后的服饰，置于宝帐之中，然后向高纬展示说：“如此人不作皇后，遣何物人作！”于是，高纬就有了两个皇后：穆氏为右皇后，胡氏为左皇后。

陆令萱除去祖珽之后，形成了新的“嬖幸”格局。陆令萱、穆提婆、高阿那肱、韩长鸾等“宰制朝政”，高阿那肱录尚书事，总知外兵及内省机密，与侍中城阳王穆提婆、领军大将军昌黎王韩长鸾“共处横轴，号曰‘三贵’，蠹国害民，日月滋甚”。宦官邓长、陈德信、胡儿何洪珍等“参预机权”，他们各自引荐自己的亲戚朋党，占据显赫的职位，向他们行贿的可以升官晋爵，给他们送钱的可以制造冤狱，原先的苍头奴刘桃枝之类也能开府封王，滥得富贵者不计其数，连狗、马、猎鹰等禽兽也有仪同、郡君的封号。这些“嬖幸”“朝夕娱侍左右，一戏之费，动逾巨万”，使得“府藏空竭”，高纬又赐予他们“二三郡或六七县，使之卖官取直”，所以当郡守或县令的，多为“富商大贾”，他们“竞为贪纵”，更使“民不聊生”。

嬖幸用事并非全是高纬的过错。即位之初，与其说是高纬重用“嬖幸”，倒不如说是“嬖幸”操控高纬，那个时候，他还是一个孩子。但在他成年之后，因为太在乎皇位而被“嬖幸”利用残害忠良，因为无心朝政而放纵“嬖幸”“蠹国害民”，自有不可推卸的责任。

自斫台柱

高纬被“嬖幸”利用而又依赖“嬖幸”诛杀忠良之事，不能不说咸阳王斛律光。

咸阳王斛律光虽然屡有建树，时任左丞相，可谓“位极人臣”，却是为人低调，不事张扬，不贪权势；为官清廉，不好声色，不受馈赠；领兵打仗，身先士卒，治军严而不酷，“未尝妄杀”，因此，士卒争相效命，“自结发从军，未尝败北，深为邻敌所惮”。北周勋州刺史韦孝宽于是想以离间计除去斛律光。他编造童谣“百升飞上天，明月照长安”“高山不推自崩，槲木不扶自举”，让间谍传入北齐的都城邺城，由儿童传唱。

权势熏天的尚书右仆射祖珽和女侍中陆令萱及其子穆提婆等人把斛律光当作眼中钉、肉中刺，早就恨不得除之而后快，于是就利用韦孝宽散布的童谣大做文章。祖珽还为这几句童谣续了两句，叫作“盲老公背受大斧，饶舌老母不得语”，把他们自己与“高山”捆绑在一起，然后叫他的妻兄郑道盖向高纬奏报。高纬询问祖珽与陆令萱有无此事，此二人都说“实有闻之”。“高山”指的是高氏的江山，这是不言自明的；相对于“高山”，“槲木”什么意思也不难推测。故祖珽着重解说：“百升者，斛也。盲老公，谓臣也，与国同忧。饶舌老母，似谓女侍中陆氏。”如此“注释”之后，祖珽点评说：斛律氏几代都是大将，斛律光字明月，声震光西，斛律羡字丰乐，威行突厥，女儿是皇后，儿子娶公主，谣言令人可畏。这意思明摆着：斛律氏已成你高氏社稷的威胁，你还不先下手为强？

韦孝宽的离间计在陆令萱、祖珽的配合下果然很快生效。大凡此类皇帝，因为底气不足，最怕人家图谋他的皇位，有口碑、有威望的大臣，往往成为他们防范乃至铲除的对象。日后高纬以毒酒害死兰陵王高长恭，也是因为邙山之捷使高长恭“威名大盛，武士歌之，为《兰陵王入阵曲》”，引发了高纬的妒忌。

祖珽为高纬出计，以“明日将游东山，王可乘此同行”为名，派遣使者赐斛律光骏马，趁斛律光入朝谢恩之时将他拿下。那天，斛律光一进凉风堂，“北齐第一御用杀手”刘桃枝就从后面扑上去，斛律光回头说：“桃枝常为如此事。我不负国家。”刘桃枝与其他三位大力士以弓弦勒住斛律光的脖子，将他“拉而杀之”，鲜血流了一地，血迹一直未能铲去。高纬下诏称斛律光谋反，将他的两个儿子斛律世雄、斛律恒伽一起处死。

祖珽又派邢祖信到斛律光的宅第登记查没的家产。他想找到斛律光企图谋反以及贪赃枉法的证据，但邢祖信回复说，只有十五张弓、一百支聚宴习射时用的箭、七把刀以及朝廷赏赐的长矛两杆。在祖珽的再三逼问下，邢祖信又补充说还有二十捆枣木棍，且特意说明，这是斛律光准备在自己府上的奴仆和别人斗殴时，责罚奴仆用的。

高纬接着派使者到梁州、兖州去杀死此二州刺史，斛律光的长子斛律武都。斛律光之弟斛律羡是幽州刺史、行台尚书令。与斛律光一样，斛律羡“亦善治兵，士马精强，鄣候严整，突厥畏之，谓之‘南可汗’”。高纬派中领军贺拔伏恩乘驿车去捉拿斛律羡。最终高纬把斛律羡和他的五个儿子斛律伏护、斛律世达、斛律世迁、斛律世辨、斛律世酋杀得一个不剩。

北周皇帝宇文邕听说斛律光被杀之后，“为之大赦”以示庆贺。待北周占领北齐都城邺城之后，宇文邕重新安葬斛律光，说：“此人在，朕安得至邺!”

“无愁天子”

高纬的奢侈较之于其父高湛，可谓有过之而无不及。在他看来，无论如何奢侈，如何挥霍，对于帝王之家，均属理所当然。高纬的后宫嫔妃一概“宝衣玉食”，且“竞为新巧”，早晨穿上的新衣，到晚上被当作旧衣。高纬“盛修宫苑，穷极壮丽”，而且修了即毁，毁了又修，喜新厌旧，反复无常。因此“百工土木，无时休息”，夜以继日，燃火照作；寒冬不停，热汤和泥。开凿晋阳西山为佛像，一夜燃油万盆，光照宫中。他还在华林园中设立“贫儿村”，自己穿着破衣以行乞为乐；仿造西部边境的城池，派人模仿北周士兵攻城，自己率领太监做攻城守城的游戏。高纬善弄文墨，弹琵琶，自己谱写并弹奏《无愁》之曲，百余名近侍唱和，民间因此称之为“无愁天子”。

对于北齐朝政的腐败，南陈与北周都看得很清楚，都想趁机拿下北齐。

陈师伐齐在先，北齐的山阳、盱眙、东海、阳平、齐安诸城接连投降，海安、晋州、马头城、广陵楚子城接连失守，直到寿阳陷落，“无愁天子”方才开始忧愁。高纬的“嬖幸”穆提婆、韩长鸾却没有停下掷骰子，边扔边说“（寿阳）本是彼物，从其取去”，并称：“假使国家尽失黄河以南，犹可作一龟兹国。更可怜人生如寄，唯当行乐，何用愁为!”左右“嬖幸”都赞成这话，这位“无愁天子”随即“大喜”，继续“酣饮鼓舞”了。

高纬在这种时候还有心思以恶作剧取乐。定州刺史高绰生性残忍暴虐，曾从一妇人怀中夺下婴儿喂狗，因为该妇哭喊，高绰索性将婴儿的鲜血涂在她的身上，放狗去咬她。高纬听说此事，问他：“在州何事最乐?”高绰回答：“多聚蝎于器，置狙（即猴）其中，观之极乐。”高纬立即命左右去捉了许多蝎子放在洗澡盆里，以人代“狙”，赤裸着身子躺在其中，看着此人被蝎子蜇得惨叫，“喜噱不已”，还责备高绰说：“如此乐事，何不驰驿奏闻！”甚至还因为“如此乐事”而拜高绰为大将军，与他“朝夕同戏噱不已”。

北周也因为北齐“朝廷昏乱，政由群小，百姓嗷然，朝不谋夕”以及“其折冲之将斛律明月，已毙于谗口”而决意伐齐。北齐晋州行台左丞张延隽“公直勤敏”，使晋州“储有备，百姓安业，疆场无虞”。宇文邕二次伐齐时，高纬偏偏因为诸“嬖幸”不喜欢张延隽而以邪代贤。北周军队围困攻克晋州时，高纬正与冯淑妃在天池游猎。晋州告急者乘驿马而至，然而从早上到中午三次被右丞相高阿那肱阻止，说是“大家（指高纬）正为乐，边鄙小小交兵，乃是常事，何急奏闻”，直到晚上再次告急说“平阳已陷”时，方才奏报高纬。但直到这个时候，正在与冯淑妃下棋的高纬依然听从冯淑妃之言“更杀一围”。

北齐军队企图收复平阳，他们挖掘地道，城下陷了好几丈，将士们乘势准备进入城内。就在这个时候，高纬为了把冯淑妃召来一同观看，下令暂时停止进攻。冯淑妃穿衣打扮耽误时机，使北周军队得以用木头堵住下陷之处，平阳城未能收复。北齐军队也想收复晋州，但高纬为了满足冯淑妃的愿望——观看晋州城西石头上的“圣人遗迹”，下令抽调用来攻城的大木头在离城较远的地方造桥。两军对阵，高纬一行就在现场，但他不是前来督战的，而是陪冯淑妃前来观战的。东边的部队稍有退却，冯淑妃就惊呼“军败矣！”穆提婆也跟着催促高纬赶快离开。开府仪同三司奚长深知此时高纬进退之利害，一再声称“兵众全整，未有亏伤”，提醒高纬“马足一动，人情骇乱，不可复振”，武卫张常山也竭力谏阻高纬撤走，申述“至尊宜回”。然而，穆提婆却拉着高纬的胳膊说“此言难信”，高纬便带着冯淑妃一起向北退走，于是军心大乱，齐师大溃。

在北齐危亡的关键时刻，高纬把皇位让给八岁的太子高恒，自己当了太上皇。他的如意算盘先是向北投奔突厥，但他的“嬖幸”穆提婆投降了北周；后又想投奔南陈，但他的另一个“嬖幸”高阿那肱向北周军队出卖了他。于是，高纬一行成了北周的俘虏。

这位“无愁天子”就这样无忧无虑地葬送了北齐的社稷。

北周“天元皇帝”宇文赟*

宇文邕使北周的政治日益清明，国力不断增强，百姓安居乐业，宇文赟却几乎葬送了北周的基业。他当皇帝不过两年，却在中国历史上臭名昭著。魏徵称他“性凶而强，威福在己，亡国之事，皆在其身”（《贞观政要》卷八）；虞世南称他“周之妖孽”（《虞世南诗文集》卷四）；司马光称他“昏暴滋甚，喜怒乖度”。父与子何以会有那么大的反差，值得深思。

“天元皇帝”不是宇文赟的谥号，是他自称的，他的自我感觉好得很呢。

嫌父死晚

北周宣政元年（578 年）五月，年方三十六岁的北周武帝宇文邕因病去世，太子宇文赟即位。丧事未毕，“大行在殡”，宇文赟就奢靡纵欲，甚至“阅视高祖宫人，逼为淫欲”，毫无亡父之痛；“扪其杖痕”，破口大骂其父“死晚矣”，有违人之常情。

宇文赟嫌父亲死得太晚事出有因。宇文邕懂得“玉不琢，不成器”的道理，对宇文赟管教尤其严格，还派人监督宇文赟。倘若宇文赟言行举止有何不当，就会受到责罚。建德五年（576 年），宇文

* 本篇引文主要出自《资治通鉴》的《陈纪七》《陈纪八》。

赟奉诏讨伐吐谷浑返回长安，实际指挥调度讨伐大军的大将军王轨向宇文邕反映了宇文赟与他宠幸的郑译、王端等人在军中干的缺德丑恶之事。宇文邕大怒，杖责宇文赟与郑译等人，并将郑译除名，其他宠幸也都受到责罚。宇文赟以韬晦之术应对宇文邕，却根本不想改弦易辙，改邪归正，还将郑译偷偷召回，“戏狎如初”。郑译得意忘形时问宇文赟：“殿下何时可得据天下？”此言正中宇文赟之下怀，他早已感到“熊掌难熟”。

宇文赟破口大骂“死晚矣”时所“扪”之“杖痕”，就是那时留下的。宇文邕既已去世，他不必再夹着尾巴韬光养晦，便公然破格提拔曾被宇文邕除名的郑译为开府仪同大将军、内史中大夫，并“委以朝政”。

宇文赟不乐意让宇文邕时代的旧臣在位，齐王宇文宪德高望重，就使他甚是忌恨。他想让宇文孝伯帮他除掉宇文宪，说“公能为朕图齐王，当以其官相授”。宇文孝伯是宇文邕临终前特地召回授予司卫上大夫、总宿卫兵，握着手向他托付后事的人，并非见利忘义之徒。他对宇文赟叩头说：“先帝遗诏，不许滥诛骨肉。齐王，陛下之叔父，功高德茂，社稷重臣。陛下若无故害之，则臣为不忠之臣，陛下为不孝之子矣。”宇文赟没有想到宇文邕死了之后，还会有人用宇文邕的遗诏来压他一头，这使他很不舒服，从此疏远宇文孝伯，并与宠臣于智、郑译密谋，设下陷阱，将宇文宪骗进埋伏着杀手的宫殿中，将他活活绞死。宇文赟想要宇文宪原先的部下提供宇文宪的罪证却未能如愿，于是又杀掉向来与宇文宪亲近的上大将军王兴、上开府仪同大将军独孤熊、开府仪同大将军豆卢绍，给宇文宪安上个“莫须有”的罪名，即与王兴等人一起谋反。时人看得明白，称王兴等人“伴死”。

宇文赟接着要对付的是王轨与宇文孝伯。这两位都是宇文赟挂名讨伐吐谷浑时实际调度指挥军队的人。他念念不忘自己脚上的“杖痕”，问郑译：“我脚杖痕，谁所为也？”郑译回答：“事由乌丸轨

（即王轨）、宇文孝伯。”宇文赟就派内史杜庆信到徐州去杀王轨，内史中大夫元岩不肯“署诏”，御正中大夫颜之仪“切谏”，他都不管，元岩叩头进谏，宇文赟责问：“汝欲党乌丸轨邪？”元岩又说：“臣非党轨，正恐滥诛失天下之望。”宇文赟大怒，命太监打他的耳光。王轨就这样被杀死了，元岩也因此被罢免。

宇文赟借宇文宪之事责问宇文孝伯：“公知齐王谋反，何以不言？”宇文孝伯回答说：“臣知齐王忠于社稷，为群小所谮，言必不用，所以不言。”又说：“先帝付嘱微臣，唯令辅导陛下。今谏而不从，实负顾托。以此为罪，是所甘心。”这一番大义凛然的话说得宇文赟“俯首不语”，无言以对。但虽然内心有愧，他还是将宇文孝伯“赐死于家”。

宇文赟为太子时，上柱国尉迟运为太子宫正，曾经数次进谏，宇文赟都不予理睬。尉迟运与王轨、宇文孝伯、宇文神举都是宇文邕信任的大臣，宇文赟怀疑他们一起在宇文邕面前诋毁过自己，所以在王轨、宇文孝伯先后被杀之后，宇文赟又派人去鸩杀并州刺史宇文神举。尉迟运已经躲避去秦州了，“亦以忧死”。

宇文赟不但要废宇文邕时的人，还要废宇文邕时的法。他即位后，就认为宇文邕时的《刑书要制》用法过严、量刑太重而予以废除，数次大赦以示皇恩。京兆郡丞乐运上疏宇文赟不可“数施非常之惠，以肆奸宄之恶”，但他听不进去。日后“民轻犯法”，犯罪的人多了起来，再加上他自己“奢淫多过失”，却厌恶大臣规谏，想用严刑苛法来威胁他们，于是走向另一个极端，制定“用法益深”的《刑经圣制》来取代《刑书要制》，并“告天而行之”。

天元皇帝

宇文赟即位一年之后，就让位于太子宇文阐。那时宇文赟二十一岁，宇文阐方才八岁。他不是恨不得宇文邕早一天死去，让他早一天当皇帝吗？怎么才当一年皇帝，就让位去当“太上皇”了呢？何况接他帝位的宇文阐还是一个孩子。

宇文赟当然不会嫌弃他的皇帝宝座，只是嫌皇帝的派头还不够大，他要当的是比皇帝更大的皇帝，因此，“自称天元皇帝，所居称‘天台’，冕二十四旒，车服旗鼓皆倍于前王之数”。他根本不是那种“退居二线”的太上皇，宇文阐才是名副其实的“儿皇帝”。此举其实颇有深意，历代皇帝都自称“天子”，如今儿子才是“天子”，他却成了“天”。

宇文赟“让位”之后，“骄侈弥甚，务自尊大，无所顾惮，国之仪典，率情变更”。他对朝臣自称为“天”，改“制”为“天制”，改“敕”为“天敕”。朝臣去“天台”朝见时，必须“致斋三日，清身一日”。他不准朝臣有与他相似的衣冠，发现侍臣帽子上有金蝉，发现王公衣衫上佩丝带，就会命令撤去。他不许别人的姓名或称谓中有“天”“高”“上”“大”等字眼出现，姓高的必须改姓为“姜”，九族称高祖的必须改称为“长祖”。公卿以下的朝臣常常受到他的刑杖拷打，那刑杖亦称为“天杖”，以一百二十下为准，以后又增加到二百四十下，连宫女、女官乃至受宠的后、妃、嫔、御也不例外。

宇文赟每每召集侍臣“论议”，只谈宫室的兴建变革，从不谈论政事。他即位之后不久，就下诏以洛阳为东京，将相州的六府迁到洛阳，征调潼关以东各州的士兵修建洛阳宫，平时服劳役的就有四万人。同州为京城长安的三辅之一，他居住的同州宫被他改称为“天宫”。他常在长安、同州、洛阳之间往返，出行之时声势浩大，仅守望、开路、打前站的人马就有三百六十重，“数十里间，幡旗相蔽，音乐俱作”，又有“虎贲”卫士持戟乘马，沿路戒严，禁止过往行人通行；返回长安时亦大张旗鼓，阵容可观，自己穿戴了铠甲和头盔，从长安的青门进城，皇帝宇文阐的“法驾”只能尾随其后。

宇文赟这番比天子更天子的“天大”的派头，他自己或许感到很爽，苦的却是天下百姓。打造这种派头的，都是他们的血汗与血泪。

五后并立

宇文赟自即位起就沉迷于声色犬马，后宫中“辄恣声乐，鱼龙百戏”。宇文赟“一入后宫，数日不出”，朝臣的奏疏都要通过太监转呈。宇文邕曾经下诏：“后宫唯置妃二人，世妇三人，御妻三人，此外皆减之。”而宇文赟却反其道而行之，后宫不断扩充，所谓“分命使人，征求子女。积之后宫，以千万数”。不但在民间广搜美女，还要仪同以上官员的女儿专门为他而备，不准擅自出嫁，弄得“贵贱同怨”。后宫美女多了，名位称号也花样百出，多得不可胜数，仅皇后就有五位，称为“五后并立”，超过前赵皇帝刘聪的“三后并立”，可谓史无前例。

宇文赟“五后并立”，也是他当“天元皇帝”之后的事。但这“五后”并不是同时立的，名称也改过。《资治通鉴》中有“三后”及“四后”的提法，即“诏杨后与三后皆称太皇后”与“改天元皇后朱氏为天皇后，立妃元氏为天右皇后，陈氏为天左皇后，凡四后云”。杨氏本来就是皇后，朱氏比元氏、陈氏早为皇后。尉迟氏是最后立为“后”的。“五皇后”，准确地说，是“五太皇后”。当时还有一番曲折。宇文赟曾为立“五皇后”之事询问小宗伯辛彦之。辛彦之直言：“皇后与天子敌体，不宜有五。”他因此丢了官职。太学博士何妥比他来得乖巧，懂得投宇文赟所好，还能援引古例，说：“昔帝喾四妃，虞舜二妃，先代之数，何常之有！”宇文赟“大悦”。杨氏外的那四位，亦并非都是“宠姬”，至少朱氏为后，只是因为她是太子宇文阐的生母。朱氏比宇文赟大十几岁，出身寒微，原先并不受宠。但说另外三位原为“宠姬”应该没有出入，元氏系开府仪同大将军元晟之女，陈氏系大将军陈山提之女。陈山提与元晟也因此而被任命为上柱国。

尉迟氏之为“后”，更有一番非同寻常的经历。她是蜀国公尉迟迥的孙女，原系宇文赟的堂兄宇文亮的儿媳，颇有姿色，因以宗族妇人身份入朝晋见时，宇文赟见色动心，于是“饮之酒，逼而淫之”。宇文亮感到恐惧、羞辱，铤而走险被杀，祸及其子宇文温被诛。宇文赟即召尉迟氏入宫，拜为长贵妃。这位周天元就为秀色可餐杀人夺妻，竟可如此不顾礼义与伦理！

“五后并立”，各有各的名分，各有各的排场。而且，宇文赟出外，总有后妃随从，嬉戏作乐。尉迟氏立为皇后之前，宇文赟去洛阳，“亲御驿马，日行三百里，四皇后及文武侍卫数百人并乘以从”。他要她们与自己并驾齐驱，四皇后“或有先后，辄加谴责，人马顿仆，相及于道”。尉迟氏立为皇后之后，宇文赟去祭祖，“造下帐（篷）五，使五皇后各居其一”。出动之时，用五种车子载她们，他自己带领左右随从步行跟从；又把活鸡倒挂在车后，向车上掷碎瓦，那些乘车的女子吓得哇哇乱叫，他引以为乐；有时“还宫”，还要“令京城士女于衢巷作乐迎候”。

南北朝时的诗人卢思道将宇文赟的“五后并立”比为“刘聪之乱政”，将宇文赟的沉迷酒色者比为“石虎之淫风”。其实，“淫风”与“乱政”自有其必然联系，又岂能分拆？

宇文赟之“淫风”不但“乱政”，使开创于宇文泰而强盛于宇文邕的北周政权快速衰落，还直接葬送了他自己的性命。因为纵欲过度，他当“天元皇帝”的第二年，就命归黄泉了。

那一年，他才二十二岁。

桀燕皇帝刘守光*

刘守光是卢龙节度使刘仁恭的儿子，因与父亲的爱妾罗氏通奸，而被刘仁恭鞭打后赶出家门。后梁开平元年（907 年），宣武军节度使李思安攻打幽州。刘仁恭驻军大安山享乐，城中没有戒备。刘守光领军击退李思安后，自称卢龙节度使，并派李小喜、元行钦率兵攻打大安山，抓捕并幽禁自己的父亲刘仁恭。其兄刘守文为此兴兵讨伐，刘守光两次击败刘守文，并先后杀死刘守文、刘延祚父子。那一年，后梁太祖册封刘守光为燕王。

这位燕王治内，也以暴虐著称。

自命不凡

刘守光想当皇帝，是五代时期的乱局引发的，这一点，后梁乾化元年（911 年）他穿上唐代皇帝所穿的赤褐色袍服时，就对手下的将吏们说得明白："今天下大乱，英雄角逐，吾兵强地险，亦欲自帝，何如?"那个时候，虽说朱温建立的后梁取代了李唐，但割据的政权还是挺多的。作为燕王，刘守光自以为"兵强地险"，可与"角逐"的诸雄有得一拼。他手下的将领孙鹤不赞成，为刘守光分析了燕国的处境。一是"内难新平，公私困竭"。刘守光的一方天地，是

---

* 本篇引文主要出自《资治通鉴》的《后梁纪三》《后梁纪四》。

从他父亲刘仁恭与兄长刘守文那边夺过来的，这“内难”大概指的是刘氏兄弟相争。既是战争，势必耗费人力物力，由此造成“公私困竭”，需要休养生息，逐步恢复。二是外部环境也不乐观，所谓“太原窥吾西，契丹伺吾北”。太原指的是晋王李存勖，这是当时唯一可与后梁抗衡的势力；契丹则是耶律阿保机，整个五代时期，契丹始终是中原的威胁。孙鹤由此得出一个结论，即“遽谋自帝，未见其可”。他劝刘守光“养士爱民，训兵积谷，德政既修，四方自服”，听了孙鹤的这番话，“守光不悦”。

刘守光开始为实现自己的皇帝梦展开外交活动了。他派使者去游说在镇州的赵王王镕和在定州的义武节度使王处直，要他们尊奉自己为“尚父”。燕赵之地本就连在一起，王镕觉得兹事体大，便告诉了晋王李存勖。朱温称帝，以后梁取代李唐，李存勖就很不以为然，刘守光算是个什么东西，居然也想称帝。得知这个消息后，李存勖怒发冲冠，想要立马出兵讨伐。属下诸将劝他说：刘守光确实作恶多端，不是个东西，理当灭他的族，但眼下“不若阳为推尊以稔之”。李存勖知道他们的用意，这是“天欲其亡，必令其狂”，就与王熔、王处直以及昭义节度使李嗣昭、振武节度使周德威、天德节度使宋瑶共同奉册向后梁太祖朱温推尊刘守光为尚书令、尚父。

这么一来，刘守光更是飘飘然了，真的误以为实力比他强得多的晋王李存勖等六镇节度使害怕自己，丝毫没有觉察这是“阳为推尊”，居然上表朱温，声称晋王等推尊他为尚书令、尚父，他未敢接受，考虑再三，不如授他为河北都统，并说如此“则并、镇不足平矣”。刘守光所说的“并”即并州，相当于如今的太原，这是晋王李存勖的地盘；他说的“镇”即镇州，相当于如今的正定，这是赵王王镕的地盘。朱温知其狂悖而顺其意，不乏让他与晋王、赵王抗衡，借以牵制他们的意思，因此授予刘守光河北道采访使，还专门派遣阁门使王瞳、崇政院受旨史彦群前去册命。

刘守光命人起草受册封为尚父与采访使的礼仪，他的僚属以李唐时册封太尉的礼仪为参照拟好呈献于他，他问为何没有南郊祀天和改元之事宜。属官回答："尚父虽贵，人臣也，安有郊天、改元者乎？"他恼羞成怒，把册封礼仪掷之于地，气急败坏地说："我地方二千里，带甲三十万，直作河北天子，谁能禁我！尚父何足为哉！"还把后梁派来的阁门使王瞳、崇政院受旨史彦群以及各道使者统统关进牢狱。

称帝登基的架势已经摆了出来，但他的将佐私下议论大多以为不可。这些议论自然也会传入刘守光的耳朵，于是他在大厅里摆置刀斧、砧板，说："敢谏者斩！"此时挺身而出的又是孙鹤，他说："沧州之破，鹤分当死，蒙王生全，以至今日，敢爱死而忘恩乎！窃以为今日之帝未可也。"孙鹤原是刘守义的部属，刘守义被杀时，刘守光没有杀孙鹤，孙鹤冒死进谏，就为报答刘守光的不杀之恩。他一口咬定称帝之事"未可"，原本是为刘守光着想，但刘守光哪里体会得了这番忠心。此前孙鹤说称帝之事"未见其可"时，他已经"不悦"，只是没有当场发作，这回却是忍无可忍了，当下命令军士把孙鹤按伏在砧板上"寸斩"，即一寸一寸地剐下他的肉，并且吃掉。孙鹤临死前呼喊："百日之外，必有急兵！"刘守光又命令军士用土塞他的嘴，再继续"寸斩"。

刘守光就这样登上帝位，国号大燕，改元应天。他还任命后梁派来册封他的王瞳为左相，史彦群为御史大夫。当然，"大燕"是他自称的，史称"桀燕"，有人称此为奇葩国号。

这一天，契丹攻陷平州，燕人惊慌失措。

不堪一击

听说刘守光真的登基称帝，晋王李存勖感到很滑稽，大笑说："俟彼卜年，吾当问其鼎矣。"（以周成王卜年、楚子问鼎之事戏弄嘲笑刘守光）张承业请李存勖派人前去祝贺，使刘守光更骄更狂。太原少尹李承勋受命到达幽州后，用的是相邻藩国交往通行的礼仪，负责接待客人的官吏说："吾王帝矣，公当称臣庭见。"李承勋说："燕王自可臣其境内，岂可臣他国之使乎！"刘守光为之大怒，把李承勋囚禁数日，放出来后问他："臣我乎？"李承勋曰："燕王能臣我王，则我请为臣；不然，有死而已！"

或许是受此事刺激，刘守光觉得应当以武力让这些相邻的藩国臣服。他召集文官武将商议如何攻取易州、定州。幽州参军冯道以为不可，这就冒犯了刘守光的天威，被投入牢狱。亏得有人援手相救，冯道方才得以出狱，逃亡到晋，受到李存勖的赏识，开始脱颖而出，日后数代为相，要不然恐怕早已像孙鹤那样被这个奇葩皇帝"寸斩"了。

刘守光手下确实也有几员大将，如高行珪、高行周、元行钦以及单廷珪等；刘守光用高压迫使境内青壮年"悉文面为兵，虽士人不免"，兵力也不算太少。所谓"兵强地险"，这"兵强"本来就是他敢于称帝的本钱之一。他亲自率军两万进犯易州、定州。在定州的义武节度使王处直向晋王告急。振武节度使周德威前往救援，首战就生擒出战前信誓旦旦地对刘守光说"今日必擒周杨五（周德威小名）以献"的燕之骁将单廷珪，大败由单廷珪率领的一万燕兵。

刘守光派出的大将元行钦与高行珪、高行周兄弟的情况也很不妙，他们遭遇的是曾随李克用一起南征北战的晋将李嗣源。李嗣源先攻武州，高行珪以城降，元行钦得知后引兵攻打高行珪，高行珪以其弟高行周为人质向晋军求救。李嗣源与高行珪兄弟一起与元行钦打了八仗，元行钦终于力尽而降，还被李嗣源收为养子。

兵忿者败，兵贪者破，兵骄者灭。刘守光之兵，忿贪骄兼备。没有多少时日，他的本钱也就差不多了。

晋将周德威进军逼近幽州南门。盘踞在幽州的刘守光派遣使者带着书信前去求和，语卑而情哀。周德威当着使者的面挖苦刘守光说："大燕皇帝尚未郊天，何雌伏如是邪！予受命讨有罪者，结盟继好，非所闻也。”不屑以书信回复。称帝时气壮如牛的刘守光，这下子心慌意乱，无计可施，只好死皮赖脸地再派使者前去哀求。向周德威求和不成，又派遣使者去张承业处“请以城降”。因为刘守光言而无信，张承业也没有接受他的请求。

后梁乾化三年，亦即燕应天三年（913 年）九月，盘踞在幽州的刘守光引兵夜出，从晋军手中夺回顺州。十月，刘守光又率领五千兵马夜袭檀州，被周德威拦击，打得大败。他的将领兵卒相继投降晋军，刘守光只带一百多骑兵逃回幽州。

晋王出兵救援定州王处直时，刘守光向后梁朱温求救，朱温曾亲自率兵前去，但那个时候，后梁内困外患，力不从心。到了此时，朱温自己也成他的养子朱友珪的刀下之鬼了。独守幽州城的刘守光只好求援于契丹。契丹也不理他，嫌他没有信用。

幽州一直在周德威的包围之中，刘守光登上城楼，对周德威说：“俟晋王至，吾则开门泥首听命。”晋王李存勖得到这个信息后，单身匹马来到幽州城下，对城楼上的刘守光说：我本来想和你及河朔五镇之兵兴复大唐社稷，谁想你竟效法朱温狂僭篡逆，镇州王镕、定州王处直二帅，原也“俛首事公”，你却不把他们当回事，这才有今日之役。如今何去何从，你如果还是个男子汉大丈夫，就当有个决断。刘守光说：如今我是“俎上肉”，就听凭大王处置了。然而，等晋王要他出城相见之时，他又“辞以他日”了。

乞求余生

刘守光的下场很惨，不仅众叛亲离，而且狼狈不堪。

有个叫李小喜的人，“赞成守光之恶，言听计从，权倾境内”。刘守光“辞以他日”出城与晋王相见，就是听从了李小喜的意见。那天晚上，李小喜自己偷偷出城，密报晋军“城中力竭”，于是李存勖“督诸军四面攻城”，攻克之后，只擒得刘守光的父亲刘仁恭及其妻妾。

刘守光做梦也没有想到，在这个时候出卖他的人，竟然是最受他宠信的李小喜。见势头不对，他顾不了父母，带着妻子祝氏等出逃，本想投奔他在沧州的兄弟刘守奇，但天寒地冷，涉水过河，脚都肿起来，又不知哪条路可通沧州，因为生怕被人发现，白天就藏匿山谷之中。几天都弄不到东西吃，刘守光命妻子祝氏去农家讨饭，老农张师造见她样子怪异，盘问再三，知道了刘守光藏匿之处，于是就把他和祝氏以及三个儿子一起抓了。当晋军将吏押着刘守光等人到晋王李存勖处时，李存勖正设酒宴，因为他们尚在燕国的地盘上，李存勖不无讽刺意味地对刘守光说："主人何避客之深邪！"

刘守光的父母刘仁恭夫妇比刘守光早几天当俘虏，李存勖交代部属将他们安置在一起。李存勖从幽州出发返回晋阳时，刘仁恭、刘守光父子一行都戴枷锁立于"露布"之下，"露布"上写着将他们的罪行昭告天下的文字。刘守光的父母唾骂刘守光："逆贼，破我家至此！"连亲生父母都视他为"逆贼"，这个"逆贼"自是不敢抬头。

晋王李存勖是用白绢绑着刘仁恭、刘守光父子进入晋阳的，还将他们押送到太庙祭祖，李存勖亲自监斩。刘守光在临死时声嘶力竭地呼叫："守光死不恨，然教守光不降者，李小喜也。"李存勖招来李小喜对质，李小喜怒目圆睁地叱骂他昔日的主子刘守光说："汝内乱禽兽行，亦我教邪！"所谓"内乱禽兽行"，指的当是他与父亲的爱妾罗氏通奸一事。李存勖讨厌李小喜这种小人，命人先将李小喜斩了。刘守光误以为尚有生机，乞求李存勖："守光善骑射，王欲成霸业，何不留之使自效！"其妻李氏、祝氏责备他说："事已如此，生亦何益！"说完"伸颈就戮"。这位"大燕皇帝"却远不如他的妻室有骨气，竟"至死号泣哀祈不已"。

自称帝起至此，刘守光用两年四个月的时间，结束了自己的生命。

大闽皇帝王继鹏*

王审知的声誉不错，被后人称为“开闽圣王”。在战乱不断的五代，他能使闽地与中原政权保持贡赋关系，尽量避免战争，选贤任能，减刑约法，轻徭薄赋，让百姓得以休养生息，使经济文化得到发展。在这些方面，他大可与吴越王钱镠比肩，但他的后人却远远逊于钱镠的后人。不仅他的直接继承人王延钧乏善可陈，王延钧之后，甚至还接连出现了像王继鹏、王延羲这样的奇葩皇帝。

本文专说王继鹏（即王昶）。

闻父“疾”喜

王继鹏是王审知的孙子。后唐明宗长兴二年（931年），因其父王延钧信奉道教，受“宝皇”之命“避位受道”而“权军府事”。但王延钧之“避位受道”，原是以退为进，为的是“为六十年天子”，到了长兴四年，就有传言出来了，说王延钧当闽王前住过的宅第有龙出现，于是将这宅第更名为“龙跃宫”，王延钧也随之到宝皇宫“受册”，入府登基，国号“大闽”。这下子，他当的就不是闽王而是闽帝了，原先“权军府事”的节度副使王继鹏，也就成了右仆射、

* 本篇引文主要出自《资治通鉴》的《后唐纪七》《后唐纪八》《后晋纪二》《后晋纪三》。

中书侍郎，并同平章事，随后又被立为福王，充宝皇宫使。闽帝既由宝皇宫册封，这宝皇宫使自然也非同小可。那年五月，福建地震，王延钧又“避位修道”，命福王继鹏“权总万机”。王审知生性节俭，他主政闽国之时，“府舍皆庳陋”，王继鹏可没有那么寒酸，一旦“权总万机”，立马就“大作宫殿，极土木之盛”，还与宫人李春燕私通。这李春燕并非一般的宫人，于是又请陈皇后出面向王延钧求情，要王延钧割爱将李春燕赏赐给他。

王延钧儿子不少，但他“避位受道”之时，“权军府事”的是王继鹏，“避位修道”之时，“权总万机”的又是王继鹏，按理说，在诸子之中，王延钧最看重的就是王继鹏。然而，王继鹏登上大闽国的皇帝位，并非按王延钧的遗诏名正言顺地接班。王延钧是在一场兵变之中被杀的，虽然没有直接死于王继鹏之手，但王继鹏也脱不了干系。“闽主疾甚”之时，王继鹏就“有喜色”。皇城使李仿在王延钧病重期间杀了佞臣李可殷，因王延钧查问而发起兵变，这来龙去脉王继鹏也心知肚明。王延钧死后，王继鹏又与李仿一起杀死陈皇后等人以及王继鹏之弟王继韬，于是“称皇太后令监国”，当日即皇帝位，改名王昶，立李春燕为贤妃，可见这兵变的主要受益者是王继鹏。当然，李仿也因此日益坐大，把控闽国朝政，暗养死士，成为王继鹏的心头之患。王继鹏与拱宸指挥使林延皓又合谋将他杀死，并将弑君以及杀死王继韬等罪名全部安在李仿头上诏告天下。

要王继鹏这类角色即位之后虚怀若谷、从谏如流是不可能的。永泰人叶翘不但学识渊博，而且为人质直，早年间王延钧曾让他与王继鹏为友，王继鹏也待他如师。王继鹏即帝位之后，虽也任命叶翘为内宣徽使、参政事，并对他说“政令不善，公当极言”，但叶翘不过为王继鹏对梁国夫人李氏甚薄、专宠李春燕而进谏，说：“夫人先帝之甥，聘之以礼，奈何以新爱而弃之！”王继鹏就不高兴了，从此疏远叶翘。此后叶翘上书言事，王继鹏在书末批示：“一叶随风落御沟。”叶翘就这样被放归“御沟”永泰，不再起用了。谏议大夫黄讽因为王继鹏淫荡暴虐，与妻子诀别之后入宫冒死进谏，王继鹏要用廷杖责罚他，黄讽说：“臣若迷国不忠，死亦无怨；直谏被杖，臣不受也。”王继鹏因此罢免黄讽的谏议大夫之职，将他贬黜为民。

这位大闽国的皇帝听不进逆耳之忠言，不与忠贞之士商议国事，对于装神弄鬼的“洞真先生”陈守元却赐号“天师”，对他“信重之，乃至更易将相，刑罚，选举，皆与之议”，并且“言无不从”。孰知闽帝信“天师”，“天师”亦贪财，“守元受赂请托……其门如市”。王继鹏甚至听取陈守元的馊主意，在宫中建造三清殿，用黄金数千斤铸造宝皇大帝、天尊、老君像，昼夜作乐，焚香祷祀，寻求神丹。政事不论大小，都由卜巫人林兴传达宝皇的神命来决定。

这个陈守元，就是当年要王延钧筑宝皇宫并在宫成之后为宝皇宫主的陈守元，这个宝皇宫之“宝皇”就是当年要王延钧“避位受道”尔后又册封王延钧为闽帝的“宝皇”。

王延钧、王继鹏这两位闽帝，居然都在这个“宝皇”操控之下。

猜疑与忌妒

王继鹏心术不正，行为不端，坐着那把皇帝的交椅很不踏实，生怕有人暗算他，取代他，猜疑心与忌妒心特重。因为他的猜疑心与忌妒心而遭殃的，首先就是王氏宗室。

福建之为福建，乃是因福州、建州两地首字得名。王继鹏为闽帝，身居福州，主政建州的刺史王延武以及户部尚书王延望都是他的叔父，而且都有才干有名望，也就都是王继鹏忌妒与猜疑的对象。正好那位专门传达宝皇神命的卜巫人林兴与王延武有怨隙，就假托鬼神之言对王继鹏说“延武、延望将为变”，王继鹏连问都没问，就让林兴率兵先后到王延武、王延望的府上，杀了他们和他们两家五个儿子，可谓斩草除根。

王继鹏登基称帝并除掉李仿之后，曾以建王王继严取代李仿

“权判六军诸卫”。他的这位兄弟很有能耐，很得将士之心，王继鹏又睡不着觉了，在忌妒与猜疑交互作用之下，就撤了王继严的职，夺了他的兵权，连名字都给人家改了，改为继裕。王继鹏喜欢设夜宴宴请群臣宗室，强令他们喝酒，把他们灌醉后，让身边人专门找他们的过失，然后予以责罚。堂弟王继隆醉后失礼，王继鹏就下令把他斩了。

这可都是王审知的子孙啊，都与他王继鹏血脉相连。但在他看来，越是血脉相连，就越有可能随时取代他，也就越是宁可错杀，不可放过。如此“屡以猜怒诛宗室”，弄得人心惶惶。

于是就有他的叔父，左仆射、同平章事王延羲“阳为狂愚以避祸”，王继鹏赐他道士服，将他安置在武夷山中，不久又召还福州，“幽于私第”。

然而王继鹏万万没有想到，日后取代他的，就是这位被他“幽于私第”的叔父。

“其能久乎”

王继鹏即位之际，后晋取代后唐，后晋高祖石敬瑭册封王继鹏为闽国王，并委派左散骑常侍卢损为册礼使到福州。对于这个册封，对于这个册礼使，王继鹏很不以为然，他都已经承袭了大闽国的帝号，是大闽皇帝，石敬瑭却叫他回头再去当闽王，这算什么事呀！于是他派遣进奏官林恩前去辞却册命和册礼使。或许是林恩还没有到达晋廷，卢损就已经到了福州，王继鹏只好称疾不见，让他弟弟王继恭出面接待。有个叫林省邹的士人见王继鹏冷落卢损，让他坐冷板凳，私下对卢损说了自己的心里话。他评价王继鹏“不事其君，不爱其亲，不恤其民，不敬其神，不睦其邻，不礼其宾”，反问卢损“其能久乎”，还说他将“僧服而北逃”，与卢损“相见于上国”。

林省邹说的“六不”，除了“不敬其神”有违史实——那个宝皇宫的“宝皇”不就是王继鹏所敬之神吗——其余“五不”，都言之有据。此处不妨重点说说“不恤其民”。

前面说了，早在王继鹏“权总万机”之时，便“大作宫殿，极土木之盛”，称帝登基之后在这方面的挥霍，便不仅限于在宫中建造三清殿，用黄金数千斤铸造宝皇大帝等像。例如，因为有方士说“白龙夜见螺峰”，王继鹏就立马修筑“白龙寺”。如此“百役繁兴”，难免“用度不足”，唯一的办法就是加大搜刮民脂民膏的力度。在他主政闽国之时，连种果种菜养鸡养猪都要课以重税。至于“民有隐年（年龄）者杖背，隐口（户口）者死，逃亡者族”一类的严刑苛法，大概也都在“不恤其民”之列。王继鹏敛财还有绝招。他专门交代吏部侍郎蔡守蒙：举荐官员，即使有不肖之徒以及假冒顶替者，只要能够出钱纳赂，可以照样造册上报。素称廉吏的蔡守蒙在他的淫威之下只好“惧而从之”，自此，任用官员就凭纳钱多少分等级。王继鹏还用没有填写姓名的“堂牒”让医工陈究卖官于外，“专务聚敛，无有盈厌”。

林省邹看得很透彻，说得很到位，王继鹏确实不能持久。此后不过数月，他就死于非命。

事情还得从头说起。王延钧即位后，曾把王审知的侍卫分立为拱宸、控鹤二都，也是猜疑心作怪，王继鹏担心王延钧的侍卫不能为他所用，索性另起炉灶，募集壮士二千号称宸卫都，俸禄和赏赐均非拱宸、控鹤二都可及。这是一招臭棋，无异于给他自己挖了个坑。当时有传言称拱宸、控鹤二都将士有怨气，将要作乱，王继鹏当然一听就信，立马要把此二都分属于漳、泉二州，由此火上加油，致使二都将士更加愤怒。

拱宸、控鹤二都被不断边缘化，使得二都军使朱文进、连重遇心生怨恨。偏偏又碰上北宫失火，纵火人未被抓获，王继鹏命令连重遇率领内外营兵扫除余烬，每天役使万余人，拱宸、控鹤二都士卒苦不堪言。他又怀疑连重遇知道纵火案内情，想杀了连重遇。有个叫陈郯的内学士将这个消息透露给连重遇，那天晚上，正好轮到连重遇值勤，他就率领拱宸、控鹤二都士卒火烧长春宫，袭击王继鹏；又派人将被王继鹏软禁的王延羲迎了出来，对他呼喊万岁。拱宸、控鹤二都之兵在长春宫内外夹攻，唯有王继鹏专门募集的亲兵宸卫都为之拒战，王继鹏与皇后李春燕均避往宸卫都。拱宸、控鹤二都之兵打败宸卫都，焚烧宸卫都的军营，宸卫都剩下千余人保护王继鹏和李后向北逃命。王延羲让前汀州刺史王继业带兵追赶拦截，王继鹏走投无路之时责问王继业“臣节何在”。王继业回答说：“君无君德，臣安有臣节！新君，叔父也，旧君，昆弟也，孰亲孰疏?”王继鹏于是无话可说。

王继鹏是返回时被王继业“醉而缢之”死去的，已被立为皇后的李春燕以及王继鹏的几个儿子也一起被诛。王继鹏的那个“天师”陈守元也在宝皇宫中“易服将逃”时被乱兵杀死。

时后晋天福四年（939 年）闰七月。

大闽皇帝王延羲*

或许是王位尚未坐稳，王延羲即位时，只自称闽王和威武节度使，没有称帝，还主动“遣商人间道奉表称藩于晋”，作为后晋的一个藩国或藩镇。虽然在闽国之内，照样“置百官皆如天子之制”。至于弑君（王继鹏）之事，就归于“君”被弑后投奔吴越国的宸卫都之余部了。两年之后，即后晋天福六年（941年）七月，他就由大闽王改称大闽皇，十月即皇帝位，并改名为王曦。

“闽王曦既立，骄淫苛虐，猜忌宗族，多寻旧怨。”本文就着重说说王延羲的“骄淫苛虐，猜忌宗族”，在这两个方面，他与王继鹏（王昶）极其相似。

猜忌宗族

王继鹏当权之时，王延羲是夹着尾巴做人的，一度“阳为狂愚以避祸”，取代王继鹏之后，狐狸尾巴就露出来了，骄横、奢靡、苛暴，一点都不亚于王继鹏。

最早对他的种种恶行进行劝谏的，是建州刺史王延政，不是一次两次，而是“数以书谏”。王延羲相当恼火，因为王延政是他的亲弟弟，他们都是王审知的儿子。你对我横挑鼻子竖挑眼的是什么意

---

* 本篇引文主要出自《资治通鉴》的《后晋纪三》《后晋纪四》《后晋纪五》。

思，你想干什么？但王延政不在朝堂之上，更不在福州，由不得他想杖就杖，想鞭就鞭，想杀就杀。而且王延政是建州刺史，手中还有兵马，王延羲一时奈何不了他，立马“复书骂之”又不解恨，于是想了一个阴招：派遣亲信业翘当建州的监军，又派教练使杜汉崇当地处于建州与福州之间的南镇的监军。此二人乐于当鹰犬，争着为王延羲搜集王延政的“阴事”。王延政当然心知肚明，这是要找到把柄名正言顺地置他于死地。就这样，“兄弟积相猜恨”。派驻建州的业翘有恃无恐，与王延政议事不合，就呵斥道：你要造反啊！王延政忍无可忍要斩业翘，业翘见势不妙赶紧先溜，直奔南镇。王延政又发兵攻打南镇，业翘与杜汉崇就一起败退福州去了。

王延羲与建州刺史王延政的这种关系，犹如此前王继鹏与建州刺史王延武的关系。王延羲比王继鹏更进一步的是，他不惜把猜疑扩大为战争。后晋天福五年（940年）二月，他派遣潘师逵、吴行真带兵四万袭击王延政。潘师逵驻兵建州城西，吴行真驻兵建州城南，两支军队隔水置营，焚烧城外庐舍。丞相林鼎进谏，王延羲根本听不进去。王延政当然也不肯俯首就擒，他从吴越王钱元瓘那边搬来援兵四万与之抗衡，兄弟矛盾升级为两州，以后又变成闽国与殷国（王延政自称殷帝）之间的战争。四月，南唐主李昪派客省使尚全恭赴闽，为王延羲与王延政劝和。六月，王延政派牙将带着誓书与香炉到福州，与王延羲定盟于王审知的宣陵。但兄弟间的相互猜疑相互忌恨依然如故。王延羲还在福州西面修建城郭以防备建州。福州与建州的战事不断，害苦了这一带的平民百姓。

对于别的宗亲，王延羲也一样猜忌。他怀疑汀州刺史王延喜与王延政暗通款曲，派遣将军许仁钦率兵三千到汀州将王延喜捉拿而归。他在九龙殿大宴群臣时，逼着侄子王继柔喝酒，王继柔不胜酒力，偷偷倒掉一点酒被他发现，王延羲就把王继柔连同他的客将一起杀了。朱文进、连重遇兵变时，王继业受命拦截王继鹏并将他“醉而缢之”，对于王延羲登上帝位是立了大功的，后来被任命为泉州刺史。听说王延政招揽王继业，王延羲把他召到福州，“赐死于郊外”，并杀其子于泉州。王继严任泉州刺史在王继业之前，王继鹏为帝时，曾以王继严取代李倣“权判六军诸卫”，因为王继严很“得士心”，引发王继鹏的忌妒，撤了他的职，夺了他的兵权。到了王延羲的手上，王继严又因为很“得众心”而被罢免泉州刺史之职。不同的是，王延羲比王继鹏更狠，在王继严“罢归”福州之后，依然放心不下，竟用鸩酒把他毒死了。得人心何罪，居然要下如此毒手？

王延羲怕的是“得人心者得天下”呀！

骄淫苛虐

王延羲也与王继鹏一样，喜欢设夜宴宴请群臣宗室，大概这种场合很适合他滥施淫威。有一次夜宴，宰相李光准酒后违背他的意愿，王延羲就命人把他绑了送到街头问斩。“吏不敢杀”，把李光准关在狱中。次日王延羲“视朝”，又恢复了李光准的官衔。这天又有夜宴，翰林学士周维岳也像李光准那样被拘系下狱。狱吏对他说：“相公昨夜宿此，尚书勿忧。”果然，王延羲酒醒之后把他放了。“他日，又宴”之时，周维岳就硬撑着，不敢有丝毫懈怠，以致“侍臣皆以醉去，独维岳在”。王延羲说：“维岳身甚小，何饮酒之多？”他身边有人说：能喝酒的人，另有容酒的肠子，与身材大小长短没有关系。王延羲被逗乐了，居然命人将周维岳剖腹，看看他的酒肠有多大多长。亏得身边人来了个脑筋急转弯，说：“杀维岳，无人复能侍陛下剧饮者。”王延羲这才把他放了，但并非谁都能这般死里逃生。

王延羲立同平章事李真之女为皇后。此女嗜酒，刚愎自用，王延羲对她“宠而惮之”。又立金吾使尚保殷之女为贤妃。尚贤妃颇有姿色，很受宠幸，王延羲设夜宴喝醉了酒，就听任她胡闹，她要杀谁就杀谁，她要放谁就放谁。还有一个因为“年少，美姿容，得幸于曦”的，却是他的外甥，闽国的盐铁使、右仆射李仁遇。关于这件事，史书仅有寥寥数字，语焉不详，兴许是怕说破了有伤大雅罢。

君主淫乱，官场也就污浊。同平章事、泉州刺史余廷英贪赃枉法，掠人女子，“诈称受诏采择以备后宫”。事发之后，王延羲派遣御史查究。余廷英怕了，到福州自首。王延羲责问他，要将他交给有关部门惩处。余廷英知道当朝天子的嗜好，立马贡献“买宴钱”万缗，专给王延羲用来设夜宴。王延羲自然高兴，次日就召见他，告诉他“宴已买矣”，又向他索要“皇后贡物”，余廷英“复献钱于李后”，他也因此免受处罚，得以“遣归泉州”并官复原职。从此之后，闽国的官场增添了一道“诸州皆别贡皇后物”的景观。王延羲嫁女，发现朝士有不送贺礼的十二人，“皆杖之于朝堂”。

如此荒淫奢侈，挥金如土，难免资用不足，王延羲与担任国计使的南安人陈匡范商量。或许是为邀功取宠，陈匡范居然自请“日进万金”。王延羲立马投桃报李，给陈匡范加礼部侍郎的官衔，还在夜宴群臣时，举着酒杯对陈匡范曰：“明珠美玉，求之可得；如匡范人中之宝，不可得也。”陈匡范有什么高招能“日进万金”呢？无非是向商贾增加数倍收费。但不久就发现即使增加数倍收费，也不够他“日进万金”，又“贷诸省务钱以足之”。因为担心东窗事发，最后陈匡范忧悸而死，王延羲给予他的“祭赠甚厚”。日后陈匡范以借贷补缺之事揭露出来，王延羲方才大发雷霆，劈了陈匡范的棺材，斩断他的尸体抛投于水。王延羲让连江人黄绍颇暂代国计使之职。这个黄绍颇也是陈匡范一类的角色，他给王延羲出了个馊主意，就是卖官，而且明码标价，“以资望高下及州县户口多寡定其直，自百缗至千缗”。对于这样的生财之道，王延羲自然是“从之”的，因为能让他继续荒淫奢侈下去。当然，这些钱最终还得由老百姓来出。

面对王延羲的骄淫苛虐，闽国的朝廷之上也有刚正不阿之人。校书郎陈光逸私下对其友说：“主上失德，亡无日矣，吾欲死谏。”他不听其友劝阻，冒死上书王延羲“大恶五十事”。王延羲恼羞成怒，立马命卫士鞭挞陈光逸数百下，发现陈光逸居然没被活活打死，又命卫士用绳子把他“悬诸庭树，久之乃绝”。

祸起萧墙

就在陈光逸因直言进谏而被活活吊死之后不久，王延羲的末日也不期而至。而且，他死于自己身边人之手，可谓祸起萧墙。

王延羲上位，得益于拱宸、控鹤二都军使朱文进、连重遇发起的兵变，当时被王继鹏软禁的王延羲也是连重遇派人从瓦砾中迎出来的。尽管王延羲上位之时，已发文告将此弑君之罪归咎于投奔吴越国去的宸卫都余部，但朱文进、连重遇心中还是很不踏实，不但“常惧国人之讨”，也知道他们拥立的王延羲喜怒无常，“果于诛杀”。此时，朱文进是拱宸都指挥使，连重遇是拱宸都阁门使。王延羲游西园时，偏偏“因醉杀控鹤指挥使魏从朗”。对于王延羲而言，因醉杀人是家常便饭，早就习以为常。但拱宸、控鹤二都原是一体的，这魏从朗亦属朱、连之党羽。魏氏之死，大大加重了朱文进、连重遇的那块心病。他们既是警卫的首领，就得常随王延羲而行，对于王延羲的举止言行都十分敏感。有一次，王延羲乘着酒兴举杯对朱文进、连重遇二人吟诵白居易诗：“惟有人心相对间，咫尺之情不能料。”朱、连二人吓得“流涕再拜”，并向王延羲表白自己“臣子事君父，安有他志!”见王延羲没有任何反应，“二人大惧”。

如前所说，王延羲立宰相李真之女为皇后，此女刚愎自用，王延羲对她“宠而惮之”，其子王亚澄先被立为长乐王，继而又被立为闽王。王延羲又宠幸尚保殷之女尚贤妃，醉酒之后就任她胡闹胡杀。李后容忍不了王延羲对尚贤妃的宠幸，想要除掉王延羲而立自己的儿子王亚澄为帝，就想利用王延羲与朱文进、连重遇之间的微妙关系。于是她派亲信对朱、连二人说：“主人殊不平于二公，奈何?”这是一种暗示，无异于唆使朱、连二人故技重演，像当初除掉王继鹏一样除掉王延羲。

正好宰相李真有疾，王延羲前往李府探病，拱宸都马步使钱达遵朱文进、连重遇之嘱，杀王延羲于马上。朱文进、连重遇并不想如李后所愿立王亚澄为帝。二人召百官集于朝堂，向他们宣告说："太祖昭武皇帝，光启闽国，今子孙淫虐，荒坠厥绪。天厌王氏，宜更择有德者立之。"也就是说，王审知的子孙太不像话，断送了王审知开创的基业，现在要"更择有德"的异姓了。于是，连重遇推立朱文进为闽主，并"帅群臣北面再拜称臣"，朱文进命连重遇总六军，掌握兵权。朱、连二人大开杀戒，"悉收王氏宗族延喜以下少长五十余人，皆杀之"。"抗辞不屈"的礼部尚书郑元弼也为朱文进所杀。

这一切看似偶然，但偶然性中自有必然。自古以来，有多少不义之人在前赴后继反反复复地演绎着出于《左传》的"多行不义必自毙"这条历史规律。

何况他们的"不义"，首先传染的也正是身边之人。

南汉刘氏三奇葩*

南汉是唐末至五代时期，由封州刺史刘谦，清海节度使、南海王刘隐打下基础，由刘龑（原名刘岩）创立的南方割据政权，他们在流放岭南、避乱岭南、客居岭南的中原士人辅佐下，为岭南一带百姓营造了一个相对安宁的环境。南汉刘氏三奇葩，指的是刘龑的两个儿子刘玢（原名刘弘度）、刘晟（原名刘弘熙）以及刘晟的儿子刘𬬮。他们相继为帝，又都奇葩得各有特色，故将他们合成一文。

刘玢：醉生梦死

在说这三位奇葩皇帝之前，不妨先说说刘龑。

后梁贞明三年（917年），逐步剪除岭南各个割据势力之后，刘岩称帝，建都番禺，国号大越，次年改国号为汉，史称南汉。后因有人称“白龙见于汉宫”，由是刘岩更名曰龚；又因得知谶书有言“灭刘氏者龚也”，于是采用《周易》“飞龙在天”之义，创“龑”字，更名曰龑（《新五代史》卷六十五）。刘龑在位期间，依靠士人治政，通过科举，每年录用进士、明经十余人为官，避免武官据地称雄之患。这是其后人得以世袭的前提。刘龑生性苛酷，又好骄奢，

---

* 本篇引文主要出自《资治通鉴》的《后唐纪三》《后唐纪八》《后晋纪四》《后晋纪五》《后汉纪二》《后周纪五》。

尤其在他的晚年，极尽奢侈，滥施酷刑，多疑善妒，这一切又转化为其后人的基因。

刘龑有许多儿子，他称帝后被封为王的就有十九个。老大刘耀枢、老二刘龟图英年早逝，老三刘弘度（刘玢）、老四刘弘熙（刘晟）骄横任性，老五刘弘昌孝顺谨慎又有见识，刘龑原本想立他为储君，并且已经有所安排。崇文使萧益认为立储应当长幼有序，立幼不立长易生乱局，使刘龑放弃了立越王刘弘昌为储的念头，改立秦王刘弘度为储。

老大刘耀枢、老二刘龟图去世之后，刘弘度曾以嫡长子的身份掌管六军，刘龑要他招募宿卫兵千人，刘弘度招募的却都是市井无赖子弟，而且与他们格外亲昵。宰相杨洞潜进谏说："秦王，国之冢嫡，宜亲端士。使之治军已过矣，况昵群小乎！"他认为作为嫡长子的刘弘度不该如此，要刘龑加以约束。刘龑不以为然，他对杨洞潜说："小儿教以戎事，过烦公忧。"始终没有约束刘弘度。杨洞潜从宫廷出来，看见这些身为卫士的市井无赖子弟掠夺商人之财，商人不敢申辩，感叹说："政乱如此，安用宰相！"便以病谢辞朝政。

杨洞潜是能见微知著有先见之明的，南汉大有十五年（942年）四月，刘龑去世，刘弘度即位，并更名刘玢。即位之后，他的骄奢、荒诞与淫荡得以充分展示。南汉高祖刘龑是那年八月出殡的，在这四个月中，他全无居丧之哀，更无心思处理朝政，竟然夜以继日地寻欢作乐，放纵畅饮，让男女裸处嬉戏供他观赏取乐。身边的人稍有不合他的心意，就要被他置于死地。满朝文武无人敢言，唯有越王刘弘昌和内常侍吴怀恩屡屡进谏，他也一概置若罔闻。刘玢还"常猜忌诸弟"并加以防范，每次邀集宫宴，均令宦官守门，不管是群臣还是宗室，都要脱衣搜身后才予以放入。

但他忽略了一个人，就是辅佐朝政的晋王刘弘熙。对于刘玢所做的这一切，刘弘熙不但不加以劝阻，反而投其所好，火上浇油。他以盛装打扮歌妓，去博取刘玢的欢心，增添刘玢的恶行。他知道刘玢喜欢手博（徒手搏击），就令指挥使陈道庠引力士刘思潮、谭令禋、林少强、林少良、何昌廷等五人在晋王府中练习手搏。刘玢听说此事十分高兴。在他与诸王宴于长春宫时，刘弘熙就叫陈道庠带那几个力士前去表演手搏。夜晚罢宴之时，刘玢已经喝得酩酊大醉。这个时候，刘弘熙就出手了：他让陈道庠、刘思潮等人把刘玢活活勒死，将其左右也杀得一干二净。

刘玢这位“殇皇帝”四月即位，次年三月即命归黄泉，终年二十四岁，可以用“醉生梦死”四字为他盖棺论定。

刘晟：心狠手辣

刘弘熙指使陈道庠、刘思潮等杀死刘玢之后，被越王刘弘昌“帅诸弟临于寝殿”迎立，登上皇帝位，即位后更名刘晟。他以刘弘昌为太尉兼中书令、诸道兵马都元帅，知政事，以循王刘弘杲为副元帅，参与政事。也就是说，他的这两位兄弟，成了他最得力的助手。陈道庠及刘思潮等人因杀刘玢有功，“皆受赏赐甚厚”。

如果说，刘玢的奇葩特色为醉生梦死，那么，刘晟的奇葩特色就是心狠手辣了，而且集中体现于一个“杀”字。他的杀戮，可分几个层次。

一杀同胞手足。

首先遭殃的是被他任命为副元帅的循王刘弘杲。刘玢被杀之后，国中议论不息，刘弘杲私下向刘晟提出“请斩刘思潮等以谢中外”，刘晟不同意。此事被刘思潮等人知道了，他们就向刘晟进谗言，说刘弘杲意图谋反，刘晟于是让他们暗中监视刘弘杲的一举一动。那天，正好刘弘杲宴请客人，刘思潮与谭令禋率兵冲进去，杀了刘弘杲。从那时开始，刘晟心生恶念，要将他的同胞手足全部杀死。

越王刘弘昌当初率诸弟把刘晟推上皇帝位，有迎立之功。然而就是这个刘弘昌，在父亲刘龑眼中远比刘玢和刘晟来得强，当时差点被立为储君，这份忌妒一直埋藏于刘晟心中。何况，刘弘昌此时位高权重，贤能得人心，一有风吹草动，对他威胁最大。于是，后晋开运元年，即南汉乾和二年（944年）春上，刘晟命刘弘昌到海曲进谒烈宗刘隐的陵墓，暗中安排盗贼在刘弘昌到昌华宫后把他杀了。那年十月，刘晟又派人到邕州毒杀政绩不错的镇王刘弘泽。

在刘弘杲被杀时，雄武节度使齐王刘弘弼自以为身处大镇易招横祸，向刘晟请求入归朝廷。刘晟准许，不久，又将他幽禁于私第。南汉乾和五年（947年），刘弘弼与弟弟刘弘暐、刘弘简、刘弘建、刘弘济、刘弘道、刘弘照、刘弘益都被杀了。他们的女儿被刘晟纳入后宫，儿子全被杀死。

最后一个被杀的是通王刘弘政，那已是乾和十三年（955年），在刘晟去世之前不久。同胞手足，哪怕只剩一个，他也死不瞑目！

二杀有功之臣。

所谓有功之臣，就是听他之命，以表演手搏为名勒死刘玢，使刘晟得以坐上皇位的陈道庠与刘思潮等人。刘弘杲"请斩刘思潮等以谢中外"，刘晟反而把刘弘杲杀了，但这几位终究是刘晟的一块心病。刘思潮等五人如何被杀，史书语焉不详，只说"刘思潮等既死，陈道庠内不自安"。他的这种"内不自安"的状况自然难瞒人眼，于是就有"特进"邓伸送他《汉纪》。陈道庠问何故送书，邓伸骂他傻瓜，说"此书有诛韩信、醢彭越事，宜审读之"。这件事被刘晟知道了，于是，陈道庠与邓伸不仅被杀，而且都招致灭门之祸。

三是醉杀伶人。

刘晟在大败南唐兵，夺取郴州，占有南楚岭南时，大发战争财，掠夺商人金帛充实宫殿，故有南宫、大明、昌华、甘泉、玩华、秀华、玉清、太微等宫共几百座。时有夜宴，醉酒时竟把瓜放在伶人尚玉楼颈上，拔剑斩瓜，同时砍掉尚玉楼的脖子。第二天酒醒，又叫尚玉楼侍候，左右说尚玉楼已经被他杀了，刘晟只有叹气而已。《资治通鉴》说的"尝醉，戏以瓜置乐工之颈试剑，遂断其头"，指的就是此事。

三个层次的杀戮具有不同功能，杀同胞手足为防范，杀有功之臣为灭口，醉杀伶人为取乐。刘晟不仅杀人如麻，刑罚也相当严酷，他“作离宫千余间，饰以珠宝，设镬汤、铁床、刳剔等刑，号‘生地狱’”。如此这般，他身边的人几乎都没有安全感。他信任的只有宦官林延遇与宫人卢琼仙，听任他们内外专横，胡乱杀人。林延遇死前，还将与他一样阴险毒辣、诡计多端的龚澄枢推荐给刘晟，刘晟当即提拔他主持承宣院和内侍省。龚澄枢日后成为刘晟留给刘鋹的一份邪恶的遗产。

后周郭荣（即柴荣）打败南唐平定江淮之后，刘晟预感南汉岌岌可危，自己无力回天，于是整天纵酒狂饮，不久也就命归黄泉了。

刘鋹：愚不可及

刘鋹原名刘继兴，他是以嫡长子的身份继承皇位的，即位后改名刘鋹。他继承的不仅是刘晟的皇位，也继承了刘晟的荒诞、淫荡与昏庸。

因为中书舍人钟允章是旧日幕僚，刘鋹委任他为尚书右丞、参与政事。钟允章想以一片忠心回报刘鋹对他的重视与信任，于是提出“请诛乱法者数人以正纲纪”。此“乱法者数人”是谁，史书没有说，但从刘鋹“不能从”，刘鋹身边的那些宦官又“闻而恶之”，也就可想而知是些什么人了。这些人想找机会除掉他。刘鋹准备祭天，钟允章为之张罗，“帅礼官登坛，四顾指挥设神位”。内侍监许彦真认定这是除掉钟允章的一个机会，于是带剑登坛，遭到钟允章的训斥，又入宫诬告钟允章准备在郊祀日谋反作乱。开始时刘鋹也不相信，他说：“朕待允章厚，岂有此邪！”然玉清宫使龚澄枢、内侍监李托等宦官一起“共证之”，刘鋹就信以为真了，当下将钟允章拘捕关押，命宦者与礼部尚书薛用丕一起审理。钟允章与薛用丕素有交情，知道自己难免一死，对薛用丕说："但恨邕、昌幼，不知吾冤，及其长也，公为我语之。"这话被许彦真听到了，暗骂钟允章"反贼欲使其子报仇"，再向刘鋹诬告："允章与二子共登坛，潜有所祷。"于是，钟允章与他的两个尚未成年的儿子钟邕、钟昌一起被杀。

此后不久，由林延遇推荐给刘晟的龚澄枢被任命为左龙虎观军容使、内太师，军国之事皆取决于此人。刘鋹认为，大臣都有家室，为顾及子孙不肯尽忠，因此只能信任宦官。凡大臣有才能或科举中状元的以及僧道，须先下"蚕室"即阉割了才能提拔。当时有为升官而自宫的，亦有因免死而被宫的，宦官多达近二万人。权势显赫者，大抵都是宦官。读书人反倒成了官场的门外人，不得参与政事。

刘鋹的淫荡也不输刘玢与刘晟。在他的后妃中，有宦官之女，例如宦官李托就有两个养女分别为他的贵妃与美人；有以色进御的宫女，例如美人素馨；亦有其父刘晟的宫人，例如被刘鋹拜为才人的卢琼仙。女巫樊胡子借玉皇传言对刘鋹说"琼仙、澄枢、延寿皆玉皇遣辅太子皇帝，有过不得治"，刘鋹竟然信以为真，"每详览可否，皆琼仙指之"（《宋史》卷四百八十一）；卢琼仙又勾结龚澄枢、陈延寿等宦官，把持朝柄。所以，史家有言，"国事皆决于宦官玉清宫使龚澄枢及女侍中卢琼仙等，台省官备位而已"。还有一位姓名不详的波斯女子，刘鋹叫她"媚猪"，自称"萧闲大夫"（《十国春秋》卷六十），常与她淫戏于后宫。

拿刘鋹与刘玢、刘晟相比，刘鋹的奇葩特色，大概就是他的愚蠢了。日后宋军步步紧逼，刘鋹想借以逃命的那十几艘满载金银财宝及嫔妃的大船，却被宦官与卫兵提前盗用。至于他当北宋恩赦侯时的表现，似可与蜀汉的刘阿斗比肩。

但那已是宋代的事了，《资治通鉴》未予记载。

大蜀皇帝王衍*

唐末西川节度使王建，在唐朝灭亡时不服后梁朱温而在蜀中自立为帝，国号大蜀，史称前蜀。在那个乱世，王建能够注重农桑，扩张疆土，实行“与民休息”的政策，使蜀中得以大治，有其历史功绩。

王建去世后，王衍即位。如果说王建是开国皇帝，那么，王衍就是亡国之君。此公根本就无心治国理政，全然沉迷于寻欢作乐，甚至不惜以政事国事为儿戏，在短短的几年中，败光了王建创下的基业。

大蜀史称“前蜀”，乃相对于此后不久孟知祥的“后蜀”而言。后蜀也是二世而亡的，亡国之君为孟昶，就是以七宝装饰溺器而被赵匡胤称“所为如是，不亡何待”（《宋史》卷三）的那一位。其实孟昶做过一些还算不错的事，其奢靡与荒诞也远远不如王衍。

如此上位

王衍原名王宗衍，他被立为太子，登上帝位，全仗其母徐贤妃。

王宗衍之前的太子是王元膺，王元膺被卫士杀死后，王建心中

---

* 本篇引文主要出自《资治通鉴》的《后梁纪三》《后梁纪五》《后梁纪六》《后唐纪一》《后唐纪二》《后唐纪三》。

的太子人选有雅王王宗辂和信王王宗杰两个。在王建看来，王宗辂很像自己，王宗杰才思敏捷。郑王王宗衍是诸王中年龄最小的一个，他的母亲徐贤妃很受王建宠爱。徐贤妃想让儿子上位，于是搞起了小动作，派飞龙使唐文扆示意宰相张格“上表请立宗衍”，张格于是谎称受王建密旨，请诸大臣在表上署名。大臣们以为这是王建之意，而王建以为这是诸位大臣之意，于是王宗衍也就成了太子的人选。王建请相面人看了诸位王子的相，相面人大概事先被买通了，说的也是王宗衍之相最贵。在这种情况之下，王建不得已而立王宗衍为太子，但王宗衍是否能守住前蜀这份家业，他是有疑虑的，当时就说“宗衍幼懦，能堪其任乎”。这话像是问诸大臣，也像是问他自己。那时候王宗衍尚未成人。

王宗衍“好酒色，乐游戏”，经过一段时间的考察，王建已经认定他并非守成之主。前蜀光天元年（918 年），王建路过夹城，听到王宗衍与诸王斗鸡击球时的喧嚣，感叹道：“吾百战以立基业，此辈其能守之乎！”从此厌恶当时张罗着领头上表的张格，并想改立“有才略，屡陈时政”的信王王宗杰，但因为徐贤妃上下其手，暗中操控，废立之事尚未决断。二月，王宗杰突然死去。对此，王建“深疑”。

那年五月，王建自知不久于人世，召诸大臣进入他的寝殿，对他们说，王宗衍这个太子，当时是“不能违诸公之请，逾次而立”的。倘若其“不堪大业，可置诸别宫”，但不要取他的性命。对于徐贤妃兄弟“止可优其禄位，慎勿使之掌兵预政，以全其宗族”。更换谁为太子，王建没有明说，只请诸大臣在“王氏子弟”中“择而辅之”。然而“久典禁兵”的飞龙使唐文扆别有所图从中搅局，终于未能更立太子。

那年六月，王建去世，王宗衍即皇帝位，更名王衍，那时他才二十岁。

“圣德明孝”

王衍即位之后，尊徐贤妃为太后，徐贤妃的妹妹徐淑妃为太妃，以宦官宋光嗣判六军诸卫事。他不问朝政，只顾享乐，任由权臣弄权，贪赃枉法；任由军吏贪暴，为所欲为。他常与徐太后、徐太妃等一起，在显贵府第游玩饮宴，到附近郡县游山玩水，前呼后拥，车水马龙，挥金似土，其花费不可胜数。王衍玩乐的花样很多。有时“乐饮缯山，涉旬不下”，有时“乘船夜归，令宫女秉蜡炬千余居前船”，有时“酣饮禁中，鼓吹沸腾，以至达旦”。他经常微服出行，不是去基层、底层体察民间疾苦，而是到酒肆、娼家体验声色极乐。他还唆使内教坊使严旭强行把平民女子抢入宫中，严旭因此得以升官，“累迁至蓬州刺史”。家产殷实的人家为保全自己的女儿，都会向严旭送礼，严旭也因此发财。徐太后、徐太妃各自出售刺史、县令、录事、参军等官衔，每有空缺，都有数人争着行贿，出钱多的胜出。

前蜀乾德元年（919年）闰五月，王衍在万里桥为前蜀高祖王建建立原庙，率领后妃、百官击鼓吹乐地前去祭祀，供上王建平素喜好的食品。华阳尉张士乔上疏，以为如此祭祖不合祭礼。王衍发怒要杀张士乔，徐太后以为不可，才改为削职流放。张士乔悲愤交加，不堪受辱，就跳水自杀了。那年七月，王衍要去北边巡视，任命礼部尚书兼成都尹韩昭为文思殿大学士。这个韩昭根本就没有什么文才，只会奉承拍马，投其所好，以此博得王衍的宠幸，得以出入宫禁。他曾经请求王衍出卖通、渠、巴、集等四州的刺史官爵来修建他的住宅，王衍居然也能答应。

王衍喜阿谀而恶直言，亲小人而退君子，这成为当时官场的风向标。所谓“识时务者为俊杰”，那些“识时务”的官吏就千方百计地讨好王衍。单说那次北巡，到达利州时，阆州团练使林思谔前来觐见，请求王衍巡视阆州，王衍答应了。于是一路“龙舟画舸，辉映江渚”，都由沿途州县操办，到了阆州之后，又见色起意，居然抢夺待嫁民女。那个未婚夫因为被夺所爱，痛极而死。

从乾德二年（920年）七月二十六日颁诏书，八月初十从成都出发，到次年正月初七回到成都，这场北巡前后长达半年之久。从成都出发时，王衍身披金甲，头戴珠帽，手执弓箭而行，随从的旌旗兵甲连接起来有百余里长。其实名曰北巡，不过是高规格大规模的游山玩水，一路劳民伤财，弄得天怒人怨。

以寻欢作乐为纽带，在王衍的四周，形成了奸臣佞臣庸臣的包围圈：文思殿大学士韩昭、内皇城使潘在迎、武勇军使顾在珣是陪伴王衍寻欢作乐的狎客，或与宫女杂坐，或为艳歌唱和，戏谑放荡，轻慢粗俗，无所不为，只为取悦于王衍。巨鹿王王宗弼、枢密使宋光嗣等专断国事，以满足王衍的欲望为名窃用国柄。宰相王锴、庚传素等明哲保身，但求宠禄不减，无心规正。

前蜀大臣中也有敢于直言之人，例如嘉州司马刘赞曾经呈献《陈后主三阁图》并作歌予以讽谏，贤良方正蒲禹卿写的策论也相当切直，但王衍根本听不进去，潘在迎甚至“每劝蜀主诛谏者，无使谤国”。乾德五年（923年）重阳，王衍在宣华苑宴请近臣，嘉王王宗寿借酒极言社稷将危，痛哭流涕，却成了韩昭、潘在迎之辈嘲笑的对象，戏称“嘉王好酒悲”。

这个败家子居然还加尊号为圣德明孝皇帝，不知道圣在何处，明在哪里？

秦州之行

后唐庄宗李存勖曾派李严出使前蜀，李严对前蜀王衍政权的种种弊端，包括王衍“童騃荒纵，不亲政务，斥远故老，昵比小人”，包括“其用事之臣王宗弼、宋光嗣等，谄谀专恣，黩货无厌”，包括官场“贤愚易位，刑赏紊乱”以及“君臣上下专以奢淫相尚”，看得一清二楚，返回后向李存勖做了详细的汇报。李严预测：“以臣观之，大兵一临，瓦解土崩，可翘足而待也。”对于李严之言，李存勖“深以为然”。

于是，后唐准备讨伐前蜀，并且开始调兵遣将，以魏王李继岌为都统，以郭崇韬为其副，并对各路大军的人事都做了调配。

这个时候，王衍在干什么呢？他正醉心于寻花问柳的秦州之行。

事情还得从前蜀宣徽北院使王承休说起。此公曾是王建时期的宦官，容貌俊秀，善于戏谑，因此又是王衍的狎客，多以邪僻奸秽之事取媚。在安重霸的怂恿下，王承休力图谋取节度使的职位。他对王衍说：“秦州多美妇人，请为陛下采择以献。”王衍答应了他的这个请求，任命王承休为天雄节度使，封他为鲁国公，把龙武军作为王承休的卫队。安重霸又怂恿王承休请王衍东游秦州。王承休到秦州任职之后就着手做这方面的准备，毁弃原先的府署，新建王衍的行宫，为此大兴土木，并强取民间女子，教其歌舞以备侍奉，画其美貌先送韩昭，要韩昭出面说动王衍。当王衍决定前去秦州之时，“群臣谏者甚众”，前秦州节度判官蒲禹卿甚至上表近二千言，从“陛下少长富贵，荒色惑酒”，说到“秦皇东狩，銮驾不还；炀帝南巡，龙舟不返”，然而王衍一句也听不进去。韩昭还威胁蒲禹卿：“吾收汝表，俟主上西归，当使狱吏字字问汝！”王衍执意于秦州之行，最大的吸引力还在于王承休的妻子严氏娇美可人，王衍曾与她私通。

前蜀咸康元年（925年）十月，王衍引兵数万从成都出发，到汉州时，曾有武兴节度使王承捷告知后唐军队正在西进，但王衍鬼迷心窍，以为这是大臣们阻止他去秦州的计谋，根本不以为意，放言道：“吾方欲耀武。”他全然不知，后唐的军队正在向前蜀步步进逼，前蜀的兵马正在步步败退：后唐将军李绍琛率军向威武城进攻，前蜀指挥使唐景思与威武城使周彦禋等先后率军投降。郭崇韬带兵进入散关时，诸将曾因“蜀地险固，未可长驱”而想“按兵观衅”，李愚却认为关键不在于地势的险固，而在于人心的向背。郭崇韬听取李愚之言，没有“按兵观衅”，而且“倍道而进”。不久，又有前蜀将领王承捷带着凤、兴、文、扶四州的印节前来投降。郭崇韬已坚信“平蜀必矣”。

王衍一行到达利州，见到李绍琛攻下威武城后，故意打发回来报信的前蜀败兵，方信后唐兵西进，却依然听信王宗弼、宋光嗣所谓“东川、山南兵力尚完，陛下但以大军扼利州，唐人安敢悬兵深入”之言自欺欺人。他任命随驾清道指挥使王宗勋、王宗俨，侍中王宗昱为三招讨率兵三万迎战后唐军，却没有派出王承休、安重霸的龙武军。士卒心里不平衡，只有怨气，没有士气，其结局是可以预料的。日后李绍琛等“与蜀三招讨战于三泉，蜀兵大败，斩首五千级，余众溃走”。

后唐军可谓所向披靡，一路都有前蜀将将领弃城而逃，一路都有前蜀将领率兵来降。李绍琛到兴州时，兴州都指挥使程奉琏率兵五百来降，还自告奋勇“请先治桥栈以俟唐军”，使之“行无险阻之虞”，而兴州刺史王承鉴弃城而走；李绍琛率军前往利州时，武德留后宋光葆以梓、绵、剑、龙、普五州降后唐，武定节度使王承肇以洋、蓬、壁三州降后唐，山南节度使王宗威以梁、开、通、渠、麟五州降后唐，其余城镇亦“皆望风款附”后唐。

得知后唐军真的西进，此前曾牛气冲天地说“吾方欲耀武”的王衍早就脚底抹油逃跑了。王衍命王宗弼留守并诛杀王宗勋、王宗俨、王宗昱这三个败北的招讨，但他前脚刚走，王宗弼就为自己谋划，既没有留守，也没有遵命诛杀招讨，倒与他们合谋倒戈。安重霸与王承休则另有一番景象。安重霸说要与王承休一起西行，同赴国难。王承休上道之时，他却突然说“重霸请为公留守”。此后王承休进入不毛之地与羌人且战且行，安重霸却“以秦、陇来降”。

话说是年十一月，王衍回到成都，“百官及后宫迎于七里亭”。

在文明殿出见群臣之时，于“泣下沾襟，君臣相视，竟无一言以救国患”。王宗弼也到了成都，自称权西川兵马留后，把王衍及太后与后宫诸王劫迁西宫，收缴玺绶，把他们控制起来，乘机劫权劫位劫财劫色，并且乘乱泄私愤，把他不喜欢的人都杀了。等到后唐的魏王李继岌、郭崇韬等人到达之时，王宗弼带着他抢劫的财宝和砍下的头颅前去迎接邀赏，而王衍则“白衣、衔璧、牵羊，草绳萦首”，与穿着丧衣赤着脚的百官一起出降。

从后唐出师讨伐，至前蜀亡国，前后总共七十天。

第三编

如是我见

——有关《资治通鉴》的杂感随笔

两面邹忌*

我读中学的时候，《邹忌讽齐王纳谏》已被纳入语文课本，故从中学时代起，邹忌其人就给我留下极深的印象：不但敢于进谏，而且善于进谏，从"臣之妻私臣，臣之妾畏臣，臣之客欲有求于臣，皆以美于徐公"，说到"宫妇左右莫不私王，朝廷之臣莫不畏王，四境之内莫不有求于王"，从而指出"王之蔽甚矣"，让齐威王为之称"善"并下令，"群臣吏民能面刺寡人之过者，受上赏；上书谏寡人者，受中赏；能谤讥于市朝，闻寡人之耳者，受下赏"，致使"群臣进谏，门庭若市"。这篇短文，是从《战国策》中节选的。邹忌之谏也因了这篇短文，在当代广为传颂。这个邹忌，真诚、睿智，十分阳光。

同样在《战国策》中，也记载着邹忌设局陷害田忌之事。因为嫉恨田忌战功卓著，便与公孙闬合计派人"操十金"冒充田忌之人前去占卜，问"三战而三胜"的田忌"欲为大事"即谋王篡位是否可行，能否成功。又使人"执"此"卜者"为人证，坐实田忌企图谋反，使田忌百口难辩。这个邹忌，狭隘、下作，非常阴暗。

两个邹忌很难融为一体，读过《邹忌讽齐王纳谏》，只知邹忌之谏的人更是难以设想，如此阴险、卑鄙之事竟然会是那个真诚、睿智的邹忌之所为。百度百科有关邹忌的词条，在肯定其"劝说齐威王奖励群臣吏民进谏，主张修订法律，监督官吏、严明赏罚"，赞赏

---

* 本文原载《解放日报》2016 年 6 月 26 日。

邹忌“大度，颇有君子风范”之后，也只是轻飘飘地提了一句“因担心相位不稳而置田忌于死地”。然其因妒忌而设局陷害田忌，终究不能与“大度”以及“君子风范”相称，也与“监督官吏、严明赏罚”相悖，反倒正是“奸吏”之所为，造成的恶果也绝不仅是害了田忌。

历史就这样无情地记载并向后人展示着一个两面邹忌。

两面邹忌与“两面派”不同。“两面派”当面一套，背后一套，但邹忌“讽齐王纳谏”，当面与背后应该都是一致的，他既不会在群臣背后叫齐王不要纳谏，也不会在齐王背后叫群臣不要进谏。两面邹忌也与“伪君子”有别。“伪君子”口是心非，言行不一，但邹忌“讽齐王纳谏”，嘴上说的，与他心里想的，实际做的，均无出入。以邹忌“讽齐王纳谏”来掩饰他之设局陷害田忌固然不当，以设局陷害田忌来否定他之“讽齐王纳谏”同样不妥。邹忌设局害田忌之时，当的才是两面派与伪君子，才是现在说的那种“表里不一、言行不一，台上台下两个形象，人前人后两种表现”的两面人，要不他也难以得逞。

与两面邹忌相似的，还有两面李斯。他上《谏逐客书》时，何其大义凛然，他要秦王嬴政广纳人才，何其理足词胜，他因忌妒而置韩非于死地，却又何其龌龊、卑劣！

人性之善恶，并存于一体，善恶博弈，此起彼落。这种博弈也叫“内心挣扎”。人性之善“起”时就有善行，人性之恶“起”时就有恶行。这种善与恶的博弈，也可以体现为事业心与名利心的较量，哪一种“心”占上风，就会有与哪一种“心”相应的行为出现。这种两面现象，人们通常以“人会发展变化”去诠释，其实，也不妨从“人性”的层面去剖析。

主张“性善”说的孟子，曾有人性的“四端”之说，叫作“恻隐之心，仁之端也；羞恶之心，义之端也；辞让之心，礼之端也；是非之心，智之端也”。邹忌“讽齐王纳谏”，至少“羞恶之心”与“是非之心”是明显的。他以“患得患失”为羞耻，方才有此大义；他能明辨“王之蔽甚”之是非，方才有此睿智。那个时候，他考虑得更多的是如何利国利民，支配他言行的，更多的是他的事业心。他敢于向君王进谏，本身就是立德；他对齐王说的那一番千古流传的话，本身就是立言；因为他的进谏，而使齐王称“善”纳谏，而使“群臣进谏，门庭若市”，而使齐国国力渐强，“赵、韩、魏闻之，皆朝于齐”，则更是立功——如此立德、立功、立言三者并“立”，在客观上，也为他带来诸多名利。

主张“性恶”说的荀子，曾有人性的“三好”之论，叫作“好利、好妒、好色”。邹忌设局陷害田忌，就是因为“好妒”（即妒田忌之功）与“好利”（即好权位之利），因为齐将田忌屡屡立功而担心自己相位不保，明摆着是名利心在起作用。他行此事之时，全然失去了恻隐之心、羞恶之心、辞让之心、是非之心，仁义礼智，一概都顾不上了。他的门客公孙闬为他打的是如意算盘：让田忌率兵攻打魏国，“胜，则是君之谋也，君可以有功；战不胜，田忌不进，战而不死，曲挠而诛”。没有想到田忌三战三胜，邹忌自以为加大了对他的相位之威胁，遂有设局陷害之举。人最难看清的是自己，此所谓“旁观者清，当局者迷”；人最难战胜的也是自己，尤其是利欲熏心之时，极易失去理智，丧尽天良。“旁观者”的作用，在“当局者迷”之时也不可小觑。

人有君子小人之分，天使魔鬼之别，并非天生而然。世硕（孔门弟子）说的“人性有善有恶”，近于孔子的“性相近”；世硕说的“举人之善性，养而致之则善长；性恶，养而致之则恶长”，类乎孔子的“习相远”。这种“养”和“习”，往往在人的内心挣扎善恶博弈之时体现出来。善多胜恶者，人称君子，或曰天使；恶多胜善者，人称小人，或曰魔鬼。

“多胜”不等于“全胜”，故被称为君子者，有时也可能会有小人之行；被称为天使者，有时也可能会有魔鬼之举，反之亦然。

如此知人，或许会多一分客观真实；如此知己，或许会多一分自我戒惕。

“毛遂自荐”很可疑*

我说的是“毛遂自荐”这个典故，不是“毛遂自荐”这个成语。成语的意思通常被解释为自告奋勇、自我推荐，无所谓疑与不疑。典故却包括毛遂这个从未被放入平原君赵胜“囊”中的“锥子”，因为自荐而与平原君及其亲自选定的“文武备具者”十九人一起去楚国求援，临场发力，“颖脱而出”的整个过程。我一直将这个典故与这个成语合为一体，从众信之，从众用之，未曾对这个典故细加考察。

近日细读《资治通鉴·周纪五》有关文字，觉得“毛遂自荐”这个典故相当可疑，特别是在临场发力这个核心环节上。司马迁《史记·平原君虞卿列传》的有关记载，原本就有诸多不合理处，司马光又省略了平原君赵胜为这次奉赵王之命去楚国求救的谈判定下的基调，即“使文能取胜，则善矣。文不能取胜，则歃血于华屋之下，必得定从而还”以及有关细节，诸如“毛遂比至楚，与十九人论议，十九人皆服”和“十九人谓毛遂曰：‘先生上’”等内容，更加重了不合理的成分。

平原君赵胜与楚王谈判未决，毛遂“按剑历阶而上”责问平原君：“从之利害，两言而决耳！今日出而言，日中不决，何也?”谁都知道，谈判的成与未成，是谈判双方的事，毛遂责问平原君，是

* 本文原载《文汇报》2020年3月14日。

连楚王也一起责问了的，于是才有楚王与平原君的问答——楚王问："客何为者也?"平原君赵胜答："是胜之舍人也。"一个平原君的"舍人"如此厉声责问平原君以及楚王，显然不合礼仪，包括不合外交礼义，何况他是"按剑历阶而上"的，楚王于是"怒叱"毛遂"胡不下！吾乃与而君言，汝何为者也"也在情理之中。毛遂两次说到"吾君在前"，却不问问自己，你在"按剑历阶而上"之时，可曾想到过"吾君在前"？你在厉声责问"何也"之时，可曾想到过"吾君在前"？将平原君陷于尴尬的，不是楚王，恰恰相反，倒正是毛遂。不妨以古论今，假如如今甲乙两国领导人谈判也是"日出而言，日中不决"，甲国随从中突然冒出这样一位"毛遂"，又成何体统？

楚王的"怒叱"，主要是因为毛遂的失礼之举，毛遂却将其归结为楚王"恃楚国之众"，并将话题扯到"汤以七十里之地王天下，文王以百里之壤而臣诸侯"上去，用以说明楚王不能"据其势而奋其威"。这种冬瓜搭豆棚的牵强攀扯暂且不说，他用利剑威胁楚王，咄咄逼人地说"今十步之内，王不得恃楚国之众也！王之命悬于遂手"，简直就与当今之恐怖主义者挟持人质没有什么差别，还有什么成汤或文王的"仁义"可言？尽管平原君事先为这次谈判定下的基调中有"歃血于华屋之下"一言，但"歃血"之"血"并非楚王之血，更非楚王之命。至于"今楚地方五千里，持戟百万，此霸王之资也。以楚之强，天下弗能当"云云，更与此前说的成汤之"王天下"，文王之"臣诸侯"不凭其"士卒"之众自相矛盾。

赵惠文王二十年（前279年），即在此二十一年前，赵国的外交中也有过类似的事。蔺相如随从赵王前去渑池与秦王相会。秦王请赵王鼓瑟，"赵王鼓之"；蔺相如也请秦王击缶，"秦王不肯"，他明摆着想在渑池压赵王一头。于是蔺相如对秦王说："五步之内，臣请得以颈血溅大王矣!"毛遂之所为与蔺相如之所为形似而实异。蔺相如说的是在"五步之内"以他自己的"颈血溅大王"，毛遂说的却是在"十步之内"剑指楚王要以其命相逼；蔺相如只为维护赵王作为一国之君的尊严，毛遂却是以楚王之命要挟楚王派兵救赵。毛遂若是效蔺相如而为，那可是东施效颦了。想想吧，你就是跟平原君去楚国借钱，也不能这样剑指楚王以命相逼吧，更何况求楚国出兵救援赵国呢！类似这样的事，战国时期著名的刺客荆轲也做过，他想以他“图穷匕首见”之匕首，迫使秦王嬴政签下契约归还燕国的土地，但他明明白白地失败了，司马光称其所为“不亦愚乎”。何况此二者也只是“类似”，荆轲要的是对方归还，毛遂求的却是对方借用。

毛遂在十步之内剑指楚王时，除了责难与威胁，也算说了几句“理”，总的就是一个意思：白起与楚国战，三战三捷，这是楚国的“百世之怨”，连赵国都为之“所羞”，你楚王却当作没事一样，赵国与楚国“合从者为楚，非为赵也”。明明是跟着平原君来楚国求救的，以毛遂的如簧之舌说来，就变成赵国帮楚国复仇了。这样的“理”，能够轻易说服楚王吗？能使包括春申君黄歇在内的楚国君臣都心服口服吗？楚王之“唯唯”，楚王之答应“合从”，在“毛遂自荐”这个典故中，与其说是被毛遂说服，倒不如说是被毛遂用剑逼出来的。然而。毛遂毕竟不能一直在十步之内剑指楚王，他既有以刀剑威胁楚王之举，楚王的左右能听之任之而不对他采取任何措施吗？

接下去的事更有些匪夷所思。史书这样记载：

毛遂曰：“从定乎？”楚王曰：“定矣。”毛遂谓楚王之左右曰：“取鸡、狗、马之血来！”毛遂奉铜盘而跪进之楚王曰：“王当歃血以定从，次者吾君，次者遂。”遂定从于殿上。毛遂左手持盘血则右手招十九人曰：“公相与歃此血于堂下！公等录录，所谓因人成事者也。”

这个谈判过程几乎全由毛遂左右，楚王对他唯命是从，楚王的左右亦可由他随意支配，他让人家“取鸡、狗、马之血”，人家就取“取鸡、狗、马之血”，连他的主子平原君赵胜都得听从他的安排了。

平原君的其他十九位“舍人”更不在话下，所谓“公等录录（即‘碌碌’）”，简直就成了任由他奚落的对象。

平原君赵胜却因为有眼不识“泰山”（即毛遂）而“不敢复相天下士”，还立马提拔毛遂为“上客”。但这位让平原君“不敢复相天下士”的“上客”，在如此一鸣惊人之后，却销声匿迹，不见踪影了。《战国策》原本就没有记载此事，《史记》与《资治通鉴》也不再提及这位“不世之才”，真可谓“神龙见首不见尾”。好不容易“颖脱而出”的毛遂，难道还归隐了不成？

楚王确实“使春申君将兵救赵”了，而且将兵八万，但我以为，这绝不可能是毛遂“十步之内剑指楚王”的成果。由毛遂在十步之内剑指楚王达成的盟约，是不可能付诸实施的。

我甚至怀疑，“毛遂自荐”的毛遂，是否确有其人？

韩昭侯不从“私请”[*]

申不害原是“郑之贱臣”，韩昭侯慧眼识珠，用他为相。韩国如何“内修政教，外应诸侯”，申不害都能精心筹划，献计献策，韩昭侯也言听计从。当然，言听计从是有前提的，什么“言”该听，什么“计”该从，他自有选择，不该听从的照样不听从。“申子尝请仕其从兄，昭侯不许”就是一例。

申不害为他的“从兄”向韩昭侯要官，不是因为“内举不避亲”，只为被举者是他的“从兄”。他会提出这样的要求，也是掂量过自己在韩昭侯心目中的分量的，没想到“昭侯不许”，显然大失所望。面对“有怨色”的申不害，韩昭侯有条不紊地说出自己“不许”的理由。

他是这样说的：“所为学于子者，欲以治国也。今将听子之谒而废子之术乎，已其行子之术而废子之请乎？子尝教寡人修功劳，视次第；今有所私求，我将奚听乎？”韩国的不少法度原是申不害提出又得到韩昭侯认可的，包括用人应当“修功劳，视次第”。韩昭侯要申不害自己去掂量，他该听从申不害的“私请”而废去“修功劳，视次第”的用人之法呢，还是严格按照“修功劳，视次第”的章法用人而拒绝申不害之“私请”？孰是孰非一目了然，假如听从申不害之“私请”破例“仕其从兄”，无异于“听子之谒而废子之术”。申

---

[*] 本文原载《北京日报》2020年12月29日。

不害被这番话说得心服口服，于是“辟舍请罪”说：“君真其人也!”

申不害对韩国的崛起有重要贡献，就不能因为他的特殊身份而破例从其“私请”“仕其从兄”吗？其实，正是因为申不害的身份特殊，韩昭侯的“不许”方才具有特殊意义：以申不害之尊都不能破例，想提此类“私请”的其他人——不论是宗亲、外戚还是近臣——就免开尊口吧。倘若此例一破，那么，此类“私请”就会源源不断地出现，韩国的法度包括“修功劳，视次第”的用人之法就会形同虚设，申不害对韩国的贡献也会功亏一篑。所以，韩昭侯不从“私请”，无异于在这个重要的节点把住了关口。

韩昭侯也不因为申不害“有怨色”而对申不害心有芥蒂，甚至从此疏远申不害。人无完人，申不害也难免过失，韩昭侯对他开诚布公，坦露心迹，不但使申不害心悦诚服，也使他们的君臣关系得以善始善终。

这就不难理解，韩昭侯用申不害为相，能在短短的十五年时间中，使韩国“国治兵强”了。

追根溯源说“善成”*

现代人大概不难弄清“不必”与“未必”的区别：“不必”体现主观意愿，“未必”反映客观情形；“不必”具有确定性，“未必”充满不确定性。比如说，这件事“不必”做成与这件事“未必”做成，前者说的是要不要，选项只有一个，不必；后者说的是能不能，选项却是“未必”，也就是说，可能做成，也可能做不成。但在古汉语中，或许未必尽然。

最早接触“善作者不必善成，善始者不必善终”这句话，是在《天津市长》（中共中央党校出版社 1993 年版）一书中。这是“文革”之前，陈伯达去天津视察时，对时任天津市市长胡昭衡说的。那一天，胡昭衡与陈伯达说到在工作中“最烦心的人际关系和种种官僚主义弊病”，他说：“我这个人脾气不好，见了不对的就想说，别人反映什么问题就丢不开，总要解决了才能睡觉。”陈伯达于是说《菜根谭》中有辩证法，胡昭衡认为《菜根谭》“调子太灰暗”，又说“我们不是要明哲保身，是想为人民办成几件实事，好事”。陈伯达说：“身不保，何以言事。”于是劝他两句话，让他“自己去琢磨”。第一句是“不要太积极，太积极了搞不好工作”，第二句就是“善作者不必善成，善始者不必善终”。陈伯达这番话的核心是明哲保身，“不要太积极”亦可解读为“不要太认真”，他是劝胡昭衡不必什么

* 本文原载《解放日报》2018 年 6 月 7 日。

都要善作善成、善始善终。这使胡老疑惑不解。但我那时并不知道，“善作者不必善成，善始者不必善终”这句话大有来历。

近读《资治通鉴》，见前秦丞相王猛临终前与苻坚说的一番话中，就有“善作者不必善成，善始者不必善终”。其中“不必”二字，却与“未必”无异，不是没有必要，而是未必能够。正因为善作者“未必”善成，善始者“未必”善终，所以王猛力劝苻坚，要像“古先哲王”那样，“知功业之不易，战战兢兢，如临深谷”，不敢有丝毫懈怠，并说“伏惟陛下，追踪前圣，天下幸甚”。倘若“不必”就是“不必”，那么，王猛临终前何必如此苦口婆心，苻坚又何必像王猛说的那样“战战兢兢，如临深谷”呢？

往前追溯，战国后期杰出的军事家乐毅也说过这句话。燕昭王慧眼识珠，重用乐毅，乐毅不负王命，“为燕昭王合五国之兵而攻齐，下七十余城，尽郡县之以属燕”。燕昭王去世之后即位的燕惠王却中了齐人的反间计，“疑乐毅，而使骑劫代之将”，乐毅自知在燕国站不住脚，就跑到赵国去了。因为齐国的田单“诈骑劫，卒败燕军，复收七十余城以复齐”。燕惠王这才后悔自己不用乐毅，又怕赵国乘机用乐毅攻打燕国，于是派人去见乐毅，承认“左右误寡人”，却又责备乐毅，“何以报先王之所以遇将军之意”。乐毅以《报燕王书》作答，“善作者不必善成，善始者不必善终”这句话就在其中。此处的“不必”也是“未必”，他说的是君臣关系，并以伍子胥与吴国阖闾、夫差两代君王的关系为例。正因为有“吴王夫差不悟先论之可以立功，故沉子胥而弗悔；子胥不蚤见主之不同量，故入江而不改”的前车之鉴，他才做出“遁逃奔赵”的选择，可免受诋毁和侮辱的处置，毁害先王的美名，却不想也不会助赵攻燕，妄图私利。

乐毅之前，这句话还曾有人说过，因为乐毅说的是“臣闻”，只是没有明言其“闻”之于何人。有人说是伍子胥，但恐怕没有确凿的依据。如果是伍子胥，乐毅在《报燕王书》中又为何只言“臣闻”，而不明言“子胥”？本文名曰“追根溯源”，追溯于此，也就追溯不下去了。

但有一点是明白的，“善作者不必善成，善始者不必善终”的本意，与“靡不有始，鲜克有终”庶几一致。其中之“不必”均与“未必”无异。因为客观上有这种“未必”，主观上更当警觉并尽力避免。如今有些人却以自己的急功近利与短期行为，为这句名言做别样的注释，赋予其以别样的内涵。不是吗？“善作”了就立即报道，“善始”了就马上宣传，这样出政绩才快。什么事都要善作善成善始善终，一辈子能出多少政绩呀！

《过秦论》之“过”*

贾谊的《过秦论》作为古典名篇，流传两千余年而好评不断。其论秦之“过”，大多被后人归结为“仁义不施”。金圣叹说，“秦过只是末句‘仁义不施’一语便断尽”，吴楚材也这样说。同是清代的学者姚鼐说的稍有不同：“秦之过，止在结语‘仁义不施’而‘攻守之势异’两句”。《过秦论》有上中下三篇，上篇最被看重，这三位清代学者说的“末句”或“结语”都在《过秦论》上篇之末，原话是“一夫作难而七庙隳，身死人手，为天下笑者，何也？仁义不施而攻守之势异也”。金圣叹与吴楚材将“攻守之势异”合到“仁义不施”中去也未尝不可，但姚鼐把它单列出来更符合作者原意。贾谊对“攻守之势异”有具体诠释：“秦离战国而王天下，其道不易，其政不改，是其所以取之守之者无异也。”也就是说，秦统一天下之后，不知“攻守之势”当异，没有及时转换施政方略，让饱经战乱之苦的百姓休养生息。南宋的真德秀注意到贾谊说的“攻守之势异也”，说“陆贾有逆取顺守之言，而（贾）谊亦为攻守异势之说”，并具体化为“权谋以取，仁义以守”。他说贾谊之学“杂于申韩”，是就“权谋以取”而言的。贾谊说的这两点都很贴切也都很到位。别的不说，单是征发受过宫刑和其他徒刑的七十余万人分别去建阿房宫与筑骊山墓这一条，就足见秦之“仁义不施”了，不但劳役税

---

* 本文原载《随笔》杂志 2019 年第 11 期。

赋繁重，而且严刑苛法惨烈。这就难怪陈涉振臂一呼而应者云集了。

在贾谊的《过秦论》中，秦之“过”还有一条。贾谊说：“借使秦王论上世之事，并殷、周之迹，以制御其政，后虽有淫骄之主，犹未有倾危之患也。故三王之建天下，名号显美，功业长久。”此处说的“殷、周之迹”，应该是“分封制”而不是“仁义”。因为“仁义”二字，并非夏、殷、周三代都能贯穿始终的，夏有桀，殷有纣，周有幽、厉，总不能说像周厉王这样的“淫骄之主”，也都很有“仁义”之心吧。贾谊的意思很明白，周室“功业长久”，因为有分封各地的诸侯维护。贾谊又说：“周王序得其道，千余载不绝；秦本末并失，故不能长。由是观之，安危之统相去远矣。”此处所说的“周王序”，就是周制，就是根据宗法制和分封制形成的天子、诸侯、卿大夫、士等各级宗室贵族组成的等级制统治模式。他还把不能“裂地分民以封功臣之后”作为秦二世胡亥的重要过失。贾谊将秦“不能长”归结于“仁义不施”是对的，归结于秦以郡县制取代分封制，却是错位的。而且，所谓的周长与秦短也还得另说。说周“千余载不绝”（一般称周有八百年天下），其实早已礼崩乐坏，苟延残喘。至少在春秋战国时期，周天子形同虚设，其影响与实力尚且不如秦始皇前的秦国。

贾谊写《过秦论》时，显然没有像他写《治安策》时那样感受到诸侯势力过大对西汉朝廷的威胁。异姓诸侯的谋反暂且不说，同姓诸侯的谋反，贾谊之时已有汉文帝的同胞兄弟淮南王刘长和亲侄子济北王刘兴居两例，吴王刘濞也因抗拒朝廷法令而被告发。而且那个时候，“大国之王幼弱未壮，汉之所置傅相方握其事”，数年之后，他们都长大了，倘若不及时采取措施，必将“欲为治安，虽尧舜不治”，这是贾谊之忧。但那时候，他能看到的也只是被分封的诸侯王势力过大，没有追溯到其根源就在于分封本身；他能够想到的对策，也仅仅是“众建诸侯而少其力”，使中央政权能像身体支配肢体那样地支配诸侯。他甚至还指望汉文帝分封自己的子孙来安定天下呢！汉承秦制，是经历过一番挫折与教训方才确立的，贾谊写《过秦论》时，仍认同周的分封制而将秦之郡县制视为“二世而亡”的重要原因呢。

贾谊的《过秦论》，也分别说到秦始皇、秦二世以及子婴三代帝王之“过”。

说秦始皇之过，是题中应有之义。秦之“过”，首先就是秦始皇之过。“仁义不施而攻守之势异”这句话，首先就得由秦始皇来承受。秦之所以能够“灭周祀，并海内，兼诸侯，南面称帝，以养四海”，按贾谊的说法，是“近古之无王者久矣。周室卑微，五霸既灭，令不行于天下。是以诸侯力政，强凌弱，众暴寡，兵革不休，士民罢弊”。在我看来，这一切均可以一言蔽之，就是百姓苦于战乱，渴望统一。然而渴望统一的百姓，在秦统一天下之后，未能安居乐业，他们苦于严刑苛法和繁重的劳役赋税。这是秦始皇最大的过失。

对于秦二世之“过”，贾谊亦有专门论述。他先假设：倘若秦二世能“缟素而正先帝之过，裂地分民以封功臣之后，建国立君以礼天下……发仓廪，散财币，以振孤独穷困之士；轻赋少事，以佐百姓之急；约法省刑，以持其后，使天下之人皆得自新”，那么，“四海之内皆欢然各自安乐其处，惟恐有变”。除了前面说的“裂地分民以封功臣之后”，这些假设非常理想化，却也非常现实，因为“寒者利裋褐，而饥者甘糟糠……劳民之易为仁”。但将这些假设用在胡亥头上又十分荒唐，他根本就不是这样的人选。胡亥是在赵高主谋的“沙丘事变”中上位的，始终都在赵高的操纵之下，最后又被赵高置于死地。“二世不行此术，而重以无道：坏宗庙与民，更始作阿房之宫；繁刑严诛，吏治刻深；赏罚不当，赋敛无度。天下多事，吏不能纪；百姓困穷，而主不收恤”，乃是情理中事。连参与“沙丘事变”的李斯，在秦室将倾之时，与冯去疾、冯劫一起进言“请且止阿房宫作者，减省四边戍、转”，也被赵高与胡亥腰斩于市且夷三族。如果贾谊假设的是扶苏，或许要靠谱得多。就凭扶苏在秦始皇焚书坑儒之时能直言相谏，说“诸生皆诵法孔子。今上皆重法绳之，臣恐天下不安”，我就敢说，倘若没有“沙丘事变”，秦“二世而亡”的悲剧未必会出现。扶苏不可能受赵高之流的摆布，也不会滥杀无辜，倒完全有可能在他即位之后，力纠秦始皇时滥用民力、滥施刑罚的恶劣倾向。何况，直到秦始皇去世，压死秦皇朝的最后一根稻草也尚未出现。即使子婴即位，也会比胡亥这个白痴皇帝来得强。

关于子婴之“过”，贾谊是这样说的：“子婴立，遂不悟。借使子婴有庸主之材而仅得中佐，山东虽乱，三秦之地可全而有，宗庙之祀宜未绝也。”对于贾谊此说，后汉班固不以为然，他说：“秦之积衰，天下土崩瓦解，虽有同旦之材，无所复陈其巧，而以责一日之孤，误哉！俗传秦始皇起罪恶，胡亥极，得其理矣，复责小子，云其地可以全，所谓不通事变者也。”子婴这个“皇帝”，原是赵高拿来玩弄权术的把戏。能够辅佐子婴的宗室与旧臣几乎都已被赵高与胡亥杀之殆尽，连他自己的小命也掌控在赵高之手，他能在那种险恶处境中有所作为，铲除“滑臣”，足见其智其勇。所以，班固又说：“吾读《秦纪》，至于子婴车裂赵高，未尝不健其决，怜其志。婴生死之义备矣。”

贾谊又说：“是以三主失道，而忠臣不谏，智士不谋。”这三主，即秦始皇、秦二世以及子婴。在贾谊看来，秦始皇、秦二世以及子婴，都在“不仁”之列。使我感到不解的，是子婴何尝“失道”？“忠臣不谏，智士不谋”，又怎能让子婴去承担责任？子婴为臣，曾以“赵王迁杀李牧而用颜聚，齐王建杀其故世忠臣而用后胜”导致亡国为鉴，直谏胡亥杀蒙恬蒙毅兄弟：“蒙氏，秦之大臣谋士也，而陛下欲一旦弃去之。诛杀忠臣而立无节行之人，是内使群臣不相信，而外使斗士之意离也。”子婴为君，明知自己的险恶处境，却能以静制动，即使短短几十天的时间之内仅有诛灭赵高一事，也足以无悔此生。

在贾谊说的“一夫作难而七庙隳，身死人手，为天下笑者，何也”一语中，“身死人手”说的是谁？秦始皇是病死的，秦二世是自杀的，“身死人手”是专说子婴的。子婴出降，乃是审时度势的选择。大厦将倾，独木难支。他既无回天之力，出降显然是减少双方伤亡的明智之举。“项羽引兵西，屠咸阳，杀秦降王子婴，烧秦宫室，火三月不灭。收其货宝、妇女而东”，乃是无道之行，故使“秦民大失望”，子婴“身死人手”，可为天下叹息，却不可“为天下笑”。贾谊所言，近乎胡言乱语了。

汉景帝之“礼”*

晁错死得很冤。他之力主削藩，全为辅佐汉景帝稳定大局，以免藩王“尾大不掉”而使刘氏天下陷于内乱。事实证明这并非杞人忧天。然而，当吴、楚七国以“诛错”为名作乱之时，手足无措的景帝居然与袁盎密谋，想借晁错的人头平定内乱。密谋实施之时，晁错全然被蒙在鼓里，直到“上使中尉召”，尚不知会有大祸临头——他以为是去执行公务，他是穿着“朝衣”被腰斩于东市的——更不知其“父母、妻子、同产无少长”会因他而“皆弃市”。

晁错“更令三十章”引起藩王们极力反对，其父闻讯从颍川赶来，他想弄清晁错的意图。晁错解释说，如果不这样做，天子不尊贵，宗庙不安宁。其父说：“刘氏安矣而晁氏危，吾去公归矣!”饮药自杀前还说：“吾不忍见祸逮身!”但晁错宁以晁氏之“危”而保刘氏之“安”，对于刘氏天下，他算得上忠心耿耿。

汉景帝呢？尽管他曾经倚重晁错且明知晁错无辜，但在关键时刻，为了自己能苟且偷安只能让晁错含冤受屈了。汉景帝与袁盎密谋，在默然良久之后，说的是不会因看重晁错一人而谢罪天下；他让丞相陶青等人弹劾晁错的罪状中，竟有“无臣子礼，大逆无道”；他让人召晁错时，还谎称是要请晁错乘车巡市——连死都不让他死个明白。

---

* 本文原载《杂文月刊》2016年第9期。

周亚夫也死得很冤。有人检举其子“盗买县官器”——这是专给皇室制造的可用于殉葬的铠甲盾牌——周亚夫受到牵连，景帝交司法官审理此案。审案时，周亚夫拒不作答。景帝得知后大怒，说我不要你的证词，也可以杀你，并将他交给廷尉审判。廷尉问：“君侯欲反何？”周亚夫答：“臣所买器，乃葬器也，何谓反乎？”廷尉说：“君纵不欲反地上，即欲反地下耳！”此后刑讯逼供变本加厉。周亚夫受不了如此大辱，“不食五日，呕血而死”。

汉文帝临终之前曾有遗言：“即有缓急，周亚夫真可任将兵。”周亚夫不负此言。汉景帝满以为诛杀晁错便可平定吴楚七国之乱，但他打错了算盘，“诛错”只是那些藩王作乱的一个借口，他们并没有就此罢手。在此临危之际，率兵平乱的就是周亚夫。要不，景帝的皇位能不能坐得下去还得另说。周亚夫也并非明哲保身之人。景帝欲废太子，身为丞相的他曾极力反对；景帝要封皇后之兄为侯，他以刘邦遗言“非刘氏不得王，非有功不得侯”阻之；景帝要封“背主”降汉的匈奴王徐庐等人为侯，他又说“陛下侯之，则何以责人臣不守节者”。虽然功高权重，一言一行极为敏感，但周亚夫依然知无不言，此可谓大忠。

汉景帝为周亚夫的直言不讳而心存芥蒂，最后免去他丞相之职。此后景帝“召周亚夫赐食”，则已是对这位老臣的戏弄了——所赐之大块肥肉未曾切开而且没有筷子。那一次，周亚夫是怏怏不快地离去的。当景帝目送周亚夫的背影说“此怏怏者非少主臣也”时，实已萌生杀心。即使没有人检举其子“盗买县官器”，周亚夫也难免一死，景帝不是说他用不着什么证词，也可杀掉周亚夫吗？怪不得廷尉会说，即使你活着不反，死了也要反的。

孔子说，“君使臣以礼，臣事君以忠”。作为朝臣，无论晁错，还是周亚夫，他们“事君以忠”，日月可鉴。那么，作为君主，汉景帝之“礼”呢？难道以上种种，也合乎他作为帝王或君主之“礼”的规范？

汉文帝的时代，没有出现过晁错、周亚夫这样的冤案。那个时候，不少藩王尚未成年，尽管晁错未雨绸缪，已向文帝提出要加以防患，但毕竟还没有那么迫切。汉文帝与周勃的关系，却同汉景帝与周亚夫的关系极为相似。汉高祖刘邦曾经预言："勃厚重少文，然安刘氏天下者，必勃也。"周勃不负汉高祖之托，在"诸吕"擅权之时起了举足轻重的作用。他此后也曾两次担任丞相之职，也曾被人诬告谋反，受到关押审讯且有狱吏"侵辱"。但文帝并未打定主意要置周勃于死地，因为前有公主的证词，后有太后的分辩——"绛侯绾皇帝玺，将兵于北军，不以此时反，今居一小县，顾欲反邪"——便让汉文帝"使使持节赦绛侯，复爵邑"，终于没有酿成冤案。

作为文景之治的继承者，景帝不如文帝。周亚夫军细柳，"军中闻将军令，不闻天子诏"，而且说到做到，弄得"群臣皆惊"，汉文帝反而因此称赞周亚夫为"真将军"，汉景帝却因周亚夫对他直言不讳而心存芥蒂；汉文帝临终盼周亚夫辅佐景帝，景帝却处心积虑地要为"少主"除去周亚夫。尽管"臣事君以忠"，周勃周亚夫父子如出一辙，然而，同是"君使臣以礼"，文帝景帝父子的"使臣"之"礼"竟是如此不同。除了别的原因，恐怕也与他们的个人修为有关。由此可见，即使文帝几近完美，仅靠传帮带，也难免一代不如一代。

话说回来，从文帝与周勃的关系中，也能看出周亚夫之冤案的端倪。功高位显的周勃，日后之所以"居一小县"，不无文帝对他的防范；周勃被人诬告，随即被关押审讯，不无文帝对他的猜疑。帝王是至高无上的，无论是文帝，还是景帝，毕竟都是把帝王之位、帝王之权看得最重。他们也都关注民生，但这只是手段，因为百姓安居乐业，方才不会犯上作乱，其目的仍在于巩固皇位，使他们的家天下得以代代相传。这与帝王个人的修为无关，是由制度所决定的。这才是"君使臣以礼"之"礼"的本质。

在这一点上，景帝与文帝是一脉相承的。

孔子“乘桴浮于海”欲去何处*

孔子的“道不行，乘桴浮于海”这句话许多人都熟悉，也都知其大意。“道”之“行”与“不行”，取决于君之“贤”与“不贤”。他栖栖惶惶到处奔走到处碰壁，于是萌生“乘桴浮于海”的念头，连程子都说：“浮海之叹，伤天下之无贤君也。”（《论语集注》）却未见有人提出，“乘桴浮于海”，到底欲去何处？读到《资治通鉴·汉纪十三》之“班固曰”，方才惊讶地发现，孔子想去的居然是朝鲜。

照搬文言有碍大众阅读，不妨择要言之，文白相间，边叙边议。至于是否曲解走样，有疑问而又有兴趣的读者，可以自己去找原文核实。

班固说得最直接的话是“故孔子悼道不行，设浮桴于海，欲居九夷，有以也夫！”九夷就是与北狄、西戎、南蛮并称的东夷，“欲居九夷”并非班固之创造，此四字取之于《论语·子罕》，却鲜有人将《论语·子罕》中的“子欲居九夷”与《论语·公冶长》中的“乘桴浮于海”联系起来，并将它作为其出海之后的“欲居”之地。

班固又说：“玄菟、乐浪，本箕子所封。昔箕子居朝鲜，教其民以礼义，田蚕织作，为民设禁八条”。他说的箕子，就是商纣王的伯父，与微子、比干并称“殷末三仁”。《汉书·地理志》称“殷道衰，箕子去之朝鲜”；《后汉书·东夷列传》称“昔箕子违衰殷之运，避地朝鲜”。他在此地教民礼义，为民设禁，使民以农桑为业，“是以其

* 本文原载《文汇报》2016 年 5 月 8 日。

民终不相盗，无门户之闭，妇人贞信不淫辟”，搞得很有成效。班固赞赏此处（东夷）民风“天性柔顺，异于三方之外”，赞赏箕子“可贵哉，仁贤之化”。这些话，不但点明孔子“欲居”之“九夷”就是朝鲜，而且说明孔子“欲居九夷”并非心血来潮，而是“有以也夫”的。

朝鲜原为燕国属地，汉初燕王卢绾谋反逃入匈奴之后，燕国人卫满在此自立为王。汉武帝时平定朝鲜，分设乐浪、临屯、玄菟、真番四郡。班固是在论述这段历史时，说到“孔子悼道不行，设浮桴于海，欲居九夷，有以也夫”的，由此亦可证“子欲居九夷”的“九夷”实指朝鲜。从当时鲁国所在的山东半岛出海，最近的也当是朝鲜。“倭人”（日本）也属“九夷”，但毕竟已在朝鲜半岛之外了。

箕子早于孔子几百年，他的治国方略不可能源于儒家，恰恰相反，儒家的治国之道是从箕子的《洪范》中汲取过养分的。箕子治国，虽然以“礼”为先，却又不仅是礼。除“教其民以礼义”之外，尚有“田蚕织作”，这是百姓的生存之道，也是国家的经济基础；尚有“为民设禁八条”，包括“相杀，以当时偿杀；相伤，以谷偿；相盗者，男没入为其家奴，女为婢”，想要赎罪的，须交赎金五十万，而即使被免罪为庶民，仍被人看不起，想结婚都找不到对象。这就属于法治的范畴了——《后汉书·东夷列传》说“昔箕子违衰殷之运，避地朝鲜”时，特别强调的还是“施八条之约，使人知禁，遂乃邑无淫盗，门不夜扃，回顽薄之俗，就宽略之法，行数百千年”——班固说的“仁贤之化”，也包括这三条。孔子“乘桴浮于海”想去朝鲜，却是冲着“礼义”二字而去的，他主张以礼治国。

当然，汉时的朝鲜，风气已大不同于“箕子居朝鲜”之时，按班固所说，由辽东进入朝鲜的一些官吏与商人起了很坏的作用。他们看到这里的老百姓不闭门户，便在夜间进行偷盗，使当地淳朴的风俗渐遭破坏，以致犯禁者日益增多，法令也由八条增加到六十余条，似已大有“道不行”之嫌。如果孔子活到那个时候，会不会说“道不行，乘桴浮于海”，会不会再“欲居九夷”，恐怕就很难说了。

从海昏侯墓说到后人与后事*

南昌发掘海昏侯墓引发的热议至今不息，有解释“为何保存完好”的，有解说“为何埋如此多陪葬品”的，还有解析“为何研究海昏侯墓”的……这些都是专家们的事，我想说的只有两点，一是人之后人，二是人之后事。大凡有包括财力物力在内的“能力”所及之人，例如王侯将相、富豪显贵，在闭上眼睛之前，最难释念而又最费心力的，就是这两件事；平民百姓其实也一样，只是他们缺乏相应的“能力”。

先说后人。

汉高祖刘邦临终遗言“非刘氏而王者，天下共击之”，他所说的“刘氏”，有其特定之范围，即仅为刘邦的子孙以及刘邦子孙的子孙。换句话说，只有刘邦的子孙以及刘邦子孙的子孙才能分封为“王”。显然，他在闭上眼睛之前，考虑的是自己后人的荣华富贵。这个海昏侯墓的墓主，就是汉武帝刘彻的孙子刘贺，也是刘邦孙子的孙子了。他原先也曾是“王”，叫作昌邑王。而且他不但是“王”，还因尚无子嗣的年仅二十一岁的汉昭帝刘弗陵突然驾崩而被推上帝位，又因其所行骄纵荒淫悖乱，只当二十七天皇帝，就被辅政大臣大将军霍光效伊尹废太甲而安宗庙之典将其废了，连“王”都当不成，遂成海昏侯。

---

* 本文原载《文汇报》2016 年 12 月 21 日。

从刘邦起到汉昭帝驾崩这一百几十年间，刘邦后人怕已数以万计，其中封这个王封那个侯的也不少，要找出一个能够励精图治的后裔继承大统，却成了霍光等人的天大难题，最后由丙吉推荐的、出生之后几个月就落难进了监狱的“皇曾孙”刘病已被推上了皇位，这就是汉宣帝，被称为西汉王朝的中兴之主。比起那些“生于深宫之中，长于妇人之手，未尝知忧，未尝知惧”的其他刘邦后人，刘病已的长处就在于他未曾养尊处优，经历人生起落世态炎凉，深知社会底层民间疾苦。

“君子之泽，五世而斩”具有客观必然性。你越是想让你的后人坐享其成，他们也就越是不思进取；你越是想让你的后人养尊处优，他们就越是奢侈糜烂。在刘邦的后人中，还出现过奸污自己女性长辈的人渣，如汉元帝时的梁王刘立就被人“发其与姑园子奸事”，只是因为事关皇室脸面家丑不可外扬，此案方才被压了下来，似乎还有奸污自己娘亲的，我已记不确切具体的人名只能“似乎”，这就是老百姓所说的“三代后，出死狗”了。

再说后事。

汉代风行厚葬，无论是汉初崇尚黄老之术，还是日后“独尊儒术”，除了文帝刘恒比较开明，临终之前专门交代他不喜欢厚葬久丧，东汉光武帝刘秀赞赏并力效文帝外，就很少有不想厚葬的了。皇帝皇后喜欢厚葬，王侯将相也争相效仿，于是就有《葬律》将其“制度化”。就说南昌发掘的海昏侯刘贺之墓吧，仅是主墓西侧的车马陪葬坑就有八十平方米之大，考古学家们在这个坑里共发现了五辆木质彩绘车和二十匹马的痕迹，正好是四匹马一辆车，据说这是汉代王侯出行的最高规格。但这并不意味着海昏侯之墓在汉墓中就是出类拔萃的。正如当年刘向上书成帝论昌陵奢泰厚葬无益时所说：“德弥厚者葬弥薄，知愈深者葬愈微。无德寡知，其葬愈厚，丘垅弥高，宫阙甚丽，发掘必速。”风行厚葬的汉墓，也是最易被盗之墓。有文章说，“光洛阳周围挖掘的汉墓，到现在，起码超过十万座”，而在新中国建立之后“经考古挖掘的汉墓虽然数量巨大”，却早已是“十室九空”。

更为不堪的事还有。王莽篡权，赤眉起义，吕后之墓被盗。吕氏遗体保存状态甚佳，富态高贵的“国母”竟然栩栩如生，因此惹得盗墓贼内心躁动，于是就有了对吕后遗体的“污辱”——至于如何“污辱”，或许有碍于刘汉皇族之脸面，或许不想玷污了自己的史笔，班固未曾细述。刘邦与吕后的后人，包括已经继承与未能继承“王”或“侯”之爵位的，那时恐怕已不仅是数以万计了，吕后可是他们十余代前的祖宗啊，她的遗体惨遭“污辱”，简直就配得上那句流传甚广的粗话了，岂不是他们的奇耻大辱？吕氏厚葬之时，谁能想到这样的结局？

同样为后人，汉宣帝时的太傅疏广拒绝“以其金为子孙颇立产业”，有多睿智开明；同样为后事，汉光武帝时的名将马援随时准备“以马革裹尸还葬”，有多豁达豪爽！不论是王侯将相富豪显贵还是平民百姓，大凡劳心劳力刻意追求的，因为注入了过多的一厢情愿，结果往往不甚理想，还不如听其自然。

可惜很少有人这样去想，于是留下诸多遗憾。

关于晋文之丧的“臣光曰”*

操办晋文帝司马昭的丧事，“臣民皆从权制，三日除服”。此“权”乃与“经”相对而论，从“经”服丧三年，孔子有言，《礼记》有载；从“权”服丧三日，则是对儒家之“经”的一种变通。这种变通应是晋武帝司马炎点了头的，他本人也不例外，三日之后，就除去丧服，但依然素冠素食。到了秋天，司马炎要去谒崇阳陵，颁诏说他自己“以衰从行”，穿着丧服去，“群臣自依旧制”，不穿丧服。尚书令裴秀谏阻说：“陛下既除而复服，义无所依；若君服而臣不服，亦未之敢安也。”司马炎听从了他的意见。拜谒崇阳陵之后，司马炎仍素冠素食，于是又有群臣谏阻，请他“易服复膳”。这下，司马炎没有再听从他们，他还真的“以疏素终三年”。在此期间，曾有羊祜想趁势恢复“先王之法”，哪怕只是皇帝在三年之内穿孝服，傅玄则说：“此为但有父子，无复君臣。”“先王之法”恢复无果。

关于这件事，《资治通鉴·晋纪一》中专门有一段“臣光曰”，全文如下：

> 三年之丧，自天子达于庶人，此先王礼经，百世不易者也。汉文师心不学，变古坏礼，绝父子之恩，亏君臣之义；后世帝王不能笃于哀戚之情，而群臣谄谀，莫肯厘正。至于晋武独以

* 本文原载《福建日报》2019 年 11 月 4 日。

天性矫而行之，可谓不世之贤君；而裴、傅之徒，固陋庸臣，习常玩故，而不能将顺其美，惜哉！

这段“臣光曰”，我以为可非议处有三：

其一，所谓“汉文师心不学，变古坏礼，绝父子之恩，亏君臣之义”，指的是汉文帝刘恒在遗诏中说的反对厚葬久丧的那番话，主要针对久丧，即诏告天下官员百姓“令到，出临三日，皆释服；毋禁取妇、嫁女、祠祀、饮酒、食肉”，归结起来，就是变“三年之丧”为“三日之丧”。这是汉文帝始终有所畏惧，“不敢扰民”的实际体现。司马光在《汉纪》中评价汉文帝说：“帝即位二十三年，宫室、苑囿、车骑、服御，无所增益；有不便，辄驰以利民……专务以德化民。是以海内安宁，家给人足，后世鲜能及之。”将他赞扬汉文帝的话和指责汉文帝的话放在一起就不能自圆其说了：一个“绝父子之恩，亏君臣之义”的人，怎能“专务以德化民”且使“后世鲜能及之”？这大概就是儒家的仁和礼之间的结构性矛盾在司马光及其《资治通鉴》中的实际体现。

其二，司马光视“三年之丧”为“百世不易”之礼，指责汉文帝遗诏指定的“三日之丧”为“变古坏礼”，将“礼”置于包括民生在内的一切之上，视为亘古不变的教条，既不足取，也不可能。请问，有哪个朝代的臣民，能在为君居丧三年之内都不娶亲嫁女、饮酒食肉？“自天子达于庶人”都守“三年之丧”，又会耽误多少正事？汉文帝提出“三日之丧”的另一个原因，便是他意识到“其制不可久行”。如果真的像司马光说的那样“百世不易”，为什么汉文帝一个遗诏便能变易，而王莽居摄之时正式取消了汉文帝的短丧制度，没过多久，光武帝刘秀又遗诏丧葬“皆如孝文皇帝制度，务从约省”？难道是刘秀像别的“后世帝王”一样“不能笃于哀戚之情”，而王莽能够不亏“君臣之义”吗？截至五代，有遗诏反对厚葬久丧的帝王，除了汉文帝和汉光武帝，印象中至少还有后周太祖郭威。

司马光只抨击汉文帝一人，就因为他开风气之先吗？

其三，司马光称赞晋武帝“独以天性矫而行之，可谓不世之贤君”也过甚其词。晋武帝司马炎曾下诏说：“汉文不使天下尽哀，亦帝王至谦之志。”他肯定汉文帝有所畏惧，“不敢扰民”的做法，没有像司马光那样指责汉文帝“师心不学，变古坏礼，绝父子之恩，亏君臣之义”。司马昭的丧事“臣民皆从权制，三日除服”，他自己也不例外，无论于言于行都没有将三日之丧“独以天性矫而行之”，倘若司马炎亡灵有知，对于“不世之贤君”这样的不虞之誉，恐怕也会敬谢不敏。

司马光所言也并非一无可取，他批评“群臣谄谀”还是有点道理的。司马炎想做的，其实只是他自己在三年之内素衣素食以尽自己对先帝先父的孝心，既不影响他治国理政，也不求天下臣民都去素衣素食，更没有违背汉文帝“不敢扰民”之初衷，又何必煞费苦心地去请求他“易服复膳”，锦衣玉食？

草野之“贤”*

一年之计在于春，于是春耕在春，春游在春，万物皆争春。此处说的是春游者与春耕者相遇于春。春游者的身份有点特殊，这是南朝宋时的衡阳王刘义季，春游的方式也有点特殊，不是游玩，而是游猎。

《资治通鉴·宋纪五》有关此事的记载如下：

> 义季尝春月出畋，有老父被苫而耕，左右斥之，老父曰：“盘于游畋，古人所戒。今阳和布气，一日不耕，民失其时，奈何以从禽之乐而驱斥老农也！”义季止马曰：“贤者也。”命赐之食，辞曰：“大王不夺农时，则境内之民皆饱大王之食，老夫何敢独受大王之赐乎！”义季问其名，不告而退。

“出畋”就是出门行猎，“游畋”就是游猎，“被苫”就是披着草做的衣。窃以为，这位“被苫而耕”的“老父”，至少有三点可圈可点：

其一，很有识见。他通古博今，懂得“盘于游畋”素为“古人所戒”，所谓“一日不耕，民失其时”还透露出一个信息：他可能读过《论语》，知道孔子说的“使民以时”，因此确信刘义季一行“以从禽之乐而驱斥老农”，绝非励精图治之所为。

---

* 本文原载《文汇报》2020年6月7日。

其二，不畏权势。尽管他未必知道自己面对的刘义季，乃是都督荆、湘等八州诸军事，并兼任荆州刺史的衡阳王，也能从出行的排场和“左右斥之”的架势中看出其来头不小，但他没有战战兢兢、唯唯诺诺。他是认理不认人的，“敢正是非于富贵”而且义正词严，直言不讳。

其三，不图私利。当他从刘义季的言行中确定刘义季的“大王”身份之后，依然拒绝刘义季之所“赐”，并且明言自己只求“大王不夺农时”，使“境内之民皆饱大王之食”，而不敢“独受大王之赐”。也就是说，他之所为并非只为自己，也不稀罕能“独受大王之赐”。

这就是一个“被苦而耕”的“老父”之胆识、胸怀与格调。刘义季称他为“贤者”恰如其分，名实相副。

这种身在草野“被苦而耕”的“贤者”是很容易被人忽略的，尤其被身在高位的人所忽略，因为往往不在他们的视野之中；即使进入他们的视野，也往往只是很不起眼的“草民”；更难得放下身段，平心静气地与之交流，弄不好还会因为“贤者”的“顶撞”与“冒犯”而将其当作“刁民”惩办。而这种身在草野“被苦而耕”的“贤者”大多无意仕途，不图闻达，更不想到处去推销自己。你瞧这位“老父”，不但谢辞刘义季之所“赐”，且在“义季问其名”时“不告而退”，人家躲还来不及呢。

仅从这个角度看，那些说“野无遗贤”的人也是相当狂悖的，这海口夸得过于出奇。相形之下，倒是觉得刘义季可贵：他能倾听“老父”之言，看出“老父”之贤；他能纳其“不夺农时”之谏，或许还很想取用“老父”之才。

在这一点上，刘义季还真有些值得今人效仿的东西呢！

杨广疏通大运河为谁*

杨广即位后，修大运河，建东京洛阳，与他的滥用民力、穷奢极欲，往往被分而论之，似乎前者是他的功绩，后者是他的罪孽。其实，此二者是结合在一起的，就像一枚硬币的两个面，无法分拆。

大业元年（605年），杨广就开始征发劳役，营建东京，“每月役丁二百万人”。所谓营建东京，包括营建宫室与园林，而且往往是宫室中有园林，园林中有宫室。这种宫室与园林很多，显仁宫与西苑最为典型。

显仁宫由宇文恺与封德彝等人奉杨广之敕营建，其规模之大，“南接皂涧，北跨洛滨”。虽有诏书说：“宫室之制，本以便生，今所营构，务从俭约。”实际上除了规模大，还要“发大江之南、五岭以北奇材异石，输之洛阳；又求海内嘉木异草，珍禽奇兽，以实园苑”。

西苑在东京洛阳之西，“周二百里；其内为海，周十余里”。在此“周十余里”的海内建有蓬莱、方丈、瀛洲等诸山。这些人造山均须高出水面百余尺，台观殿阁等建筑就分布在人造山上。西苑北面有龙鳞渠，沿着此渠建有十六院，每院以一名四品夫人主持，院内的堂殿楼观极端华丽。杨广来西苑游玩之时，“十六院竞以殽羞精丽相高，求市恩宠”，而杨广特别喜欢“以月夜从宫女数千骑游西

---

* 本文原载《福建日报》2019年7月15日。

苑，作《清夜游曲》，于马上奏之”。

与营建宫室园林几乎同时进行的是开通济渠与邗沟。这不是造福于民的大运河之重要组成部分吗？且慢下此结论，不妨先看看到底是怎么回事。

营建显仁宫时，远在“大江之南、五岭以北”的“奇材异石”如何“输之洛阳”？散落于“海内”的“嘉木异草，珍禽奇兽”又怎样“以实园苑”？杨广不惜征发“河南、淮北诸郡民，前后百余万，开通济渠”，又征发“淮南民十余万开邗沟”，明摆着是为了方便将江南之物运往淮北。

杨广还有别的考虑，例如，他要巡游江南，其名为“巡”，其实为“游”，这也可以体现在通济渠与邗沟边的设施上。“自山阳至杨子入江。渠广四十步，渠旁皆筑御道，树以柳”，说得很清楚吧，“渠旁皆筑御道”，而不是别的什么道。“自长安至江都，置离宫四十余所”，什么叫“离宫”，不就是皇帝的行宫吗？

仅有沟渠沟通江河是不够的，这只是通道。要发挥通道的作用，尚需大量船只，于是又“遣黄门侍郎王弘等往江南造龙舟及杂船数万艘”。

因为东京的显仁宫与西苑急需“奇材异石”以及“嘉木异草，珍禽奇兽”，也因为杨广即位之后要巡游江南，于是这沟渠的疏通与舟船的制造就都成了“重点工程”。东京官吏“督役严急”，致使“役丁死者什四五”，以致载“死丁”的车子“东至城皋，北至河阳，相望于道”。

不妨看看大业元年（605 年）八月杨广一行从显仁宫出发去江都巡游的场面有多壮观：杨广乘坐的龙舟上有四重建筑，最上层是正殿、内殿、东西朝堂；中间两层有一百二十个房间，都用金玉装饰；下层是宫内侍臣住的地方。皇后乘坐的“翔螭舟”略小些，而“装饰无异”，另有三重建筑的“浮景”九艘，“皆水殿出”。供后宫、诸王、公主、百官、僧、尼、道士、蕃客乘坐，并载“内外百司供奉之物”的漾彩、朱鸟、苍螭、白虎等船有数千艘，平乘、青龙、艨艟、艚艓等数千艘则由十二卫兵乘之，并载兵器帐幕。

这个浩浩荡荡的船队，“舳舻相接二百余里，照耀川陆，骑兵翊两岸而行，旌旗蔽野”。沿途五百里内，还要让各个州县贡献食品以及“水陆珍奇”。

这种排场与派头或许能告诉人们东京官吏之“督役”何以如此“严急”了。那些被逼死的占总数四五成的“役丁”以及他们的亲属，怎么也不会认为这是造福于民的作为。杨广的这种“疏通”远远没有完结。大业四年（608年）正月，他又“诏发河北诸军百余万穿永济渠，引沁水南达于河，北通涿郡。丁男不供，始役妇人”，从而使竣工之后能“自江都行幸涿郡，御龙舟，渡河入永济渠”；又过了两年，杨广“敕穿江南河，自京口至余杭，八百余里，广十余丈，使可通龙舟，并置驿宫、草顿”，为的是使他能“东巡会稽”。至于这条运河日后为民所用，那是歪打正着。

与此相应，杨广的营建宫室也远远没有完结。史家称其为“无日不治宫室”。“两京及江都，苑囿亭殿虽多，久而益厌”，“躬自历览，以求胜地可置宫苑者”，终于看上汾州之北汾水之源，下诏营建“汾阳宫”了。

隋朝的国力确实相当强盛，以至于有人说“古今称国计之富者莫如隋”，但这是在隋文帝时代君臣上下励精图治积累的，故有著名的“开皇之治”，如今却有人将这一切都归功于隋炀帝杨广，说是他“建立五百年未有之盛世”，并“留下千秋功业”。其实，“国计”如此之“富”的隋朝在大业年间轰然而溃，才是隋炀帝杨广的“业绩”，滥用民力就是其致命的死穴之一。

司马光论李泌*

司马光的《资治通鉴》时常品评人物，有的确有真知灼见，而且有理有据，使人信服，有的却不能自圆其说，例如，他之论李泌，我以为就很难经得起推敲。

关于李泌，我最早的印象是他对唐肃宗李亨说的“五不可留”，即“臣遇陛下太早，陛下任臣太重，宠臣太深，臣功太高，迹太奇”（《资治通鉴·唐纪三十六》）。当时我的感觉是李泌懂得见好就收。倘若迷恋这五个“太”而不知“收”，事情就会悄悄发生变化。周围的环境会变，信任会变成猜疑，拥戴会变成妒忌；自己的心态也会变，功能使人变骄，权会使人变蛮，弄不好就会身败名裂，以至于像李斯那样，想当平民百姓而不得。

读《资治通鉴》，方知李泌并不像张良那么洒脱。他离开唐肃宗只为建宁王李倓的冤案，估计张良娣还会对广平王李俶下手，离去之前特以《黄台瓜辞》暗示李亨不要再做“摘瓜”之事。虽然当时也有不想再待在皇帝身边的念头，但日后无论是唐代宗还是唐德宗即位，他都奉诏而往，尽力辅佐，鞠躬尽瘁。李泌为相，有名有实的只在他去世前的两年。他与唐德宗约法三章，唐德宗要李泌“慎勿报仇”，李泌要唐德宗“勿害功臣”（《资治通鉴·唐纪四十八》），特别点明勿因李晟、马燧功大而忌之。仅是这一点就不同凡响。那

---

* 本文原载《文汇报》2018 年 9 月 15 日，原题为《李泌与柳泌》。

时不少节度使的兵变都是由君臣相疑引发，吐蕃也正在做着离间唐德宗与李晟、马燧关系之事。故唐德宗终于明白此乃“社稷之至计”。李泌为相，有实无名就不只这两年了，恰如唐德宗对他所说的那样：“凡相者，必委以政事；……如肃宗、代宗之任卿，虽不受其名，乃真相耳。必以官至平章事为相，则王武俊之徒皆相也。”（《资治通鉴·唐纪四十九》）唐德宗说的是“肃宗、代宗之任卿”，而他自己正式任命李泌为相之前的那些年，李泌做的其实也是“真相”之事。革除长年积累的弊政，改变周边关系的格局，支持唐德宗恢复府兵制，奏请解决藩镇州县官吏违规聚敛的问题，如此等等。肃宗、代宗、德宗三代的宰相，或许只有陆贽一人尚能与李泌比肩。

然而，司马光对李泌的评价似乎不高。

唐德宗曾对李泌叫苦，说“每岁诸道贡献”之款，已由五十万缗下降到三十万缗；还说他也知道说这些话很不得体，但“宫中用度”实在不够。李泌对他说“古者天子不私求财”，“宫中用度”可由财政调拨每年百万缗，有特殊用途还可“降敕折税”，但千万不要再接受甚至索取“诸道贡献”。这个意见唐德宗是“从之”的，却言而无信，依然有所“宣索”，甚至敕令诸道“勿令宰相知”。得知此事，李泌“惆怅而不敢言”。司马光却将这笔账挂在李泌身上，认为李泌调拨的那笔岁贡，是“欲弭德宗之欲而丰其私财”，继而又将此事上升为李泌“相之者非其道”。窃以为如此评价李泌有欠公道。财政调拨或“降敕折税”多少都有一个准数，而且都是明的，接受甚至索取“诸道贡献”却是无底洞，而且在暗中进行，很容易使奸吏上下其手，“因缘诛剥”。司马光既知“王者以天下为家，天下之财皆其有”，作为宰相的李泌还能断绝“宫中”所需不成？像李泌那样向唐德宗提出“不受诸道贡献及罢宣索”的举世并无第二人，怎能把唐德宗的言而无信归咎于李泌？

司马光非议李泌更重要的一条，是李泌“有谋略而好谈神仙诡诞，故为世所轻”。说其更重要，因为这是对李泌一生而非一事的评价。但在司马光的《资治通鉴》中，除了李泌归隐，李泌奉道，李泌曾居蓬莱书院，我并未发现李泌“好谈神仙诡诞”的例证，恰恰相反，李泌不言“神仙诡诞”倒有两例。

其一，当时咸阳有人上言，说他看到秦代名将白起了，还说白起请陛下准他“捍御西陲”。此人当是活见鬼了，但因为刚好碰上吐蕃兵被边将打退，唐德宗就真以为是白起显灵，竟“欲于京城立庙，赠司徒”。李泌却犯颜直谏：“臣闻‘国将兴，听于人’，今将帅立功而陛下褒赏白起，臣恐边臣解体矣！若立庙京城，盛为祈祷，流闻四方，将长巫风。”他明明白白摆出来的正是“好谈神仙诡诞”的两大恶果，一是令边将齿寒心冷，二是使巫风“流闻四方”。

其二，李泌以“建中之乱”说权臣卢杞的危害，唐德宗为卢杞辩护：“建中之乱，术士豫请城奉天，此盖天命，非杞所能致也。”唐德宗所说的“术士”，正是“好谈神仙诡诞”的，但李泌不信这个邪。他知道“建中之乱”非因“天命”而因“人事”，且与唐德宗宠信卢杞直接相关。“杞以私隙杀杨炎，挤颜真卿于死地，激李怀光使叛”，倘若唐德宗有所警觉，“岂有建中之乱”？因此李泌说：“天命，他人皆可以言之，惟君相不可言。盖君相所以造命也。若言命，则礼乐刑政皆无所用矣。”他还针对纣王的“我生不有命在天”说：“此商之所以亡也!”他很清醒，深知为君为相者不能像“术士”那样以“天命”自欺欺人，更不要说“神仙诡诞”了。

唐宪宗时倒是有过一个“好谈神仙诡诞”的“山人”，不是李泌，而是柳泌。那是平定淮西之乱不久，唐宪宗日渐骄奢，宠信能使他有顺适之快的皇甫镈等小人，并且“好神仙，诏天下求方士”，追求长生不老。原鄂岳观察使李道古“以贪暴闻，恐终获罪”，想通过皇甫镈推荐柳泌“自媚于上”，说他“能合长生药”，于是唐宪宗就命他在兴唐观炼药。这位“山人”不甘寂寞，上言说：“天台山神仙所聚，多灵草，臣虽知之，力不能致，诚得为彼长吏，庶几可求。”这是伸手向唐宪宗要官的，理由是只有让他主政台州，方才能为唐宪宗弄到长生不老之仙药。于是唐宪宗让柳泌权且代理台州刺史，开创了封建帝王让方士“临民赋政”的先例。但我想，以司马光之睿智，不可能将李泌和柳泌混为一谈，此二者根本不是一个格调不在一个档次。

说李泌“好谈神仙诡诞”很难立足，说李泌“为世所轻”也不是事实。历史上给予李泌很高评价的不乏其人。唐人柳玭称：“两京复，泌谋居多，其功乃大于鲁连、范蠡。”唐人阳城称：“邺侯（即李泌）经邦纬俗之谟，立言垂世之誉，独善兼济之略。”宋人秦观称：“尝以为唐室方镇之患，至于百有余年而不能解者，其弊盖始于天宝之际，肃宗不用李泌之谋，先取范阳而已。”宋人范祖禹称：“李泌善处父子兄弟之间，故能以其直诚正言感悟人主，卒使父子如初，可谓忠矣。”菲薄李泌的自然也有，却不可泛称“为世所轻”，最多亦只能说是为若干修史的儒者所轻，司马光是其中之一，恐怕免不了独尊儒术的色彩与门户之见的嫌疑。

李泌神仙般的飘逸，大多表现于淡泊名利，以“穷则独善其身，达则兼济天下”为座右铭的宿儒也未必都能做到。从李泌致力于“礼乐刑政”的言行看，他并不刻意排斥儒家学说，谏阻唐德宗为白起立庙赠爵时所引的“国将兴，听于人”就出自儒家经典。

孟子说：“尽信书，则不如无书”，他是因为《尚书·武成》中说“牧野之战，血流浮杵”而发此感慨的。推而广之，无论对儒家经典，还是对名家名著，都当作如是观，包括司马光的《资治通鉴》及其“臣光曰”。

《资治通鉴》中的“二王用事”

在网上检索发现，王叔文等人是“永贞革新”派，似乎已是铁板钉钉，无可争议。唐顺宗李诵“被迫”退位后，“永贞革新”宣告失败，“永贞革新”派被贬为“二王八司马”。司马光的《资治通鉴》中却没有以王叔文为首的“永贞革新”派，只有“二王用事”。“二王”就是王叔文与王伾。他们一个擅长书法，一个擅长下棋，都是“出入东宫，娱侍太子”的人，在太子李诵尚未即位之时就当了“弄臣”。

王叔文城府很深，司马光称其“谲诡多计”（这一点，与新旧《唐书》说的“浅中浮表”恰恰相反）。太子李诵与“诸侍读”以及王叔文等人“论及宫市事”，表示“寡人方欲极言之”时，“众皆称赞”，只有王叔文“无言”，众人“既退”后他方才说太子“不宜言外事”，以免陛下“疑太子收人心”，王叔文因此获得了太子的“大爱幸”。

王叔文与王伾“相依附”，频频向太子进言，“某可为相，某可为将，幸异日用之”（这是新旧《唐书》说王叔文“浅中浮表”的依据），提前为太子组阁物色人选，同时“密结翰林学士韦执谊及当时朝士有名而求速进者……定为死友”。日后所谓的“八司马”大致都在其中。这种“死友”就是“朋党”。但当王叔文得知“左补阙张正一上书”并被皇上召见，怀疑张某说的正是他们一伙的“阴事”，却“令韦执谊反谮正一等于上，云其朋党，游宴无度”，于是张正一等“皆坐远贬，人莫知其由”。“反谮”也可以解读为反咬一口或倒打一耙，他使的是阴招。韦执谊是翰林学士，王叔文那时候正儿八经的官衔乃是苏州司功，凭什么去“令”韦执谊？不就因为他是这个“朋党”之首？

《资治通鉴·唐纪五十二》记载，“自德宗大渐，王伾先入，称诏召王叔文，坐翰林中使决事”，从实情分析，此“诏”应是顺宗之诏，从此时起，王叔文就成了可以“决事”的翰林学士。因为“顺宗失音，不能决事”，给“二王用事”留下了很大的空间：在不少时候，政事之决是先由王叔文拿出意见，由王伾转告宦官李忠言，再由李忠言转达顺宗的宠妃牛昭容。连韦执谊为相，也是王叔文的主意，目的是方便王叔文“用事于中，与宰相唱和”。此时王叔文的正式职务为起居舍人、翰林学士，王伾为左散骑常侍。韦执谊与王叔文偶有意见相左，王叔文便怒气难平，以至于反目成仇。当然，这已是后话了。

唐顺宗李诵即位后确实很想有所作为。《资治通鉴·唐纪五十二》记载：“上御丹凤门，赦天下，诸色逋负，一切蠲免，常贡之外，悉罢进奉。贞元之末政事为人患者，如宫市、五坊小儿之类，悉罢之。”说通俗些就是赦免各种拖欠的租税，停止“常贡之外”所有进贡，取缔倚仗宫廷势力欺行霸市的“宫市”与“五坊小儿”，还历数京兆尹李实横征暴敛之罪，将他贬为通州长史。这些都是唐顺宗的善政，也都是他在东宫时素知其弊，当时就想向唐德宗“极言之”但被王叔文劝阻的事。“至即位，遂推而行之”，或使“人情大悦”，或使“市井欢呼”。这是永贞元年革除“贞元之末政事为人患者”的德政，也可称为革新，却不能因为“顺宗失音，不能决事”，而将这些德政惠政或革新都当作王叔文、王伾集团“永贞革新”的成果，即使他们在这个过程中也起了相当的作用。

在《资治通鉴》中，也有王叔文、王伾等人如何“用事”的“业绩”。他们不但互相推崇，制造舆论，什么伊尹呀，周公呀，什么管仲呀，诸葛孔明呀，吹得天花乱坠，而且内外呼应，操控朝政，以升官晋爵作为拉党结派的手段。“惟其所欲，不拘程式”，他们爱用谁就用谁，他们爱怎么用就怎么用。与他们素有往来的，“相次拔擢，至一日除数人”。又以升官晋爵为聚敛财富的途径，“叔文及其党十余家之门，昼夜车马如市”，想见王叔文、王伾的人络绎不绝，连他们住所附近的“饼肆、酒垆”也因这些前来买官之人的食宿而发财。王伾甚至造了收藏金帛贿赂的大柜，他们夫妻俩就睡在这个大柜上。这些人的贪欲之大、影响之坏，比李实有过之而无不及。难怪窦群会当面对王叔文说：“去岁李实怙恩挟贵，气盖一时，公当此时，逡巡路旁，乃江南一吏耳。今公一旦复据其地，安知路旁无如公者乎！”

“永贞革新”论者认为：王叔文党的“永贞革新”触犯了宦官的势力，因此受到忌恨。然而，如此义正词严地警告王叔文的窦群不是宦官，而是“素有强直名”的侍御史；看不惯王叔文的飞扬跋扈而“相次归卧”退隐的贾耽与郑瑜也不是宦官，而是“皆天下重望”的宰相；与他们一起弄权用事的李忠言倒正是宦官。王叔文想以度支郎中韩泰为范希朝的行军司马掌控左右神策军的实权，并不是想革除宦官专权的弊政，只是想“夺取宦官兵权以自固”。实际上，宦官专权与“二王用事”都是误国害民的官场怪胎。

“永贞革新”论者认为，王叔文党的“永贞革新”触犯了地方割据势力，所以受到藩镇的反制。落实到具体的人，大概是韦皋；落实到具体的事，大概就是韦皋上表、上太子笺请太子监国。不管韦皋此举出于什么考虑，只说表中所言“陛下哀毁成疾，重劳万机，故久而未安”是否真情？笺中所说“王叔文、王伾、李忠言之徒，辄当重任，赏罚任情，堕纪紊纲，散府库之积以赂权门，树置心腹，遍于贵位，潜结左右，忧在萧墙”是否事实？韦皋位兼将相，就重大国事如此上表太子直陈己见，有没有超越他的职分？而且历史事实表明，韦皋不是朱泚、朱滔、李希烈以及吴少诚、李师古那样的藩镇，他对于安定西南一方有大建树，“蜀人服其智谋而畏其威，至今画像以为土神”。

“永贞革新”论者还有一种说法：王叔文党的“永贞革新”之失败，是因为顺宗当皇帝的时间太短，死得太早。似乎顺宗与“二王”浑然一体，其实未必。“顺宗失音，不能决事”，只是相对而言，并非一概如此。王叔文被削去翰林之职，也是顺宗的本意。“王伾即为疏请，不从。再疏，乃许三五日一入翰林，去学士名”即可为证——此“不从”者正是顺宗，此“去学士名”也是顺宗。王叔文明白此举非同小可。他对人说，“叔文日时至此（翰林院）商量公事，若不得此院职事，则无因而至矣”，因而“大惊”，“始惧”。顺宗久病，中外危惧，早立太子，并由太子监国，不仅是群臣之所愿，也是顺宗之所思。太子监国不久之后的“永贞内禅”，也不是什么“宫廷政变”，《纲鉴易知录》的评价是“委政冢嗣，以安社稷”。《资治通鉴》言及顺宗下制称“积疹未复，其军国政事，权令皇太子纯句当”时就写道：“时内外共疾王叔文党与专恣，上亦恶之”。从有“大爱幸”到“亦恶之”，这就是顺宗对“二王用事”的认识过程，而在“委政冢嗣”之前，“叔文归第，王伾失据”，王叔文之党就开始被逐出朝廷，“二王用事”也已基本终结。他们的失败，与顺宗在位长短、去世早晚并无什么关联。

永贞元年革除“贞元之末政事为人患者”的德政，并未被顺宗的继承人宪宗否定，还被史馆编撰韩愈写入《顺宗实录》。宪宗平定割据势力的成效尤其明显，使“唐之威令，几于复振”，《纲鉴易知录》称其“足为中兴之主”。即从这个意义上说，永贞元年之革新并未失败，失败的只是“二王用事”。

不仅是《资治通鉴》，在此前的新旧《唐书》中，以及此后直至清代的《纲鉴易知录》中，也都没有王叔文党的“永贞革新”。

《资治通鉴》中的柳宗元*

司马光在《资治通鉴·唐纪五十二》中写永贞元年之事，没有“永贞革新”，只有“二王”即王叔文、王伾“用事”。他肯定永贞元年废除“贞元之末政事为人患者”的举措，但“主体”是唐顺宗，并没有挂在“二王”之名下。在他笔下，也没有以王叔文为首的“永贞革新”派，只有以王叔文为首的朋党，司马光称之为“王叔文之党”，也就是所谓的“二王八司马”，柳宗元也在其中。但司马光说的基本上是二王以及韦执谊之所为，说到柳宗元的，除了二王“密结翰林学士韦执谊及当时朝士有名而求速进者”中有他，还有一句是“外党则韩泰、柳宗元、刘禹锡等主采听外事”，此外就是先被贬为邵州刺史，再被贬为永州司马了。

在《资治通鉴·唐纪五十五》中却有较大的篇幅写到柳宗元。

那是唐宪宗元和十年（815 年），也就是“八司马”被贬十年之后，朝中有人“怜其（指‘八司马’）才欲渐进之”，主张“悉召至京师”，但“谏官争言其不可”，唐宪宗与武元衡“亦恶之”，于是就有一番折中：“八司马”全部由司马升为刺史，但“官虽进而地益远”，被打发去边远地区。柳宗元由湖南的永州司马升为广西的柳州刺史，刘禹锡由湖南的朗州司马升为贵州的播州刺史。播州的条件要比柳州恶劣得多，刘禹锡去播州，他那八十老母亲怎么办？柳宗

* 本文原载《福建日报》2020 年 7 月 19 日。

元仗义执言："播非人所居，而梦得（即刘禹锡）亲在堂，万无母子俱往理。"他还"欲请于朝，愿以柳易播"，准备自己去播州而让刘禹锡去柳州。御史中丞裴度亦为刘禹锡说话，刘禹锡方才得以改任连州刺史。

柳宗元在这种时候站出来为刘禹锡说话相当难得，他得做出自我牺牲，或许还有犯上之嫌。韩愈在《柳子厚墓志铭》中称此为"士穷乃见节义"。司马光用大段文字叙说此事，显然赞赏柳宗元的人品。他没有将政治倾向与人格操守混为一谈。政治倾向与人的觉悟有关，故从属于政治；人格操守却是一种品质，它从属于道德。此二者有联系也有区别。觉悟比品质易变，品质比觉悟稳固。在政治斗争中，站错队的，未必就是品质恶劣。

司马光还不惜篇幅介绍了柳宗元的两篇短文，更确切地说，是两篇杂文。

一篇是《梓人传》。"梓人"就是木匠，但柳宗元在《梓人传》中所说的"梓人"，不是一般的梓人，而是建筑师，此二者的区别，近乎画匠与画家。柳宗元认为，这种"梓人"，"不执斧斤刀锯之技"，专以规矩绳墨"度群木之材，视栋宇之制，相高深、圆方、短长之宜"，从而"指麾众工，各趋其事"。他以这种"梓人"为喻体，说的则是为相之道，即"立纲纪、整法度，择天下之士使称其职，居天下之人使安其业，能者进之，不能者退之"，无须"亲小劳"，事必躬亲；切忌"侵众官"，越俎代庖，可以"抓大放小"一言蔽之。

一篇是《种树郭橐驼传》。橐驼种树"无不生且茂"之奥秘，在于种的时候顺应树木"其根欲舒，其土欲故"的本性，种后"勿动勿虑，去不复顾"，使其"天全而性得"，若是"旦视而暮抚，已去而复顾，甚者爪其肤以验其生枯，摇其本以观其疏密"，则往往适得其反，"虽曰爱之，其实害之；虽曰忧之，其实仇之"。柳宗元借郭橐驼种树而说为政之道：要尊重芸芸众生的天性，少一点指手画脚。

他说："吾居乡见长人者，好烦其令，若甚怜焉而卒以祸之。"可见其现实针对性。

司马光介绍《梓人传》前说"宗元善为文"，介绍《种树郭橐驼传》后说"此其文之有理者也"，此外未作任何评论。但这两句话，其实已是对其人其文的肯定了。他没有因为柳宗元的政治倾向，而否定其人的文学成就与其文的思想价值。

都说《资治通鉴》不载文人，连诗仙李白都只字未提，司马光以如此篇幅及笔调记柳宗元，这破格的原因，恐怕在于没有完全将柳宗元当作文人罢。

政声闻诸野*

与不少帝王一样，唐宣宗李忱也曾出行游猎，但说不上“热衷”。唐宣宗在位十二年，他的游猎，《资治通鉴》记载的总共两次，都在《唐纪六十五》中。

第一次游猎在大中八年（854年）九月，原文如下：

> 上猎于苑北，遇樵夫，问其县，曰：“泾阳人也。”“令为谁？”曰：“李行言。”“为政何如？”曰：“性执。有强盗数人，军家索之，竟不与，尽杀之。”上归，帖其名于寝殿之柱。冬，十月，行言除海州刺史，入谢，上赐之金紫。问曰：“卿知所以衣紫乎？”对曰：“不知。”上命取殿柱之帖示之。

上述引文中的“军家”，乃是宦官掌管的禁军；“性执”之“执”，或可以译为“执着”。

这次游猎，唐宣宗在偶遇的樵夫口中，得知这位樵夫所在的泾阳县县令李行言拒绝将被关押在县监狱的强盗交予前来索要这些强盗的禁军。那时，宦官及其掌管的禁军权势熏天，已成公害，李行言不为权势所屈，坚守自己的职责，没让他们如愿而归，在当地自有轰动效应。唐宣宗由山野樵夫而知李行言的“为政”格调，非常

---

* 本文原载《北京日报》2019年6月25日。

欣赏他的刚正不阿，回去后即“帖其名于寝殿之柱”，过了个把月就提拔他为海州刺史，还“赐之金紫”并以“殿柱之帖”告知李行言此事的来龙去脉。

第二次游猎在大中九年（855年）二月之前，原文如下：

> 初，上校猎渭上，有父老以十数，聚于佛祠，上问之，对曰：“醴泉百姓也。县令李君奭有异政，考满当罢，诣府乞留，故此祈佛，冀谐所愿耳。”及怀州刺史阙，上手笔除君奭，宰相莫之测。君奭入谢，上以此奖厉，众始知之。

这次游猎，唐宣宗遇到的是十几个“聚于佛祠”的醴泉县（今名为礼泉县）“父老”。因为任期已满即将离去的县令李君奭“有异政”，他们去官府乞求李君奭留任，并为此祈祷于佛祠希望能够如愿。“父老”们所说的“有异政”，可以解读为有非同寻常的政绩，这是从平民百姓的视角，对李君奭“为政”的综合评价。唐宣宗记住了这位县令，大中九年二月还亲自写诏书任命李君奭为怀州刺史。等到李君奭入朝谢恩时，他才对宰相等众人说出此事的前因后果。

唐宣宗的游猎不同于一般帝王，他没有成群结队，大张旗鼓，也没有方圆百里戒备森严，最多不过有几名随从悄然而行，没有显露自己的身份与背景，要不然，也难以遇到在山上打柴的樵夫，难以遇到在寺庙祈祷的“父老”，更难以听到这些“草民”对地方官“为政”情况发自内心的评价。这种“草民”没有人事先组织，这种“评价”没有人事先操纵，这种“政声”没有任何水分。套用孔夫子“礼失求诸野”，这或可叫作“政声闻诸野”。

唐宣宗在历史上的声誉不错。司马光说：“宣宗性明察沈断，用法无私，从谏如流，重惜官赏，恭谨节俭，惠爱民物，故大中之政，讫于唐亡，人思咏之，谓之小太宗。”在李世民之后李唐皇朝的十几位帝王中，能获得史家如此评价的，恐怕有独无偶。

仅从唐宣宗的两次游猎，也就可知他的“大中之政”了。

两块“遗爱碑”*

“遗爱碑”的“遗”，是遗留的遗；“遗爱碑”的“爱”，是爱心的爱。顾名思义，“遗爱碑”就是为那些留有德政的官吏所立的功德碑。

决定为韦丹立“遗爱碑”，是唐宣宗大中三年（849年）正月的事。《资治通鉴》记载如下：

> 上与宰相论元和循吏孰为第一，周墀曰：“臣尝守土江西，闻观察使韦丹功德被于八州，没四十年，老稚歌思，如丹尚存。”乙亥，诏史馆修撰杜牧撰丹《遗爱碑》以纪之，仍擢其子河阳观察判官宙为御史。

元和是唐宪宗的年号，与唐宣宗已隔穆宗、敬宗、文宗、武宗四朝，韦丹是唐宪宗时的官吏，周墀拜相前，曾在韦丹任观察史的“江西”即江南西道为政，前后相隔亦为时不短，但他知道韦丹在当地百姓心目中的位置，因为韦丹“功德被于”江南西道治下的“八州”。在韦丹去世四十年之后，那个地方依然“老稚歌思，如丹尚存”，此所谓“政声人去后”。

韦丹任“江西观察使”时，到底有哪些功德“被于八州”？从

* 本文原载《北京日报》2019年11月26日。

《新唐书·韦丹传》可知，主要有三条。其一，“罢八州冗食者，收其财”。此所谓“精兵简政”，裁减江南西道辖下八州的冗官冗员，借以减轻百姓负担。其二，劝说并帮助只知“草茨竹椽”而“不知为瓦屋”的当地民众建造并住上瓦屋——免费“召工教为陶，聚材于场”，从技术上帮助他们；“人能为屋者，受材瓦于官，免半赋，徐取其偿”，从物力上帮助他们；“贫不能者，畀以财”，从财力上帮助他们，还“身往劝督”，使他们的居住条件大大提高一个档次。其三，整饬吏治，清查官仓亡失，下令恃权夺粮的权吏一个月之内归还所夺之粮，使之“皆顿首谢，及期无敢违”。凡此种种，都是遗爱于民的惠民之政。

怪不得唐宣宗要杜牧撰文，为韦丹立“遗爱碑”了。

准确地说，从韦丹离世四十年后江南西道依然“老稚歌思，如丹尚存”即可知，在当地百姓的心目中，早已有韦丹之“碑”了。四十余年代代相传，那叫口碑，更是心碑。唐宣宗为韦丹立“遗爱碑”，乃是顺应民心之举。这位“小太宗”，想树立韦丹这个典型，让大小官吏都能为官一方、造福一方。

我由韦丹的“遗爱碑”，想到宋璟的“遗爱碑”。宋璟曾任广州刺史，再次为相后，“广州吏民”为他立了一块“遗爱碑”。宋璟是清醒的，尽管他在广州也有惠民之政，仍然觉得这块“遗爱碑”没有那么简单。名曰“广州吏民”，实为“广州官府”；似为“政声人去后”，实乃“政声”随“相”位。于是宋璟上奏唐玄宗：“臣在州无他异迹，今以臣光宠，成彼谄谀；欲革此风，望自臣始，请敕下禁止。”此举颇见成效，“上从之。于是他州皆不敢立”，刹住了依附于“遗爱碑”的“谄谀”之风。

李景让与他的母亲*

李景让是唐宣宗时的御史大夫，以“孝”著称并流传于世，他自己也当仁不让。有一次，宰相蒋伸在酒宴上举杯对客人说：“有孝于家、忠于国者饮此。”李景让在“客肃然”中脱颖而出，拿起酒杯一饮而尽。与“孝子”相对，李景让的母亲郑氏堪为严母。《新唐书·李景让传》称，“母郑，治家严，身训勒诸子”，《资治通鉴》也字字照录。

李母郑氏在“诸子皆幼”时守寡，家境贫困，将“皆幼”的“诸子”养育成人绝非易事。因为下雨，“宅后古墙”突然下陷倒塌，露出可装满一船的钱币。郑氏虽穷，却没有见钱眼开，她焚香祝祷：“吾闻无劳而获，身之灾也。……愿诸孤他日学问有成，乃其志也，此不敢取！”如此言传身教，在李景让兄弟幼小的心灵中留下很深的印记，使他们从小就懂得“穷且益坚，不坠青云之志”。这是郑氏作为“严母”教子之严的主要方面，即严格要求，或可称为“励志”。“严母”之严还有一个侧面，郑氏大概是信奉棍棒之下出孝子的，用现在的话说，属于“虎妈”一族，其教育手段近于严酷。“诸子皆幼”之时，如何发挥棍棒或鞭子的威力不得而知，“景让官达，发已斑白，小有过，不免捶楚”，却是明明白白写在史书上的。而且，李景让这个孝子也很配合，“虽老犹加棰敕，已起，欣欣如初”。这位

* 本文原载《福建日报》2020年11月24日。

“发已斑白”的达官，在受严母鞭打训诫后的“欣欣如初”状，比老莱子穿五彩衣玩摇古冬“娱亲”更多一层酸楚。

《资治通鉴》载有这样两件事，都是“虽老犹加棰敕”的实例。

李景让任浙西观察史期间，将一名违背他意志的都押牙杖之而毙，致使“军中愤怒，将为变”。郑氏听说后，就在李景让“方视事”时“出坐听事”，并“立景让于庭而责之”，还“命左右褫其衣坐之，将挞其背”，因为“将佐皆为之请，拜且泣”方才“释之”。尽管郑氏责备李景让时说：“天子付汝以方面，国家刑法，岂得以为汝喜怒之资，妄杀无罪之人乎！万一致一方不宁，岂惟上负朝廷，使垂年之母衔羞入地，何以见汝之先人。”尽管在“军中愤怒，将为变”时，郑氏不是火上浇油鼓励李景让大开杀戒，而是着眼于儿子身上的问题，说得通情达理，令人信服，也算心存大义，且“军中由是遂安”，实际效果不错，但我还是要说：李景让不仅是郑氏的儿子，还是浙西观察史，此时正以后者的身份在官府议事——郑氏或可在家中训斥自己“发已斑白”的儿子，但议事之官府毕竟不是郑氏之家，家有家规而国有国法，这种公私不分的行为是否合适还得两说。汉宣帝时河南太守严延年的母亲在家中严厉训斥为官“阴鸷酷烈”、号称“屠伯”的儿子，就比郑氏做得有谱。

另一件事与李景让的小弟李景庄科举考试屡屡不中有关：李景庄“每被黜”，郑母“辄挞”李景让，这不是很怪异吗？“景让终不肯属主司”却一语道破天机。上面说的那件事中，郑氏至少还有大义驱动，还有平息事态的成效，那么，为李景庄科举不中而鞭挞李景让，不仅做法不对，而且动机不正。恰如李景让所说：“朝廷取士自有公道，岂敢效人求关节乎！”他懂得“从道不从君，从义不从父”乃“人之大行”（荀子语），没有把那个“孝”字庸俗化。后来还是宰相出面对主考官说：“李景庄今岁不可不收，可怜彼翁每岁受挞！”看来李景让因李景庄科举不中而“每岁受挞”已经传至宰相耳中，实在有损这位“严母”的声誉。

在郑氏对李景让“虽老犹加棰敕”中不难想见，她在“诸子皆幼”时动辄棒打鞭挞的“虎妈”做派，习惯成自然，已俨然忘了年龄的界限。诚然，景让、景温、景庄三个儿子“皆举进士及第”，李景让更是国之栋梁，德配其位，青史留名，“虎妈”的教育似乎也卓有成效，但这其实并不是严母之严酷的教育结果，倒与严母严格要求之励志有关。在许多时候，这种棒打鞭挞的“虎妈”教育，往往造就瞻前顾后、唯唯诺诺、没有胆识、没有担当的庸才。我怀疑，那位想靠兄长通关节方能“进士及第”的李景庄身上或许就有这样的气息。而且，就像郑氏的不取意外之财能在儿子幼小的心灵中留下很深的印象，郑氏动辄棒打鞭挞的做派说不定也会传给自己的儿子。谁能说李景让日后将那名都押牙杖之而毙，没有“严母”郑氏潜移默化的影响在起作用！

仿欧阳修点评郭威事*

这里说的事，都发生在后周太祖郭威以周代汉之前。那个时候，他是后汉的枢密使。

第一件事，撤换西京留守。郭威平定李守贞、赵思绾、王景崇的“三镇之乱”返回京都途经洛阳，因为西京留守王守恩自恃“位兼将相，肩舆出迎”而大为恼火，不但以洗澡休假为名避而不见，还在神不知鬼不觉间以“头子”（即堂帖）命白文珂代王守恩为西京留守。对此人事变更，“（白）文珂不敢违”而以新的身份出现，王守恩不知情而“犹坐客次”，等到有关官吏告知“新留守已视事于府”后方才“大惊”并“狼狈而归”。此时，他的家属已被逐出官府流落在大街上了。朝廷默认了这一变更，只是补了一个“以文珂兼侍中，充西京留守”的公文。

先看看与此事有关的三个人物。郭威曾助刘知远称帝有功而位至枢密使，那时又刚刚平定“三镇之乱”而使后汉政权转危为安，可谓功高位重。他行事沉稳，办事靠谱，有正义感有担当，可谓德高望重。王守恩也于刘知远建立后汉政权有功，先后出任潞州、邠宁、永兴节度使。然此公“性贪鄙，专事聚敛”，大小通吃，唯财是捞。在他的治下，丧车不交钱不准出城，富家娶媳，他还会与“俳优”数人前去捞取银子，连扫厕所的、做乞丐的也要交税。郭威惩

---

* 本文原载《福建日报》2020年9月1日。

治王守恩，一般人不会感到有什么不对。以白文珂取代王守恩出任西京留守也不算过分，他曾任北京副留守，河中、天平节度使，且刚与郭威一起平定“三镇之乱”。

欧阳修点评此事，认为郭威仅以枢密使的“头子”（堂帖）“易置”封疆大吏就像更换“戍卒”是不合规矩的。他并不认为郭威目中无君，恰恰相反，他认定那时的郭威“未有无君之志”，如此行事，只是因为“习为常事”。但问题恰恰就在于此，因为“习为常事”，“易置”的双方都不以为有什么不对，“文珂不敢违，守恩不敢拒”，郭威“处之不疑”，后汉君臣亦“置而不问”。欧阳修认为这种“习为常事”说明“纲纪坏乱之极而至于此”，比郭威“以一枢密使头子而易置之，如更戍卒”本身更为严重，因为“坏其法制”之后必乱其国。欧阳修因此告诫“善为天下虑者”，在此类问题上“不敢忽于微而常杜其渐”。他说的是五代的事，那时犹如春秋战国，“纲纪坏乱之极”，特意评说那件事的目的，是要此后“善为天下虑者”引以为鉴。他说的是防微杜渐，首先做到的却是见微知著，尽管他说的事不算太“微”。在人们常以为是的事中看出其非，在人们习以为常的事中看出其严重性，这种善于察“微”的思维方式值得效仿。

第二件事，是拒绝单独受赏。郭威回到大梁拜见隐帝刘承祐，刘承祐赏赐金帛、衣服、玉带、鞍马，郭威推辞说：“臣将兵在外，凡镇安京师、供亿所须、使兵食不乏，皆诸大臣居中者之力也，臣安敢独膺此赐!”他希望“遍赏”诸大臣，于是隐帝遍赐宰相、枢密、宣徽、三司、侍卫使九人“与威如一”。隐帝要特赏郭威，郭威再度推辞说：“运筹建画，出于庙堂；发兵馈粮，资于藩镇；暴露战斗，在于将士；而功独归臣，臣何以堪之!”这下不仅要“遍赏”诸大臣，还要“遍赏”诸藩镇以及将士。刘承祐或许也担心“藩镇觖望”，于是就有“诸大臣议”，分别给高行周、安审琦、符彦卿等十几位藩镇挂上各种朝廷的官衔。

不妨效仿欧阳修的思维方式说说此事。

郭威不居功，不贪功，称得上高风亮节，其所述也自有其理，要平定三镇之乱，当然不能仅凭一人之力，需要上下左右同心协力互相配合。但问题是功有大小力有强弱。在郭威之前，朝廷也曾屡次征讨“三镇之乱”，那时也有“诸大臣居中者之力”，也有藩镇“发兵馈粮”，却屡屡败北。郭威以一整年的时间，统率几路大军风餐露宿，出生入死，扫平三镇之乱，如此不世之功，当有不凡之赏。按照他的意思遍赐通赏显然不行，当时就有“议者”以为“以一人立功而覃及天下，不亦滥乎”。说是“一人立功”有违常识，“滥”则是确凿无疑的。这“滥”的后果，一是致使刑赏不明，功大与功小一样赏。有功与无功一样赏，有功与有罪一样赏，在那十几位被赏加爵的节度使中，就有暗通叛军的定难节度使李彝殷。“政之大本，在于刑赏，刑赏不明，政何以成?”如此遍赐通赏，无异自毁治国之柄；二是加重百姓负担，无论是赏物还是赏爵，说到底都是百姓的血汗。滥赏滥赐，无异毁损立国之本。然而，我相信郭威并没有这样的企图，包括“诸大臣”在内的上下左右，也不易看到这种“不专有其功，推以分人”的高风亮节所掩盖的恶果。

郭威创立后周，虽然享国不长，却是治国有方，使中唐至五代长达两百年左右的乱局开始出现转机，除了“不敢厚自俸养以病百姓”，整顿吏治纲纪也是为后人称颂的一条。我想，在他执政的三四年间，假如有人也像他当年那样，“以一枢密使头子而易置之（藩镇），如更戍卒”，他大概不会“置而不问”；假如有人也像他当年那样拒绝单独受赏，他大概也不会真的遍赐通赏。

这当与他的角色转换有关，也就是俗话所说的“屁股决定脑袋”吧！

从“黄旗加身”到“黄袍加身”*

宋朝的历史比后周长，赵匡胤的影响比郭威大，知道赵匡胤陈桥兵变“黄袍加身”的人比知道郭威澶州兵变“黄旗加身”的要多得多。其实，赵匡胤的“黄袍加身”与郭威的“黄旗加身”相隔不过十年，郭威“黄旗加身”时，赵匡胤已在其麾下。“黄旗加身”当是“黄袍加身”的滥觞。

赵匡胤“黄袍加身”与郭威的“黄旗加身”颇有相似之处。此二者都是有预谋的，又都以“被逼”的假象掩饰预谋，说得具体一些，是被自己的部下所“逼”。郭威起兵，确实是由刘承祐杀了杨邠、史弘肇、王章等辅政大臣，又密令郭崇威诛杀在外带兵的郭威之举逼出来的。从那时起，他就开始萌发并逐步完善与实施“预谋”。首先是伪作诏书，宣称刘承祐令郭威诛杀诸将，致使群情激愤，推举郭威起兵“清君侧”，而在郭威之兵与刘氏禁军的恶战中，刘承祐被“乱兵”杀死；接着是郭威请李太后临朝听政，“迎立”武宁节度刘赟为帝却又使人暗杀刘赟；最后才是澶州兵变，说是“将士数千人忽大噪”，说是“将士逾垣登屋而入”，似乎都是“将士”之自发行为，郭威都是被“将士”推着走的。其实恰恰相反，这一切都是有预谋的。赵匡胤陈桥兵变“黄袍加身”之预谋，则是从放出契丹和北汉联兵南下的消息开始的，这让不辨真假的宰相范质仓

---

* 本文原载《社会科学报》2021 年 1 月 19 日。

促之下派赵匡胤北上抵御，使他有了带兵离京的充分理由。至于他在陈桥兵变时假装醉酒刚醒以及半推半就的做派，与郭威在澶州兵变时如出一辙。郭威最后由后汉太后下诰，授予监国符宝登上帝位，而赵匡胤则接受了那位不满十岁的后周恭帝的“禅让”。于是，他们就都有了那个时代的“合法性”。

赵匡胤“黄袍加身”与郭威的“黄旗加身”也有不同。郭威起兵，确有迫于无奈的一面，有其正义性。他要是不起兵，早已与杨邠、史弘肇、王章等人一样命归黄泉了。他于后汉皇朝有大功，后汉主刘承祐却要置他于死地，他之起兵讨伐，近乎孟子说的“诛一独夫”；而澶州兵变时，那些将士喊出来的理由则是“将士已与刘氏为仇”。赵匡胤却没有这样的背景，后周恭宗那时不满十岁，垂帘听政的太后与主持军国大事的范质、王溥等也没有这样的图谋，郭荣（即后世所说的柴荣，他以郭威养子的身份成为其继承人，在《资治通鉴》中，始终都是郭荣而不是柴荣）临终前，任命赵匡胤为殿前都点检，掌管殿前禁军。郭威、郭荣有恩于他，他却有负于郭威、郭荣，从儒家所推崇的道义上说，较之郭威，更多一点“不义”的成分；换一个角度说，也更多一点“当今之世，舍我其谁”的历史担当。与此相应，赵匡胤的“黄袍加身”较之郭威的“黄旗加身”，也有更多的预谋。澶州兵变时，将士“或裂黄旗以被威体，共扶抱之，呼万岁震地，因拥威南行”，至少说明，郭威等人没有事先考虑到，或者没有来得及将黄旗加工为黄袍。陈桥兵变的理由只是“皇帝幼弱，不能亲政”，赵匡胤他们是连“黄袍”都预先做好了的。或许正因为这一点，后周恭宗“禅让”时，赵匡胤承诺保证郭荣子孙世代平安，还有“免死铁券”。《水浒传》中的小旋风柴进，据称就是他的后裔。

尽管赵匡胤的“黄袍加身”颇遭人诟病，按照儒家的道义，终究有篡位之嫌，但较之儒家的道义，人们似乎更注重他的历史功绩，认为赵匡胤建立宋朝，“结束五代十国战乱局面，基本完成统一”，因此“黄袍加身”或许又是一种“政治智慧”。然而，当人们这样评价的时候，不要忘了“结束五代十国战乱局面，基本完成统一”的过程，是由郭威开启的，郭荣又将其大大地推进了一步，包括“先南后北，先易后难”的战略。这一战略后来被说成是由赵匡胤和赵普确定的，即历史上著名的“雪夜定策”。其实，这是郭荣命近臣著《为君难为臣不易论》及《开边策》时，由比部郎中王朴在他进献的策论《平定策》中提出，由郭荣“欣然纳之”并开始实施的。这事在《资治通鉴·后周纪三》中说得分明。赵匡胤和赵普最多只能说是确定继续实施这一方略。司马光是北宋时人，“先南后北，先易后难”如果真的是由赵匡胤制定的方略，他能将这样的不世之功，移花接木到郭荣头上去吗？

历史的连续性不可割裂，赵匡胤是在郭威、郭荣奠定的基础上，“结束五代十国战乱局面，基本完成统一”的。就连他的“黄袍加身”，也由郭威“黄旗加身”演化而来。

“盛唐亡隋”评说*

说到隋唐，总免不了“盛唐亡隋”四字，几乎从来如此。然而，我想借用《狂人日记》中的话问一句：“从来如此，便对么?”

唐朝从高祖武德元年（618 年）起，到哀帝天祐四年（907 年）朱温（即朱全忠）以梁代唐，总共二百八十九年；隋朝从隋文帝开皇元年（581 年）起，到唐武德二年（619 年）越王杨侗禅位给王世充，头尾三十九年。所以，唐与汉相提并论，称为“汉唐盛世”；隋与秦同日而语，都是短命的统一王朝。唐长隋短，差距甚大，这是明摆着的事，大概也是“盛唐亡隋”的依据。

一个朝代的长短与一个朝代的盛衰之间并没有等号。隋文帝执政二十四年，受禅之初，民户不满四百万，隋文帝末年即仁寿四年（604 年），民户八百九十万。这是一个什么概念呢，我们只要将这个户数与唐朝的户数做个对比就会明白。唐朝经历贞观之治，到永徽三年（652 年）方才三百八十万户，此时，李唐立国已有三十五年；到开元二十年（732 年）也才七百八十六万户，尚差隋文帝仁寿四年一百零四万户；开元二十九年之户数为八百四十一万，此时李唐立国已有一百二十四年；唐朝的户数超过隋文帝仁寿四年，已是天宝十三载（754 年）的事了，约九百零七万户，此后就是天宝之乱。那个时代，没有 GDP（国内生产总值）与 GNP（国民生产总值）这样

* 本文原载《随笔》杂志 2019 年第 1 期。

的概念，户口或人口的多少，是衡量国之盛衰的一个指标。贞观十一年（637 年），马周在将唐与隋的实力做比较时，比的就是户口，所谓“今之户口不及隋之什一”。马周当然不是为“亡隋”歌功颂德，恰恰相反，他说的是隋文帝时的隋之“盛”，隐含“其兴也勃，其亡也忽”之意，他要唐太宗切记“自古以来，国之兴亡，不以畜积多少，在于百姓苦乐”。

隋之“其兴也勃”不是天上掉下来的馅饼。杨坚以隋代周之前，北周的皇帝是宇文赟；杨坚统一南北之前，南陈的皇帝是陈叔宝。这两位都是荒诞、暴虐、淫荡的奇葩皇帝，沉迷酒色，荒废朝政，致使宦官与外戚、近宠得以互相勾结、营私弄权，民不聊生。杨坚君臣就是在这样的烂摊子上励精图治，革除弊政，减轻赋役，劝课农桑，设立义仓，防备天灾，使百姓安居乐业，使国家迅速强盛，使“天下称平”。那时也有突厥、吐谷浑之类的边患，但他们重在化解；统一南北自然要打仗，但那是吊民伐罪，摧枯拉朽。开皇八年（588 年）三月杨坚下诏讨伐，次年一月韩擒虎就已擒获陈叔宝。

隋之“其亡也忽”也不是老天爷造的孽。平心而论，隋炀帝杨广不是宇文赟，不是陈叔宝，也不是秦二世胡亥。他能带兵作战，在讨伐南陈时就显露身手，又“好读书著述”，还出过文集。但他穷奢极欲，大兴土木，穷兵黩武，战事连年，尤其是征辽之战，仅是运输军粮的，“往还在道常数十万人，填咽于道，昼夜不绝，死者相枕，臭秽盈路”，弄得举国不宁，“天下骚动”。首次出师不利，次年复征高丽，汇集于平壤的参战者就有一百一十三万（号称二百万），运送军需的人数加倍，“车牛往者皆不返，士卒死亡过半”，致使“耕稼失时，田畴多荒”，贪官污吏乘机盘剥，引发多起民变。庚质与苏威都曾谏阻隋炀帝复征辽东，前者死于非命，后者则被贬为庶民，而他却在奸佞的拍马奉承中自欺欺人。大业四年（608 年）征辽之前，隋之“户八百九十万有奇”，与隋文帝末年相仿，史家称“隋氏之盛，极于此矣”。可见，“其亡也忽”之“忽”，也就是大业四年后的八年。

唐太宗李世民有三面镜子，其中之一，叫作“以古为镜”，我以为说是“以史为镜”似乎更为得当。对于李世民来说，感触最深的，无疑是隋之“其兴也勃，其亡也忽”，这是眼前的事，所谓“殷鉴不远”。因此，李世民能居安思危，励精图治，不敢大兴土木，不敢贪图享乐，不敢堵塞言路，不敢漠视民生，不敢穷兵黩武。魏徵、马周、戴胄等又能时时进言，督促李世民不忘初心，帮助李世民善始善终。李世民也曾为攻打高丽付出较大代价，回师之时他想起已经去世的魏徵，反思说假如魏徵在世，一定不会让他打这一仗。李世民也曾由于太子谋反案等，毁了自己亲自为魏徵树立的墓碑，却又因为对征辽的反思而为魏徵重立墓碑。由李世民君臣共同创立的贞观之治，确实可圈可点。

贞观之世确是治世，却不是盛世。有唐一代，能称为盛世的只有开元中后期，或许还可以包括天宝前期，史称“开元盛世”。但历史不可分割，凡事都有前后联系。开元盛世并非都是开元中后期君臣的功绩，前人打下的基础不可忽略，包括贞观之治，以及永徽初年的永徽之治和开元前期姚、宋相继为相时的开元之治。贞观之治，百代可风，其影响更是不可低估。隋文帝执政二十四年，隋朝经历治世与盛世这两个时期，唐代却由唐太宗直到唐玄宗在百余年间完成。而且，开元之盛，未必就能超越开皇之盛。

就像大业四年（608 年）之前的隋之“盛”只是开皇盛世的延续一样，天宝前期的唐之“盛”，也只是开元盛世的余绪，与“治”对应的“乱”，与“盛”对应的“衰”，与“兴”对应的“亡”，已经悄悄潜伏其中。此后便是安史之乱即“天宝之乱”。此“乱”与“衰”的苗头，恐怕是开元后期就有了。李隆基未能善始善终，他说“吾貌虽瘦，天下必肥”之后不久，便“渐肆奢欲，怠于政事”，当时的宰相张九龄仍一如既往地“事无大小皆力争之”，于是被罢去宰相之职，这是开元二十五年（737 年）。此后，“朝廷之士，皆容身保位，无复进言”，再加上先有李林甫后有杨国忠“蔽主擅权”，言路与才路一起被他自己堵塞。这是唐玄宗的治乱之分了。

安史之乱开启了唐朝长达一百五十余年的乱世。与安史之乱紧挨着的是连绵不断的藩镇割据，从仆固怀恩、田承嗣、田悦、朱泚、朱滔、李希烈、李怀光，直到最后取代李唐的朱温，其原因各有不同，包括有的帝王昏庸无能而宦官或权臣擅权，包括有的帝王与藩镇互相猜疑而宦官或权臣居间拨弄是非。举两个不同的实例，平定安史之乱的功臣仆固怀恩是因宦官骆奉先陷害而举兵反叛的，讨伐田悦、击退朱泚的功臣李怀光的反叛缘于宰辅卢杞从中作梗。司马光曾说唐朝中晚期的宦官专权如何误国，李辅国、鱼朝恩、刘克明、仇士良、田令孜、杨复恭……可以列出一大串来。他说得十分中肯。然而，与宦官专权双峰并峙的是权臣擅权，李林甫、杨国忠、元载、卢杞、皇甫镈、崔胤……也可列出一串来。将一切都归结为宦官专权，似乎也不客观。

藩镇割据另一方面的原因，是地方军阀的拥兵自重。有军队就有地盘，有地盘就有军队，军队与地盘几乎成了他们的本钱与身价，或他们与朝廷讨价还价的筹码；扩充军队，拓展地盘，就成为他们孜孜以求的事业。节度使的世袭，使割据的藩镇百年相承，起始肃宗时代的“节度使由军士废立”，更使乱象百出。这种范式由个案而演变成惯例，以致约定俗成，形同不可逾越的授官制度，皇帝的诏命只是一道手续而已。朝廷既已无法制约地方军阀，割据的藩镇自然是尾大不掉。柳宗元生于那个时代，他之写《封建论》，他之论分封制与郡县制，并非发思古之幽情，而是有非常强烈的现实针对性。那个时候的藩镇割据，与春秋战国时代的诸侯争霸没有多大区别。中晚唐曾有几位想要复兴唐室的帝王，例如肃宗、代宗、德宗、宪宗、武宗、宣宗等，有的还被称为“中材之主”“中兴之主”，甚至“小太宗”。但这种局面一旦形成，想要改变又谈何容易！何况这些有抱负的帝王，大多善始而不能善终，至于等而下之的帝王，或是无能，或是无德，或是无寿，更是不值得一提。

由安史之乱开启的战乱断断续续地长达一百五十余年。李唐的这一百五十余年，只能称为乱世。对于平民百姓来说，这是想当奴隶而不得的时代。打仗死的是百姓子弟，用的是民脂民膏，误的是农耕时节。百姓或死于战乱，或死于饥荒。从唐玄宗天宝十三载（754 年）到唐代宗广德二年（764 年），仅仅十年时间，全国户口就由九百零七万户下降至二百九十余万户一千六百九十余万人。此后数度出现复兴的迹象，户口数有所回升，尔后又下降，直至唐室灭亡，全国的户口基本上就保持在这个水准。这样的乱世延续越长，平民百姓越苦。何况唐朝覆亡之后，接着的又是战乱不断的五代。

人治与法治常常见诸报刊，有人治就难免有人不治，乱世就是人不治的时代。终身制是人治的一个特征，因为终身制，最高统治者很容易善始而不能善终，像隋文帝与唐太宗这般能够善始善终的，几乎是凤毛麟角。世袭制是人治的一个特征，因为世袭制，即使开国皇帝能够善始善终，也极易一代不如一代，很难代代相传永不变色。家长制也是人治的一个特点，“人非圣贤，孰能无过”，谏诤就不可或缺，但听不听谏，纳不纳谏，依然取决于“家长”。因而，无论是像隋朝那样二世而亡，还是像唐朝那样二十世而亡，都不能突破由治而乱、由盛而衰、由兴而亡的历史怪圈。

津津乐道于“盛唐亡隋”的，大概很少考虑到这一点。